河南省社会科学规划项目"中原作家群资料整理"研究成果

本成果出版得到淮河文明研究中心资助

李洱研究

中原作家群研究资料丛刊
程光炜　吴圣刚　主编

李洱研究

王雨海 编著

河南大学出版社
HENAN UNIVERSITY PRESS

图书在版编目(CIP)数据

李洱研究／王雨海编著. — 郑州：河南大学出版社，2015.2
（中原作家群研究资料丛刊）
ISBN 978-7-5649-1907-8

Ⅰ.①李… Ⅱ.①王… Ⅲ.①李洱-文学研究
Ⅳ.①I206.7

中国版本图书馆 CIP 数据核字(2015)第 041988 号

出 版 人 张云鹏
出版统筹 侯若愚
责任编辑 韩　琳
责任校对 舒慧敏
封面设计 侯一言

出　　版 河南大学出版社
地　　址 郑州市郑东新区商务外环中华大厦2401室
电　　话 0371-60993151（人文社科出版分社）
　　　　　0371-86059753
网　　址 www.hupress.com
排　　版 郑州市诚丰印刷有限公司
印　　刷 河南省瑞光印务股份有限公司
版　　次 2015年4月第1版
印　　次 2015年4月第1次印刷
开　　本 710mm×1000mm　1/16
印　　张 19.75
字　　数 365千字
定　　价 59.50元

本书如有印装质量问题,请与河南大学出版社营销部联系调换。

编选说明

从最初动议到确定方案,再到最后完成,这套"中原作家群研究资料丛刊"历时一年有余。因为,它绝不仅仅是已有研究成果的简单整合。首先,编著者必须通读该作家的所有作品,包括文学作品、散文随笔、演讲报告、文艺批评等等,形成对作家作品的感性认识和理性判断,这是编选作家研究资料的基础和前提。然后收集研究资料,要求尽可能全面详尽,网络、期刊、报纸、杂志、著作、作家本人及其亲友、故交等各种途径、各种渠道,越全面越好。最耗时、最费力、最艰苦的工作是资料的分类、甄别和遴选,它体现了编著者的眼光、立场、态度和学养,决定了研究资料的分量和品质。典型性、历史性、多元性是我们选文的基本原则,力求覆盖作家不同时段、不同类型、不同风格的作品,兼顾专家批评和新锐批评,体现不同时期的文学生态和文化场域。总之,整个过程没有捷径可走,全是笨功夫、苦功夫。尽管如此,其疏漏之处肯定不少,恳请专家学者批评指正。

本研究资料共分四大部分,即作家"自述·访谈·印象记"、"研究论文选辑"、"作品年表"、"研究资料索引"。"研究论文选辑"以时间为线索,以"问题"为中心,先总论、后分论,同一"问题"相对集中,体现逻辑性和层次感,并努力体现作家作品研究的历史进程。对入选的文章,为了出版方便,作统一技术处理,删减了摘要、关键词,注释一律改为脚注,除对一些明显的文字和标点符号的疏误作订正外,其他方面包括注释的不完整、不规范,词语使用的不当等,则依旧保持原貌。"作品年表"部分按照时间顺序排列整理收录,截止时间为2014年7月。只列入作品的首发、首印,作品的再版、转载不列入年表,海外翻译版本尽可能列入年表。期刊、著作均按年、月排序,报纸具体到日期。重要散文、发表的重要演讲等列入作品年表,但作家编辑的书目、研究资料等均不列入。"研究资料索引"包括单篇学术论文索引、学位论文索引、研究专著索引三部分,截止时间同样为2014年7月,均按刊发/出版时间先后顺序编排。

需要特别说明的是,由于各种原因,编委会没能与选用论文的作者一一联系,丛书出版后,将赠书一本,以表歉意和谢意!且本书用于学术研究而非商业目的,想学界前辈、同人亦能理解支持。在此真诚致谢!如需稿费,请与编委会联系。

编委会
2014.10.31

总　序
程光炜　吴圣刚

　　新时期以来,中国当代文学呈现为多样、多态发展的趋势。在当代文学的版图中,"文学豫军"或"中原作家群"早已成为中国当代文学的重要现象和重要构成。之所以称之为"文学豫军"或"中原作家群",是因为它呈现出群体性,是一个集合的概念。但是,这绝不意味着这个群体中的个体是孱弱的,没有独立呈现的分量。相反,正是一个个有分量的个体组成了一个有广泛影响的作家群体:姚雪垠、叶楠、白桦、李准、张一弓、南丁、田中禾、张宇、郑彦英、李佩甫、二月河、周同宾、刘震云、阎连科、周大新、刘庆邦、李洱、柳建伟、孙方友、墨白、邵丽、乔叶、计文君等等,每位作家都有不凡的创作业绩,每个人都有自己的独特之处,都是文学中的"这一个"。

　　地处中原的河南,在当代中国政治、经济版图上不是核心地带,但在历史、文化地理图上却是积淀深厚的重镇。这里也在接受全球化的荡涤,也在搭载现代化的快车,但这里与中国当下的经济前沿存在着距离,呈现着现代化的滞后性。因此,河南在时代的节奏中存在着"时间差"。这使得中州大地在现代化的浪潮中还氤氲着农业文明、历史文化的气息,也使得中原儿女在这种相对的"慢节奏"中对历史、现实和文化进行思考,精神和灵魂回归这片土地,并以中原文化的思维方式进行着多种表达。走进历史,走进中原文化,是豫籍作家的共同选择。无论是身居河南的作家还是移居他乡的作家,他们的灵魂仍然栖居在家乡故土,并用他们敏感的触角细腻地联系和感受着中原文化,中原文化是他们精神发生的原点,河南历史和家乡生活是他们创作的源泉。对于这些河南作家来说,似乎只有这片故土和其中的点点滴滴才能够激活创作的灵性。正如阎连科所说:"我家住在一个镇子上,那是一个很大的村庄。那个村庄是我写作取之不尽的生活源泉、情感源泉、想象的源泉。一句话,是我写作的一切的灵感之源。那个镇子奇妙无比,任何现实中的一件事情都可能是荒诞的、合理的。"①正是在这种表达中,作家们完成了自己的一部部皇皇巨著,成就了当代河南文学的气象大观。

---

①阎连科:《我的现实,我的主义》,http://v.book.ifeng.com/book/ts/7332.htm。

"中原作家群"不仅是河南的文学现象,也是全国的文学现象;产生于中原大地的河南文学,早已超越了这一区域空间。无论是二月河、李佩甫的作品红遍全国、传播域外,还是刘震云、阎连科、周大新、李洱的作品的海外影响,都说明豫籍作家的作品是全国性的,也具有世界性的分量。这足以构成河南自己的文学史。关于河南文学和"中原作家群"研究,近十年来,随着作家作品的动态性呈现,更多表现为个案化的文学研究,而当代河南文学的整体性、系统性研究则不够。这一方面与河南的经济实力及其对文化提升、带动能力的不足有关,另一方面也与学界、文学界对河南文学在当下中国文化地理学上的地位认识不足有关,特别是与本土学界的研究、推介的成绩有关。弥补这一不足,是一项浩繁的工作,但起步必须从基础开始。

资料整理无疑是学术研究中最基础性的工作。学术界目前关于河南作家的研究资料,主要是上世纪80年代出版的《李准研究资料》、《姚雪垠研究资料》等有限的几种。相关研究主要体现在两个方面:一是关于"文学豫军"、"中原作家群"的正当性和合理性的阐述,这方面的研究成果主要有孙荪的《文学豫军论》等,该文系统性地评述了"文学豫军"的由来、构成及文化特征。二是"中原作家群"形成的历史文化原因以及具体作家作品的研究。刘增杰主编的《精神中原》以论文集的形式综合了学界对于中原作家群整体把握和作家研究的成果;张鸿声主编的《河南文学史·当代卷》则是系统描述当代河南文学发展的第一部史著;梁鸿的《"外省笔记":20世纪河南文学》以"外省"的视角考察河南文学,从文化的角度寻觅和审视河南文学;何弘的《超越还是重复——中原文学论稿》试图对"中原作家群"或中原文学作出一个整体性的描述。这些研究对于解说一种文学现象的发生、发展是必要的,但都是初步的,特别是对"中原作家群"形成的历史文化原因和整体性特征的研究,远未形成对"中原作家群"完整的、核心的解说,更没有评估、揭示出"中原作家群"的应有价值。因此,就需要有人真正深入下去,沉入到纷繁的资料中去,耐心、细密地梳理,把那些能够反映和体现作家创作实绩、作品价值和当代河南文学整体面貌的资料整理出来,形成完整、系统的当代河南文学的资料体系,为文学史的生成奠定坚实的基础。

信阳师范学院文学院的一些老师近年来致力于河南文学研究,逐渐形成了自己的方向和领域,引起了学界的关注。作为一所本土的有长期人文积淀的高校,研究河南文学、推动河南文学发展是应有的责任。2013年起,文学院整合文艺学、现当代文学和写作学等学科的十几位教授、博士组成研究团队,集中开展当代河南文学研究。这个团队以博士为主,中青年结合,队伍整齐,潜力很大。他们首先从资料整理开始,扎扎实实开展研究工作。第一辑选取"中原作家群"中影响最大的15位作家,经过近一年的努力,整理出《白桦研究》(陶广学讲师,扬州大学博士)、《张一弓研究》(吕东亮副教授,武汉大学博士)、《田中禾研究》(徐洪军讲师,上海大学博士)、《张宇研究》(杨文臣讲师,山东大学博士)、《李佩甫研究》(樊会芹讲师,江苏师范大学硕士)、《二月河研究》(吴圣刚教授)、《刘震云研究》(禹权恒讲师,武汉大学博士)、《阎连科研究》(方志红副教授,四川大学博士)、《周大新研究》(沈文慧教授,华中师范大学博士)、《刘庆邦研究》(杜昆讲师,南京师范大学博士)、《李洱研究》(王雨海教授)、《墨白研究》(杨文臣讲师,山东大学博士)、《邵丽、乔叶、计文君研究》(李群副教授,河南大学硕士)等13卷,资料选编力求翔实、准确、有代表性。第一辑告罄之后还会启动第二辑,甚至第三辑,目标是把"中原作家群"主要作家的资料完整、系统地拓展出来,真正为当代河南文学的深化研究做些基础性的工作。

由于编选者的眼界、学识、水平有限,疏漏、不足,甚至差错定然存在,敬请学界批评指正。

目　录

1　编选说明
1　程光炜　吴圣刚　总序

自述·访谈·印象记

3　李　洱　一个怀疑主义者的自述
4　李　洱　小说家的道德承诺
7　李　洱　传媒时代小说何为？
12　李　洱　为什么写,写什么,怎么写——在苏州大学"小说家讲坛"上的讲演
20　李　洱　梁　鸿　"日常生活"的诗学命名与建构
44　李　洱　梁　鸿　虚无与怀疑语境下的小说之变
61　李　洱　梁　鸿　百科全书式的小说叙事
81　李　洱　周　洁　没有小说,世界会很枯燥——与著名作家李洱的对话
85　李　洱　马　季　探究知识分子在历史和现实中的困境
94　魏天真　李　洱　"倾听到世界的心跳"——李洱访谈录
105　刘　洋　"乡村中国"是中国文化的根基——对话著名作家莫言、李洱
109　朱　竞　河南人李洱
111　张　宇　李洱的光芒
113　吴虹飞　李洱:作家嘴里开花腔

研究论文选辑

123　南　帆　饶舌与缄默:生活在自身之外
129　陈晓明　历史在别处
131　格　非　记忆与对话——李洱小说解读
137　王鸿生　被卷入日常存在——李洱小说论
143　张学昕　话语生活中的真相——李洱小说的知识分子叙事
152　魏天真　饶舌的哑巴:怀疑主义者的青春期话语——李洱早期小说文体风格

164　王宏图　李洱论
178　〔韩〕朴宰雨　崔强（译）　先锋性的探索——超俗不凡的智略型作家李洱
182　张旭东　论李洱小说的"知识分子书写"
191　田中禾　莴笋搭成的白塔
194　吴义勤　"谋杀"的合法性——评李洱的长篇小说《花腔》
196　李庚香　文化视野中的意识形态话语建构——对李洱《花腔》的文化批评
207　敬文东　历史以及历史的花腔化——论李洱的《花腔》
229　李迎丰　国际化语境中的知识悲剧——李洱小说《花腔》中话语结构的比较文学阐释
239　刘思谦　"村委直选"与乡土中国——李洱长篇小说《花腔》到《石榴树上结樱桃》阅读随笔
249　徐德明　《石榴树上结樱桃》：叙述和隐喻之间的对位与张力
258　梁　鸿　"灵光"消逝后的乡村叙事——从《石榴树上结樱桃》看当代乡土文学的美学裂变

作品年表

271　李洱作品年表

研究资料索引

279　李洱研究资料索引

299　编后记

自述 · 访谈 · 印象记

一个怀疑主义者的自述

李 洱

我出书很少,只有几本薄薄的集子和两部长篇小说。同辈作家大都"著作等腰"了,我却是"著作等脚"。这倒不是因为手懒。吃的就是这碗饭,手懒不是找死吗?说来说去还是因为个人的脾性。

在日常生活中我特别容易轻信,很容易上当,但在写作上我却很少轻信。阎连科先生曾建议我出文集的时候,在文集的封面上标明,这是"一个怀疑主义者的文集"。打个比方,日常生活中有人告诉我公鸡会下蛋,我肯定会说,对,会下蛋,运气好了还会下个双黄蛋。但同样的事情放到小说里,我就要怀疑了。不光公鸡下蛋要怀疑,连母鸡下蛋也要怀疑了。母鸡下蛋?难道是只母鸡都会下蛋,都必须下蛋吗?既然上帝允许有些女人不生孩子,为什么就不允许有些母鸡不下蛋呢?具体到某篇小说,即便已经写了一多半,即便已经画上了句号,我还是会怀疑:这个故事到底有没有意思?故事中的那个家伙真的值得一写吗?这个故事到底有没有人写过?中国人没写过,外国人也没写过吗?你看到了吧,别人是"下笔如有神",我呢,好像"下笔如有神",其实"下笔如有鬼",所谓疑神疑鬼是也。你说,这种情形下,我怎么能够"著作等腰"呢?

但我毕竟还是写下了一百多万字的作品。尽管怀疑主义情绪如同迷雾一般无处不在,但我每天还是要在那迷雾中穿行。帕斯捷尔纳克说:"我写作,因为我有话要说。"他讲得真好。"有话要说"这个伟大的动机,几乎会在每个作家的写字台前闪光。但对这个时代的写作者来说,更重要的可能是要说出自己的话,以自己的方式说出自己要说的话。这很难啊,它需要激情、勇气和学识,也需要作家在想象力、表现力和认知力方面进行严格的自我训练。拦路虎很多啊,每一只拦路虎都可能把你吃掉,吃了以后人家吐不吐骨头你都不会知道。但我还是写下了这么多作品。在午后时分,如果那迷雾尚未散去,它就会延续到深夜甚至黎明。时光漫长,与其等着给拦路虎吃掉,还不如趁着大雾弥漫穿越密林。如果能够侥幸逃生,那当然很好;如果无法逃生,我毕竟也做过逃生的努力,这总比坐以待毙要好一些吧?

所以,我还在写。

原载《小说评论》2006年第4期

小说家的道德承诺

李 洱

没想到,这本书我竟然读了两个星期。台湾作家中,张大春和朱天文的小说,凡是能看到的,我都要细嚼慢咽。因历史之思和家国之思而产生的疼痛感,对汉语小说所做出的智性表达,在张大春和朱天文那里是合二为一的,所谓道器并重。朱天文谈创作的文章,我只在《今天》杂志上读到这一篇关于电影的文字,很喜欢。这次读张大春的《小说稗类》,就不仅是喜欢了,应该说喜欢而且佩服。既能写小说又能论小说,舍得说,并且能够说到点子上的,确实没有几个人。博尔赫斯和纳博科夫当然是此中高手,但他们往往过于炫技,甚至夸大其辞。米兰·昆德拉算一个,但此人有些心术不正,他热衷于表扬二流作家,对一流的小说家却大加鞭挞。近年大陆文坛也不乏大内高手,比如王安忆和格非。但这二位最喜欢分析的却是当代外国小说。而张大春先生,却是古今中外通吃,并且洞见迭出如同蜂房,我自己也从中得到很多启示。

撇开追名逐利的因素,其实每个作家首先要遇到的问题就是"为什么写作"。"除了写作我什么都不会",此类回答,我们听到的最多。俏皮倒是俏皮,但其实是敷衍之辞。前段时间重读捷克作家伊凡·克里玛与美国作家菲利普·罗思的对话,伊凡·克里玛对这个问题的问答真是深得我心。他说,在这个时代写作是一个人能够成为一个人的最重要的途径,正是因为这个原因,许多有才华的人将写作当成自己的终身职业。伊凡·克里玛其实道出了在极权专制以及随后到来的个人性普遍丧失的商业社会里,写作得以存在的理由。张大春先生在《小说稗类》中也给出了自己的理由。他认为小说是一股"冒犯的力量",小说"在冒犯了正确知识、正统知识、真实知识的同时以及之后,小说还可能冒犯道德、人伦、风俗、礼教、正义、政治、法律",正因为这种冒犯,小说一直在探索尚未被人类意识到的"人类自己的界限"。在谈论意大利作家艾柯的《玫瑰之名》(顺便说一句,这是我看到的最好的小说题目之一)的时候,张大春对此另有总结,认为小说是在探索"被禁止的知识"。无论是伊凡·克里玛还是张大春,他们的谈论其实闪烁着一种"道德承诺"的光芒。当然,那是基于小说写作的道德承诺。

当然认真地追问这个问题,仍然可以给人带来困惑。虽然米沃什曾说过,对于写作者来说,20世纪的历史我们还几乎没有动过。这是谴责,期盼,也是无奈的哀叹。而对遗忘的反抗,写作者尤其大陆的写作者可能会比张大春先生有更强烈的动机。尽管如此,我还是想提到,当写作者当下的文化处境得到某种程度的缓解以后,"知识的禁忌"在文化记忆尚未丧失之时可能已经被迫贬值,小说作为一种"冒犯的力量",它所要冒犯的对象可能已经随之产生位移,并取消你的行动的意义。是的,一切仿佛都在改变,用迪伦马特的话说,祖国变成了国家,民族变成了群众,祖国之爱变成了对公司的忠诚。与此相适应,曾经被禁忌的知识,或许会显示出新的价值。我相信,这是写作者面临的最根本的困惑之一。春江水暖鸭先知,身处海峡对岸的张大春先生,可能会比我们更早地面临着这样一个疑问。我注意到张大春先生提到他非常看重索尔·贝娄,看重他的《雨王亨德森》(内地译为《雨王汉德森》)。碰巧,这也是我热爱的作家和作品。索尔·贝娄曾经无可奈何地表示,在这个时代,写作者将被抛到脑后,在世界末日来临之际,人文学科将应召为地下墓穴挑选墙纸。听起来就足以让人汗毛倒竖!但他确实道出了部分实情。无疑,写作的意义,小说的意义,需要重新评估。张大春从最早的庄子的寓言故事,说到司马迁的《史记》,再说到艾柯和卡尔维诺(这二位也碰巧是我喜欢的作家),小说随着斗转星移而历经种种演变,从中我们或可得到某种启示,以便重新找到小说叙事的动力?

这本书中最精彩的部分是张大春对具体的小说写作技巧问题的阐述,即张大春的小说修辞学。读到他关于小说语言的一段文字,我差点站了起来。因为在七八年前的一段文章里,我也说过这样一段话。如果我没有记错的话,那篇短文是发表在《青年文学》杂志上的。现在读到类似的论述,我可谓遇到了知音。没错,当代小说家最重要的修辞学,就是清理和检验那些"语言的尸体"。这些尸体像粪便一样从播音员漂亮的嘴巴里喷出,它们散落在各种报纸的头条,严重地污染着人们的感官。我被张大春先生的议论完全吸引,是在读到张大春对那个有名的"公案"的分析之后,我说的"公案"是指鲁迅《秋夜》的开头:"在我的后院,可以看见墙外有两株树,一株是枣树,还有一株也是枣树。"惜墨如金的鲁迅为什么不直接说"有两株枣树",而要说"一株是枣树,另一株还是枣树"?我在高校教书时,也曾向学生分析过这个公案,我是从"形式的写意"上分析的。现在看了张大春的分析,我顿觉自己的分析有些勉强。张大春注意到了句子中的"可以看见"四个字,即鲁迅是"为读者安顿一种缓慢的观察情景",为的是引领读者接下来仰起脖子,好观察枣树上方那"奇怪而高"的天空。由此我想起海明威《永别了,武器》的开头,海明威用"望得见"一词为读者安顿了一个观察视角,让读者去看河心的那些大圆石头。类似的例子还有《百年孤独》的开头,作者引领读者看的也是河心的那些石头,它们宛如史前动物留下的蛋。看来,如此的开头,实为引领读者从现实世界进入文学世界的便捷小径。张大春书中类似的分析不胜枚举。如果你碰巧遇到他在分析一篇你熟知的小说,譬如乔伊斯的《逝者》(内地译为《死者》),譬如艾柯的《傅科摆》,你都会发现张大春可能有更深入的读解。如果说有什么不足,我想张大春在分析具体文本的时候,其实可以更多地联系到当代生活经验。因为对任何文本的解读,都是为了让读者更好地用当代生活经验去理解小说家所呈现出来的经验。

  我自己非常感兴趣的是,张大春对"百科全书式小说"的关注。就我所知,大陆的耿占春先生对此也有精妙的分析,耿占春在关于我的小说《花腔》的一篇论文中,就曾指认《花腔》是一部"百科全书式的小说"。耿占春和张大春都引用了卡尔维诺在《未来千年备忘录》的一段话:"现代小说是一种百科全书,一种求知方法,尤其是世界上各种事体、人物和事物之间的一种关系网。"张大春说,这种小说"毕集雄辩、低吟、谚语、谎言于一炉而冶之,如一部'开放式的百科全书'"。我想,这种小说部分地偏离以讲述"个人经验"为主旨的"说书传统",为的是激活并重建小说与现实和历史的联系。之所以会出现这种类型的小说,当然因为小说家对已有的历史范畴和观念产生了怀疑,对"说书传统"在当代复杂的语境中的作用产生了怀疑。我想,最重要的因素还可能是,它要表明小说家对单一的话语的世界的不满和拒绝。小说家在寻求对话,寻求这个世界赖以存在的各个要素之间对话。

  我得承认,我在阅读《小说稗类》的时候,能够感觉到我与张大春先生之间存在的差异,这种差异可能源于写作的语境的不同。对张大春先生自况的"工匠精神"以及他对写下了《动物庄园》的奥威尔的不认同,我可能另有看法。张大春引用米兰·昆德拉的话说,奥威尔的小说有某种"恶劣影响",是伪装成小说的"政治读物"。不能因为书中"看不见少女和她盛满水的水罐",就断定这部小说没有"窗子"。其实,奥威尔的小说也是庄子所说的"卮言",是"酒杯中的水",它也是庄子笔下的"罔两"所说的"蝉蜕的壳,蛇蜕的皮"。在张大春先生渐渐陌生的语境中,那种小说可能是真正的屡遭铲除的"小说稗类"。而当我这样说的时候,我得承认,我对张大春先生所身处的具体语境确实有某种钦慕。我想,如果我处于那样的语境中,我或许也会作出类似的判断,但我现在不会。我想,这也是小说家的道德承诺,是张大春先生可能已经淡忘的小说家的一种"伦理的律令"。对小说家来说,或许更紧要的问题在于,如何带着这种"道德承诺",这样一种"伦理律令",站在一切话语的交汇点上,与各种知识展开对话。

  对一本书的阅读,是对作者的尊重,也可能是对作者的偏离。因为这是一本值得小说家和读者阅读的书,我想我或许能看到更多有价值的讨论。

原载《文艺报》2004 年 10 月 12 日

传媒时代小说何为？

李 洱

由网络领域里的口水大战、"恶搞"事件,到大众报纸的文化娱乐化、文学事件化,不少人在媒体的炒作下迅速蹿红。正如波兹曼所说,当代大众传媒似乎只有一种声音即娱乐。新闻的价值取决于它能带来多少笑声。在这种情况下,个人的痛苦在哪里？存在的真实性、存在的价值和意义在哪里？面对强势的传媒时代,小说又该作出何种调整和探索？

我们越是生活在一个非虚构的世界，虚构就显得越是重要

在传媒时代如何写作确实是一个困扰我的问题。人们相信大众传媒的力量,不是从今天开始的。我看过尼克松的自传,尼克松在访华之前,跟基辛格商量给毛泽东送什么礼物。尼克松最后选定的礼物是一台电视机,认为只要毛泽东看了电视,就知道外面的世界是什么样了。尼克松显然认为,电视具有一种改变时代的能力,具有一种改变社会形态的力量。我们现在无法知道,中国社会后来所发生的一系列深刻变革,跟尼克松送的那台电视机究竟有没有关系。但有一点是可以确定的,那就是到今天为止,报纸、电视、网络等传媒确实在相当大的程度上影响了我们的生活,而且还将越来越深入地影响我们的生活。我们的价值观、幸福观,我们看待世界的方式,想象世界的方式,都会因为传媒的强势介入而发生变化。连最具有独立精神和批判精神的知识分子,似乎也无法逃脱它的指令。

许多人都认为,与其读小说,还不如看报纸,看电视新闻。尽管我们知道这种以非虚构面目出现的镜头、文字、图像有可能包含着更大的虚构,但是很多人,包括我,还是愿意把时间交给电视、报纸、网络。那么在这样一种情况下,虚构是否还有必要？在大众传媒横行霸道的时代,小说何为？

我认为,我们越是生活在一个非虚构的世界,虚构就显得越是重要;我们越是生活在一个被图像包围的世界,文字书写就越是珍贵。因为虚构本身就是一种自由精神的体现,是一种对体制的不认同,对日常生活的抗争。也就是说,非虚构世界的存在,有可能使得小说存在的理由显得更加坚实,更加充分。事实

上，当这个世界过多地沉浸在非虚构的语境中的时候，在某种意义上，虚构就成为了"他者"。正是这种"他者"，这种异于现实的美学，让我们得以与体制化的现实疏离开来。而正是这种疏离，让我们不仅得以认清现实，而且有可能使我们的文字具有一种介入现实的力量，当然，它也让我们得以从另外一个角度确立自我的身份。

没有现代传媒的介入，就没有我们现在看到的现代小说

当这个世界过多地沉浸在非虚构的语境中的时候，在某种意义上，虚构就成为了"他者"。这让我们得以与体制化的现实疏离开来，让我们不仅得以认清现实，而且有可能使我们的文字具有一种介入现实的力量。

其实历史上文学与传媒关系就很紧密，比如，鲁迅、福楼拜等均与传媒关系密切。即使在我们看来是桃花源中人的作家，比如沈从文，他看世界的方式，想象世界的方式，表达世界的方式，他的小说文体都与大众传媒的影响密不可分，只不过他的小说文体与大众传媒的关系非常隐蔽。沈从文只写了一部长篇小说《长河》，在小说的题记中，我们可以读到一个信息：如果他没有在京城生活的经历，如果他没有接触到现代媒体，他是不会写《长河》和《边城》的。《长河》这部小说非常有趣，既充满着民间话语，又充满着一系列大众传媒话语，而那些大众传媒话语大多是用民间话语的方式表达出来，呈现出一种新的现实。在叙事上它也不像一般的长篇小说，倒像是说明文，地方志，风物志，小品文，是一系列碎片的连缀，有些像卡尔维诺所谓的百科全书式的小说。我以为，也可能是误以为，这是沈从文在他那个时代对小说作出的一种必要调整。如果联系到沈从文同一时期写下的《边城》，我们会发现他的调整实际上包括另一个方向，把大众传播当成一种新的文化现象，把大众传媒与现实的关系当成一种新的现实，然后正面去表述。套用余华先生的话来说，这或许就是正面强攻。

从表面来看，我们或许可以把沈从文的小说称为地方性叙事。如果我们把沈从文的写作热情，他的地方性叙事的意义，看成是外部世界刺激的结果，看成是以大众媒体为代表的现代文化符码介入的结果，我想这种说法大致上可以成立。所以，我认为，这是沈从文这样一个乡土作家对现实的两种回应方式，他的写作也由此获得了长久的意义。我想，他的写作能够给我们的最主要的启示，是他提供了想象世界的方法。在全球化的今天，在现代传媒如此发达的今天，沈从文想象世界的方法，以及作为一种地方性叙事的意义，都不但没有过时，反而越来越具有启示性。

或许我们可以下这样一个结论:无论是中国现代小说还是西方现代小说,它的肇兴都与现代传媒有密切的关系。没有现代传媒的介入,就没有我们现在看到的现代小说,现代小说其实也是现代传媒发展的重要成就。

越是全球化,地方性叙事的意义越是突出

当然,我们必须得承认,与沈从文那个时代相比,大众传媒对时代的影响现在要更为深刻,更为广泛。同时,传媒的性质也有了某种变化。从2004年开始,波兹曼的《娱乐至死》意外地成了一本畅销书。波兹曼说,当代大众传媒其实只有一个声音,那就是娱乐的声音,都在拼命搞笑。新闻的价值取决于它能带来多少笑声。如果我们承认他说的是事实,那么这种媒体的专制,一种娱乐的专制,确实非常隐蔽。在这样一种情形之下,我们不再体验到那种传统的痛苦,那种细致入微的痛苦。个人的痛苦在这个时候显得很没有意义,不值一提,别人可以一笑而过。那么这种情况下,个人的痛苦在哪里?在这样一种欢乐和谐的气氛中,个人存在的真实性又在哪里?

在这种情况下,小说的虚构肯定要作出某种调整。我注意到对当代生活,尤其是城市生活,小说进入了浮世绘式的描述。而且很多情况下,是一种沉迷其中的描述,是一种渴望着被同化的描述。比较遗憾的是,我没有看到对这样一种新的专制进行反思式的书写,对个人存在的真实性所面临的威胁的反思性书写。尽管如此,我仍然乐于承认,这确实也是一种调整,而且在市场上还非常有效。当然,我更乐意看到另外一种调整,它更有精神性的意义。只要稍微留心一下就会发现,进入新世纪以来,一些重要的敏感的作家,经常在强调小说的叙事资源问题,比如莫言的《檀香刑》、格非的《人面桃花》、毕飞宇的《玉米》等。莫言在《檀香刑》后记里面提到的大踏步后退,很多批评家还加入了讨论,大致意思是说,莫言是在向传统小说致敬。格非的《人面桃花》,用他自己的说法,是受《红楼梦》和《金瓶梅》的影响。我记得很多年前,那时候毕飞宇刚发表《玉米》,如潮的好评还没有到来,我与毕飞宇私下有过一次长谈。当时谈的也是叙事资源的问题,我说我甚至读出了传统小说的味道。毕飞宇当时一高兴,就向我透了个底,说他正在看《金瓶梅》和《水浒》。据他说,《玉米》这个篇名来自臧天朔的一首歌。这也非常有意思,一边放着摇滚,一边翻着《金瓶梅》,一边写着《玉米》。我觉得毕飞宇随意说出的这样一个情形,倒可能说明了当代写作的一种复杂的处境。而当他们提到叙事资源问题的时候,我以为他们其实也在强调地方性叙事的意义,在新的文化语境中地方性叙事有哪些新的空间,新的可能性。我还想说,这与沈从文当年的写作,其实应该是一脉相承的。而我们之所

以在今天如此强调叙事资源,要把《红楼梦》、《金瓶梅》、《水浒》重新从书架上取下来,放到自己的案头,是因为到今天,越是全球化,地方性叙事的意义越是突出,我们自身的文学资源也就越显得珍贵。更重要的是,他们用这种文体,一种拟古式的文体,造成一种疏离感,以此来对大众传媒所代表的语言、文化、意识形态进行个人的抗争。他们顽强地拒绝被同化。

当然还有另外一种调整。在虚构的形式上,在文本结构的编排上,吸收大众传媒,尤其是电子传媒的一些重要元素。我本人曾经对这样一种尝试非常着迷。我最近在读南帆先生的《理论的紧张》,他引用了多媒体作家保罗·罗伯茨的观点:以前的小说、故事,只能以一种方式讲述,故事既然有了开头,那就会有结尾,所以故事一开头就是大江东去,要奔向结尾,这是一种线性的讲述方式。那么还有另一种方式,就是非线性的,有许多可能性加入进来,四处蔓延,形成一种新型的、更为复杂的文本结构。比如,如果我们在网页上找到莫扎特,用鼠标点开,你就可以找到有关莫扎特的所有链接,你可以读到相关的 18 世纪的音乐或者维也纳歌剧的文章。在鼠标的点击下我们很快会从一个事物跳到另一个事物,从一个词进入另一个词,从一个片断进入另一个片断,用罗伯茨的话说,你是沿着不同的符号路线转入各个分支通道,并根据一个巨大的文本库创造出一个非线性的叙述文本。

但我却非常担忧这一结构的调整,因为由此产生的文本的零碎感让人感到不适。所有的文本虽然可以相互链接,但它们实际上是彼此隔绝的。那么这样一来,作品不可能有自己的风格,修辞风格是作家存在于世的重要证明,这么一来,作家何在?更重要的是,作家又如何亮出自己的观点?当你的写作变得和报纸一样的时候,你的写作和报纸的区别在哪里?你是不是被报纸同化了?我知道,这种写作很多时候被命名为狂欢化的写作,它也确实有某种狂欢性质,狂欢到自己的眼睛和手都不够用了,跟不上喽。这种情形下,你是否还有时间,哪怕一点点时间,在沉思和默想中,在文学的静穆中,表达自己的真实感受?那么,你本人何在?你的意志何在?你似乎冲破了原有的文本的限制,但你却进入了另一种限制,所以所谓的自由写作说到底很可能是一种假象。我想,这种困境可能也是进行比较极端的文体实验的人迟早都会遇到的问题。我想对此保持警惕或许是必要的。

因为处于前现代时期,我们仍然有一种可以被称为传统的痛苦,比如贫困、暴力、愚昧、压抑,我把这些称为"重"的痛苦,它是一种"重",一种难以承受的"重"。在中国长达百年的乌托邦梦想破灭之后知识分子灵魂的空虚,由于现代技术对人的统治而带来的无力感,以及被压抑的欲望获得释放之后的困乏状态。这种新鲜的痛苦,或许可以称为"无法承受之轻"。

用小说去面对难以承受的"重"与"轻"

　　或许更重要的,是我们在经历了很多事情之后终于认识到,我们确实还有许多苦痛,而自己的苦痛在好多时候是无法被娱乐化的,是无法被通约的,是需要你个人,或者你这个写作群体独自去面对的。也就是说,我们依然有个非常坚硬的内核,无法被化解。我们依然有着自己的黑暗背景,需要自己去面对。那些苦痛,那些属于中国作家自己的苦痛,仍然会不时地袭上心头。虽然因为全球化时代的到来,世俗化浪潮已经席卷中国,西方发达国家的所有经济和文化产品已经涌入中国的大街小巷,到处都洋溢着一种欢乐的气氛,但是中国的社会政治结构并没有发生根本变化,在意识形态领域,历史依然带着强大的惯性在向前滑行。那么,与此相适应,一方面中国好像已经进入后现代时期,与国际社会大面积接轨,而另一方面,中国社会的许多方面依然处于前现代时期。这是一种特殊的中国式的处境。因为处于前现代时期,所以我们仍然有一种可以被称为传统的痛苦,比如贫困、暴力、愚昧、压抑,我不妨把这样一种痛苦称为"重"的痛苦,它是一种"重",一种难以承受的"重"。我由此想到波兰作家米沃什的话:事实上存在着"另一个欧洲",波兰虽然处于欧洲,但是波兰人却依然生活在欧洲的某一个已经结束了的历史之中,生活在欧洲的过去时。所以,他那种痛苦,在别的欧洲人看来,是一种过时的痛苦。这样一种境遇与我们现在的境遇,其实非常相似。对别人来说,历史可能已经终结,马拉松长跑已经撞线,香槟酒已经打开,甚至香槟酒的泡沫已经消散,但对我们来说,历史并没有终结,我们仍能感受到历史的巨大压力。所以,我说这是一种"重"。

　　那么除了这种可以称为"重"的痛苦之外,我们确实还有一种比较新鲜,听上去也比较别致的痛苦,同时也确实很真实的痛苦。那就是在中国长达百年的乌托邦梦想破灭之后知识分子灵魂的空虚,由于现代技术对人的统治而带来的无力感,以及被压抑的欲望获得释放之后的困乏状态。这种新鲜的痛苦,如果借用米兰·昆德拉的说法,这种痛苦或许也可以称为"无法承受之轻"。更多的时候,我们就在这两种痛苦之间徘徊,并为此发出悲鸣。

　　显然,这样一些无法被大众媒体吸纳的经验,都有赖于我们去呈现,而且或许只有通过小说虚构去呈现。所以我最后想说,在这个传媒时代,不管你作出怎样的应对,怎样的调整,最后要解决的,是如何用小说去面对这种"轻"和"重"的痛苦,面对它们的繁复关系,小说的虚构也由此可能获得它的意义和尊严。

原载《社会科学报》2010年7月8日

为什么写,写什么,怎么写
——在苏州大学"小说家讲坛"上的讲演

李 洱

很荣幸来苏州大学参加这个论坛,感谢主持人林建法先生和王尧先生给我这个机会。大学里的气氛让人很迷恋,很亲切,我甚至有点激动。主持人王尧先生刚才的介绍,又给我带来一些压力。激动,再加上压力,我就不知道能不能讲好了。我看过很多作家在这个小说家论坛上的演讲,虽然谈的都是小说问题,但每个人看问题的角度、方法和看法,却各有不同。这很重要,因为它构成了对话关系。这是一个对话的时代,写作是一种对话,阅读是一种对话,演讲也是一种对话,演讲与演讲之间也是对话。它可能是真理与真理的对话,也可能是谬误与谬误的对话。不过,真理的对立面不一定是谬误,谬误的对立面也可能不是真理。它是一种全面的对话关系。实际上,人类的语言活动都是对话,文学活动自然也在此列。

前段时间,应朋友之邀,我给张大春先生的《小说稗类》写过一个书评。我不认识张大春先生,迄今也没有任何联系。我只知道他是台湾辅仁大学的教授,也写小说,以前在杂志上看过他的《四喜忧国》和《将军碑》。他好像是台湾的先锋作家,与白先勇、陈映真他们不同,当然主要是叙述方式不同。《小说稗类》大概是他关于小说的讲稿,涉及小说创作的方方面面。在写那篇书评的时候,我能够感受到我们对小说本身的理解有很多相同的地方,当然他看的比我多,比我细,也比我有学问。我觉得他跟在场的、中国内地最有学问的作家格非先生有一拼。但我也非常明显地感受到,我与张大春先生有很多不同。同是用汉语写作,同是在20世纪末21世纪初写作,为什么会有这么多不同呢?我想,主要是因为语境的差异。说得具体一点,就是他在台湾写作,而我们在内地写作。对他来说,历史已经终结,马拉松长跑已经撞线,而我们的历史尚未终结,我们还可以感受到历史的活力,当然也可以感受到它的压力。我给那篇书评起的题目就叫《小说家的道德承诺》。写完以后,我感到问题没有那么简单,也就是说,不仅仅是写作者的语境问题。比如,同是在中国内地写作,语境相同,感受着历史同样的活力和它的压力,很多人的写作不是同样有很大差异吗?我这种说法,很容易引起误解。我知道有人会说,你这句话毫无道理,写作当然应该有差异。不怕有差异,就怕没差异。要是所有人的写作都一样,那我们只看一个人的作品就行了,还要那么多作家干什么?杀了喂狗算了。所以,我得赶紧解释一下。我指的不是作品的风格,作品的主题、情节和人物。我说的是真正的作家他为什么会持续写作,他在成名以后仍然要写作,哪怕再也达不到他曾经达到的高度他仍然要写作;小说家与他所身处的现实应该构成怎样的关系,小说家在这个时代的历史语境,对写作应该有怎样的基本的承诺。

每个作家首先要遇到的问题就是"为什么写作"。追名逐利的动机可能每个人都会有,这一点似乎毋庸讳言。本雅明的《经验与贫乏》中讲到过卡夫卡的例子。这是文学史上著名的公案。他谈到,卡夫卡的遗嘱问题最能揭示卡夫卡生存的关键问题。我们都知道,卡夫卡死前将遗作交给了朋友布洛德,让布洛德将之销毁。而布洛德违背了这一遗嘱,将卡夫卡的作品整理出版了。按照一般的理解,我们会说布洛德这样做,是要让别人知道他与圣人的关系很不一般,我的朋友胡适之嘛,我是圣人卡夫卡最好的朋友。本雅明说,与圣人产生密友关系,在宗教史上有特殊的含义,即虔信主义。布洛德采用的炫耀亲密关系的虔信立场,也就是"最不虔信的立场"。接下来,本雅明的分析才是更要命的。本雅明说,卡夫卡之所以把遗嘱托付给布洛德,是因为他知道布洛德肯定不会履行他的遗愿。接下来,本雅明又写到,卡夫卡会认为,这对他本人以及布洛德都不会有坏处。这是一次非常精彩的行为艺术。我想,这个例子就很能说明问题,我们无法逃脱这样的世俗的动机,这也是一种"个人的真实性"。布洛德在他关于卡夫卡的传记里,极力把卡夫卡写成一个圣人,其实是不得要领的,用本雅明的说法,是"外行的浅陋之见"。当然问题还有另外一面,另外一种可能,就是卡夫卡要求销毁作品,其动机也是真实的,就是他担心自己的作品会对后世产生不良影响,他不愿意为这种不良影响承担责任,现在通过这个遗嘱,他把这个责任推给了布洛德。鸟之将死其鸣也哀,人之将死其言也善啊,这应该是卡夫卡心理状况的真实写照。我们以此可以看到,一个作家在面对自己作品时的复杂心理。卡夫卡的这种精神状况,可能使我们想起另外一个人,那就是耶稣:当我们把他看成尊贵的神的时候,他其实是一个失败的人,当我们把他看成失败的人的时候,他是一个尊贵的神。生命中不可承受之俗啊。

撇开名利因素,我想,谈到"我为什么写作",好多人的回答都是"除了写作我什么都不会"。此类回答,我们听到的最多。俏皮倒是俏皮,但其实是敷衍之辞。我不相信,你会写作,却不会干别的。前段时间重读捷克作家伊凡·克里玛与美国作家菲利普·罗思的对话,伊凡·克里玛对这个问题的问答真是深得我心,他说,在这个时代写作是一个人能够成为一个人的最重要的途径,正是因为这个原因,许多有才华的人将写作当成自己的终身职业。伊凡·克里玛其实道出了在极权专制以及随后到来的个人性普遍丧失的商业社会里,写作得以存在的理由。通过写作,通过这种语言活动,个人的价值得到体现,个人得以穿透社会和精神的封闭,成为一个真正的个人。

伊凡·克里玛的这种说法,使我想起中国文学史上的一个名人。现在随着一系列肥皂剧的播映,他的名气越来越大。这个人就是"铁齿铜牙"纪晓岚。中国古代,将小说家说成是"稗官",与"史官"相对。按鲁迅在《中国小说史略》中转述的《汉书·艺文志》的说法,"小说家者,盖出于稗官,街谈巷语、道听途说者之所造也。"那么何为"稗官"呢?"然稗官者,职惟采集,而非创作,街谈巷语,自生民间。"所以,"稗官"可能相对于"史官"而成立,如果是"官"也不是什么正儿八经的官。实际上,它不可能是一个具体的官职,更应该看作一种文化身份。纪晓岚可能是中国最有名的一个具有"史官"与"稗官"双重身份的人。我们都知道,纪晓岚为一代重臣,大学士,加太子少保衔,兼理国子监事,官居一品,统筹《四库全书》的编撰事宜。这都让后人看重。但后人看重纪晓岚,比如中文系的师生看重纪晓岚,还有另一个原因,即他是《阅微草堂笔记》的作者。当他写作《阅微草堂笔记》的时候,他的身份就由"史官"变成了"稗官"。在《阅微草堂笔记·原序》里,纪晓岚的门人写道:"文以载道,文之大者为《六经》,固道所寄矣。降而为列朝之史,降而诸子之书,降而为百氏之集,是又文中之一端,其为言皆足以明道。再降而稗官小说,似无与于道矣。"然后,这个门人又写道:"河间先生以学问文章负天下众望,而天性孤直,不喜以心性空谈,标榜门户;亦不喜才人放诞,诗坛酒社,夸名士风流。……乃采撷异闻,时作笔记,以寄所欲言。"这段话说明,纪晓岚真正的心性,想说的真话,只能通过《阅微草堂笔记》说出来。否则,他就不是纪晓岚。所以,我以为,成为一个真正的人,真实的人,是写作者最大的动机,否则高贵如纪晓岚者,为什么也会屈尊为一介"稗官"呢?说出真实的自己,表达自己真实的想法,使自己成为一个人,我以为这是写作的动机,是小说家对自己的道德要求。

为什么写是个问题,写什么也是个问题。张大春先生在《小说稗类》里说,小说是一股"冒犯的力量",小说"在冒犯了正确知识、正统知识、真实知识的同时以及之后,小说还可能冒犯道德、人伦、风俗、礼教、正义、政治、法律",正因为这种冒犯,小说一直在探索尚未被人类意识到的"人类自己的界限"。也就是说,他认为小说的一个重要职能,就是探索人类自己的界线,为此它要冒犯正确知识、正统知识和真实的知识。我想,他所说的冒犯,大概类似于我们经常说的质疑、怀疑,并付诸写作。确实,到了20世纪以后,无论是哲学还是文学,还是别的人文学科,对人类的已有的经验进行重新审视和反省,都是一项重要工作。分析哲学、解构主义思潮、新历史主义等等人文学派得以成立,也是因为这个原因。我们甚至可以说,任何一种新的人文学派的产生,都是怀疑之后的冒犯。

我最近看了库切的一部小说,《彼得堡的大师》。这部小说写得好坏是另外一回事,可以加以讨论。我比较感兴趣的是库切对少女马特廖莎的塑造。这样一个人物形象,令人想起陀思妥耶夫斯基笔下的阿辽沙,托尔斯泰笔下的娜塔莎,帕斯捷尔纳克笔下的拉里莎,以及福克纳笔下的黑人女佣,他们是大地上生长出来的未经污染的植物,有如泉边的花朵,在黑暗的王国熠熠闪光,照亮了幽暗的河流,他们无须再经审查。但是,且慢,就是这样一个少女,库切也没有将她放过。可以说,书中很重要的一章就是"毒药"这一章:这个少女的"被污辱"和"被损害",不是因为别人,而是因为那些为"穷人"和"崇高的事业"而奔走的人,为人类美好的乌托邦而献身的人,她进而成为整个事件中的关键人物,在小说的情节链条上具有非常重要的意义,她本人即是"毒药"。

从这里,我想或许可以看出文学的巨大变化。陀思妥耶夫斯基和托尔斯泰看到这一描述,是否会感到挨了一刀,是否会从梦中惊醒?我想,它表明了库切的基本立场:一切经验都要经受审视和辨析,包括陀思妥耶夫斯基和托尔斯泰的经验,包括一个未成年的娇若天仙的少女的经验——除非你认为他们不是人类的一部分。所以,我认为,小说家的一个重要工作,就是对已有的经验进行重新审视。对小说家来说,这不是不道德,而是一种道德,是要从黑暗中寻找新的可能性。我想起了波兰作家米沃什的一句话,他说对于20世纪的历史,我们几乎还没有动过。怎么能说没有动过呢,有关的历史记述早已卷帙浩繁,汗牛充栋,但他说的意思其实是另外一个意思,我们需要不断地重新讲述这段历史,不断地重回历史现场,不断地重新审视已有的经验。顺便说一句,我至今仍然经常看到,有许多批评家,将当今的写作与陀思妥耶夫斯基和托尔斯泰相比,以此来批判当今的写作缺乏理想,缺乏博爱,缺乏宗教。当今的写作无疑有很多问题,很多不足,陀思妥耶夫斯基和托尔斯泰的写作无疑会给我们很多启示,但是,期望当今的文学出现类似的大师,期待人们向他们看齐,我想这是一种荒唐的想法,甚至是一种无知的想法。隔着两个世纪的漫漫长夜,千山万水,怎么可能出现那样的人物呢?我甚至想说,最不像托尔斯泰的那个人,可能就是这个时代的托尔斯泰。如果说,托尔斯泰用自己的文字为他的时代命名,那么,这个时代的作家,有一个重要的工作,就是为自己的时代命名。

所以,我认为与重新审视已有的经验同样重要的工作,是审视并表达那些未经命名的经验,尤其是不同语言、不同文化背景相互作用下的现代性问题。前些年,我看到过一篇小说,我也与格非在电话中讨论过这篇小说,就是拉什迪的《金口玉言》。他写的是一个巴基斯坦少女到签证处签证,要到英国和未婚夫结婚的故事。这个少女是幼儿园的阿姨,有自己的事业,但媒妁之言、父母之命以及乡村的贫困,使她不得不嫁到英国去,但她又从未见过自己的未婚夫。有意思的是,主人公其实并不是那个美丽的少女,而是签证处对面的一个老人。故事是从一个饱经沧桑又行骗了一辈子的老人的视角来讲述的。在这个时刻,老人告诉少女,签证处的那些人都是些坏人,他们会问你很多问题,会百般刁难,比如你的未婚夫的家世,他的生理特征,甚至做爱的习惯等等。如果你答的不对,他们就会拒签。所以你应该相信我的话,让我替你签个证。我们都知道,中国各个城市的验车的地方都有"车虫",就是和验车的工作人员勾结,赚取司机钱的人,如果你不通过车虫验车,你的车就会通不过。这个老头大概就相当于这种角色。但是这个老头,此时被这个少女的美镇住了,他平生第一次说了真话。问题是,这个少女不相信他,而宁愿相信政府的工作人员。后来,这个少女果然被拒签了。小说的结尾写这个老人面对着女孩的背影,为自己第一次说真话而不被相信,感慨万端。这个故事初看上去好像很简单,其实它很复杂,可以有多种理解,比如我们也可能它把它理解为,那个女孩子其实是等着被拒签,因为她其实不愿意去英国,她更愿意和家乡的孩子待在一起,这样一种写法还能让人联想到马拉默德的《魔桶》的写法。但我更感兴趣的是,在这样一个故事里面,包含着这个时代的文化上的第三世界和第一世界之间的关系,包含着边缘与主流的关系,包含着一个信息化时代个人的真实性问题,很多问题对我们来讲都是困兽犹斗式的。我以为,我们的小说,需要对这样一种经验进行有意识地呈现,这种呈现的过程就是命名的过程。

我本人前不久遇到一件有趣的事,或许哪一天我会把它写成小说。现在都市里的有钱人,喜欢买明清家具。客厅里摆上古旧的从农村收上来的明清家具,成为一种新的时髦。北京有个地方叫高碑店,从河南去北京,离北京最近的那个车站就是高碑店。那里有一条街,卖的都是这样的家具。我在那里看到很多老外,卖家具的人告诉我,老外都是成箱托运到国外的。我在那里看到一个东西,是农村喂马的马槽。店主告诉老外,这些马槽都是用来放鲜花的。老外买走自然就会用它来放花。我还看到电影《大红灯笼高高挂》里四姨太太颂莲用来敲脚的一套工具,好像有人指出过这是伪民俗。但现在店里的人告诉我,这是从什么时候的大户人家的后人那里收上来的,老外们很喜欢,中国人也很喜欢。店主说,很多明星,比如经常在电视剧里演皇帝的那个演员,演和珅的那个演员,都来这里买东西。我觉得,在那些临着农田,临着高速公路,临着北京这样一个大都市的店铺里,每时每刻都在讲述着这个时候才有的故事,里面包含着非常复杂的文化寓意。比如东西方的交往,传统与现代的关联,西方对于中国的想象以及这样一种想象如何对中国构成了影响,并迫使我们自己改写自己的历史,以及大众传媒对生活的影响,等等。我不知道别人是怎么看的,我自己觉得这样一种复杂经验,在文学中并没有得到充分表现。

类似的故事还有很多很多,不胜枚举。这是一个迅速变化的时代,一切都在发生改变,用迪伦马特的话来说,现在是祖国变成了国家,民族变成了群众,祖国之爱变成了对公司的忠诚。用索尔·贝娄的话来说,以前的人死在亲人的怀里,现在的人死在高速公路上。这都是一些有待命名的新经验,当然我说的是用文学的方式命名,是用一定的叙述形式来适应不同的现实。叙述这一现实大大超过文学的范畴,是我们认识现实的基本依据之一。关于小说,我们的庄子曾创造过两个词,一个是"小说"这个词。庄子是中国第一个小说家,也是第一个说出"小说"这个词的人。在《庄子·外物》里,庄子说:"饰小说以干县(悬)令,其于大达亦远矣。"它的意思是说,粉饰一些浅薄琐屑的知识以求取高名,那么距离通达的境遇还差得很远。显然这里的"小说",与我们后来提到的小说,有很大不同。它也不是专用名词,它指的是浅薄的知识,没有虚构、讲故事的意思。但是后世关于小说的一些看法,却多少沿用了庄子的说法,并使得它最终成为一个专用名词,成为一种叙述文体的称谓。另外一个词是"卮言","卮"是古代盛水的器皿。庄子的意思是,语言就是"酒杯中的水"。水因为酒杯的形状不同,它也会有不同的形式,所谓随物赋形。我想,在这样一个文化背景下,小说作为一种"酒杯里的水",应该能用自己的方式对这种复杂的文化现实做出命名,即做出文学的表达。当然,这样一种表达,有时候会让人感到不习惯,不舒服。我自己感觉,我刚刚出版的长篇小说《石榴树上结樱桃》,在这方面做了一些努力,当然它也让一些朋友觉得不舒服,不习惯。我写的是九十年代以后中国的乡村,这个乡村与《边城》、《白鹿原》、《山乡巨变》里的乡村已经大不相同,它成为现代化进程在乡土中国的一个投影,有各种各样的疑难问题,其中很多问题,都超出了我们的想象。我觉得我们很长时间以来并没有进入乡土,谈论的很多问题,都是水过鸭背,连毛都不湿的。这篇小说,我写的好坏是一回事,但一定要触及,我觉得我触及了。如果我写得不好,我当然应该羞愧,但我没有必要十分羞愧。

在八十年代,有一段时间文学界讨论,说小说的写作已经由"写什么"转向"怎么写"了。现在看来,这个说法太简单了,甚至有点荒唐了。"写什么"和"怎么写"的重要性,应该说从来都是等量齐观的,而且它们密不可分。几千年前,庄子用一个词"卮言"就把问题表达清楚了。但为了谈论的方便,我想把这个问题拎出来再说一遍。又因为具体的写法可以是各种各样的,所以我只能从方法论上来谈。有一本书,我觉得很重要,就是耿占春先生的《叙事美学》。耿占春先生在我的心目中,是一个非常重要的批评家,有很多洞见,而且他的洞见都带有自己的体温。他在这本书中谈到一种新的小说形式,就是"百科全书式的小说"。我注意到张大春的《小说稗类》里也谈到这个问题。我想,这涉及我们这个时代对"怎么写"的一些思考。耿占春和张大春,他们都引用了卡尔维诺在《未来千年文学备忘录》的一段话:"现代小说是一种百科全书,一种求知方法,尤其是世界上各种事体、人物和事物之间的一种关系网。"张大春说,这种小说"毕集雄辩、低吟、谵语、谎言于一炉而冶之,如一部'开放式的百科全书'"。

说这样一种小说形式是"新的",可能有人不同意,比如有人会说《圣经》就是百科全书式的,司马迁的《史记》和纪晓岚的《阅微草堂笔记》也是百科全书式的,你怎么能说百科全书式的小说是新的呢?对这样一种质疑,我只能张口结舌。我唯一可以辩驳的是,这说的是小说,而不是历史和经文,不然我们就不会说小说的一个非常高的境界就是"伪经"。

对中国的读者和写作者来说,应该承认,我们的文学传统是植根于一个说书传统。传统的说书、鼓词,在皎洁的月光下,在清扫一空的打麦场上,一阵击鼓打板之后,好戏开演了。它虽然讲的都是帝王将相的故事,英雄美人的故事,但它的一个基本的思路,是通过讲述一种"个人经验",成功或者失败的个人经验,善与恶、忠与奸斗争的经验,来概括它对历史的认识,来实现它对人的教化。现在,这样一种百科全书式的小说,部分地偏离这个传统,我想它的目的,是为了激活并重建小说与现实和历史的联系。它出现的背景,当然首先是因为小说家对已有的历史范畴和观念产生了怀疑,对"说书传统"在当代复杂的语境中的作用产生了怀疑。我想,最重要的因素还可能是,它要表明小说家对单一话语的世界的不满和拒绝。小说家在寻求对话,寻求这个世界赖以存在的各个要素之间的对话。以前我们可能认为,真理就在我的手中,真理是唯一的,真理的对立面就是谬误。这种一元化的表述方式,显然是有问题的。现在的这种小说,应该是站在一切话语的交汇点上,与各种知识展开对话。

我自己感觉,我在长篇小说《花腔》里做了这样的努力。类似的例子,其实还有,比如韩少功先生的《马桥词典》和《暗示》也是很好的例子。大概也正因为这个原因,我对韩少功的《马桥词典》有很高的评价。据我所知,我的同代作家绝大多数是不认同韩氏的努力的。但是,这并不表明我对说书传统的拒绝。我的想法是,应该有一种小说,能够重建小说与现实的联系,在小说的内部,应该充满各种对话关系,它是对个人经验的质疑,也是对个人经验的颂赞。它能够在个人的内在经验与复杂现实之间,建立起有效的联系。至于这样一种小说,是不是属于百科全书式的小说,其实并不重要,重要的是小说内部要有这样一种机制,对话和质疑的机制,哪怕它讲的是关于恐龙的故事。

以上说的问题,有些我自己也没有想清楚,很可能永远想不清楚。更何况自以为想清楚的一些话,反倒可能是一些糊涂话。我说出的与其说是感想,是读书心得,不如说是在表达困惑,是在寻求对话,是一种求解。在来苏州的火车上,格非先生一路上在给我讲《红楼梦》,给我出了很多题,关于黛玉走路的姿势的,关于坐垫的新与旧的,他思考的问题非常有意思,有很多切中这个时代文学写作的肯綮,涉及小说叙述资源的问题。我还是把时间省出来,让格非来谈。

再次感谢苏州大学,感谢林建法先生和王尧先生。

原载《当代作家》2005 年第 3 期

"日常生活"的诗学命名与建构

李 洱 梁 鸿

梁鸿：早在1998年，你就曾经说过，"从某种意义上说，现代小说是对日常生活的奇迹性的发现，在那些最普通、最平凡的日常生活中小说找到了它的叙事空间"。如前所谈，这一新的叙事空间并非只是主题的转换，而是一种深刻的美学变革和哲学变革。当意识形态的道德性和合法性开始遭到质疑——它曾经安排我们生活的秩序和价值取向，赋予每件事物明确的善与恶，是与非——历史、道德、制度突然呈现出可怕的面目，一切不再具有单一的"真理性"，而变得模棱两可，无法解释。小说家失去了建构整体世界的自信和基础，"日常生活"一改它的平淡乏味，而被赋予了深刻的哲学或诗学意义。这是否意味着，"日常生活"，而不是"价值生活"，更能代表当代经验，更具有真实性？

李洱：应该说在20世纪五六十年代，赵树理、周立波的小说，也有日常生活叙事，而且也非常精彩，比如《三里湾》和《山乡巨变》。但那种日常生活是附着在大的意识形态上面的。现在再看他们的作品，你得把那些意识形态的东西抽掉。虽然我们无法否认，任何作品说到底都是观念与事实的结合，但是那个观念不是由个体生发出来的，是外在的，是被强行加入的，所以，那个观念即便是正确的，它在写作的意义上也是虚假的。"文革"之后，有相当长一段时间，绝大多数作品也是不写日常生活的。比如伤痕文学，它带着强烈的所谓的拨乱反正的情绪，把原来的"反"当成"正"，把原来的"正"当成"反"。文革时期的小说，知识分子的形象是负面的，现在我就把他们写成正面的，如此而已。小说的日常生活实际上也是附丽在一个主流意识形态的屁股后面。新时期真正对小说艺术有贡献的，是寻根文学与先锋文学，但是无论是寻根还是先锋，他们实际上也不写日常生活，他们写的多是看不出什么年代的历史故事，或者虽然标有年代但却是子虚乌有的幻想的生活。你可能会觉得奇怪，怎么在那么长的时间内，中国的小说竟然跟中国人的日常生活没有瓜葛。但这却是事实。不管人们是否承认，一个基本的事实是，真正写日常生活应该是从所谓晚生代作家开始的。当然，这当中有个新写实主义，写得最好的是刘震云的小说，他也是写生活的，他塑造的那个名叫小林的人物形象，以后也会不断被人提起。但是，这样一些书写日常生活的小说，在很长时间里其实并没有引起什么反响。原因很多，比如人们在之前没有看到过这样的作品，所以无从判断它的优劣，比如这些小说通常都比较琐碎，看上去好像是一些鸡毛蒜皮，你不知道作者葫芦里卖的是什么药，到底要说什么。

梁鸿：晚生代之前，无论是先锋文学，还是更早的寻根文学或更早的周立波时代的文学，即使是写日常生活，也没有赋予日常生活独立的诗学位置，背后仍有更大的象征体系和秩序空间，或以民族的形象出现，或以永恒的人性出现。在你们这一代之中，生活、经验被从象征秩序，包括道德秩序和民族寓言等等中拖了出来，放在阳光下曝晒，还原出自己的面貌。当然，是一定意义的还原。有评论者认为，晚生代作家是"当代生活的迟到者"，我觉得这一词语很有意味，这里所谓的"当代生活"是指哪一部分生活？错过了什么？而这错过的事情导致了他们看待世界、看待文学的哪些不同视野？

李洱：哦，有这种说法吗？没有吧。至少我没有听到过。我印象当中，好像说的是"当代文学的迟到者"。如果是针对当代生活而言，那可能得换个说法喽，换成"当代生活的早到者"。其实也不能说是当代文学的迟到者，只是因为他们的写作在稍晚一些时候才引起关注，所以批评家们才会这么说。

梁鸿：我想这里的"当代生活"更多地是指当代中国生活中与政治意识形态紧密相连的那部分，即"文化大革命"以前。晚生代作家恰恰错过了这些宏大的叙事，但却必须承受"当代生活"破碎后的颓废与强烈的错位感。这也造成了作家写作起点与叙事立场的根本不同。如果说先锋文学的形而上思考重在对"历史"的逃逸和叛逆，还没有脱离"理性批判"和"历史主义"范畴的话，那么，"晚生代作家"的"后现代叙事"则以"否定性批判"为起点，否定历史理性和人的崇高、理想等等代表正面的价值观的名词（有作家干脆宣称，人是虚构出来的），转而进入到对"现实"的叙事，剖析或瓦解，让它呈现出前所未有的含义，这一"现实"即"当下"的生活。但是，日常生活的无目的性和随意性使得文学很难给它赋形，你是怎样去结构的？它的意义何在？

李洱：你用了很多概念，每一个概念都需要有很多说明。我只能说些感受。我不觉得，一点也不觉得，写日常生活就是否定了"历史理性"，就是否定了"人的崇高、理想等等代表正面价值观"。实际上，作家去写日常生活，很可能有一个基本的考虑，那就是他认为日常生活更多地属于个人生活，能够体现个人的价值。他的日常生活与主流的、集体主义的、政治的、非个人性的生活构成了某种对抗关系。日常生活当然有你说的"无目的性"的一面，但所有的生活都有"无目的性"的一面，更何况，你不能认为"无目的性"就比"有目的性"差，价值就低。当然，要说清这些问题，需要很大的篇幅。我倾向于认为，新一代作家之所以把很多精力投入到对日常生活的关注，是因为他认为日常生活是有意义的，也就是说，实际上隐含着对个人生活的尊重和肯定。

梁鸿：我的理解跟你还有点不一样，我觉得人们发现了日常生活，倒不是发现了日常生活本身的意义，而是发现了日常生活诗学的地位。当生活被从象征体系和道德秩序中拖出来，在太阳下曝晒，再重新审视，它又是什么呢？无非是一团无意义的、没有是非的、让人厌倦的乱麻，换句话说，它本身就是破碎的、非理性的，甚至非人性的，没有可求证的价值。这一代作家发现了日常生活的这种"未名"状态，这一"未名"状态不是充满意义，而是惊人的无意义，惊人的虚无与颓废，它不同于《一地鸡毛》中理想价值失落后的虚无和颓废，而是乐在其中、无知无觉的虚无和颓废（正如朱文小说《磅、盎司和肉》中那个老太太运气之前的准备过程）。但也正是在这一意义上，"人"的存在处境被意外发现。换句话说，人们可以从日常生活中寻找到人的存在状态，也可能这存在状态本身是虚无的、荒诞的。它是美学的发现，并非是本质意义的发现。

李洱：你说的这些，我都能够理解。但我还是不能认同你说的，日常生活就是无意义的，没有是非的，非理性的，甚至没有人性的。如果真是这样，那么，那个从那个绵延了几十年，或者更长时间的"象征体系"和"道德秩序"，就是完全正当的，完全合法的，完全合乎人性的。事实显然不是这样。即便是《一地鸡毛》中的那个小林，他所过的生活也是有意义的。朱文小说惯常出现的那个人物小丁，他的生活你也不能说是没有意义的。进一步说，就算日常生活是没有意义的，那么对这种无意义生活的表现也是有意义的。但我又同意你的一个说法，那就是人的存在状态，确实能够在这种写作当中能够凸现出来。

我不妨举一个例子，比如帕斯捷尔纳克的《日瓦戈医生》。在这部书中，日常生活也被赋予了很高的地位，拥有正面的价值。与日瓦戈的日常生活相对应的，是革命的洪流，是乌托邦理想，是残酷的杀戮，是无尽的阶级斗争。它们大概也是你所说的"象征体系"和"道德秩序"的表现形式，当然是一种极端的表现形式。但如果你翻看一下与《日瓦戈医生》同时期的中国小说，你就会发现，我们这边的作家，几乎不写正面人物的日常生活。而只要写到日常生活，那个人物肯定是负面的，不是恶霸地主就是小知识分子，不是周扒皮就是余永泽，反正没有一个好东西。

写日常生活，其实是险中求胜，当然能不能求得一胜，那还得另当别论。为什么这么说呢？如果你既想让人物的活动、他的思想，在日常生活层面上展开，又要能够写出他对某种有价值、有意义的生活的追寻，那么你其实就是在挑战汉语文学的限度，对写作者来说，如果你想写得好，写得真实可靠，还要写得有意义，有那么一点穿透力，你必须拥有一种开阔的视野，必须小心翼翼对各种材料进行辨析，在各种材料之间不停地腾挪，你必须付出艰深的心智上的努力。

梁鸿：好吧，有些想法我们暂时存疑。我想起加缪说过一句话，当诸种背景崩溃,厌倦产生的时候,人也就有了觉醒的可能。无论是琐碎、虚无,都是一种存在的事实状态。这背后隐藏着对日常存在状态的发现,但是对日常状态本身如何判断则是另外一回事。这也是一种命名,对日常生活的无名状态进行命名。

李洱:命名其实就是一种穿透能力。当你试图对生活进行命名的时候,这种写作就会变得异常困难。因为我们提到日常生活的时候,它还有一个基本的意思,就是这是我们正在过的生活,是一种现在进行时的生活。你对这种生活进行具有穿透力的描述,实在是太困难喽。

梁鸿:这是一方面,另外,这也是一种挑战,它挑战了一整套的价值系统。尽管在日常生活中我们会反对很多东西,但是还是不自觉地接受了大的价值体系。当你用另外一种方式来叙述的时候,人们会本能地反对,或者说接受起来会有些困难。但是,这恰恰是日常生活诗学的意义所在。

李洱:我不知道你最早读如我这类作品的时候是什么感受?

梁鸿:你又反问我了。当我看这种作品时,首先是一种震惊。比如《暗哑的声音》,尤其是《午后的诗学》。当然,也可能是因为这部作品与我的个人经验很接近。这种震惊来自于一种空间的存在,这一空间是如此真实,如此可怕地使我们看到了生活的深渊,你自己的和生活本身的深渊。我记得你曾提醒我看朱文的《磅、盎司和肉》,那篇小说中作者用慢镜头写了一系列琐事。当作家非常仔细,没有带着任何价值、任何情感地写作时,那个老太太运气称重,而中年无须男子用眼睛估重时,一种意义慢慢出来了。我们现在说着觉得非常可笑,但在你阅读时,随着作家的慢镜头推动,你觉得生活是如此让人无法忍受的空虚、无聊和庸常,你甚至想朝着那看不见的沉闷打一拳,但你明白,你不过是冲着棉花团打一拳头。这就是生活的流程。这是主题上的感觉。另外,还有一种形式上的感觉,故事并不重要,或者说,它颠覆了我们传统上对故事的认识。你无法再用故事梗概来转述小说的框架,那种"我去买肉,和人纠缠一番后回来,把肉炒吃了"之类的故事梗概不能揭示哪怕一点小说的意义。故事只是一个载体,而意义是通过情节、人物行动本身和作者的叙述本身产生出来的。同样,转述《午后的诗学》中费边的生活几乎是不可能的事。意义的呈现是通过非常复杂的方式呈现出来,与你阅读古典小说是完全不一样的经验。

李洱:我可以告诉你我最早写这些作品时的感受。比如我刚写完《暗哑的声音》,我写的时候还是很兴奋的,写完之后会有怀疑,因为你无可比附,你不知道你写的这个事件能否支撑你要表达的东西,是否具有价值。过段时间再看,你又发现非常亲切。有意思的是,当你去读别人此类作品的时候,你又会觉得不满足,你不满意于它是如此琐碎。所以,我完全可以想象另外一个作家读我的这些作品的时候,他会是什么感觉。有一件有趣的事,我不妨讲一讲供你一乐,因为事后我想起来也觉得很有意味。有一次,一所大学邀请我去做讲座,有一个学生告诉我他要写小说,他告诉我要写一个搪瓷杯子失而复得的故事,听完之后,我觉得太过单一。这时旁边有一位批评家说,这不是和你一样吗?再写下去就是又一个李洱。我一下子知道了我的作品在别人眼里是没有什么意思的。

比较有意思的是,这个学生其实对我的作品也很不满意,他当然不愿意成为第二个李洱,所以那位批评家朋友的话,还惹得他很不高兴。很多年之后,这个学生没有成为作家,而是成了一个著名的批评家,哦,他的名字我这里就不说了。他已经忘掉了当初发生的事。他对我说,他很喜欢我的那批小说。我提醒他,当初他可不喜欢。他想了想说,不知道怎么回事,他后来喜欢上那批小说了。我就想,他当初之所以没有把那个关于搪瓷杯子的故事写下来,是因为他对自己的那个故事的意义也有怀疑。

还有一件事,是我的《导师死了》发表后的事。当时,一位我非常信任的评论家在看完《导师死了》后,非常真诚地说,你以后不要写小说了,你没有才华,我从你的作品中读出一种暮气。因为是朋友,所以他说得很诚恳。他还问我,是否喜欢别的工作,言外之意是你不适合吃这碗饭。你可以想象我当时的心情。这件事情过去大约十年之后,有一天,还是这位批评家,他告诉我,你有一篇小说非常重要,但被人普遍忽略了,但请你相信,人们以后会经常谈起它,因为它有某种坐标式的意义。他说他最近集中看了一批小说,觉得有两篇小说很有意思,一篇是你的《导师死了》,另一篇是毕飞宇的《叙事》。他说你的小说里面有很多筋,需要慢慢嚼,毕飞宇的小说有很多肉,可以大口吃。他说得很诚恳,绝对是他的真实想法。我听了不胜感慨,然后我就给他复述了他10年前的话。现在轮到我吃惊了,他说,这不可能,你的记忆出现了失误,我绝不可能这样说。

我的意思是说,在不同的时间,人们阅读一部作品,判断一部作品,会产生多么大的差异。这种差异连自己都不敢相信。我想,类似的事情,肯定不仅仅发生在我一个人身上,在人们的生活、人们的艺术观念发生急剧变化的今天,我们对一部作品的感受会有很大的变化。当然,既然是变化,那么也极有可能发生这样的事情,那就是作者认为很棒的作品,批评家认为很棒的作品,再过一段时间,甚至很短的时间,人们会觉得不过尔尔。说到底,不管是作家,还是批评家,在这个时代,他对自己的判断其实都是不自信的,对自己都是有怀疑的,不管他是否承认。

梁鸿:这是别人都没有涉及过的领域。当时人们对这样一种写法还非常陌生,所以你自己也很怀疑。

李洱:你可以想象,我好歹还算有点理论准备和文学史视野的人,如果我对自己都如此怀疑的话,另外的一些懒得关注理论的人可能会更为怀疑。最近有一件事,因为是朋友,所以我可以讲一下。格非写了一篇小说,《蒙娜丽莎的微笑》,主人公是胡河清式的人物,或者说他这里有个假定,假定胡河清活到现在这样一个时代,会发生些什么事。写完之后,格非这样一个真正的学者性的作家,竟然也不敢确定他这个小说有没有意思,好长时间不愿拿出来发表。当然也有另外一种情况,就是一个作家他根本不考虑那么多,他写作只是为了一吐为快,吐得越多他越自信。

作为价值支撑的怀疑精神?

梁鸿:刚才你提到一点,我觉得非常值得思索。你提到,你看到别人写这类作品,也会感到非常琐碎,非常厌倦。这是怎么回事呢?这种琐碎可以说是日常生活的本质状态。作为一个读者,看完《暗哑的声音》、《饶舌的哑巴》、《磅、盎司和肉》等等一系列这类作品之后,可能也会有一种很不耐烦的感觉。为什么?是因为对生活本身不耐烦,还是因为作家风格过于雷同,还是意味着阅读此类小说的确非常困难?或者换句话说,人们知道这种琐碎的叙述非常有意义,但是,仍然无法控制自己的不耐烦。

李洱:我不知道为什么会如此。先开句玩笑,如果积极地去理解,或许可以说这一不耐烦的状态正好说明小说的目的达到了。通过看这些作品,人们知道不能这样过了,要换一种活法,对生活应该有新的理解和把握。但也不排除,这确实是因为作家的写作在某些方面是雷同的。

梁鸿:同类作品连在一块,几乎是一种隐喻。生活本身是重复的。当你选择了日常生活这一空间来作为自己小说的叙事空间时,这一生活空间本身的琐碎和重复就决定了你小说的琐碎和重复,虽然这种琐碎和重复已经是一种诗学样式,但它依然是琐碎和重复的。你看,几乎快成绕口令了,但它就是这么个意思。

李洱:不管我能不能做到,能做到多少,我都愿意提醒自己要与日常生活保持距离,与个体经验保持距离。作家既要有丰沛的感受力,有作家的犀利,还不能过于沉迷,一沉迷就会坚持井底之见。用中国古典文论中的老话来讲,就是既要"入乎其内",又要"出乎其外"。否则,你,你的写作,就会被日常生活淹没。

梁鸿：你的好多同代作家，写日常生活的作家，比如朱文、鲁羊后来都不写了。我想知道，这是否与你说的这种状况有关？

李洱：一个作家写着写着，突然不写了，原因肯定很复杂。我不能随意猜测，那对同行也不够尊重。不过，我知道朱文后来去搞电影，比如《海鲜》，还是延续了他的小说风格。后来喜欢朱文小说的人也有很多，包括后来成名的一些男作家女作家。我作为一名编辑，对这点还是比较清楚的，也听他们谈过。

梁鸿：但后来的一些作家，转向更为放任的欲望化叙事。我还是想先追问一下，这种突然停止写作是为了什么呢？是不是意味着，这样一批风格的写作，这样一种日常生活的诗学，其实难以为继？我想这不是偶然的，好像蕴含着某种必然的现象。

李洱：没错，后来的一些作家，他们或者她们的写作更注重欲望化表达。原因很复杂，比如滥情现象确实很严重，这个社会成了欲望化的社会，比如商业机制的介入，这种写作受到了出版商的鼓励。但是，我不认为那种日常生活的写作已经难以为继，我反倒认为，几乎所有写作者，我指的当然是真正的作家，都意识到日常生活的重要性，他们的作品在相当大的程度上融合了日常生活的诗学。你现在随便翻开杂志看一看，就可能得到与我相近的印象。

梁鸿：有一个问题是，后来的一些更注重欲望化写作的作家，也停笔不写了。他们是不是被日常生活淹没了，因此停笔？而像你，却坚持下来了。可不可以这样说，这种新的美学的兴起实际上带有一种历史性？如何把这种历史性转化为真正的文学性，这种转化是非常困难的。

李洱：对于小说的文学性而言，你知道，小说叙事所内含的文学成分，文学性修辞，那种语词的经营，大多数时候可以从你表现的对象那里得到刺激、反射和呼应。通常说来，日常生活诗学是一种平视的诗学，不是居高临下的，那么导致它的文学性的表现形式，那种修辞，那种词语的运用，好像与生活融为一体。其实，它的文学性只是比较隐蔽而已。简单地说，如果生活是杂乱无章的，那么小说的表现形式最好是杂乱而有章的。这当中肯定包含着隐蔽而复杂的文学转换。我觉得这其实是作家的基本功。有了基本功，你就可以从日常生活的角度出发，处理更为复杂的主题，更为复杂的结构。

梁鸿：现在的小说，风格确实越来越单一，越来越趣味化，庸俗化。这也是批评家之所以批评当下文坛缺乏大的精神指向的原因之一。这种日常生活美学会导致一种中产阶级审美倾向，会把所有生活美化，甚至把虚无也审美化。

李洱：趣味化，庸俗化，不仅是指小说喽。小说"俗"一点不要紧。小说的意义，从小说史上看，就在于它的"俗"，不"俗"不叫小说。四大名著都是"俗"的。大观园俗不俗？水泊梁山俗不俗？

真俗不二,还是佛家所讲的大境界。问题是你能否做到"俗"得真。你一定要真"俗",而不是假"俗",你穿着老妈亲手缝制的衣服,俗就俗吧,那就是俗得真,你穿着假名牌招摇过市,还要提醒别人,看啊看啊,我一点不俗,那反倒是"假俗"了,或者说"恶俗"了。

梁鸿:我是想说,现在翻开杂志,这一页是吸毒,下一页是酒吧,再下一页是KTV包房。

李洱:你吸就吸呗,但对写作来说,你却不能变成吸毒主义者,不能变成酒吧主义者。换句话说,你只要进入写作,你就不能是一个经验上的夸张主义者,而应该是一个经验的怀疑者,辨析者,揭示者。即便日常生活是一堆乱麻,小说也应该能够揭示它的内在秩序,而不是进一步添乱。如果日常生活是一团巨大的烟尘,小说里面也应该有一股清风吹过。如果人生真的像帕斯卡尔说的那样,是一支芦苇,或者像库切形容过的那样,是一支骨笛,那么它也应该吹响。我说这些,不是矫情,我自己做到了哪一步,读者也自有判断,但这些确实是我的真实想法。

梁鸿:的确,无论是什么样的小说,都应该有一股清风吹过。所以我们今天的这种清理也是有意义的。你们应该是一个非常好的开端。把日常生活引入文学之中,不只是叙事的引入,而是一个大的历史观的改变。但是,当被普遍接受的时候,它可能会发生变异。一些没有批判眼光或者鉴别能力的作者,或者当日常生活诗学被无限上升的时候,它会形成另外的物质化、本质化。就像你刚才说的酒吧主义、吸毒主义。这产生了新的问题,价值越来越多元,每一种价值都被无限上升,最后是一种经验的本质化,把经验上升到美学和存在的本质。

李洱:是啊,除了"我"的那一点经验,别的什么都不是。这反而是一种经验的夸张主义倾向。

梁鸿:引用你的话,"日常生活是个巨大的陷阱,它可以轻易将人的批判锋芒圈掉。它是个鼠夹子,使你的逃逸和叛逆变得困难重重"。这是你在1998年说的,非常有先见性。它告诉作家,当进入日常生活叙事时,必须得保持某种警惕。在《午后的诗学》中,费边这样一个知识分子,你既写了他妥协的一面,他是理解日常生活的,所以他去做了很多事情,但同时,他也在自我解构。虽然作家的叙述似乎是客观的,但费边自我的多重声音已经告诉读者,这种生活是值得怀疑的。但后来的小说中,叙事者怀疑、警惕的眼光没有了。这是现在小说本质的欠缺,也是现在的小说之所以让人彻底虚无的原因之一。

李洱:说到费边,你知道,费边本人对生活非常怀疑,有一定的自省能力。人家是个高级知识分子嘛。这样的一个人,如果不妥协,他根本无法活下去的。我们,包括你和我,所有的人,能够活下来的,都是妥协者。这一点不言自明。

我喜欢让笔下的人物,具有一定的反省能力,他知道自己的妥协,为什么妥协,妥协之后怎么办,还能做什么。但我的疑惑在于,当你写出了这样一个人,这样一个有自省能力的人,并且世事洞明,可他的个人生活仍然是个悲剧,这个时候,读者会有怎样的阅读感受呢?写作者的无力感,那种虚无感,就是在这个时候产生的。

梁鸿:这是不是也是日常生活诗学的无力之处?你能够揭示这一切的存在状态,但你无法给出某种解释,或者哪怕丝毫的意义。你把人物、读者,包括你自己都拖入怀疑的深渊中,无法从中看到任何光亮。

李洱:我承认你的说法击中了我。但我想说,这可不仅仅是日常生活诗学的问题,它可以说是现代人的真实处境,是我们的存在境遇中的公开的秘密。所以这类小说,写着写着,有时候你会觉得周身寒彻。但是,你又必须挨过这一关,你必须能够顶上去,你必须调动你的所有力量,顶上去,能够穿透那种虚无。

梁鸿:你把我们风清月白的日子给粉碎了,然后你不管了。还在深渊之中的我们怎么办?这正是文学使人清醒和害怕的地方。

李洱:我当然试图给出解释。只要你写的是小说,只要你认为你的小说是一种艺术,那它就不仅是呈现和理解,还要试图给出解释,不然,你的小说其实是没有存在的理由的。如果我们确实无法给出解释,那你也得通过你的写作让人知道,你为什么没有能够给出解释,困难到底在哪里,这其实也是一种解释。

"反形而上"的话语生活?

梁鸿:我们还是再来谈谈费边吧,我觉得有些话,你好像略过去没谈。

李洱:写费边的时候,我更多地想到另外一个问题,也是一个比较悲观的想法:当人文知识分子手中的真理失去,我们去深刻怀疑自己的时候,实际上我们无所依傍。糟糕的是,我们说的话都是别人说的话,而这个"别人"还不是我们的"别人",而是另外的种族,另外的文化。当我们这样说的时候,这还包含着对自己的文明的一种失败的处境的认可。可是,除了引用西方话语,我们似乎还真的无话可说。我们啰唆了半天,啰唆的是别人的话,跟自己的处境还对不上号。所以,我干脆给自己的一篇小说起名叫《饶舌的哑巴》。

梁鸿:中国当代知识分子面临着一种双重的匮乏。第一,自身文明的匮乏,处于断裂时期,甚至可以说自身的文明只是你身上的世俗性,更多呈现出负面和消极的意义;另外一重匮乏,就是你只能通过引用西方话语来证明你的存在,这使你的位置更加暧昧,更富于反讽意味,使你的处境更加可笑。知识体系带给你的不是自信或理想主义的升华,而是一种打击。所以,中国知识分子面临的不仅仅是知识的困惑,而是对自己的位置无法判断。

李洱:知识分子的处境非常尴尬。我们得用西方话语来阐释自己的处境,但实际上,我们的失败或者痛苦又是我们自己的。吊诡的是,只有当我们真实地变成西方的一部分时,我们的处境才能得到解释,但是那又只能更加彻底地证明我们的失败。传统意义上的"知与行"的矛盾也好,断裂也好,错位也好,在这里有了新的含义。我对这些问题很感兴趣,但我有没有能力把这种尴尬写出来?我没有那么大的自信。

梁鸿:应该说费边比较好地完成了你的任务。现在当我们说费边的时候,已经形成了一套隐喻系统。我在上课的时候,让学生分析费边的形象,有学生站起来即兴发言,分析得非常透彻、深入。我当时非常感慨。一个如此年轻的学生竟能够非常准确地理解费边的思想,理解这样一个带有世俗气的知识分子的内心世界。知识分子这样一种悲哀的处境已经对新一代知识者产生影响,成为不言自明的事情。这是非常可怕的事情。

李洱:所以昨天你问我晚上为什么不写小说。不敢写啊,那完全是噩梦般的经历,一个幽灵的世界。你睁开眼睛看到的全部是失败。你还想不想睡觉了。

梁鸿:这个幽灵世界就是我们的生活。再回到话题之初。这种日常生活诗学意味着首先必须把语言"祛魅",把附着在语言上的形而上意义清洗掉。王鸿生教授关于你有一篇重要的论文,他把你的这种小说语言称之为"反形而上"语言,并认为这样一种诗学倾向是对我们所熟悉的"形而上话语"的挑战或反叛。"形而上话语"是把事件的事实与态度合二为一的价值陈述,是覆盖于日常生活世界及感受事物之上的精神秩序。要想还原日常生活的事实存在状态,必须把事实与态度剥离开来,即严格区分"事实陈述与价值陈述"之间的界限,转换其语言方式。在你的一系列小说《导师死了》、《加歌医生》、《饶舌的哑巴》、《午后的诗学》中都体现了这一"反形而上"的叙事特征。其中最典型的便是对知识分子话语结构的现象学分析。你认为这样一种"反形而上"倾向给你的语言风格和叙事风格带来什么特征?

李洱:其实,只要你是一个写作者,你就会发现,事实陈述和价值陈述真是很难区分开来。但我又承认,王鸿生教授的说法确实又很有道理,因为我总是尽量客观地,或者貌似客观地陈述事实。但是在陈述事实的时候,我的语言又略带一种喜剧化倾向。我想,它或许是对我们喜剧化的生活的苦涩的体认。不过,有一个基本的事实是,知识分子的生活,你实际上无法准确地分为形而上和形而下,他的形而上和形而下大多数时候是搅在一起的,荤素搭配,雅俗共赏。

还有这么一种情况,比如他自己看来已经非常形而下了,但在另外一部分人看来,它已经太形而上了。我想,小说写作最起码要给人一种"现场感"。在我看来,"现场感"就是"准确"的另一种说法。当你极力要准确地陈述事实的时候,你会给人造成这种印象,就是你的价值陈述和事实陈述是分开的。

梁鸿:所以在读你的小说时,解构与建构、陈述与思辨、肯定与否定是同时发生的,呈现出一种非常特殊的反讽修辞学。每当费边兴致勃勃地引用西方大师话语的时候,马上,他自身的行动和行为马上就进行了自我否定。这既是对知识分子的内心世界的书写,同时,也应该是一种新的语言风格,各种充满悖论的意义不断包裹着往前走,最终形成一个庞大、复杂的意义空间。

李洱:哦,不夸张地说,我感觉这倒是我对知识分子日常生活奇迹性的发现。知识分子生活好像时刻处于一种"正反合"的状态,各种话语完全搅和在一起的,剪不断理还乱,就是剪断了也还是理不清。

梁鸿:当你用这种悖论性的语言来传达知识分子的生活时,实际上已经决定了你的语言风格。在之前的现代知识分子小说好像没有这样的谱系。钱钟书的写作是通过比喻或借喻完成的,而你的小说比喻不是很多,直接是事实陈述,让陈述产生意义。一方面是事实,一方面是对事实的分析。话语内部在不停地分裂、繁殖、播撒,最后形成一个非常庞杂的结构空间。就像分子一样不断分裂,相互纠结,又相互联系,这也正是知识分子本身的存在状态。因为知识分子本身的确是非常敏感的,他对世界的感受更为丰富复杂,这种深入肌理的自我分析、自我繁殖本身就是一种知识分子话语。好像在鲁迅的小说中会找到这种感觉。

李洱:鲁迅的小说好像还不是话语结构之间的冲突,至少不明显。鲁迅的杂文倒有一点这种味道。让我想想,比如他那篇《丧家的资本家的乏走狗》。是啊,当鲁迅写真人真事的时候,尤其是写他的那些论敌的时候,那真是妙语连珠,指东骂西,骂人不带脏字,夸你也是骂你,得理不让人,无理也要闹三分。谁栽到鲁迅手里,那算是捅了马蜂窝了,算是倒了八辈子大霉了。

梁鸿:栽到你手里,也好不了多少。不过,你这个"捅了马蜂窝"的说法,倒让我有些想法。当一个事件的发生被认为是无限关联的结果的时候,这会是一种什么样的语言风格呢?事实不断衍生,细节淹没了一切,淹没了小说时间、情节与叙述的统一,故事进一步消失,取而代之的是不断衍生的意外、关联与不断庞杂的结构空间。这似乎是对小说家新的能力的肯定。在你的小说《光与影》里面,这种衍生性尤为突出。一个个不断的意外把孙良的生活打乱了。最后你发现,不仅只是事件的牵连,而是孙良的整个精神空间都变得一团杂乱,因为孙良被各种话语包裹起来了,把他给粉碎了。这是一种话语的衍生,当然整篇小说还是通过较为完整的事件勾连起来。而《花腔》呢,是通过体裁的不断衍生包裹起来,访谈、口述、回忆录、报刊摘抄、论文等等。你总是有一个中心,但中心是不明确的,各种话语既淹没了中心,又使这一中心的核心意义呈现出来。这似乎是一种非常琐碎又非常庞杂空间,有它独特的整体性。就像一个球一样,不断往前走,把灰尘、粪便、树叶、玫瑰都卷走了,成为一个整体,并且都附着得非常好。

李洱:其实,南帆先生,还有格非,在他们的评论文章里,也提到了这点。格非用的一个词是"互文性"。我想,对小说来讲,还是应该有一个基本的结构,有一个整体的叙事框架。不然,关联性也好,互文性也好,也就无从谈起。或者说,你关联来关联去,应该关联出来一个结构,关联出来一个具有线性特征的故事。而且关联性和互文性,也不应该过多地影响小说的流畅感。实际上,我的小说也是相互关联的,也有某种连贯性。没有《饶舌的哑巴》,就没有《午后的诗学》;没有《午后的诗学》,就没有《花腔》——它们都是衍生关系。我总是想在后面的小说中,把前面写作时产生的一些想法往前推进一点,尽量丰富一点。

梁鸿:在写作中,还会产生新的想法?

李洱:所以写作才会持续。一篇小说的停止之处,另外一篇小说可能就会开始。我是我喜欢的一种状态,想法在写作中不断生成,你只有不断地写,写,才能把你的想法表达出来。

梁鸿:但是,那种基本的语言风格会保留下来。这样一种语言风格,实际上包含着知识分子自己的悖论式的生活经验。回到你自己,你如何看待你自己的生活状态,是不是你的作品包含着你自己充满悖论式的痛苦经验?

李洱:写作者和他的作品之间的关系,你可以做出各种分析,但说到底,它有些类似于孤独拳师的双手互搏,类似于秉烛夜游时的手和灯。

丧失行动的主体

梁鸿:有一个变化很明显,在日常生活的美学意识下,人物是丧失行动的主体。在传统小说或经典现实主义小说中,人物个性突出,性格鲜明,以一系列充分的行动来展示作为个人与社会的决裂,或进入的决心,比如于连,有着非常明确的阶级属性、家庭背景等等,在这些作品中,个人的主体要求和社会常规之间的戏剧性冲突构成了小说的基本叙事。但是,日常生活中的人物多没有鲜明的特征,即使作家详尽地叙述了人物的行为、言语及生活方式,他也依然无法拥有现实主义人物的典型性。相反,他的面目更加模糊、抽象。因此,卡夫卡用"K"

随便命名,而在你的小说中,"费边"、"孙良"也可以随时出现。这些人物无一例外丧失了主动行动的可能,展现出来的多是内心的感觉、意识,而人物与外部世界的冲突也多表现为激烈的内心冲突,或者说,他们的个人性的实现不再能够通过外部的行动传达出来,但也并没有消失,只是向内转了,是一种内心生活。譬如费边及在费边客厅里高谈阔论的知识分子,尤其是那个给杂志命名的过程最能充分显示这一点。非常明显,在生活中,他们丧失了行动能力。正如你所言,他们是一群饶舌的哑巴。

李洱: 话语生活是知识分子生活的重要形态,从来如此,只是现在表现得更加突出而已。人物的行动性的丧失,当然也不仅是知识分子。现代派作品、后现代派作品,里面的人物,不管他是什么身份,他几乎都丧失了行动性。在现代派文学出现之前,人物的命运是靠他的行动性来展示的,就像是动作片。现在很多人看电影选择看动作片,我想这或许是在潜意识当中,我们对那个古典时代抱有缅怀之情。电影就是梦嘛,我们是在梦中重返古典时代。但你现在看西方的文艺片,表现日常生活的文艺片,表现知识分子生活的文艺片,不管是柏格曼还是安东尼奥尼,还是伍迪·艾伦,你可以发现一大堆没有行动的人。你几乎可以把这看成是工业化和后工业化时代人类的普遍状况。他们从卧室来客厅,然后来到咖啡馆,然后和一个女人来到酒店,做爱,吵架,冷战,分手,然后是最后一瞥,然后又来到墓地。他们虽然在行动,但他们的行动又分明带有某种自闭性质,在他们周围是广袤的冷漠的世界。他们总是在皱着眉头在想什么事情,说起话来也是有一搭没一搭的,如果他们不说话,影片就是一片沉默,向我们展示的就是一大堆意义不明的光和影。

对中国的知识分子来说,行动性的丧失,可能有更复杂的原因。比如,正如我们都可以理解的,很多时候中国知识分子的存在价值,不是表现在他做了什么,而是表现在他没做什么,他规避了什么。应该参与的,他没法参与,或者不允许参与;而被允许的,被鼓励的,如果他有足够的良知,还保留着自己的尊严,他反而要规避。在这些方面,我们看待知识分子的眼光,我们对知识分子的期待,都与以前不一样了。有些事情,想起来,你的心境会有些苍凉。这些年,知识界最有意义的事情,可能是新左派和自由主义者之争,可我相信,就是当初的那些参与者,现在回过头来想想,也会觉得有很多其实也是口舌之争,意气之争,我们无非是格外认真地过了几年话语生活。还有一个比较重要的原因,是因为知识越来越细化了,生活越来越行业化了,律师就是动嘴皮子,吃完被告吃原告,画家就是画画,然后骗个老外买画,教师就是吃粉笔灰。人文知识分子与应用型的知识分子的界线几乎消失了。你所掌握的知识无法让你像以前那样参与整个的社会进程,你只能在一个很小很细微的领域,领域这个词已经显大了,或许应该说是在一个很逼仄的空间内,行动,做事情,参与社会。对于别的领域,你失去了发言能力。所有这些,都让知识分子有一种失败感,一种无力感。我记得王鸿生先生在那篇论文当中,提出一个有意思的看法,他比较了《午后的诗学》和《现场》,然后说李洱的小说当中有两类人:一类人有思考能力却没有行动能力,另一类人有行动能力却没有思考能力。我不得不承认,他的眼光非常犀利。

梁鸿:把《现场》和《午后的诗学》放在一起,确实很有意思。王鸿生先生的这一洞见,我很认同。不过,也很难说《现场》里写到的那伙人真的有行动能力:一方面,他们确实在行动;另一方面,他们的抢银行并不是一个意志坚定的主体行为,它仍然是被动的,是被某种情景推上去的。也就是说,尽管你写的是一场行动,是一场已经有了结果的行动,但你表达的却是一个没有行动或丧失了行动的人。

李洱:对,可以这么说。

梁鸿:我们还接着上面的话题说。是不是可以这样说,人物的存在从现实主义的外部行动转向内心生活,似乎并非只是文学内部人物描述方式的变化,而与个人在社会生活中地位的变动有关。你刚才提到知识分子的专业化问题。现在人文知识分子都慢慢地变成专业知识分子,或者说,很多曾经与人文精神发生联系的领域或区域都慢慢滑向专业化,这意味着,人文主义倾向或人文精神在社会上处于一种衰落状态。

李洱:是啊,随着专业化倾向和学院化体制的完善和扩张,这种状况只能越来越突出。传统的老式的知识分子,"铁肩担道义,妙手著文章"的知识分子,那种传统意义上的"立法者"的形象,消失了。但如果他们有幸活到今天,除了极个别的人,大多数人,只要他一露面一开口,人们看到的不是别的,而是一个牢骚大王,抬杠派,不识时务者,不合时宜者,当然,非要说得好听一点,也可以叫遗世独立。这种文化氛围,可真是要命。这个时代的知识分子,越来越变成手艺人,满嘴新词的手艺人,与卖烧饼的、磨剪子的差不多了。很多作家,也喜欢说自己是手艺人,说得很谦虚,其实还真不是谦虚,还真是手艺人。

梁鸿:文化背景变了,知识分子对自己的要求也变了。

李洱:可是同时,你得承认,知识分子还是一些有广阔视野的人。这么一来,问题出现了。他知道他本来应该成为一个什么样的人,可他却无法成为那样的人;社会,或者说大众,对他的角色也有着期望,想让他成一个什么样的人,但他实际上却游离在这种期待视野之外。反正有各种各样的错位,会发生在知识分子身上。这种处境既是喜剧化的又是悲剧化的。

梁鸿:你在《午后的诗学》中写道:"学生们在五月风暴中送给阿多诺教授的那两样东西也值得分析。粪便在分析玫瑰,玫瑰在分析粪便。"粪便与玫瑰。一对诗学概念,这意味着什么?是指两个极端的性质,但在某些时候却具有同质性。丑与美,虚无与存在,臭味与芬芳,卑微与高尚,同时并存,好像在隐喻知识分子生活本身。比如文中的那次关于杂志的命名的讨论。"费边这套精彩的发言等于没说,因为他的意见并没有过被采纳。当然,所有人的话都等于白说了。它还没有开花,就已经要凋谢了,果实只在人们的梦中漫游。"

李洱:"玫瑰"在西方诗学中是一个被经典化的词,一个具有解释学意义的词。莎士比亚说,我们叫做玫瑰的那种花,换成另外一个名字,还不是照样馥丽芬芳。小说家同时也是符号学家的艾柯,就给自己的小说起名《玫瑰之名》,它具有对事物的概括、命名和解释的功能。同时,当然"玫瑰"这个词还代表一种古典的、浪漫的、美好的东西。当然,"粪便"这一词却是否定的。不过,我引用的这个典故,还确实是个典故,有来历的。五月风暴的时候,学生们确实给阿多诺教授送去了玫瑰和粪便。你知道,法兰克福学派的那些人,西马的那些人,从马尔库塞到阿多诺,他们还是积极参与这个世界的。

前段时间我在德国,在柏林的红色沙龙演讲,红色沙龙是柏林最有名的文学活动场所,一进去就可以看到列宁的画像,来听演讲的人当中,有作家,也有一些德国的哲学教授,我们私下有些交流。我对他们说,中国人对法兰克福学派的人,有一种天然的亲近感。当我接过他们手卷的香烟和他们聊天的时候,我有一种奇怪的感觉。什么感觉呢?我感觉我面前的人就是阿多诺,我的演讲就是送给他们的礼物,那礼物其实就是粪便和玫瑰。为什么这么说?因为我的心情非常复杂,在挨着柏林墙的那个东西方的结合部,当你和他们讨论中国现实的时候,你既要揭示,又要分辩;既要否定,还要肯定——你完全处于一种悖论式的情景当中。但我发现,他们其实非常能够理解我的心境。当时,我想,如果我是在美国或者英国,那些读者未必能够理解我。

梁鸿:美国或者英国,他们离柏林墙太远了。

李洱:我们却离柏林墙很近。因为离它很近,所以我看柏林墙上的那些涂鸦,我觉得我完全可以看懂。有一幅画很有意思,勃列日涅夫和当时的德国总理在接吻,就像两只狗在啃同一根骨头。我的一个朋友就问,那是谁?同性恋吗?他说给你照张相吧,我说要照就拿勃列日涅夫接吻的图像做背景。他说,不要这样,人家会以为你搞什么鬼名堂呢。

梁鸿:他们不能理解。

李洱:就是能够理解,也往往是隔靴搔痒。

梁鸿:很多经验,比如我们前面刚谈到的悖论性经验,对我们中国人来说,是非常内在的,对别人来说,却可有可无。

李洱:他们会有另外的悖论性的经验,那对他们来讲很内在,是坚硬的热烈的核,可对我们来说,却很难感受到它的硬度和温度。但这种悖论性,显然又是我们的共同经验。

梁鸿:我想和你探讨的是,这种表达日常生活的小说,这种表达知识分子悖论性经验的小说,表达人的内心生活的小说,似乎不仅仅是一种新的美学风格。譬如意识流的出现,它既是一种美学风格的变化,也意味着一种新的存在状态的出现。一位论者曾经这样认为,"'意识流小说'的命名通常使问题的重要性降低了,使人们以为这是文学叙述的一个新的方法而已。……事实上,只承认心理和意识具有更深刻的现实性无疑等于承认:在现代社会,人的行为的真实性已经丧失。真实而有意义的行动的可能性正在消失。人的行为体现了人的个性变成了一个神话。因为人们赖以行动的那些价值——人的自由、自主性和主体性变得可疑了"。你觉得是这样吗?

李洱:当然可以这么说了。小说艺术的变革,一方面是小说自身发展的要求,类似于一种内部的能量的积聚和演变,另外它肯定来自于现实的刺激。为什么意识流小说会在19世纪末出现,并成为一种小说潮流?以前当然也有意识流小说,你在《左传》和《史记》里面也可以找到意识流,但是作为一种基本具有主导性的叙述方法,它的出现肯定与19世纪末的社会状况有关,它能够风行一时也就说明它并不仅仅是艺术的时尚,它也是社会状况在小说叙事上的折射。当然,这也是老生常谈喽。

梁鸿:老生常谈,肯定有老生常谈的必要。这与我们讨论的主题有关,日常生活诗学的出现并不仅仅是小说风格的改变。它的出现使中国的小说发生了质的改变,小说的元素,人物、风格、叙事,都出现了变化。对于这些变化,批评家有必要在文学史的意义上做出进一步阐释。在这个背景下,我想我们的讨论还是很有意义的。

共识性的存在结构

梁鸿:我常常想,《导师死了》、《午后的诗学》毕竟还是知识分子的生活,背后还有知识分子的普世情怀的支撑,还不是普通人的生活。而实际上,对普通人的日常生活书写,在你的小说中也有很多表现,比如《现场》、《国道》、《光与影》等等。《国道》似乎没有引起批评家的关注?但我觉得它很有意味。它处理的是一个政治题材,而且有原型。当我阅读《国道》这样的小说的时候,我有一种感觉,你的处理方式,你的表述重心并不在于政治腐败,也不在对那个小孩子的同情。你的兴趣似乎是分析这个事件背后相关联的各种元素。比如说主人公曹拓麻,他被搅入各种关系网络之中;比如你写到的那个做好人好事的司机,随着事情的发展,他陷入到了很多麻烦之中,被妻子臭骂;那个想混票的足球迷没有买到球票,失去了别人的信任,也失去了被赠票的可能性;给报社朋友爆料的老师,后来被迫改变当初的勇敢,等等。这一系列事件,使每个人处于被动和某种荒诞的处境之中,所有人备受折磨,至于那个孩子,反倒没有人关注了。这种处理,与别的作家的处理是非常不一样的,别的作家肯定会在作品中反映自己的愤怒。写作的重心变了。你写的是冷漠?但同时,这种写作重心的改变似乎也反映了作者本身的冷漠。你怎么理解我的这一点感受?

李洱: 如你所说,这个事件有个原型,当时很轰动,还惊动了高层。这不是纪实文学,所以我对其中的一些情节,一些细节,做了改动。比如,事件中那个孩子当场就葬身轮下了,可在小说当中,他却一直躺在病床上,感受着他无法理解的人世,感受着大人世界的荒谬。小说做出这样的处理,在我看来很正常。你说冷漠也好,荒谬也好,这正是我要传递出来的效果。哦,你不要怀疑我有没有愤怒。我当然愤怒,这是不言而喻的,可你得搞清楚,你为什么愤怒,你愤怒的对象是什么?你的愤怒是针对冷漠吗?你既要表现冷漠,要让读者感受到那种冷漠,又要对冷漠表示愤怒,那你的叙事结构安排应该做出怎样的调整,你的叙事语言应该保持什么样的语态?在对象和审美之间,呈现和吁求之间,一定要有一种呼应,不然小说会显然显得外在,无论是作者还是读者,他的感觉体验或者心理认知,都会有本能地排斥。所以,现在的处理方式,其实不失为一种。

梁鸿: 这或许是"冷漠的美学"?在这样的小说中,细节控制了一切,甚至可以说,细节具有更为本质的意义。细节在无限延伸,很多意义都是从细节中展现出来的。

李洱: 细节在一点点收集,一点点聚拢,有点聚沙成塔的意思,然后成为塔林。你去过少林寺的塔林吗?鸟进了塔林,叫声都变了。乌鸦的叫声很甜美,喜鹊的叫声却很沙哑。变种了。

梁鸿: 虽然写小说必然要注重细节,但通常是为了某个主题服务。在这里,细节成为一种独立的元素。当然,这也是生活本身的琐碎所要求的,是它本身的繁殖与关联。细节承担了主题的意义,细节不再是附属功能,不只是为了展现人物命运,而起了一个结构性作用。细节出来说话,细节的主题性代替了故事的重要性,强行把故事推向后台。

李洱: 细节具有了独立的意义,旁逸斜出,不断地从故事的框架中逸出。你看海明威后期的一些小说,他的小说中有很多句号,不该用句号的地方,他也用句号。他的短句和句号,因此具备了另外的意义,句号不再只是标点符号。

梁鸿: 对,有些类似。你的小说中的细节,跟生活的本质状态是一致的。我在读《午后的诗学》、《喑哑的声音》的时候,感到呈现在我面前的是一个个具有完整意义的细节,而不是整体,或者说,当我读小说时,感觉你要表达的意义是多元的,在这背后没有整体意义,或者可能作者根本就不想表达一种意义,因为细节包含的意义太多。是这样吗?

李洱:我知道有人会说,你这种写作,最后呈现出来的主题会很暧昧,很含混。但我并不担心。我倒确实希望,通过细节,通过一些比较次要的情节,通过对一些物象的描述,使小说从线性的叙事中暂时游离出来,从那种必须的、非如此不可的叙述逻辑中脱离出来,从那种约定俗成的、文本的强权政治中逃离出来。说得干脆一点,我喜欢这种效果。当然,我又得小心翼翼地加以控制,不能让它过于蔓延,不能让它无穷尽地自我复制,还应该有一个总体性的考虑。我觉得,这样一种处理,有可能使小说恢复它的活力,或者说有一种特殊的穿透力。

梁鸿:我们原来总是说小说要怎么来讲故事。但是,在你的小说中,这种选择性非常模糊与隐蔽,让人感觉它本来就应该是这样子的,不是你有意选择的。故事、叙事与风格是完全同构的,生活本身的状态刚好就是你风格的状态。

李洱:哦,我懂得你的意思,你是说,它仿佛就是截取了生活的一部分,抽刀断水硬截了一部分,然后原生态地描述出来。不过,从哪里截取,怎么截取,你也得考虑啊。原生态的描述,只是一种比喻。我至今还没有见过谁的小说真的是原生态。

梁鸿:但在小说艺术上,这的确已经是一种本质的变化,原来我们的写作是线性的,我们要表达某种价值,然后顺着往上写。现在,上不去了,一切都平摊在这个地方。你把平摊在这里的各个元素都表现出来。这些元素是我们的眼睛曾经忽略掉的。我们的眼睛是经过选择的嘛。你把被我们的文明和价值体系所抛弃的东西一一捡拾起来,并赋予艺术的特质。这应该是一个非常了不起的发现。

李洱:以前我们要表达人物命运,要表达我们对人物命运的关切,会强行地把人物性格的那种丰富性加以简化,把人物的活动背景给以缩减,换句话说,我们甚至是强行地把世界、事物加以扭曲、改造和打磨,然后硬性地将之纳入自己的叙述轨道,把人物的命运往极端处推,推啊推,反正那弦是越拧越紧,嘈嘈切切如急雨,然后达到高潮,然后弦断了,小说结束。你翻看古典小说,翻开那些畅销小说,几乎都是如此。我不能说这种处理不好,但我总觉得这种写法有些不真实,不舒服,有一种本能的不信任,至少觉得有些隔膜。我现在做的,其实是一种比较折中的办法,从小说的结构方式,到细节的铺排,我自己觉得是精心选择的,但又要给人一种比较随意的印象,并且让那些看似随意的细节,彼此有着暗中的联络,然后又尽量能给人一种总体性的感觉。

梁鸿:你的这种说法,也让我想起刘震云的小说。

李洱:哦,你说的是刘震云的乡村小说吧,《故乡面和花朵》。那是一部雄心万丈的作品。他的幅度更大,那是中国乡村版的《追忆逝水年华》。

梁鸿:对,刘震云第一次写了乡村的意识流生活,那种胡思乱想的内心生活。他第一次把乡村的话语丰富起来了。乡村在作家看来一直是贫瘠的,沉默的,失语了的存在。这种对日常生活全景式的叙述,试图给日常生活命名的倾向,显示了作家的雄心壮志,看起来非常容易,但实际上非常难。

李洱:很奇怪,刘震云在小说艺术上的贡献容易被批评家忽略掉。我跟他不熟,也没有交流,但他的小说确实显示了非同一般的才华。当然,有时候我也会觉得,他的一些活儿做得有点过了。但他写乡村意识流,确实是一个很大的贡献。意识流本来是知识分子的,是客厅的艺术,但他把它搬到了田间地头,搬上了寡妇的炕头,屠夫的案头。开句玩笑,到了刘震云这里,意识流小说才完成了它的东方化过程。

梁鸿:你的处理方式,与刘震云又不一样,你不搞意识流。

李洱:如果写知识分子,我偶尔会用意识流。但别的小说,我很少用。

梁鸿:《光与影》里面涉及知识分子和乡村,在小说里面,现代化的京城和本草镇成为各种话语的汇集地:典籍史志、光碟、英语、网络词汇、星座等等,作为各种话语资源,它们共时性地出现了。我认为我看到了后现代拼贴诗学。当我阅读的时候,我觉得每个景观,每个话语,每个细节,都能散发出某种意味。背景也不仅是背景,细节也不仅是细节,而成为主题本身。所以,我的阅读变得非常困难,因为各种意义、各种元素纷至沓来。你致力于把世界表现为一个结子,一团乱麻。你在表现这个世界,同时又毫无不降低它无法摆脱的复杂性。

李洱:把世界表现为一团乱麻,是容易的。你这么说,其实让我有一种失败感。我不愿意只让人看到乱麻。就像我们在前面对话时说过的那样,如果世界是一团乱麻,你写的还是乱麻,那你只能是添乱;如果世界是一潭浑水,你写得还是浑水,那你只能把水搅得更浑。就小说的表现方式而言,我还是试图做到乱中有序,杂乱有章。

梁鸿:《光和影》的主人公,刚踏入社会,所以——

李洱:所以他很不适应。就像你说的,各种问题对他而言,都是纷至沓来,让他应接不暇。其中,任何一个问题,任何一件事,都可以置他于死地。哦,很不幸,他这辈子从事的第一项工作,竟然是卖盗版碟。

梁鸿:并且是西方盗版的色情碟。当我作为一个专业读者阅读时,能感觉到你的焦点聚集在围观者身上,而不是当事人身上。比如,那一场发生在古城墙下面的战争,并不是两个主人公原本的意思。他们被周围的人怂恿着,一步步走向荒谬的境地。本来是个双簧,可双簧的失败产生的感觉却很荒诞,而围观者的兴奋使荒诞显得更加刺激,朝着更荒诞的方向发展。

李洱:演双簧,说明双方都在遵守一个私定的小的游戏规则,双方同时都认为,只要我们相互妥协,只要我们共同向别人妥协,我们就可以达到自己的目的。可是,这个规则在遭遇到另外的比较大的规则的时候,马上就会破产。生活不会朝着你预设的方向发展。实际上,从根子上说,我们最终是无法跟生活达成妥协的,它只能增加你的失败感。生活才不跟你玩双簧呢。最后,他们的回故乡之路,仿佛是为了拯救故乡的年轻人。可是,他连自己都救不了,他又怎么救得了别人?他的回故乡之路最后也演变成了逃亡之路,剩下的那点东西很可怜,比如,剩下了一点偷鸡摸狗的性爱。他给故乡留下了什么呢?一泡尿。

梁鸿:这也是我看完这篇小说的直觉,一种田园诗的丧失。为什么呢?一个稍微有点知识的人都知道,回故乡应该是一种诗意的象征。但是,即使是章老师这样的作为一种原型的故乡的象征,带给你的也是彻底的悲哀。章老师本人可能有一个乌托邦的梦想,但他也被世俗污染了。他把学校的所有人安排成自己的人,他的行为也违背了教育的基本原则。

李洱:章老师想要获得电脑,从最美好的意义上讲,他是想让学生知道外面的世界,而外面的那个世界正是孙良正在遭遇的世界。不用你提醒,我也知道这一点很残酷的。生活中最光亮的地方,恰恰充满了最浓烈的阴影。所以我把题目定为《光与影》。

梁鸿:光亮有多强,阴影就有多强。加缪曾经提到过正午的思想,正午的阳光是灿烂的,明亮的,积极向上的,而午后的诗学是什么样子呢?一种无力的,疲倦的,在寂静的时光里,充满着某种颓废的清醒。

李洱:我所理解的"午后"实际上是一种后革命的意思,或者是后极权的意思。类似于哈维尔所讲的,在午后人们已经失去了发展的原动力,靠某种惯性在向前滑动。那种朝气蓬勃的,对生活有巨大解释能力和创造力的时代已经过去了。是一种复制的,慵懒的,失去了创造力的时光。

梁鸿:这一说法非常有意思。是不是可以这样说,当意识形态的合法性遭到质疑的时候,历史、道德、制度突然变得暧昧之后,我们认定的原来的价值体系已经动摇,但是,每个人仍然生活在焦虑之中,就费边而言,是生活不能与精神一致,是一种人格焦虑,也是一种精神焦虑。或者如你这里所说的,"后极权"并不是政治学意义,而是说,在生活的各个领域里面,作为一种原型的价值观,它们都遭到了普遍质疑,但我们却不得不生活于此。旧的秩序已经动摇,但新的秩序仍未形成,我们正是处在这个夹缝之中,这是一种悖论式的生存状态。

李洱：在极权时代，绝大多数人是信任极权的；但后极权时代，所有人都不信任它了，甚至包括它的领导者。但是，人们仍然会按照极权的要求生活，这么一来，所有人都生活在谎言之中。在中国，谎言有巨大的价值，巨大的利润。问题是，谎言归谎言，生活却在真实地发生着变化。

梁鸿：是的，我们每个人，包括你和我，都接受了这种分裂的生活。我们在生活中已经习惯了"口蜜腹剑"，当面一套背后一套。公共空间和私人空间，公共生活和私人生活，是如此相悖，如此矛盾，无法拼接缝合，因为在各种价值观的背后并没有统一的原则，所以精神分裂症状也就可以从当代生活的语言状态中显现出来。作家的任务就是把如此之大的分裂状态表达出来。作家要把正常背后的不正常写出来。你所说的"午后"，可能正是这种秩序开始动摇的时候，正午的时候太阳是没有阴影的，当午后来临的时候，一切本质开始出来。

李洱：所以，我经常说，生活在谎言的掩饰下发生着真实的变革。这是我们自己的特殊的境遇，是我们自己无法轻易化解的痛苦，个中奥妙，个中滋味，别人岂能理解。

梁鸿：也许《午后的诗学》不仅是写知识分子的状态，背后也隐藏着深刻的泛政治学主题，包括你写的《国道》、《现场》。实际上，它们都是重大的主题，但当你以细节的方式，以多重话语的方式，以设置多个重心的方式来处理的时候，你恰恰把这个时代的复杂的现实呈现出来了，提醒我们注意整个社会悖谬式的存在，这恰恰是后极权时代非常典型的景观。生活的每一个关键点都被谎言所控制，或者说，每一个关键点都被某种说不清的力量拖到非常荒诞的地步。

李洱：所以，你有必要在每一个关键点上逗留一番。

李洱：这确实是美学风格的改变，是对美学原则的一种悄然修改。我们可以把它命名为"日常生活诗学"，一种新的诗学风格，虽然理论家已经有所提及，但还没有完整的、深入的分析。我们在前面从诗学主题、语言风格、人物、结构、叙事等方面进行了一个较为全面的探讨。实际上，这也是一种哲学意识的改变。这种哲学意识包括历史观、存在观，也包括政治观。读这些小说的时候，我总觉得，它在告诉你，某些你经常看到的、听到的，或者你正在做的事情，它尽管非常贴近你，但是你却一直视而不见。现在，你让我真正看到了它们。

李洱：《光与影》里面，我还是做了很多安排。比如说我安排主人公的母亲去世，是章老师把他养大。当母亲死去之后，故乡在他心中不是肉的故乡，而是精神的故乡。他是在一种知识体系之内长大的，他是认价值为父亲的。但后来的过程中，他所有的价值一点点被剥离，一点点被粉碎，最后甚至被价值本身的象征章老师所粉碎。他所看不起的人，栾明文，章老师把他看作救星，所有这些对孙良会构成很大的打击。他因为一种感恩的心理，必须完成这个任务，也就是把电脑送到故乡,虽然他明明知道这是毫无意义的。但他必须去完成在别人眼里很有意义的事情。他自己的生活完全被搞乱了。

梁鸿:所以,孙良回乡的过程实际上成了远离故乡的过程,是价值和信念的崩溃过程。最荒谬的事情是,演双簧使他们陷入被动的位置,但那个警察小王竟因此而升官。只要能升官,能进入权力的核心,别的都是次要的,最后的结尾是"任凭孙良的尿溅了他一身"。小王的心理很有意思。

李洱:当官了嘛,别说你溅他一身尿,就是屙他一身屎,他心里也是美滋滋的。

对"常识"的怀疑?

梁鸿:有一个问题我一直在思考:彻底的虚无背后是否是一种简单化?是否是一种复杂的简单?这似乎与加缪的虚无哲学恰恰相悖。《西绪福斯神话》最终展示的是虚无之爱,生存之意义,赋予了生命自足存在的意义。但是,《光与影》中,没有感觉到某种宽宥,就哲学意义而言的,把人给钉死了。如结尾处关于章老师的叙述。当章老师颤巍巍地被两个高大的学生挟持着站在孙良面前时,你觉得非常恶毒。完全可以是更为复杂的存在,比如虚荣、权势、霸道,但也不乏想象和田园诗的虚构。现在的结尾,干净利索,恩断义绝,又锋利无比,但也封住了人性的所有出路。

李洱:在我看来,小说是一种否定的启示,是在否定中寻求肯定。或者进一步说,我几乎认为这是我的写作信条。在写作《花腔》之前,我确实没有塑造过所谓的正面人物,那种能够提示生活的方向感,能够直接地激发人们心中的健康力量的人物。重要的原因是,当我在写现实题材的作品的时候,我必须非常小心,我不能随意给出许诺。对于成年人来说,清醒地认识到真实的痛苦总比糊涂地相信虚假的幸福要好,因为认识到痛苦你才有可能改变现状。你可以看到,在现代主义作品当中,最后的幸福的许诺其实只是一种愿望。伯格曼的电影《呼喊和细雨》,结尾处有一个很温馨的场景,令人感动,三姐妹在花园里荡起秋千,诗意葱茏。可实际上,那是对已经消失了的一个生活片断的回忆,是过去而不是未来。柏格曼是非常清醒的。

梁鸿:前段时间,我看到你的一篇短文,是写库切的。好像也是谈的这一问题,你似乎很喜欢库切,在我们的对话中,你也不时提到库切。

李洱:库切的小说就很能说明问题。你可以想一下,库切的人物和故事,如果出现在托尔斯泰笔下会是什么样子,出现在福克纳笔下会是什么样子。你闭上眼睛就能想出来的。在托尔斯泰和福克纳的小说中,人类的正面价值体现在哪呢?不是女佣就是傻子,不是受苦的妓女就是流汗的奴隶。当他们有这种寄托的时候,实际上,当然你可以认为我是胡扯,他们把那些人写成了原始人,一种没有受过文明侵蚀的人,或者是被压迫的苦力,靠身体吃饭的人。但是,我们不妨想一下,这种经验真的可靠吗?尽管你会被他们的艺术所感染,但我自己感觉,稍一追问,你立即会觉得疑点多多,难点重重。

梁鸿:从这一意义来说,库切的处理方式与此不同。

李洱:看库切的《彼德堡的大师》,不瞒你说,连我都感到了残酷。残酷在哪儿?残酷在于,库切要动刀了,对托尔斯泰的正面人物动刀喽。库切完全做了新的解释的。比如,对书中的那个女孩子,要是叫托翁来写,不用问,肯定是正面的化身,光明的代表,美好未来的象征。但是库切,却把这个小女孩处理成整个悲剧世界当中最重要的一环。库切一不做二不休,干脆把那一章起名为《毒药》。所以,有时候我觉得库切的小说是我写的。你别笑,我是认真的,遇到好的小说,你会觉得那是你写的,因为你也想写那样的小说吗,你觉得是一个不认识的人完成了你的梦想。所以读库切的小说,我觉得与我的感受非常非常相近。我能够感觉到库切的深思熟虑。当他这样去写虚无的时候,作家的态度是很积极的,他有勇气去穿透那种虚无。他敢于对所有公认的、所谓的不言自明的真理性的东西进行质疑和彻底的审视和辨析。由此,在他的不相信的背后,会产生一种更积极的效果。对这个时代的写作者来说,没有常识,常识只有成为怀疑的对象的时候,意义才能产生,才能成立。

梁鸿:纳博科夫曾经对"常识"做过非常精彩的论述。在他看来,"常识根本是不道德的,因为人类的自然品性就像魔术仪式一样毫无理智可言,这种仪式早在远古的时期就存在着。从最坏处说,常识是一个正方形,但是生活里所有最重要的幻想和价值全都是美丽的圆形,圆得就像宇宙,或像孩子第一次看到马戏表演时睁大的眼睛。……谦和的先知、穴居的巫士、愤愤不平的艺术家、不守规章的小学生全分承着同样神圣的危险。""神圣的危险",这是个词用得非常好,因为这种违背常识的大胆意味着作家要承担危险。库切在把写小女孩的这一章称为"毒药"的同时,也否定了小女孩身上所具有的原型性的隐喻系统,纯洁的、美好的,这是所有文明都认同的。

李洱:小女孩和她的母亲都是为无政府主义者帮忙,至少在书中,她们带来更大的暴力。因此,库切大胆地称之为《毒药》。库切对所有正面的负面的东西都试图做出新的理解。在《耻》里面,作者写一个教授搞女学生,被开除后,回到他女儿那里过了十五年。有一笔非常厉害,在经历了所有的事情之后,有一天教授突然看到了这个女学生,他发现他仍然有性冲动。我想这表明了库切的观点。他肯定了这个教授的情爱,他的行为被别人看成是淫乱的,但实际上他是真的喜欢这个女孩,或者说,他喜欢的是自己身上那个被激发起来的情爱。当然,所有的道德、法律都认定他是耻辱的。你可以想一下,这个故事让中国作家来说,一定是另外一副模样。如果不是直接的道德控诉,那就是先来上几段欲望化的书写,最后再来上一段道德控诉。我由此想到,米兰·昆德拉的处理方式,当然与库切也有不同。在《生命中不能承受之轻》当中,昆德拉有一段非常精彩的描写。在他的笔下,特里莎也被当成一个纯洁的女孩来处理,他把她当成是从树脂涂覆的摇篮里漂来的孩子嘛。书里面写到,特里莎为了报复自己的丈夫托马斯,去找那个工程师也就是那个克格勃特务偷情,让人吃惊,当然首先是让特里莎吃惊的是,特里莎竟然有了性冲动,下身湿润起来。这也是昆德拉的厉害之处。

梁鸿: 我觉得一个作家能否用这种眼光,还不仅仅是眼光,这样一种思想对人类更深的领域进行探讨,不惜冒着被道德审判的危险,被整个文明体系唾弃的危险,是非常重要的。保持着对真理的怀疑态度,作品充满深刻的辨析与思索,这也是你们这一代小说家最明显的优长之处。

原载《渤海大学学报》(哲学社会科学版)2008年第3期

虚无与怀疑语境下的小说之变

李 洱 梁 鸿

古典情境的丧失

梁鸿：在阅读你的小说时，有一种特别强烈的感觉：那种在小说世界寻找到某种情感的净化和引领的黄金时代已经一去不返了，小说的面貌已经发生了深刻的改变。这样说的时候，我有一种怅惘，好像是一个古典主义者的失落，那种在文学中进行情感教育和道德启蒙的"总体生活"时代（卢卡契语）已不复存在——这一情感式叙事不仅包括如托尔斯泰、曹雪芹那种"全景式"的现实主义小说，也包括如卡夫卡、余华那种"碎片般"的现代主义小说。在这里，小说已经脱离了经典小说的种种元素，不再只是情感的范畴，它试图展示和容纳的远比情感复杂得多，或者说，小说精神的展现不再仅仅依赖于情感通道和体验能力，它还需要丰富的知识、深刻的智性，甚至于对文学的某种科学性把握。它依赖作家的理性、思辨和对世界多个层面之间复杂关联性的认知能力。

李洱：小说确实越来越复杂了，也越来越专业了。19世纪的小说，那些经典现实主义作品，那些鸿篇巨制，哺育了很多人。它们的着眼点是写人性，写善与恶的冲突，故事跌宕起伏，充满悲剧性的力量，所以很自然的，我们会体会到一种净化的力量，因为悲剧的作用就是净化。现在，小说家对小说的要求，比这个要复杂得多。现在，谁再去写一个《复活》，别人都会认为你写的是通俗小说。罗密欧与朱丽叶的故事，现在也只能在报纸副刊上见到了。

梁鸿：也许是吧。但是这并不是我一个人的感受，还可能是很多阅读者的感觉，好像我们对小说的概念、感觉和要求还停留在19世纪那个经典时代，但实际的小说创作已经走得很远了。这是不是意味着，我所说的仍是一种传统意义的小说？而现代意义的小说已经扬弃了许多东西？

李洱：一个最直接的感受，就是叙事的统一性消失了，小说不再去讲述一个完整的故事，各种分解式的力量、碎片式的经验、鸡毛蒜皮式的细节，填充了小说的文本。小说不再有标准意义上的起首、高潮和结局，凤头、猪肚和豹尾。在叙事时间的安排上，好像全都乱套了，即便是顺时针叙述，也是不断地旁逸斜出。以前，小说的主人公不死，你简直不知道它该怎么结束。主人公死了，下葬了,哭声震天,那就是悲剧。主人公结婚了,生儿子了,鞭炮齐鸣,那就是喜剧。现在没有哪个作家敢如此轻率地表达他对人物命运的感知了。

梁鸿:这意味着,不仅是创作主体的思想发生了变化,而且其在文本中的叙述位置也发生了质的变化。从一个全知全能的叙述者到一个甚至低于作品主人公的叙述者。

李洱:搞文学史的人,都能比较清楚地看到,作家观察生活、感受生活的角度出现了很多变化。从鹅毛笔写作,毛笔写作,到钢笔写作,再到电脑写作,作家的写作方式也出现了巨大变化。当然,最重要的是,作家置身其中的知识体系出现了变化。这些变化,当然都会折射到小说当中来。

我现在有时候也翻看一些 19 世纪的小说。我读的时候,常常感到那时候的作家很幸福,哪怕他写的是痛苦,你也觉得他是幸福的。哪怕他本人是痛苦的,你也觉得他作为一个作家是幸福的。19 世纪以前的小说家,是神的使者,是真理的化身,是良知的代表,他是超越生活的,是无法被同化的。他是居高临下的,夜观星象,指点江山,密谋于帐中,点火于基层。他的写作,类似于神谕。他让哪个人物死,哪个人物就活不过三更。生活的失败感,首先属于别人,跟他没有多大关系。用惯常的眼光看,陀思妥耶夫斯基的生活够失败的吧,穷困,死亡,俄罗斯轮盘赌,儿子又死了,这些失败感伴随了他终生,但实际上他仍然是幸福的,因为他手中握有真理啊,他有阿辽沙啊。写东西的时候,他的目光才往下看,平时他是往上看的。

但对当代作家来说,问题就复杂了。作家被深深搅入了当代生活,被淹没在普通人的命运之中,以致他感觉不到那是命运,他感觉到的只是日常生活。他的目光是平视的,如果他仰望天空,你会觉得他是翻白眼呢。毛病嘛,这个人怎么动不动就翻白眼呢?作家置身其中的知识体系,是一种空前复杂的、含混的知识体系。"体系"这个词用在这里,甚至有点不恰当,不如说那是各种知识的聚集。以前说到土匪和农民起义军的时候,常常用到一个词,叫"啸聚山林",如果借用一下这个词,来形容现在的知识状况,那就不妨说是"啸聚书房"。一个作家怎么能知道,哪个知识是对的,哪个知识是错的?生活在这个状况之中,他的困惑和迷惘,一如普通人。所以,我常常感到,现在的作家,他的小说其实主要是在表达他的困惑和迷惘,他小心翼翼的怀疑,对各种知识的怀疑。

梁鸿:本雅明有一句话说得非常好,他说,真理的史诗部分已结束,小说叙述所表现的只是人生深刻的困惑。现在,个人迷失在体制、历史话语或个人生活的隧道之中,在共时的存在中表现出荒谬、虚无的本质,小说已经不能再充当生活的解释者,而只能转向叙述这一令人困惑的存在状态。为什么会有如此变化?它是基于文学理念本身的嬗变,还是因为整个世界的语境发生了变化?

李洱：我太想写出那种小说了。那种能在文学中进行情感教育和道德启蒙的小说了，那种所谓的"总体生活"的小说。但是，我很清楚，这几乎是不可能的。我相信现在没有人能写出这样的小说了。原因很复杂。整个世界的语境都发生了变化，作家进行情感教育和道德启蒙的基石被抽走了。卡夫卡的那句话就是一个很好的例子，卡夫卡说，巴尔扎克权杖上曾经刻着一句话：我粉碎了整个世界；我的权杖上也有一句话，整个世界粉碎了我。顺便开句玩笑，我连权杖都没有了，因为权杖也被粉碎了。卡夫卡还可以写寓言，写他的当代寓言，而现在的作家谁还能写寓言？除非你写给儿童看。也就是说，当代小说甚至失去了寓言性的功能，一种传统意义上的整体的象征性力量。

个人生活，或者说作为作家的那个个体，其实已经分崩离析。你不可能告诉读者你对世界的整体性的感受，那个整体性的感受如果存在，那也是对片断式、分解式的生活的感受。我自己在阅读当代小说的时候，我总是不由自主地要关心小说的叙述人：这部小说是谁在讲述？而在读那种传统意义上的小说的时候，我不会关心这个问题。虽然一部小说，毫无疑问是由作家本人讲述的，但奇怪的是，我们对作家本人失去了信任，我们需要知道他讲述这篇小说的时候，是从哪个角度进入的，视角何在？不然，我就会觉得虚假。好像只有一种情况例外，那就是这部小说讲述的是一个传说，是一个固定化的传奇，是后看的，看到的是所谓的前现代时期。它要表达的是一种公共经验，而不是个人对历史的体验。在这种情况下，我们还能够容忍作家采用全知全能的叙述，而作家本人总是全力以赴要满足读者的那个期待视野。当小说无限接近那个期待视野的时候，我们会说，这部小说成功了。但是，我不会这样写，我也不敢这样写。我必须选取一个叙述人，让他来讲述生活。他只能讲述个体的生活，他只能讲述某一种生活，他只能讲述个体生活中的某一种生活中的某些片断。在这些片断中，他体会到被生活同化的压力，他因此而反抗或者妥协，他个体存在的困难和意义也因此在这些片断中一点点显现。这个时候，你又怎么能找到对世界的总体性看法呢？

梁鸿：这背后似乎是一种世界观的改变。19世纪乐观的启蒙主义和对世界理性、自信的把握在20世纪已经消失了。19世纪是充满象征的、神圣的和抽象意义的大帝国主义解体时代，在科学、启蒙与资本的联合下，世界是一个已掌握的规律世界。因此，才有巴尔扎克的豪情壮志。在20世纪，在整齐秩序的工业化社会，人处于异化与焦虑的经验之中，世界似乎重又变得不可捉摸。

李洱：从大的方面说，肯定是世界观的改变。对中国的写作者来说，20世纪90年代以后，我们才可以说语境真的变了，新的现实出现了，它要求写作者在写作中做出艰难地回应。如果说接轨的话，那么90年代以后，中国才真正和外部世界接轨。这种接轨有两个意义：一个就是我们被所谓的全球化浪潮卷了进去，另一个是中国特有的现实得以显现了出来。我们是以被浪潮淹没的方式涉水而过，也成了浪潮中的水族。但中国巨大的政治和文化遗产，仍然首先属于我们自己，同时它又在新的语境中不停在产生裂变，发生位移。总是有人说，中国作家在十几年之内，把西方现代派玩了一遍。这种说法，当然不乏讥诮，言外之意是最后把自己给玩丢了。但这背后的一个基本事实是，我们的生活也确实是在十几年之内，把人家几十年、上百年的历程走了一遍，浮皮潦草地走了一遍。它本身就是我们经验的重点所在。所以，对中国作家提出这样一种指责，其实是站着说话不腰疼。因为，我们谁也无法孤悬于历史进程之外。身处于这样的历史进程之中，我想，人们最直接的感受，可能是当代生活变化太快了，简直是目不暇接，你就是像马王爷那样长三只眼也没有用。所以很多时候，我们与西方用的是同一个概念，比如我们都说焦虑什么的，但表达的意思是不一样的。

故事的没落与回归

梁鸿：如果从小说的具体元素来讲，毫无疑问，这样一种整体语境与世界观的改变对小说的美学风格也产生了巨大的影响。故事在没落，悲剧已消失，历史时间消失了，剩下的只是沉闷而枯燥的，没有开始也有结尾的日常生活时间和空间。并且这似乎不仅是故事结构方式的不同，而是一种新的写作起点，新的美学意识和历史观的兴起。我们先谈谈故事在小说中的演变。你认为现代小说中的"故事"与传统的"故事"有什么区别？就审美意义及在小说元素的地位上而言。

李洱：我只能尝试着做出某种解释。当我们提到"故事"这个词的时候，它首先代表着对往事的追忆。它是对过去的回望，是对历史的缅怀，是对消失的时间的挽留。而过去、历史、时间，都由一系列具有某种传奇性质的事件构成。贾宝玉的玉和林黛玉的泪都是与生俱来的，冉阿让的神奇的力量也是天赋异禀。在这些故事之中，小说的叙述人，或者故事的主人公，其实都有着明确的价值观念。而过去、历史以及已经远去的时间，它不仅仅是我们的经历、体验，也是某种亘古就有的价值观的寄寓之所。在20世纪以前的所有小说当中，它要么在维护某种价值观念，要么在反对某种价值观念，非此即彼。小说的叙述人，或者故事的主人公，有着明确的价值观，有着较为固定的行动指南，其性格演变也是有迹可寻的，正像一把钥匙可以打开一把锁。

当代生活是没有故事的生活,当代生活中发生的最重要的故事就是故事的消失。故事实际上是一种传奇,是对奇迹性生活的传说。在漫长的小说史当中,故事就是小说的生命,没有故事就等于死亡。但是现在,因为当代生活的急剧变化,以前被称作奇迹的事件成了司空见惯的日常生活。以前我们写一个人发财致富,需要漫长的铺垫,要写到严父慈母,要写到儿女情长,要写到他生于穷困,死于安乐,等等。而现在一个穷光蛋,一个无才无德的穷光蛋,转眼之间就可以成为百万富翁。可是一扭脸,他又成了一文不值的阶下囚。奇迹每时每刻都在上演。这样一些奇迹,以前都是远在天边,现在却是近在眼前。

很多时候,我们体会到的痛苦,欢乐,都可以称为一种瞬间的痛苦,瞬间的欢乐,它是我们无所适从的带有某种虚空性质的人生体验当中偶然突起的硬块,是偶然闪现的一团亮光。我们整个生活的结构被打破了,所以生活不再以故事出现,生活无法用故事来结构。应该说,讲故事是作家的本职工作,但是,当代作家几乎不会讲故事了。老电影中有一句台词,不是国军太无能,而是共军太狡猾。套用这句话,你可以说,不是作家太无能,而是生活变得太快了。它变得没有形式感,没有结构。

梁鸿:本雅明在《讲故事的人》中说,讲故事的人早已成为某种离我们遥远、而且越来越远的东西了。如你所言,故事是一种传奇性,带有很强的"异质感"。在交通、通讯和现代传媒等的作用下,信息传播使一切都成为共时性存在,与我们的经验保持着异质性,有着多重时间意识的"远方"和神秘空间已经消失,这使得传统讲故事的人失去了权威性。时空拉近,"远方"就是"这里"。而作家只能把这样一种共时存在结构本身展示出来,他没法讲故事,因为他失去了权威。

李洱:很多时候,作家比读者知道的还少。他没有时间看电视,看新闻,他的很多故事是从别人那里知道的,对他来说,那些故事都是第二手甚至是第三手的。也就是说,他甚至不能够把远方的故事作为一种知识告诉读者,连知识的权威性他都丧失了。读者也不信任它。你讲的已经落伍了,萨达姆昨天已经被绞死了,你今天才通过故事的形式传达出来。而以前的故事,说是故事,其实仍然带有某种新闻性质,带有某种揭秘的性质。现在,谁还希望从你的故事中看到新闻,看到真相啊?小说家的权力被一点点蚕食了。

梁鸿:并且往往作家传达出来的气息还没有事件本身给人震撼更大。这给作家出了一个难题,故事没落了。产生故事的背景没有了。在传统意义的小说中,叙事就是讲故事。说书人、远行人(海外故事)、唐代传奇、志怪小说、宋元话本等等,情节极为重要。故事本身即是核心元素。所以,我们只要把故事讲好,就可以了。现在,故事不需要作家来讲了,电视,网络,报纸等都很快地把它变成事件。现在,在面临这样一种尴尬的时候,作家该怎么办,该如何保持文学独特的魅力,就故事而言,这是一个很大的问题。

李洱:作家有不同的类型,有一种作家,比如莫言和阎连科这种作家,他们仍然可以源源不断地讲故事。他们的外国同行,比如拉什迪,比如马尔克斯,也仍然不断地向我们讲述故事,而且那些故事照样引人入胜。在他们那里,故事并没有消失。他们仍然是这个时代滔滔不绝地讲述故事的大师。这样一些作家,他们仍然保持着对过去生活的记忆,叙事的时间拉得很长,人物的命运在较长的时间内徐徐展开,慢慢生长,有如十月怀胎。他们的小说,具备着一种奇特的当代性,它体现为记忆与现实的冲突,历史与当代生活的冲突,本土经验与外来文化的冲突,政治与人性的冲突。但是,还有另外一种作家,他们对表达当代生活更有兴趣,他们的记忆被现实冲垮了,在他们的个人经验中有着更多的当代内容,他们对生活的理解是在这个时代形成的。对于这类作家,你就得有另外一种阅读和判断。

我自己的小说,中短篇小说往往侧重于后者,而长篇小说往往侧重于前者。但无论是前者还是后者,无论是这两种类型作家中的哪一种作家,我自己感觉,小说叙事发展的空间仍然没有穷尽。也就是说,在面对你所说的尴尬的同时,小说一定还可以找到自己的发展空间,自己的发展道路。

梁鸿:你的意思是说,它也可能给小说开拓新的叙事空间。伍尔芙曾经说过,如果你读完一部小说,可以毫不困难地转述给另一个人,那么它就不是真正的小说,而只是一个故事。我觉得在这里有一个非常大的观念变化:相对于19世纪的小说来说,故事已经不是现代小说的核心要素,或者说,小说所承载的绝不仅仅是一个故事,而是一种更为复杂的东西。它想要表达的是另外一种感觉,或者说想要把生活的一种感觉,一种镜像展示出来,是一种展示,而不是某种判断。

李洱:我觉得小说的意义的确是某种展示。同时,我觉得现在小说仍有基本的启示意义。但它的启示意义表现为反面的,告诉人们:不能够这样。原来的小说告诉人们:生活应该是这个样子。如果说以前的小说类似于神谕的话,它告诉人们"往哪里走",而当代小说告诉人们,不应该这样走。

梁鸿:至于怎么走,它没有答案,作家把空间留给读者。因为作家本人可能和读者一样,也不知道该怎么办。但这样一来,似乎又会把小说带进一种无穷无尽的空间之中,甚至有一种无力之感。

李洱:以前的小说是一种肯定的启示,现在的小说表现为一种否定的启示。如果说有区别的话,这是一个很大的区别。还说讲故事吧。我经常举一个例子。这可能被别人认为是狂妄,不知你是否看过我这样的说法,曹雪芹活在当代的话,写不出《红楼梦》;当代作家活在那个时候,例有可能写出来。我的意思是说,目前小说跟以前差别很大,不是作家才能的消失,而是整个世界出现了变化。我举个例子:《红楼梦》的时代在此之前已经有几千年,所达的是一种超稳定的结构和生活。文章里面有一句话,贾府里面只有那个石狮子是干净的。当他说这句话的时候,它表明当时官宦家庭都会有这样一个石狮,是一个象征。当作家想找到比喻的时候,这个比喻会有非常的普遍性,这是超稳定的感觉在起作用。官宦人家、贫苦人家的内部布置、格局、装饰,整个社会几乎都是一样的。按照一个外国人的说法,即使把房子的草图烧掉,中国工匠凭感觉也能造出一模一样的房子。有个现成的例子,开封这个城市是几个城市摞在一起的,黄河一次次把它淹掉,泥沙把它完整地封闭了起来。但在泥沙之上,很快又会建起一座新城,新城与旧城几乎没有区别,因为那种形式感已经成了集体无意识。

梁鸿:你的意思是,它已经形成一种非常成熟的象征体系和隐喻系统,经过几千年的强化,每个人都会自觉自动遵循。这也是一个民族符号系统、文化传承形成的原因之一。

李洱:对。那是一套完整的符号系统。这样一来,作家在写作的时候,就会变得相对容易一些。因为写作,既是审美力量的对象化,同时对象也有一种美学上的呼应。而当代生活却不一样。今天在门口你见到一个咖啡厅,一夜之间就可能被扒掉,变为游乐场了,后天那里又建起了一座小学。变化如此迅速,根本无法建立起某种象征性结构,到处乱糟糟的。在这种情况下,文学写作必须有变化,必须出现一种新的形式,以此对变化中的生活做出回应,否则你的写作就是不真实的。

梁鸿:我们回到当代文学的语境中来。你会发现,实际上,中国当代文学,尤其是从先锋文学以后,把19世纪以来的西方文学历程走了一遍。小说开始寻找一种新的起源,并且在某种意义上也的确成功了。但在经过这样一个历程之后,你发现余华、格非他们都在转型,当年先锋文学的扛大旗者重又回到了故事之中。这种现象说明了什么?这背后隐藏着什么样的焦虑,或者基于一个什么样的要求?

李洱:这其中各自接受的资源不一样。寻根小说主要受拉美魔幻小说的影响,先锋文学主要受法国作家的影响,以比如法国新小说派等等,当然,其中也包括阿根廷的博尔赫斯的影响。这与他们自身的经历不一样。寻根文学之所以接受拉美小说,是因为他们的知青生活要求他们找到一种根的存在,希望找到民族风格、民族气派的作品。先锋作家稍晚一些,没有广阔的生活,主要依靠幻想性来写作,比如罗伯·格里耶和博尔赫斯的作品都不需要广阔的生活,只要有一点对生活的感受就可以了。当先锋作家生活经历越来越丰富的时候,他们对那种幻想性小说就远远不满足了。曾经有人谈到余华为什么转型,我说,那是因为生孩子生的。当他们回到生活之中,和早年的幻想性结合在一起,就会产生非常奇怪的文学,类似于《许三观卖血记》。一半是幻想,一半是现实,这使他们大获成功。格非也是如此,如《边缘》、《敌人》。当他们具备对中国历史的了解,对现实有感受和看法的时候,就会产生变化。表现为会加强故事性。

梁鸿:这种加强是否意味着,他们在对自己的,或对历史的经验和看法进行某种肯定或某种总结?当他们有一定经历之后,再结合当初审美的训练,是不是想再重新回到古典性中,试图在故事中承担着某种经典性的情感启示,或让故事具有更高意义的某种教益?这是否也意味着19世纪那种古典主义情怀还是作家心中最高的原型或最高追求?

李洱:据我所知,当时,他们在写《敌人》或《许三观卖血记》的时候,他们的阅读已经转向狄更斯《大卫·科波菲尔》这样的小说,或者卡内蒂的《获奖之舌》这样的作品。为什么?他们突然发现,如果说早年喜欢罗伯·格里耶是一种学科上的准备,在新小说那里他们找到学科的训练的话,后来他们发现他们还是喜欢看19世纪的小说。狄更斯的小说是标准的19世纪的古典小说。此时他们的小说是一种混合物,狄更斯小说和格里耶小说的混合物。这种混合物首先是因为知识的来源有所转换。我记得,当年《收获》的主编李小林先生看完余华的《呼喊和细雨》之后,说过一句话,说是余华这么早就开始写自传了。当时,写自传其实是一种风潮,王朔的小说也是自传。我倒不认为那个时候他们是在重回古典,我倾向于认为他们是通过写作寻找自己,寻找自己的形象。

梁鸿:我的意思是,现代小说的故事性消失是不是只是一个过程?当作家有一定经历之后,是否必然会有某种回归,回到经典的文学形式与精神之中?先锋文学之所以让人震惊,除了是对当时文学具体处境的一种反拨之外,也因为它展示了某种困惑,看到了某种怀疑与不确定,对历史的、时间的或生活的。展示了突然的断裂,如《褐色鸟群》。现在,当他们走过那段时间之后,已经不是当初的怀疑和断裂,而是已经以一个成熟的人的心态(不是说不困惑了),他们试图把他们的经验再次凝聚成新的故事传达给读者。它可能有新的因子,传达某种人生的困惑,但也兼具传统故事的起承转合与意义教诲。这种重回古典现象到底意味着什么?

李洱:余华写完《许三观》之后,几乎有漫长的十年没有写作。因为他发现,他对生活的感受用许三观这样的形式已经无法表现了。格非也是如此。当他们恢复写作的时候,他们会去写作过去的生活,历史题材。譬如说《兄弟》写的是"文化大革命",《人面桃花》写的是民国时代,格非近期问世的《山河入梦》写的是"文化大革命"以前的生活。

梁鸿：也就是说，那种传奇性的故事仍然无法结构当代生活。即使作家想回到故事之中，但是，他发现，讲述下去是非常困难的。

李洱：我想纠正一下，先锋文学在当时并没有读者。最好的小说当时也只能卖一千册。《活着》、《边缘》也就是三四千册。后来的成功非常复杂。包含着市场的认可，也得力于学院派批评家的推崇。那是一个创新的时代，新人辈出的时候。为什么会在20年中把西方文学的历程走一遍？我们只觉得步伐太慢，比如说当时会上半年出现什么风格，下半年就要出现一种新的东西。完全是"大跃进"式的。我给你讲一个真实的故事。李劼在北大吃饭，碰到谢冕，谢冕会问他，下半年会出现谁？他们认为这个月或下个月就会出现一个新的文学新人，他会打败之前所有的创作。当时的主要人物就是李陀，他几乎相当于达赖喇嘛。被他"摸顶"，就会一夜成名。每个文学青年都跃跃欲试，想成为下个月成名的那个人。但这一切也仅仅局限于文学圈之内。那个时代文学在进入大众视野和期刊的时候，还是需要批评家的解释转换的时代。现在情况不一样了。它直接面对市场。那个时候人们对文学史非常厌倦，不大相信传统的文学史，人们愿意相信新潮批评家。这导致了先锋作家一年之内全部走红。但这样的时代，一去不返了。

梁鸿：实际上，先锋文学的诞生也是一个历史事件。我们那个时代需要一种全新的思想。过了那么多年，以回望的眼光来看，你觉得它们对文学的启示最重要的地方在哪里？

李洱：譬如说当代作家讲究作品的形式感，是从先锋作家开始的。这是对中国文学极大地丰富。虽然现在的小说有许多要比先锋小说好得多，但我们依然尊重他们的作品。这表明我们对他们贡献的追忆和怀念。

梁鸿：这的确是了不起的发现与突破，像马原的元叙事小说，格非、余华的结构实验小说，等等，就现在看来，虽有点生硬，但仍然能感觉到小说形式本身所拥有的巨大力量。也因此，先锋文学被看作是对当代文学的"形式革命"。但是，我觉得，这只是先锋文学的表层存在，从更深层的意义来看，从先锋文学开始，中国当代文学拥有了现代性思维，即对秩序的批判能力和解构能力，正是这种思维能力和向度导致了当代小说的根本变化。现代叙事与传统叙事的根本区别在于：后者始终沉浸在道德不能实现的焦虑之中，而前者则充满着对道德本身进行形而上的批判与审视意味。这也正是先锋文学之前与之后中国当代文学的本质差别。在"十七年文学"、"寻根文学"、"改革文学"等等思潮的背后，总有一个基本的目的：即求证生活、历史的合法性，并试图把它们纳入到一个道德秩序和明确的目的之中。在"十七年"时期，这一道德秩序是政治意识形态的"纯洁"与"明朗",在"寻根文学"中,这一道德秩序则体现为民族理想和精神的升华,小说所有的矛盾与冲突都蕴含于对这一道德理想的寻找历程之中;但是,在先锋文学中,作者在小说中所致力的不是重建道德规范和"惩恶扬善",而是阐述个人对生活、历史的观念和感觉。因此,作家作品中的"社会生活"少了,而另外一些故事元素渗透了进来,如以幻想的方式阐释基本的人性主题。

李洱:我认同你的说法。他们的故事主要来自于幻想性的故事,基本的主题是比较抽象的主题,遥远的、永恒的主题,比如说恐惧、暴力、性爱。他们小说主要的推动力是性爱。

梁鸿:为什么会出现这种情况?这是一种青春期的文学吗?是否意味着当时的文学正处于青春期的暴力和颠覆时代?

李洱:因为他们当时写作的时候正是二十多岁。包含着青春期的暴力,使荷尔蒙具备了历史意义。

梁鸿:咱们再回到故事中。你觉得在你的小说中故事占据什么元素?

李洱:我觉得《花腔》里面还是有故事的。在处理当代生活时,无法找到故事,也有大致框架,但完全是碎片式的。而《花腔》还是有一些轨迹性的。面对当代生活时,我本人还是希望找到故事的,我也认为我的小说里面是有故事的,但读者告诉我没有看到故事。或者说,现在的故事和以前的故事概念不一样。以前的故事是悬念的、高潮的、主线的,有起始结尾的。但是,当代小说表达的好像是一段时间之内的生活,有些情节,看不到开头结尾,仿佛只是生活中的一个片断。当我试图像19世纪小说那样结构故事的时候,我认为小说家都有这样一种冲动,但往往无法完成。即使当真的靠近的时候,你感觉你的故事是失真的。这样一来,作家往往处于一种矛盾的处境,他想这样做,而真这样做的时候,他又包含着一种自我怀疑。

梁鸿:是否意味着,在这样的时代,你无法完成一个具有古典意义或有准确方向的故事,它总是被生活本身所打断?

李洱:信息太多,你需要对各种文化现象做出一种归类、分析,它们占去了小说原来展示人物命运的空间,这样一来,使小说显得琐碎。

历史时间的改变

梁鸿:但是,当你把那些所谓的"琐碎"的东西删去之后,又好像什么都没有了,空间没有了,意义也随之消失。你曾经说过,"你的生活经历和他的生活经历中的传奇性消失了,如果现在我们写这种传奇性故事,会让人觉得这种小说虚无;分析日常生活经验的小说,可能更真实"。是否你觉得日常生活经验已经不能用传统意义的故事来传达?这里面涉及一个时间观的问题。当历史的线性时间被打破,它使整个小说空间发生了质的变化,事件、存在都不再是"历时"的存在,而是一种"共时"的存在,同时发生的,并存的。这种历史时间的消失带来的是整个小说时空结构的变化。你觉得这样一种时间观会带来小说美学风格,如时空概念、叙事方式、结构方式发生什么变化?

李洱:表现日常生活的小说,在时间方式上往往表现为现在进行时,会有追叙,但总体上是现在进行时。有时候会以"昨天"的形式开始,但非常模糊,是一种不确定的时间表达。典型的例子就是加缪的《局外人》:昨天,妈妈死了。实际上并不是今天的昨天。到底是哪个昨天?天知道。这样一种方式在《包法利夫人》那里也有,小说开头这样写道:我们正在上课,它也是进行时的,但随着叙事的进展,非常奇怪,"我们"消失了,小说变为纯粹客观的第三人称。福楼拜小说是从古典小说向现代小说转变的阶段,从全知全能的叙事到有限制的叙事视角,福楼拜首先作出一种尝试,甚至出现了小说内部的某种不谐调。到《局外人》的时候,小说已经非常成熟,以至于我们现在完全可以忽略"昨天"到底是哪一天。这样一种叙事,一开始就让读者共同进入情景之中,人物和读者共同摸索,作家无法告诉读者往哪里走,只能一起往前走。我觉得这是现代小说在叙事时间上的一种处理方式。

梁鸿:看似有时间的明确限制,但随着叙事的进展,却非常模糊。这种时间观看似有点混乱,可能是小说家的一种错误,但实际上,里面却包含着一种观念的显露。作家试图给读者带入情境之中,既是旁观者,也是参与者,因为他自己对这一切是未知的。为什么作家会有如此的时间观呢?是否意味着作家本人对生活认识的某种不确定性,或者与他有意表达某种主题有关?

李洱:的确是这样。我认为作家无法指引读者。他只能让读者和他一起感同身受,共同探索。或者说,他给读者一种"在场感",实际上他无法告诉读者更多东西。罗伯·格里耶的小说开头都是以"此刻"开始,作者和读者同时开始,对未来都处于未知状态。

梁鸿:这样一种共时的东西,带来一个新的问题,就是意义的问题。在传统的故事叙述中,总有着对"生活意义"的探询意味或隐藏着一种"道德焦虑",因此,古典小说会有确定的意义渗透其中,追求完整性。但是,在"共时"的生活中,一切是未完成的,"生活的意义"总是处于延宕之中。现代小说由于作家自身的这种不确定性,导致小说的意义越来越模糊,不断地拖延意义的判断。

李洱:我在写作短篇和中篇小说的时候,写完之后,我却常常很迷惑,有怀疑。主要集中在两个方面:一方面,我这篇小说到底要告诉读者什么?当时你的写作冲动是如此真切,在写作之初你觉得它非常有意思,你觉得读者会和你分享故事,但写完之后,仍有很大迷惑,怀疑它的价值,它是否有意义。另一方面,你非常怀疑是否会跟别人雷同。所以,你的写作常常处于极度的焦虑之中。那么,从哪个地方获得信心呢?譬如说你看到非常好的作家也有过如此的失败,曾经有过一些非常棒的小说,当初作家在写作的时候也有如此的感受。我不妨将之称为"充满失败感的成功"。也就是说,你会从名家的这种"充满失败感的成功"中获得一种安慰,一种非常稀薄的安慰。这种例子或许可以说,作家的写作常常要面临很多困惑。

梁鸿:这一状况导致意义很难升华,包括经验和生活层面的意义。在旧有的小说叙事中,作家总是不自觉地对生活进行判断,道德、善恶,等等。而现在,作家低于读者,包括对事件看法的程度。但在这样的生活中,作家甚至低于读者,你甚至觉得你的观察有可能还不如读者,这种对意义的怀疑可能会使作家难以为继。我觉得,现代小说之所以会对故事、对叙事提出更高要求,是因为它无法从传统写作模式中获得对生活的真实表达,或者,作家很难找到合适的方式来传达某种感受、情绪或发现。

李洱:当年我看纪德的小说,常有一种感觉,他的写作如此艰难,你可以感受到他写作的时候,其实难得要命。纪德的小说,应该是很好读的吧?读起来很纯净,很流畅。但我还是觉得他写的时候很困难。故事到底该怎么讲,他其实一直很犹豫。当然,这一点,一般的读者不会去注意,也没有这个必要。你会发现,越是有智慧的作家,越能感受到这种困难。最近我看库切的小说,也发现,他的很多故事其实讲得磕磕巴巴的。最著名的例子当然还是卡夫卡,他的小说甚至写不完。关于卡夫卡写不完的问题,人们作出过各种解释,我以前也试着作出自己的解释。不过,不管怎么说,有一点是肯定的,那就是他确实不知道小说怎么往下写,确实不知道这部小说如何结尾。肯定不是因为身体不好,而是他的确不知道 K 的结局如何,也不知道《美国》中的小伙子的命运如何。或者说,即使有原型的话,他也会怀疑,如果我真实地把他的命运写下来的话,这部小说价值何在?它有何意义?所以,他无法写完。我想,这样一种困惑也是所有当代作家的困惑。除非你的确非常自信,觉得自己真理在手,权力在手,可以任意挥霍别人的命运。除此之外,真的对小说艺术有感知的作家,都会感受到这一困难。他越是熟悉,越是不知道怎么写。

梁鸿:是不是可以这样说:真正试图进入当代生活的作家,反而会更加感觉困难重重。他总是在不断地怀疑、否定与思索之中。即使是有结尾,这种生活是否是真的生活呢?它是否能够反映生活的某种本质?譬如 K 的原型的生活,是否是卡夫卡心中所想的呢?如果他写出来,他也会深刻怀疑的。因为他会怀疑他的价值。

李洱：这一怀疑发展到极致，就是卡夫卡要求他死后烧掉他的作品。当然，这件事本身又非常有意思，据说卡夫卡知道，他的朋友是会违背他的遗嘱的。也就是说，卡夫卡的内心其实交织着非常大的矛盾。他是一个非常软弱的人、无能的人。他既要把他的作品毁掉，又想把他的作品留下来，同时又不承担留下来的责任。这确实是一个很有意思的公案。

梁鸿：所以我觉得不是作家不愿意去表达一种确定性的现实，而是作家无法在纷繁复杂的现实中找到某种真实，无法找到一个恰切的叙述方式。他会不停地否定自己。在这之前，也没有人对此作出解释。我们身处其中的这一复杂历史境况已经不再能够用经典的小说叙述模式和不言自明式的话语来加以描述。

李洱：可以这么讲。作家的困惑在哪里呢？当代生活或当代经验变得无法命名。作家要去呈现出一种无法命名的生活和经验，这本身就值得怀疑。我特别欣赏索尔·贝娄的一句话：以前的人死于亲人的怀抱，现在却死于高速公路。虽然同是死亡，但意义完全不同。你可以发现，当代小说，包括那些在艺术上非常成熟的作家，比如米兰·昆德拉的《生命中不能承受之轻》，比如说特丽莎和托马斯的死于车祸，如果去探讨作品主人公命运的话，你觉得非常奇怪，如果它是过去的经典小说的话，你会觉得这种对死亡的安排是不负责任的，但是现在，它却可能是昆德拉的特意安排，是昆德拉苦心经营的死。作家的注意力会集中在如何对当代经验进行命名，对已有的概念重新进行探讨，而不是信马由缰，去写一个人的命运，写他的生老病死。之所以有这样强烈的冲动，是因为这样的生活以前从来没有过得到命名。这对作家的要求其实很高，作家有必要进行一些学术训练，历史学的，社会学的，心理学的训练，不然，你不会有那种命名能力，有那种辨析能力，有那种穿透力。也就是说，作家的写作再也不能单纯地凭想象了，凭灵感了。所有这些，都使得写作变得越来越困难。

梁鸿：或者说，不是每个作家都有这种能力，有足够的敏感、穿透力，能看出当代生活的内核，并寻找到一种恰切的命名。你能否通过你对当代生活经验的叙述来展现某种被别人认可的生活状态，并成为一种相对确切的命名。所以你的怀疑在于，你不知道你的写作是否反映了生活的某一本质。

李洱：有一个词很重要，但后来被人用滥了，即关键词。每个作家都应该有自己的关键词。这些关键词构成了写作的整个世界。"苦难"并不是关键词，是几千年来中国人的一种感受，并非是你对生活的一种命名，现在往往是这个人是写"苦难"的作家，那个是写"流氓"的作家。这只是一种情绪，并非是一种命名方式。作家要寻找到他自己对生活的命名方式。

梁鸿：你觉得你找到了吗？或者说，找到其中一些了吗？

李洱：我觉得《花腔》应该算吧，《石榴树上结樱桃》也算基本上接近，《饶舌的哑巴》应该也算。

梁鸿：我觉得《午后的诗学》应该最为经典，"午后的"本身就是一个极其准确对当代知识分子生存状态的命名。

"纯文学"与现实

梁鸿：再谈谈另外一个问题。前面我们一直在谈小说之变，从先锋文学之后当代文学的美学元素、主题意识等等的根本性变化。这些对当代文学的发展无疑是有着积极的意义，但是，也带来一些问题。譬如这几年学术界提出"反思纯文学"的口号，针对近些年当代文学过于极端的"世俗化"倾向（也称之为欲望化倾向）、"个人化"倾向和"虚无主义"倾向，反思先锋文学以来文学与政治，文学与现实，与宏大叙事之间逐渐形成的二元对立趋势及对文学的消极影响，并呼吁使文学重新回到一种有尊严的大的文学精神之中。作为一个在先锋文学的氛围中成长起来的作家，"纯文学"对你的影响应该是毋庸置疑的。就现在你所感受的文坛的总体趋势而言，该如何反思纯文学？或者干脆，这一问题从根本上是否成立？

李洱：我顺便提一下，"反思纯文学"最初还是从《莽原》开始的，之后才有《上海文学》上的系列文章。这批稿子是我组织的，我记得崔卫平、张闳等人曾经参与进来。可能是因为《莽原》地处中原，人们后来在谈起这场讨论的时候，都忘记了这一点。前些年《莽原》组织过一些有意思的讨论文章，"反思纯文学"只是其中的一种。时过境迁，我手头没有现成的资料，所以我也无法说得更详细。但当时的一些想法，我大致还能记得。有相当长一段时间，文学越来越圈子化，形式化，割裂了与现实之间的关系。人们要求重新考虑文学的社会功能。如果我没有记错的话，是文化研究的兴起使人们意识到了文学的这种状况，或者说，是因为早年从事纯文学批评的批评家转向了文化研究，他们希望文学能够与社会现实构成有效的关系。这个愿望是好的，有它的积极意义。我本人对他们的观点有认同感。我想，文学不能孤悬于社会历史进程之外。文学不是蒸馏水，文学是矿泉水。但期望文学对社会历史进程有多大影响，我认为是不可现的，因为文学也不是葡萄糖。

梁鸿：还不仅仅如此，文学越来越小，如李陀干脆把它称之为"小人时代"的文学。幽默到滑稽，虚无到放任，虚无主义、世俗主义这样一种写作倾向。当没有对立面的时候,所有的虚无都是无力的。假如一个民族的文学都是如此的话,那就非常危险了。在小说创作中,很少出现对正面的价值的肯定。作为一个作家,你如何看待这一观点?

李洱:文学概念总是有某种比喻的效果,不能深究。比如"小人时代的文学"这个概念就不能深究,因为它是一种比喻。"纯文学"这个概念也是一种比喻。真要把它作为一个文学命题,我想它的"伪命题"的成分相当大。至于作品是否表达了某种正面价值,这个问题很复杂,比如,我们不能说虚无就是负面价值,世俗主义也不能是否面价值。表现虚无的作品,也不能说就是认同虚无。认同虚无又怎么了?中国作家里面,还有比鲁迅更虚无的作家吗?

梁鸿:在当下生活中,文学与现实到底以什么样的关系、状态出现?或者说,现实主义中的"现实"与你所认为的"现实"能否构成某种对应?

李洱:我觉得现实主义首先意味着一种批评精神。尤其是在中国这样一个国度里。我非常怀疑大家所谓的"正面价值"是什么,作家经常会遭到指责,作品中没有正面价值与正面人物。有时候,我就会想,到底什么人才能是正面人物呢?譬如像《日瓦格医生》中的日瓦格和拉拉,我们为他们所感动。这种人物是否是正面人物呢?他们体会的正面精神是什么呢?他们的精神进入中国文学是否会成为负面精神呢?我搞不清楚。你认为马尔克斯作品、加缪作品中哪些是正面人物,体现了什么正面价值?当加缪提出一种人类应该颂扬的精神时,它反而是类似于西方愚公式的精神——西西弗精神。当我们在写现实生活作品的时候,譬如说在写费边生活时,另外一种和费边相对的生活,或者构成很大张力的生活是一种什么样的生活呢?当说正面精神这样的词语时,我感觉其中包含着二元对立思想。实际上是多个对立面。譬如说《午后的诗学》中的"我",很难说"我"代表着正面精神,只能说"我"对费边的生活有某种怀疑,而我的态度里面蕴含着某种正面精神。

梁鸿:似乎有这样一种现象,现在的批评家,也可能包括我在内,往往不自觉地预设一个非常高的目标,来衡量作家的作品,这样一来,很多文学都不符合这一总体目标,都被打入冷宫。这样一种批评反而忽视了生活的复杂性,和小说精神的复杂性。实际上,它没有构成真正的批评,或者说没有构成一个层面的批评眼光和批评视野,没有和文本在一个层面上探讨问题。

李洱:你可以看到许多批评,总是在批评作家的欲望化叙事。持这种批评的批评家往往是有基督教背景,马克思主义或批判现实主义背景。他们首先是抱着一种恒定的价值观来衡量作家,但是,如果作家真的写成与他所说的那种作品相一致时,人们会说他那种写作是不切实际的写作。但是,人们此时此刻会认同这个批评家的批评。所以,作家在被批评家批评时,很多时候是哑巴吃黄连的。

梁鸿：你这样说很有意思，但就一个批评家的感觉而言，这也不尽然。你怎么看待当代批评家与作家的关系？你怎么看待当代批评倾向？

李洱：我在一次会议上听到孟繁华先生的话，非常有感触，他提到有作家曾经直言不讳地说，跟批评家交往是晚上六点钟之后的事情。言外之意，批评家对于作家来说，只是一种边角料，供喝茶、闲聊时的话题。实际上，我还是与批评家有不少交往。跟作家在一块儿谈什么呢？只谈版税，只谈影视改编权。跟作家在一块谈文学变成一件非常矫情的事。对方会打量你，你谈这话是什么动机，甚至会怀疑你有什么不良企图。据我所知，有很多作家都在认真思考问题。但都每个人都像一只保密性能非常好的葫芦。当然，这里面也可能包含着一个恐惧：经验很快被复制。说得难听点，你的想法很快就会被别人盗用。

梁鸿：在这个时代，所有的严肃都会被嘲笑。甚至被认为是一种虚伪。一切都在从悲剧变为喜剧，甚至是闹剧，曾经给人崇高感的事物开始显得滑稽与荒诞无稽。那些从前曾经使我们感动的事，如今却总是让我们发出暧昧的笑声，更无法折射出人类精神的神圣光芒。这是怎么回事呢？是因为在后现代时代，资本时代人类精神的自然衰退？真的让人无可奈何。

李洱：八十年代谈文学是通宵达旦的。现在，我跟一些作家朋友在一起，还是愿意谈谈文学，当然很多时候是用开玩笑的方式谈的。

梁鸿：这种"玩笑"开始的方式本身与时代的语境是有关系的。你认为这种内在的焦虑与紧张是否是一种虚弱性的掩盖？对自己的故事，或叙事的独特性的不自信？

李洱：还有另外一种可能，我感觉也比较真实。每个人都非常脆弱，你自己非常珍惜的东西，在别人看来如此微不足道。你的信心遭到打击。你好不容易有对生活的一点感受，因此建立起来的写作信心会遭到迎头痛击，这种失败感无法承受。今天还有人问我，长篇写什么，题目是什么。我确实不敢说。我曾经把我的新长篇的构思告诉过一个批评家，他对我说，从现在开始，你再也不要告诉第二个人了，因为你的题目太好了，像你这种慢手，很快就有别人写出来。

梁鸿：实际上，这是一种经验被复制和不确信的紧张。所以，回到谈话的开始，作家对自己作品的神谕性非常怀疑，你知道你达不到这样一种效果，甚至，你也不渴求能达到神谕，只想保持那点核心，别让别人知道。能把这种信心建立起来已经非常难了。这非常真实，它恰恰反映了现代小说的整体语境。它处于被包围的状态，它的阵地越来越小，小到只有自己才有可能承认。

李洱：作家的这种状况就像朝鲜，手握着人人皆知的核技术，它还当成宝贝。它无法拿到国际上讨论，它会被人笑掉大牙。只好抱着一种卑微的信心，敝帚自珍。

梁鸿：这是一种非常尴尬的存在。你觉得这是否只是作家的问题？

李洱：后来我发现这也是理论家的问题。譬如说一个教授辛苦地写了一本文学史，被迎头痛击，他当然无法接受。可见这不是从事虚构文学的要求，而是所有人文知识分子的要求。

梁鸿：我觉得当代批评家和作家的关系非常紧张。当然，这种紧张关系由来已久，波德莱尔就大骂批评家是疯狗，虽然他自己写了大量的诗评、画评。这其中有一个重要的原因，当一个批评家写完之后，遭到迎头痛击，他同样不高兴。这是一个人文知识分子不愿意接受的，因为你在否定他的思想的时候，否定了他的精神的存在。

李洱：开句玩笑，你可以骂一个人文知识分子是流氓，但你不能说他是"肤浅"的，这对他来说是最大的污辱。你甚至可以说他错了，有太多谬误，但你不能说他对生活没有发现。但现在批评家经常会用这样的句式：他竟然没有注意到什么什么，他竟然没有发现什么什么，所有的指向都认为作家是肤浅的。所以，有些作家就感到无法接受。

梁鸿：作家和批评家是一种矛盾的存在。就我个人而言，我当然不同意纯粹吹捧的批评，但是，我也非常不赞同极端的立场，我觉得一个最高的原则蕴含着很多谬误，对作品没有起码的尊重。生活的真理是无数的真理，当用一个真理来衡量很多生活层面的时候，并不见得是正确的。我觉得批评家还是应该进入作家写作的语境之中，去寻找你认为对的或是不对的。

李洱：你会发现，批评家有些指责非常荒诞。比如批评家经常会指责作家写得太多。但是，如果比较起来，批评家一年要比作家写得多得多。开个玩笑，大多数批评家一年之内写的字，都比罗兰·巴特一辈子写得都多，比别林斯基一辈子都多。当然批评家们的这种指责对我无效，因为我写得本来就少。

梁鸿：也许是批评家与作家关系太近了，而离作品太远了？

李洱：有这样的指责。但据我所知，西方的批评家与作家关系也并不坏，甚至更为密切。文学的经典也来自于批评的不断阐释。但是，就我而言，写我的批评文章的人我经常不认识，他们欣赏我的作品，而写批评文章的人，却常常是我多年的朋友。

原载《当代作家评论》2008年第3期

百科全书式的小说叙事

李 洱　梁 鸿

真实的知识与小说的虚构

梁鸿：现在还能回忆起写作《花腔》时的心理过程吗？

李洱：《花腔》的写作是一个非常艰难的过程，我一开始确实想写一个中规中矩的历史小说。但是，我无法忍受自己这样写，我觉得我的很多想法无法付诸实施，我会怀疑我这样讲是真实的吗？如果我自己都不确信，我怎么能写下去呢？我记得当时从北京回去，我告诉我的朋友们，我生不如死，我已经写了一年多，有几十万字，但我要推掉重来。他们哈哈大笑，觉得我夸张，但我真的非常痛苦。我是1999年开始写，那时候已经是2000年，这跟我现在写的长篇一样，我已经写了很多，但我仍然不满意。

梁鸿：我很想知道你写《花腔》之时的知识储备和资料储备。各种回忆录、报刊资料、历史事实、虚构叙事，各种知识混杂在一起，还有关于粪便学的论述，它甚至是一篇非常专业的论文。它的文体形式、语言方式是如此繁复，兼具历史学、社会学、医学和考据学等专业知识，你是怎样做到的？

李洱：我喜欢看三十年代四十年代的书籍，我看历史逸事、口述史的时候，往往关注的是细节，一些器物、图片、人物的表情、服饰，我对此很敏感。这种收集并不只是为了写小说，所有跟历史相关的细节在我脑子里都非常鲜活。我试图回到历史现场。

梁鸿：在文中有这样一个小细节，在最后发现葛任那首诗的报纸上，你这样写道："在同一天的报纸上，还有关于物价飞涨，小偷被抢；城垣沦陷，日军轮奸；车夫纳妾，妓馆八折；日军推进缅甸，滇缅公路被关；小儿路迷，少妇忤逆等等报道。关于葛任的那篇短文，发表在仁丹广告和保肤圣品乳酪膏广告之间。"尤其是那个"保肤圣品乳酪膏"，你在许多地方都提到过，它是否是一种历史的真实？它的反复出现似乎有某种隐喻？是让它把作者带回历史的情境之中，然后再让它承担着某种质疑的功能，让人进入亦真亦幻的情境之中？譬如关于鲁迅、瞿秋白的出现，里面甚至引用了鲁迅的日记来证明事件的真实性。然而，整个故事却是虚构的，为什么要这样安排？再问一下，巴士底病毒和关于粪便学的论述是真的吗?

李洱:完全是虚构的。

梁鸿:这非常有意思。这对读者来说几乎是一个非常大的愚弄,当你写病毒和粪便学时,你用的是一种非常准确的,类似于科学论文式的文风来写的。你想达到求真的效果,让人觉得这就是知识。但是你却是虚构的。

李洱:问题是我相信它是真的。这种革命的冲动,我认为其中隐含着某种病毒性,这种病毒来源于巴士底狱。它是革命的源头之一,是我们的主流意识形态产生的源头之一。在我虚构这个病毒的时候,巴士底的法文我不知道,我要去咨询懂法文的人。关于病毒的知识,我也要大致知道。这又是知识性的组合。

梁鸿:也就是说,历史是真实的历史,革命的冲动也是真实的,知识也是真实的,但这所有准确的知识组合在一块儿却构成虚构的词语。而它背后的意义,它所达到的效果又是真实的,一种仿真的效果。完全是一种仿真学的叙事。这种仿真的风格在阅读上似乎更能产生效果。这里面有几重的知识建构和叙事建构的过程。病毒是真的,巴士底也是真的,它所带来的危害是真的,你把它物质化真实化,把读者带入到一种语境,甚至是一种观念之中。但是,读者却又是从一种知识中获得这种感觉。

李洱:人们对我的小说分析得非常详尽,但是我对巴士底病毒命名的苦心却被忽略了。还有就是粪便学。我设置的都是对历史的命名方式和认知方式。在表达这种认知的时候,需要许多知识储备,需要对历史有某种穿透力的认识。

梁鸿:这就意味着你的小说的确是一个不断被打断的过程。不是那种一气呵成,在某种情绪亢奋的情况下的写作。这种不停地把知识融入其中的方式是否割裂你小说的某种连贯性?

李洱:我当然想连贯,我也想一气呵成,但我的小说总是在最激动的时候停下来。对于我来说,依靠冲动写作好像从一开始就没有。

梁鸿:那你的写作起源是基于什么呢?

李洱:我总是在不停检索自己的知识储备,哪里不够,马上补充,就像燕子衔泥式地把窝给搭起来,我在不停地做这个工作。你说那种一气呵成的往往是线性叙述,是对一个事件的讲述。我的兴趣不在于建构一个完整的世界,我的兴趣在于回到历史现场,要表达出自己对历史的和现实的认知。你会感觉到非常困难,你必须小心翼翼地去表达,才能保证你的表达是准确的。如果仅仅靠情绪来写作的话,在进入小说之后,人们对你这种情绪是否认可是值得怀疑的。

梁鸿:实际上,如我们前面所谈,你试图摆脱"价值陈述",保持一种"事实陈述",你觉得这样才能够回到历史现场。如果一开始就带着强烈的怀疑,或者把这种情绪贯穿到底,你是否会觉得这是一种掩盖了某些东西的叙事?

李洱:我认为那种写作时代已经过去了。我感觉那种冲动的、一泻千里式的这种写作在这个时代好像很不真实。当然它也很有意义。我有时候也很喜欢读这类小说。我是把它作为一种片面的叙述。我需要知道人们是怎样片面地看历史的。而且有时候我会看没有任何叙事意识的小说,没有技术准备,非常朴素。或者说,我需要知道它们的局限性在哪儿,作为读者,我还很喜欢这种局限性。但我不允许自己出现这种情况。

梁鸿:这非常有意思。作为一个读者,你会发现自己也是毫不费劲地喜欢这种小说。但是,你自己却不会写这种小说。

李洱:如果我这样写,是不负责任的,但并不排除我喜欢这类作品。一个作家,有时候,甚至不愿意自己是个专业读者。他也愿意有一种消遣性的阅读。

梁鸿:这样就有一个问题:为什么不稍微改变一下自己的写作状态?相对大众一点,加入自己的见解,仍然会变成一个非常为大众所接受的作品。大众不应该一定成为作家的对立面。

李洱:我还是写出了一些很朴素的作品。忧伤的。比如说《暗哑的声音》。

梁鸿:你认为已经够通俗了?但像我这样的专业读者,读起来也仍然需要非常仔细地去读。读你的小说不能忽略与跳跃,你不知道自己是否错过了非常重要的东西。但是,读那种故事性很强的小说,你可以翻过好多页,可以连蒙带猜出前面的情节。你的小说没有达到过你说的通俗性。比如《暗哑的声音》,完全是无事之事,作为读者,总试图发现作者的意图,在阅读的过程中会不耐烦,你翻过几页,发现还是如此,你觉得肯定遗漏了某些重要东西,还必须回过头再从头看。

李洱:你觉得会遗漏了重要的东西,但实际上还是什么也没有。这也很有意思。

梁鸿:《花腔》的这种仿真性还不能说是亦真亦幻,就是一个真实的虚构,或虚无的真实。包括你边写边起来查资料,这好像和传统小说完全不一样,这是否意味着小说新的生成来源?

李洱:这在《花腔》里面表现得比较突出,写其他作品并不这样。

梁鸿:再问一个问题,你写《午后的诗学》是一动不动坐在书桌前写的吗?没有查资料吗?

李洱:基本上是这样。

梁鸿:这太了不起了。但所有人都认为你在"掉书袋",有卖弄之嫌。人们这样说的时候意味着你肯定是在不停地翻阅东西,然后再去写。

李洱:我早年特别喜欢哲学美学书籍,对我来讲,它的意义不在于是什么体系,更多的是在于一种细节。比如前两天我在写一个学者的生活,他的智商非常非常高,几乎和爱因斯坦一样高。在现代生活中,好莱坞影星莎朗·斯通也是高智商的象征,她的话和海德格尔的一句话有相通之处。我就通过这个研究者把他们联系在一起。实际上他们是两个世界的人,他们的共同特征是聪明。我的任务就要把他们联系在一块。对别人来说是一种知识,对我来说,是一种细节,一般人把这细节当作动作,而我,把它当作一种联系,或者说,我把这种联系也当成一种细节。

梁鸿:这对作家是一种新的考验,这种小说的来源意味着作家必须拥有足够丰厚的知识储备。你可以说粪便学、巴士底病毒是虚构的,但其中的知识点和细节都是真实的,它要求作家起码能知道。并且,你得理解他们之间微妙的相通之处,比如莎朗·斯通和海德格尔之间的关系,同时形成某种反讽的东西。这是对作家智力的考验。我敢肯定,别的作家在读你的作品时,都有惊叹的感觉,李洱这家伙太不得了,怎么知道这么多知识!我觉得现在作家之所以作品显得单薄,与知识储备不足有关系。

李洱:也可以说是狗屁知识。

梁鸿:说实话,就《花腔》而言,最初感兴趣的还不仅仅是它所叙述的革命与个人、知识分子的关系等等之类的问题,我最关注的是它特有的叙述形式所透露出的新的小说美学起点和思维起点。早在几年前,有评论家就认为"李洱把一种实事求是的叙述精神引入了文学,并提示着某种专业性的评价标准",但是,我认为他只说出了一半,从《花腔》可以看出,这种实事求是的叙述给当代文学展示了一种新的文体。各种回忆录、报刊资料、历史事实、虚构叙事,各种知识,如关于粪便的论述,甚至是一篇非常专业的论文。甚至@和&是现代科技的产物,这种知识性的客观表述,各种文体形式的混杂,学科交错的风格(给文本)使小说叙事非常复杂,这是一种知识和历史的考据相结合的东西。卡尔维诺在《未来千年备忘录》中写道:"现代小说是一种百科全书,一种求知方法,尤其是世界上各种事体、人物和事务之间的一种关系网。"卡尔维诺这里的"百科全书"与词源学意义上的"百科全书"并非一致,相反,依卡尔维诺看来,它们之间还存在着矛盾,因为"百科全书式的小说"所致力的并非是展示准确的知识及其价值,而是试图在各种知识中建立某种关系,这一关系背后的意义是动态的、怀疑的,甚至可能是纯粹的虚无。就其结构元素而言,你的小说可以说有着明显的"百科全书叙事"倾向。在你看来,所谓的"百科全书"对于小说来说意味着什么呢?

李洱:我感觉卡尔维诺小说没有实现他的理想。开句玩笑,我倒是部分地实现了他的文学理想。当然,我不是因为卡尔维诺去写这部小说的,它们之间不是刺激与反应的关系。我与卡尔维诺对小说的看法有相通的地方。后来，人们这样看《花腔》，我也认可了这种说法和卡尔维诺的这个概念。按照我的理解，小说就是各种知识的对话。为什么这么说呢？实际上，中国的现实语境比任何国家更为复杂，比卡尔维诺所处的时代、那个国度要复杂得多。这种更为复杂的语境刺激作家去做出叙事上的调整，它就会出现这种"百科全书式"小说，如果你的小说出现各种各样的知识，知识之间形成各种对应关系，冲突反应，那就会形成这种小说。

梁鸿：其实，各类知识的出场是你小说最典型的特征。但是，知识在小说中不只是一个填充元素，显示主人公背景或某种氛围，它是一种求知世界的方法，作家所致力于的是在各种知识、各个事物之间建构起一种复杂的关系网络，展示它们之间的关联性，最终形成对事件、事物的某种认知。这对小说文体样式的形成产生直接的影响。阅读你的小说，你不仅需要有关哲学、美学、历史等方面专业知识的储备，还需要具备充分的智性思维和与之对话的能力，需要一种对于复杂性的理解能力和辨析能力，否则，你很难碰触到作品中的机智、幽默和反讽的核心地带。

李洱：这种小说如果让卡尔维诺来写的话，我想，他会以幻想方式来写，因为他的国度没有提供如此复杂的经验。只有中国现代史，从晚清一直到现在，整个中国现代化进程当中，外界的压力以及自身文明的断裂才会出现这种复杂的语境，这种语境会催生这种小说，我的小说应运而生。

梁鸿：这种对话体的文体更能反映多元的历史存在状态。在某种意义上，这种多元意义方向也刚好符合中国复杂的存在现实。它与中国复杂的历史处境相对应。用线性的历史观很难传达出这种复杂的存在状态，很难传达出它们之间甚至相互冲突的存在。

李洱：通常处理的话，我们要写这样一种充满对话的小说，我们会写几个人物之间的冲突，他们的性格、出身、观念的冲突。我不能说这种小说无意义，它甚至是一种更为便当，更容易会被读者所接受的小说。但我更愿意选择另外一种方式这样写，它更能回到现场。而这种塑造不同性格、文化的人物给人的感觉是虚构的。

梁鸿：人们都认为这种小说是没有市场的，这种复杂的文体、各种知识的汇合难度太大。这种难度，它反而被接受了。

李洱：《花腔》第一版印了3万册，马上卖光。现在已销大约七八万册，这一发行量在现在已经非常大了。并且它没有作过多大的宣传，靠的是读者之间的口口相传。这种读者是真正的读者，我反而喜欢这种读者。不是靠大肆宣传而得来的读者。它说明人们还是需要这种小说，有追求历史真实的冲动。

梁鸿：凭着冲动的人是不会买的。恰恰是因为这部小说没有给人一个准确的定论，反而激发了人们的兴趣。书本合上，思索开始。

李洱：最近有一本书写老舍之死的书，在我看来它就是一部传记版《花腔》。老舍从家里出来是什么情景，当事人在讲的时候都闪烁其词，包括他的家属。老舍跳湖之后是谁打捞上来的？现在很多人说是自己从湖底把老舍先生捞上来，打捞上来之后，穿什么衣服，各不相同，有说穿"灰白大褂"的，还有说穿"西装"的，有意思的是，是谁将老舍先生的双眼合上的，有很多人都说是自己。哪个人的讲述是真实的，不知道。所有人的讲述，不管他带着什么样的目的，都是一场悲剧。在讲述过程当中，有对历史真实的回避，可以看到世道人心，甚至老舍先生的死的意义也被取消了。他的死甚至无法告诉名利场的人该怎么做。包括对他最亲近的人，也是毫无意义。可见这样一个自由知识分子，曾经写出过《猫城记》的知识分子，他的死在我们的语境中是多么卑微，特别是在今天已经充分肯定了老舍的价值的情况下，情形依然如此，确实使我们感到非常悲凉。

梁鸿：所以"花腔"式的叙述在许多时候更能反映历史的状态。别人的叙述更能呈现出历史的内在悲剧性，真实的答案在不断地求证中越来越远。实际上在这里，"准确"的词源意义已经发生了改变，它并非指对世界确定的看法和答案，而是指一种无限接近的可能性，它背后是一种怀疑主义或相对主义的历史观，各种材料的求证与分析，各种知识的出场只是为了最充分地显示影响事件的各种不同因素。"真理"被变为无数个细节和碎片，它们各自发出声音，形成对话，互相消解或印证，"真实"既在这不断的求证中得到最大限度的彰显，同时，却又被无限地遮蔽。正因为如此，百科全书式小说常常又呈现出驳杂的美学风格，一种准确与驳杂，简单与繁复之间奇异的结合体。

李洱：老舍之死，傅雷之死，王国维之死，所有每个著名知识分子的死亡过程都是一个巨大的悲剧，如果叙述出来，都可能是一个百科全书式叙事的典型文本。

梁鸿：知识性一直不为作家所看重。当代文学真正能够重视自己知识结构的作家并不多。通常都认为，一个作家并不需要那么深厚的知识修养，也不需要那么深厚的思想资源。

李洱：经常是这样，当他们觉得自己要写完的时候，他们会去深入生活，会去采访几个事件，没有将这看作是平时的积累，他们认为深入生活会比知识积累重要得多。深入生活回来之后直接带来一本书，它跟上次深入生活带来的书的观点基本上是一样的。我们的官方机构也鼓励这样的行为。

梁鸿：你在卷首语中特意这样叙述作者的身份与作用，"我只是收集了这些引文，顺便对其中过于明显的遗漏、悖谬做出了必要的补充和梳理而已"。你特意强调自己的"抄写者"身份。你特意让读者相信它的真实性、客观性，为什么？

你试图传达出一种什么样的叙事观？我们知道，先锋文学是以寻找个人性存在为起点，但是，在你的作品中，"个人"又隐匿了起来，这是一个非常有趣的现象，这种变化是否意味着：对于写作者来说，个人的亲历性、个人的感知经验和感知模式都变得不可靠了，它只能通过"他者"的叙述来完成？

李洱：我认为还不是这样，当我强调"抄写者"身份的时候，我是想让更多的个人的声音呈现出来。如果不强调这一点的话，它就仅仅是一个写作者或者叙述者的声音。现在有很多叙述者，把一个声音变成多个声音。

梁鸿：福楼拜花了将近十年时间，看了将近一千五百本书，涉及历史、化学、医学、地质、考古等多门专业知识，只完成了《布瓦尔与佩居谢》的草稿。最后，他通过人物告诉读者，他的秘密心愿是重新做一个抄写员，它意味着，随着知识的不断进入，反而使福楼拜觉得无法完成个人的虚构叙述。卡尔维诺对此发出疑问："问题是我们应该如何解释这部未完成的小说的结尾：布瓦尔与佩居谢放弃了理解世界的愿望，甘愿重返充当代笔的命运，决心献身于在万象图书馆中手抄图书的辛苦工作。是否应该得出结论，认为布瓦尔与佩居谢的经验表明'百科全书'与'虚无'必定混合为一呢？……福楼拜亲自把自己改变成为一本宇宙百科全书，以一种绝对不亚于他笔下人物的激情吸收他们欲求掌握的每种知识和他们注定要被排除在外不得进入的一切。他这样长时间地不辞劳苦，难道是要展示他那两个自学成才人物所探索的知识无用吗？……或者，是要展示知识的纯粹的虚幻？"

李洱：每个作家都有这样的企图，想把整个世界放在一本书里。或者说，首先他想把整个世界放到他的书架上，成为私人图书馆。然后，把私人图书馆当中所有跟他有关的知识都搜罗到他的书里面。把整个世界的知识收集到一起，成为一条夜航船。很难说它是虚无，他要跟世界建立起复杂的联系，他会发现某一个作家的观点无法阐释一种看法。所以，就会产生福楼拜这样伟大的企图，这是一种雄心壮志。

梁鸿：在这里，"关联性"可能是理解小说形式的一个重要词语。《花腔》中寻找"葛任"（个人）的过程是一次声势浩大的福柯式的知识考古历程，所谓的历史叙事成为一次现代史的溯源，其目的不是为了求证，而是为了发现，发现现场，发现构成历史的哪怕最微小的元素。这使得小说人物、事物之间的关系前所未有的复杂。当一个事件的发生、人物的出场被无限关联的时候，它会是一种什么样的情形呢？故事逐渐模糊，事实不断衍生，细节淹没了一切，淹没了小说时间、情节，取而代之的是不断衍生的意外、关联与不断庞杂的结构空间，它像一张大网一样环环可扣，越结越大，彼此之间越来越不可分离。这些考证、资料、溯源和关于某一相关问题的专业论述如此之多，它们无限制地蔓延，占据了小说越来越大的空间，如此发展下去，以至于似乎要把整个宇宙包容进去，最终，"寻找葛任"成为一个被无限延迟的、不可能完成的任务。在《花腔》中有三个叙述人，在这三个人的对话中，你觉得对理解葛任会形成什么不同的影响？

李洱：这三个人都是一个哈哈镜，分别呈现出葛任的形象。他们的自述都有听众。有人说跟福克纳的小说相似，但还不一样，福克纳的小说每个人都是倾诉，在说给自己听，而《花腔》中的每个人不是说给自己听，而是说给某个人，而这个人随时可以置他于死地。这篇小说最后的讲述人是范继槐，他倒没有面临死的威胁，因为他的讲述对象是白凌，她有某种诱惑，使他进入历史的某种规定情境，所以他也不是在表达真正的内心。从整个中国现代史上看，在发表看法的时候，都带有某种表演性质，都是要花腔式的，因为这样才有第二部分"&"的必要。我必须拿出史料作出某种矫正，补充。

梁鸿：第二部分是对讲述的再讲述，直接构成一种互文性，对讲述的再次解析，通过你的史料，通过各种所谓专业性的知识，如果说口述史是一个人记忆中的东西，而你通过这样一种真实的声音来分析、解构他的讲述。在这个人叙说的时候，同时形成对话，小对话里面形成大对话，不断缠绕，在结构上达到非常繁复的多声部。

李洱：我写这部小说曾经担心它写不完，因为你发现书中每句话都需要解释，你对你的引文还需要再解释，随着这本书成为历史，你还需要不停地解释。这是一种真实的恐惧。

梁鸿：各种文体之间不断地进行解释，形成非常复杂的，无限复杂、繁殖的，迷宫式的，历史永远未完成的状态，你发现无限接近历史核心的途径，但你永远无法达到。这是叙事上的感觉。这种对话体的叙事既展示对葛任存在状态的叙述，同时，展示了每个叙述人背后的历史要求。可以说，它是对在历史领域的意识形态叙事的一个纠正，也是对越来越失去活力的个人经验的小说叙事的一个纠正。

李洱：每个人都在规避一些东西。尽管如此，葛任的形象最后仍然比较清晰。人们会觉得，葛任的存在对他们的叙述也构成某种抑制，甚至使他们在说谎话的时候，也会有些压力。这三个人本性都不坏，他们对葛任的形象塑造也形成某种便利。

梁鸿：他们每个人都抱着珍惜他的目的去的，所有人都爱他，但所有人都在害他，这里面恰恰彰显着某种知识分子悖论式的存在。为了保持英雄式的存在，你必须牺牲个人性，为了保持你的朋友的英雄性，你必须杀掉他。你觉得这样一种多声部的结构到底能够在多大意义上揭示中国革命处境下个体知识分子的存在状况？

李洱：我觉得《花腔》这样一种方式是我所能找到的最好的方式。但我试图再去写其他题材时,我不能再使用这种方式。因为我不能重复我自己。

超越历史视野的历史观

梁鸿：还有一个重要问题,我觉得当代作家缺乏一个大的历史观,或者说缺乏一种超越历史视野的眼光。比如说读莫言的《生死疲劳》,他的语言,他的构思及某种精神的张扬的确到了一种极致。但是,背后有一种明显的单薄。他写的只是历史常识的东西,几乎所有中国当代老百姓和知识分子都有此一常识,没有独立于一般视野的历史观。就像我们在前面提到的库切的《彼德堡大师》中的"毒药"章节,他有超越于一般历史观的眼光与审视。你觉得一个作家的历史观对作家来说意味着什么?

李洱：我注意到,一些带有左翼倾向的批评家认为,他的看法实际上是主流的批判看法。但是,莫言还是做出他自己的解释,他的小说结构本身就是一种自己的解释,另外,人与兽啊,轮回啊,革命啊,章回体啊,以前也没有人这样去处理。我想,这也是莫言的历史观。历史观对作家来说,当然很重要。

梁鸿：问题是作家没有意识到这一点,是一种不自觉状态,不是意识到但做不到,而是根本没有意识到这一点。他们的着眼点不在于此,他觉得这不是问题,作为一个知识分子,我已经是独立的声音了,已经不同于主流意识形态的声音,这就够了。实际上,这已经是民族中所有的人都知道的。历史的壳还是空的。读下来之后真的有一种疲劳感。一个作家应该有彻底质疑的意识。

李洱：应该是这样。

梁鸿：当我在读《花腔》时,觉得里面蕴含着很深的历史眼光。三个人对一个事件形成三个文本,互相阐释,又互相消解,再加上"抄写者"的历史陈述,"真实"变得扑朔迷离,它迫使读者不断寻找其他文本作为参照。所谓的历史叙事成为一次现代史的溯源与考古,其目的不是为了求证,而是为了发现,发现现场,发现构成历史的元素。可以说,这正是《花腔》的历史诗学。一个作家应该质疑唯一的历史观,给读者一个更为开阔的视野,让读者体会、感受背后所谓的"真相"。但也有评论者认为这种多语性会导致极端的相对主义,并直言,"我不喜欢《花腔》","三个讲述者从三个角度叙述主人公葛任的故事,说法都不一样。意思是,怎么说都行,没有真相。这就是'历史真实'?我不知道这种'历史真实'还有什么意义"。你怎么理解这一批评?

李洱：这话是张柠说的,张柠是我的朋友,但我觉得他误解了我的作品。他认为我的小说是解构的，我认为《花腔》最后呈现的不是相对主义的虚无，里面包含着建构的企图。而且，我觉得这种建构是有意义的。所以，我有时候忍不住了，站出来说，《花腔》其实也可以看成一部理想主义作品。

梁鸿：所以我觉得历史观应该成为作家的基本素质，包括对批判的批判。始终保持一种警惕的意识。比如说对土改、对"文化大革命"这些中国当代史的重要事件，我们对此都是一般批判的观点。作家也是基于此，他们没有试图再回到历史现场。或许，这在许多时候需要勇气，需要承担某种世俗的道德审判。举一个例子，就现在知识分子精神状态而言，认为"文革"还有其合理性的人所承担的压力比认为"文革"完全错误的人要大得多。他可能会遭到一个民族及同道的唾弃。

李洱：这也是我比较肯定格非的《人面桃花》和《山河入梦》的原因。它的小说是对那段历史的重新认识，它至少提供了与现在主流知识分子批判立场的不同认识。现在，我们否定了这段历史，认为1952—1962年是共和国失败的历史，这是知识分子的共同意识，也被认为是一个人文知识分子独立的判断。他至少提供了一种不同的看法。那种乌托邦企图是值得怀疑的，但那也是一个朝气蓬勃的时代，人们怀着非常美好的目的和纯真的愿望做了许多错事，人们自愿伤害个人性以融入社会洪流之中，最后，带来了个人的悲剧和社会的悲剧。小说写出了这一点，这要比简单的批判深刻得多。

梁鸿：这种简单的批判是中国知识分子最常见的毛病，非此即彼，带着二元对立的原型。

李洱：小说恰恰是反对这种非此即彼的，小说必须找到各种各样的可能性。如果回到现场的话，现场是有多种可能性，小说家应该像珍惜细节一样珍惜这多种可能性。

梁鸿：这里面可能包含着与你的常识不一样的东西，不一样的存在、观念与新的情感。最近我一直在思考作家历史观的匮乏及由此产生的文学危机，我觉得这是当代文学非常大的问题。《花腔》作了一个比较好的尝试。一个作家仅仅在结构、文体和语言上锤炼仍然是不够的。

李洱：中国批评家会觉得不够，但西方汉学家会觉得非常好。

梁鸿：为什么呢？这是否会导致中国作家有一种被吸引的倾向，为了能够在西方获得影响？

李洱：有很多西方的汉学家喜欢一些简单的作品。我觉得，西方汉学家的这种喜好会使作家对历史的看法更为简单，对历史现实的描述也越来越简单。倒不是说作家写作就是为了得到他们的承认，而是说西方汉学家的承认刺激了或坚定了一些作家原来的看法。西方汉学家喜欢看到非此即彼的、二元论的、苦如黄连的作品,但是,西方汉学家往往搞不清楚,这种写作往往也是主流意识形态的一部分。中国作家的这种写作其实是一种安全的,甚至是一种过于安全的写作。

梁鸿:挑战的背景和边界已经丧失。现在人们对一般性批判作品已经不感兴趣了。这种一般批判对于一个民族内的人没有意义,因为连政治意识形态也已经否定了,普通人也都知道。如果基于这样一种简单的历史观来写的话,是无法呈现出更多的东西的。就主题而言,它没有一个新的历史视野,它的价值在哪里呢?

李洱:在一次聊天的时候,李陀讲了一个细节,非常精彩,也能够说明历史观对于作家有多重要。托尔斯泰写拿破仑进攻莫斯科,所有俄国军官都在争论,但元帅库图佐夫在打瞌睡。为什么呢?对于那些主战的人,他认为他们是爱国的,但却是在拿士兵的生命冒险;而主张撤退的人,库图佐夫又非常瞧不起。库本人的看法呢,他知道这仗不能打,此刻能干什么,只能等冬天来临,大雪纷飞,逼迫拿破仑自己撤军。他只能是这样一个形象。他的形象包含着对整个俄国的认知,对历史、现实和天气的认知。但他又不能说,因为一旦被报告沙皇,他可能连脑袋都保不住。他最后只能选择打瞌睡。托尔斯泰没有这样写出来,但这样一个细节,包含着托氏对历史的认识。虽然它的小说不是以知识类型出现的,但里面蕴含着深刻的思想含量。这种小说太精彩了。

梁鸿:但也有批评家问,文学家还需要思想资源吗?也可能是一种反问。

李洱:当然需要思想了,并且文学越来越需要思想的资源。作家再也不能凭本能写作了。如果你是一个真正的作家,如果你不想仅仅成为畅销书作家的话,那么,这个作家如果没有足够的思想准备的话,他的写作是不真实的,没有价值的。他的写作只能是一次性写作,像易拉罐,一次性消费。

梁鸿:之所以对作家历史观问题感兴趣,与我个人的经历与感觉有很大关系。作为一个阅读者,无论作为一个普通阅读者,还是专业阅读者,我是不满足的。为什么呢?随着阅读的深入,你会发现,它没有给你带来任何思想的冲击。当然,有时你也会为其中的美学冲击所激动。但是,在某些小说里面,你觉得这部小说所写的东西它不应该只是语言或技巧的美,还应该有更多的东西,或者说它呈现给你的太简单化了,你不满足,这不应该是一个成熟的小说所应该的样子。而在阅读西方一些大家的作品时,总会感觉,除了语言、文体之外,你有很多收获,虽然你对他们的民族状况不了解,但是这个作家对他们的民族处境一直处于思辨状态。对于中国作品来说,可能因为我们太了解民族历史,可能会要求更高。但也不算特别过分,这应该成为一个作家基本的意识。现在小说读者普遍不满足,实际上,不是通常认为的太难了,而是太简单了。语言在越来越繁复,审美越来越精致,但思想却越来越简单。

李洱:但是谁又能超越历史呢？对作家来说,很困难。

知识分子的分裂状态

梁鸿:在中国当代文学史里面,知识分子命运对于作家来说一直是一个重大主题。从"十七年"开始,你觉得中国作家如何在文本里面给知识分子定位？

李洱:整个中国现代文学,实际上都是知识分子叙述构成的。但是,非常奇怪的是,在所有叙述中,知识分子都是一种附庸地位,基本上都是在向比他层次更低的人致敬。包括从鲁迅的《一件小事》开始。知识分子都试图融入洪流之中,他若在洪流之外,就会为自己在洪流之外感到不安,并且,为自己身上高贵的气质感到耻辱,感到卑微,在精神上他试图向比较低一级的生活靠近。但是,他小说的叙事人是知识分子,并且作家本人希望自己过上知识分子的生活,而不是他在文本中向往的那种生活。它是一种非常奇怪的分裂状态。比如说鲁迅,鲁迅不会变成人力车夫,他会让他笔下的人物看出自己的"小"来,鲁迅本人还是希望过上喝茶、抽烟,领着高额版税,安稳地写文章的生活。

梁鸿:也就是说,整个现代文学知识分子叙述人与作品中的角色处于某种分裂状态。在作品中总是要求人物向下看,认为那样的生活与精神才是真正的生活。

李洱:这倒不是说他们是伪君子,而是他处于一种不由自主的分裂状态。而这种分裂是以牺牲个人性为代价的。一直到张贤亮的小说,章永麟想过马缨花的生活,认为那是最美好最本真的,但是,请相信,章不会过那种生活,只要社会提供给他任何一个机会,他马上会拍屁股离开,早年马缨花的生活只是提供给他一个美好的回忆。

梁鸿:是整个中国社会道德的要求,还是政治史的发展导致知识分子的焦虑？他总是认为自己不对,或是有欠缺,才会出现这种情况。为什么知识分子会是这样一种心态？

李洱:更加奇怪的是,知识分子自己愿意过一种更精致的生活,而却愿意让他笔下的人物过一种更粗陋的生活,认为其中包含着朴素的真理,两种心态都是真实的。而那种精致的生活又构成了他的原罪感,他通过作品得到某种发泄,于是让他的主人公去过那种生活。我本人也是如此。譬如说,我看到拾破烂的,我真的有一种冲动,想把他们拉上来让他们吃顿饭等等。

梁鸿:实际上,那已经成为一种"风景"式的存在,那种联系是非常虚幻的。

你在《花腔》中反复叙述葛任的"羞涩",认为羞涩是个体存在的秘密之花,你认为像葛任这种"羞涩",内含着知识分子什么样的历史境遇呢?或者说,当葛任脸上呈现出"羞涩"时,他与这样的政治环境,与历史处境是一个什么样的关系?他的这种"羞涩"会导致什么样的结局呢?

李洱:我们现在整个社会的运作机制需要把人完全变成机器,不需要个人的感觉在里面,它甚至不需要惭愧,它需要你义无反顾地做出某种事情。当我们的摄像机从主席台上扫过的时候,一个个全部面无表情,所有人都要呈现出一种标准的表情,标准的冷漠,标准的认真。当镜头打开的时候,他们全部已经坐在了主席台上,我们甚至看不到他走路的姿势,他的日常言谈,所有的个人性全部消失,这是社会对我们的要求。但葛任仍然保存着某种内心生活,会不由自主地表现出来,害羞、软弱,仍会保持写作爱好,等等。

梁鸿:在作品中,你反复提及葛任会预见一切事情,好像对一切都洞若观火,他的这种"不走"意味着什么?

李洱:实际上他也没地方可去。并不是说他的肉身无处可去,而是他的灵魂无处可去,这个社会不允许这样一个"葛任"(个人)存在。

梁鸿:所以他越是洞若观火,越是明白,悲剧性就越大。

李洱:比如他愿意逃往大荒山。那个地方有可能会使他在一定时间内保持一点个人性,他珍惜现在这点时间,可以让他保留过去的记忆。

梁鸿:革命打着让你成为英雄的旗号来成全你。这里面,知识分子存在的价值肯定首先是在民族危亡关头能做一些事情,其次,你能保持一点个人的独立存在性。但是,你会发现,最终的结果是个人性完全被抹杀掉,你才能保全一点名节。当然,这种大义是最初你所追求的,也是所有知识分子梦想得到的,但你会发现,这是以牺牲肉体为代价的。

李洱:我们每个人都希望成为英雄,希望投身于历史洪流之中。这是一种时代要求,是被时代裹挟进去的,当中其实没有多少个人选择。而且,实际上,最后的英雄都不是自己形成的,都是在历史意志的作用下形成的。彭德怀在讲抗美援朝时说过一句话,活下来的没有英雄,英雄都已经死了。当萨特在讲述俄国革命的时候,他本人是不参与这一进程的,他只愿意在思想领域参与这一进程。是谁首先发现俄国革命的残酷?是纪德,那些个人主义者,虚无主义者,他们发现了那个帝国的秘密,萨特是赞颂的,所以他本人非常喜欢中国的"文化大革命"、斯大林主义、赫鲁晓夫,认为其中包含着某种乌托邦色彩。

梁鸿:在稍微抽象一点的意义上,你会发现,那些大的词语,民族、革命、人类,等等,它们与知识分子之间总有某些不相容的地方。当然,也并不是说,知识分子不必为大义负责,好像他总是无法实现这些东西,并且,当他要实现的时候,他总是以牺牲肉体为代价,才有可能实现更大一点的意义。

李洱:实际上,在讲述革命和知识分子关系的时候,我非常迷茫。这不是那种知识分子是否参与历史进程之类的简单迷茫。当然要参与历史进程,我们谁都无法孤悬于历史之外,这不用说。问题是以什么样的方式参与。

梁鸿:我曾经在一篇评论中这样写到:"思想的深刻有没有权力代替文学的美感?理性的深入是否有权代替文学诗性的升华?《花腔》试图用纯粹的叙述和重返现场来传达出历史的非理性,但最终却陷入理性意识的泥淖之中,在一定程度上忽略了文学所应具有的湿润、华彩、情感和生命的震颤感。诗意的丧失。"毫无疑问,这是一种略带批评的口吻,但是,我又时常在怀疑,是否我所谓的"诗意"只是古典主义的怀旧,这种怀旧导致我,包括一般的读者对你这种新的美学元素的视而不见?或者,我的怀旧并非只是怀旧,而是对文学本质精神的某种肯定?当在读《花腔》时,的确经常要重回过去寻找线索,才能够形成某种感觉,脑子也被"左中右"的许多声音所充斥,可以确定,这是你有意为之,这种形式本身传达出你对历史、对存在的看法,但是,在翻来覆去之中,某些感情的东西被破坏掉了。这究竟是怎么回事?这难道也是因为我作为一名读者那种不肯忘记的"古典主义情怀"吗?这到底是不是一种失去?

李洱:没有人要求小说必须是完整的,从头至尾讲述一件事情,不被打断的。我们只是约定俗成的,形成一种阅读习惯。我觉得我的小说还是有许多"诗意"的。但我又通常不愿用"诗意"这个词,如果让我选择,我更愿意选择"诗性"这个词。诗性包含着对复杂的认知。我们的不适应是因为,这个过程阅读起来会比较困难。还有一个原因,因为你是一个专业读者,如果你不是专业读者,你会一直读下去,我那个责编,她非常喜欢,为了定印数,她要知道一般人如何看,她让她的母亲看,她的母亲看得津津有味。有悬疑,非常传奇,有趣。它还是借用,或者说化用了一些传统小说的因素。

梁鸿:你的意思是不是说我的复杂性追求是因为我作为一个专业读者的分析愿望太强,作为一个普通读者反而可能读出其中的趣味性、传奇性和故事性。

李洱:这非常有趣。你的复杂性追求太强,但你希望分析的又是那种比较简单的小说。而我的复杂性表达,又能在普通读者那里得到认可,阅读起来没有障碍。

梁鸿:可能阅读是非常苛刻的。之前我一直有个预设,认为一般读者不能接受你这种多声部小说。普通读者没有理论的困扰,或许会觉得有趣,急于找到人物的命运,所以他会津津有味地去读历史资料、回忆录或摘抄等等。这种知识性或许并非构成阅读的障碍。从小说发展史上看,这种百科全书式的叙事可能通过另外一种东西重新呈现出小说的魅力,并获得另外的广阔空间。对于中国当代小说而言,这一变化并非只是一般意义小说元素和小说文体上的变革,它意味着新的文学观、世界观的出现,小说叙事来源在这里发生了方向性的转折。

原乡神话丧失后的乡土叙事

梁鸿:先问一个基本问题,你为什么要写《石榴树上结樱桃》,对于你这样一位一直写知识分子生活的小说家?

李洱:我先问问你,你怎么看《石榴》?

梁鸿:再次反问。你这是诱敌深入。我还是老老实实回答吧。首先,我觉得《石榴》是一个全新的乡村叙事。为什么呢?因为它把一个光裸了的乡村呈现在我们面前。"光裸"是什么意思呢?现代文学史以来的乡村一直是一个原乡神话式的存在,无论是骂它,爱它,这背后都有原型性的存在,乡村是大地、母亲、温馨、苦难等等,是所有一切的象征,它包含着巨大的象征性,一些文学的基本母题和人类命运的基本命题在这里能找到寄托。在你这里面,没有了。没有乡愁,没有精神意义的还乡,甚至没有了大地与原野,只有事件,乡村成为现代社会的一个元素,一个肌体,作家用一种准确的风格把乡村分解为一个个现实与因素。这把中国乡村的现实状态揭示了出来,第一次真实地进入到它的"肌理",使我们看到乡村跟现代性进程纠缠的状态。这是非常大的感觉。

其次,有点遗憾,有点害怕,有一种诧异和失落。在失去了古典意味之后,一个民族的根没有了,如果说连乡村都不再能够成为人类最根本的依托之地,那么,我们到哪里去找精神的依靠呢?感觉这种叙事非常冷酷,冰冷。这是我基本的感受。

李洱:当你回到故乡的时候,你是什么感觉?

梁鸿:失望和温馨相结合。回故乡之前总是充满了向往,但是,回去之后,不过如此,或者说,它更荒凉,带来给你的远非是你想象的样子。但是,每次想到回家,心里非常激动,回家,一定要回家,但是,每次都是匆匆离去。我曾经写过一篇文章:"它曾为我那么熟悉,而现在,却又那么陌生。陌生得让人心痛。"

李洱:实际上,每个人都不会把乡村作为精神的故乡。前段时间开一个会非常有意思。当时批评家都在说作家应该写底层生活,而现在我们看不到。目前所有关于底层人的描述都是城里人写的,什么时候才能看到底层人自己写的"底层"。这时,《人民文学》李敬泽说,我是个编辑,我现在就可以拿出来让你们看,但你们不会看。为什么?因为所有底层人写的文章都是对城市化的想象和向往，都是浪漫主义小说。你们希望看到对底层苦难的描述，但它们真实的描述是非常简单的浪漫主义文学。这种文学如果我在《人民文学》上发出来，读者是不看的，他们会认为我不负责任。现在，批评家也好，读者也好，我们希望看到的那种底层文学是不存在的。当批评家呼唤底层人去写底层文学时，类似于当陀思妥耶夫斯基成为底层人时，去写《死屋手记》，他是写不出来的。在我们的想象当中，我们觉得底层人写的小说应该是《死屋手记》。《死屋手记》还是由我们这类人完成的，但是当我们完成之后，死屋里的人是不看的。

再回到我们的话题，当我在写的时候，我非常清楚，我的小说乡村人是不看的。当然我也非常希望他们能看，他们可能会不高兴，这并不是说他们认为不真实。很多人都认为是不真实的。比如有人看完之后说，你搞笑吧，农村人怎么可能使用手机呢？我们很多城里人对乡村的印象来自于电影《金光大道》，来自于右派作家广袤的西部或知青下乡时的生活。一种由土地、植物，由简单的家族伦理，由基本的权力构成的乡村，它成了我们的记忆。秋天，在我们的记忆里首先是成熟的庄稼，冬天，是赤裸的土地，夏天是农忙时的"三抢"。当我们这样去写的时候，我们对乡村是多么不负责任！我们是在满足我们的想象，一个非常肤浅的想象。

梁鸿：就像你在《光与影》里孙良的感受是一样。他送回去的电脑所展示的世界正是他现在所遭受着的世界。

李洱：我的任务就是打破这种幻想。

梁鸿：实际上，《石榴树上结樱桃》延续了你一贯的风格，那种后现代拼贴式的诗学。农民站在猪圈里打着手机讨论村委主任的选举问题，一边搓着脚趾头一边讨论台湾海峡问题，嘴里不断进出"全球化"、"女权主义"等等词语的场景。这个乡村已经不是原始的，道德核心的，而是在现代性发展历程中的乡村，这是更为现实状态的乡村。你觉得这种现代性话语的侵蚀，这样一种存在方式对于乡村会产生什么样本质的影响？它对乡村意味着什么？

李洱：我觉得，现阶段的乡村就是一个置于后现代话语中的乡村，它不再是原来的乡村，这是一个远未定型的乡村，处于剧烈变化之中，在不停地裂变，各种价值观念在此聚合、消散。我必须找到一种方式和结构形式，把这样一种对乡村的理解重新聚合起来。我找到了"选举"这一方式，因为"选举"是现代化最直接的标志，我通过这一标志来显示这一进程，并吸纳各种各样的经验。

梁鸿：实际上，现在许多作家的乡村叙事仍然是苦难叙事，但你的叙事显然是不一样的。你认为，你如何在这样多元化叙事中寻找到乡村核心的精神面目？当我们看到繁花拿着手机在猪圈旁打电话的场景的时候，觉得非常有意味。生活还是猪圈，泥泞，但却拿着手机，能够穿越时空。你觉得这种现代最先进和最古老的景观同时存在对于乡村意味着什么？是一种进步,还是一种混乱？

李洱：对我来讲,它首先是现代化进程当中的真实图景。它的手机可以获得远方的世界,信息,但她的脚植根于土地,仍然是与动物、植物相联系的世界。她所做的一切并不是改变这一现实,而是为了别的目的打电话。这样一个角色非常复杂。对我来讲,这部小说有意思的是,我写了一个乡村女性。在此之前,乡村的女性在以前往往代表母性,我选择这一女性,她被政治化,世俗化。当乡村的女性融入了世俗化进程,那么,整个乡村就进入了世俗化进程。这也是我选择女性来作为这部小说主人公的原因之一,虽然我非常不擅长于女性。

梁鸿：这样一种嫁接,就像民谣所唱的那样,"石榴树上结樱桃",能否在乡村真正生根？能否真正帮助中国乡村走向一个新的境地？

李洱：我对此有深深的迷惑。我们不能说这样一种改变了传统方式的乡村就有更大的幸福感。整个中国的乡村是被拖入全球化进程,是一种被迫的反应,然后,激起了广大农民一种求富的激情。"宁愿富,不怕死。"在死亡与富裕之间,它选择发展。它极力要融入现代化进程,但这一融入过程,有太多的悲喜剧。我在此深深感到迷惑。另外一些作者可能会把它写成一曲挽歌,我对这种哀怨的声音也持一种怀疑。当他把乡村写成挽歌或悼词的时候,他是一种士大夫心态,不是知识分子,后者是比较复杂。中国作家多是一种士大夫心态,是走出乡村的乡村知识分子,他试图保留着某种乡村记忆,这种记忆被毁灭了,所以他会悲哀。而对我来讲,我甚至希望某种改变,只是这种改变给我带来一种感觉的错乱,我不知道这对于乡村是好还是不好,但是我知道这是中国农村的真实图景,甚至可以说它是中国乡村现代化进程的必由之路。

梁鸿：那种挽歌式的乡村书写常常是知识分子的自大狂？也就是说,你在叙述乡村的时候,你眼前呈现的不是个人的情怀。作家在写乡村的时候,因为里面蕴含着作家个人心中的原乡神话,所以,作家在写现代化进程的时候,在写乡村与文明、政治的关系时,多是一种否定的态度,因为正是现代化使乡村这种原始的温馨丧失掉了,文明的侵袭破坏了最为朴素的人生形态。但是,当你用另外的眼光来重新审视的时候。这里面也许包含着对乡村人本身要求的肯定。当你认同这一现代化进程的合理性的时候,你也认同了他们个人生命的合理性,他们的欲望和致富要求的合理性。

李洱：当我看乡土作家的许多论述的时候,我经常会想起鲁迅的比喻,一帮知识分子坐在乌篷船上,感到苦恼、彷徨的时候,看到岸边有农民在浇水,劳作,人们会说,看,田家乐！鲁迅这样写的时候是反讽的。但很多知识分子愿意去写这种田家乐。非常奇怪的是,这里面有一种分裂,如果这个作家有这种田家乐感觉的话,他为什么会从农村来到城市,你曾经把这一过程看作挣脱,现在,你希望别人还过这种生活供你追忆,这是一种巨大的分裂。那么,在目前写乡村小说的时候,我们首先必须面对自己内心这种分裂感,能够正视你,和你的同道在看这种风景的心态。

梁鸿:或者说,要能够正视你看这一场景时的"风景感",你必须承认,你是作为"风景"来看的,你的道德感是值得怀疑的。这也是当代乡土小说家应该正视的问题。在价值观上,总是不自觉地把乡村定得更高,并形成某种二元对立。

李洱:作家的确希望回到乡村去住一段时间,这种愿望和情绪是非常真实的。但会把风景感和实际混为一谈。

梁鸿:这反而是一批从乡村出来的作家的共同特点。在你们这样一批作家,以知识性或类似于科学性来观察乡村的时候,反而更能把乡村的"现实进程"呈现出来,这也可能使以后的乡村在文学中的象征性发生变化。但也不可否认,它仍然显得有些平面化。

李洱:在看韩少功的《山南水北》时,我多少有一点困惑,他会把他住的地方与城市二元对立化,他会讨论一个问题,是我更现代化,还是你更现代化,是这里现代化,还是广州更现代化。譬如说,他会劝阻人们去发财致富,你这样已经很好了,即使变成城市也没什么意思。但这有个基本背景,他的孩子在美国,他可以在全球自由地出入,平时住在海口。只有在你有这种背景的情况下,你才能感受到这里的诗意。别人没有这种境遇,他怎么能够理解你说的话。这是我的一点困惑。但是,当作家作出这样一种陈述时,它确实能够引起读者的共鸣。对此,我们必须作出科学的分析。

梁鸿:读者实际上会陷入这种原乡的乡愁之中。看到你这种作品受不了,是因为你把一个喧嚣的、杂乱的、浮躁的乡村写了出来,它是真实的。进入城市的读者无法忍受这种乡村,因为他也已离开乡村,并逐渐把乡村诗化了。作家应该分清作家自身的精神背景与描述者生存背景之间的关系与某种实际的错位。这是不对称的。作家是宽广的,自由的,而乡村是被局限的,作家要求乡村与自己有同样的认知,但却无法给他们提供与自己同样的生活。你曾经说过,对于乡村来说,你是一个边缘身份的存在,你有切实的乡村生活经验,但起点却又是不同的,譬如别人偷苹果是为了生存,为了吃,你却是为了好玩。精神上并不属于乡村。这一思维起点对你的乡村书写有什么影响?好的,不好的。

李洱:我所有的小说都有一个叙述人,他总是与事件、与你所叙述的生活保持一定距离。你和现实的关系是若即若离的。叙述人这样一种身份在我看来更为真实,因为你确实不可能完全融入那种生活,即使你下乡了,成为农民,你的知识储备和文化视野也决定了你和他们不一样,你无法用他们的声音来说话,当你用他们的声音说话的时候,你是矫情的。

梁鸿: 南帆在评论《石榴》时认为这部作品的"轻喜剧风格"使文本缺乏一种"激越的声音"和"深刻的矛盾","这部小说的叙述者人情练达,脸上挂着悲悯的微笑。他多半置身局外,叙述者与故事的距离即是幽默与调侃的空间。由于叙述者的智慧,种种矛盾的价值观念并没有迎面相撞,以至于不得不分出个青红皂白。相反,它们被巧妙地处理成一系列喜剧式的修辞,例如轻微的反讽、滑稽的大词小用、机智的油腔滑调、无伤大雅的夸张、适度的装疯卖傻,如此等等。这时,开怀一笑就可以将严重的问题暂时搁下。……圆熟的叙述是否同时表明,作家并没有及时地发现可能打破生活现状的力量"?之所以引这段话,是因为这背后还有一个大问题,对于书写知识分子生活或当代生活的存在性时,"反讽"作为一种重要的风格非常恰切,能够把知识分子的尴尬非常贴近地呈现出来,但是,对于乡村书写来说,它是否显得过于轻巧了一些?

李洱: 这里面有一种微妙的变化,当你用反讽写知识分子时,你仿佛在自嘲,当你用类似的笔调处理乡村题材的时候,你就仿佛是在嘲笑。这种感受也是阅读者的感受,阅读者是知识分子,他觉得是自嘲。阅读者如果不是知识分子,他就会觉得是嘲笑乡村。我认为我还是揭示了乡村的重大问题。

梁鸿: 可能有一种普遍感觉,你没有触到乡村存在的文化内核,仅仅局限于事件的碰撞,没有进入乡村内部文化形态的影响,没有写出乡村的本质变化。

李洱: 我对《石榴》也有不满。我觉得还没有过进入乡村的伦理层面,只是有所涉猎,还没有进去。它也使我思考一个问题,长篇小说是否要围绕一个事件来写。当长篇小说仅仅围绕一个事件来写的时候,你的许多闲笔,许多生活的细枝末节无法顾及到,这些东西没有参与事件情节进程,只好忽略掉。有时候是叙述的原因,而不是作者没有发现。我经常有一个想法,想再写一部乡村小说,但它必定与《石榴》有所重复,我又不大愿意去重复一件事情。

梁鸿: 我还是有一种疑问,如此理智的开始,对于文学来说,究竟是幸,还是不幸?前面我们谈了《石榴》叙事风格所带来的新的意义,但似乎也不能否认,这种光裸之后的琐碎与丑陋,这种对乡土中国元叙事的取消带给人一种隐隐的不安,似乎还隐藏着更为重大的问题。如果整个民族都失去了建构精神故乡的冲动,以如此科学、冷静的目光审视中国生活,审视古老的大地、山川、河流,而不产生任何更为深沉的悸动,那这个民族将会多么贫乏。这真是矛盾的存在。你怎么看待这一问题?或者,对于你来说,这能成为问题吗?它是否暗藏着更为深刻的意义?

李洱: 以前的整个中国文化是保留在乡村的,不管这个社会出现了多么大的变化,乡村是没有变化的。乡村的变化仅仅表现为鲁迅小说中的那个门牌号的变化,辫子的变化,朝代变了,只是政治符号的变化,整个乡村基本的精神结构是没有变的,它保留了中国文化的特色,传承了整个文化,它与中国根深蒂固的生存方式相联系的。到 1949 之后,党的意识形态一直贯穿到乡村的时候,整个山村和中国城市一起开始剧烈地摇晃,当城市的文化被连根拔起的时候,农村的文化结构也被打乱了,从那个时候起,中国的乡村已经没有完整的乡村了。当全球化浪潮来临的时候,当求富成为民族精神最兴奋的一点时,我们再想保留那个完整的乡村几乎是一种痴心妄想。当中国传统文化从乡村被迫撤出,被粉碎时,整个民族精神的根基也动摇了。我现在只是写出了这种现实。

梁鸿:这应该说也是《石榴树上结樱桃》的最大意义。把这样一种剧烈动摇状态的乡村写了出来,也许这样的文学乡村也有它独特的意义,给文学乡村家族加入了新的元素。你也许已经感觉到,我也是把《石榴》作为一个事件来分析的,《石榴》本身是否成功也许并不重要,但作为一种新的元素的诞生,它所带来的问题、新的视野和新的可能性却有它独特的价值。

原载《西部华语文学》2008 年第 3 期

没有小说，世界会很枯燥
——与著名作家李洱的对话

李洱 周洁

把《花腔》献给老婆

　　记者：李洱，你好！首先祝贺你的小说《花腔》获得我国首届鼎钧文学奖。据《现代汉语词典》中的解释，花腔指"有意把歌曲或戏曲的基本腔调复杂化、曲折化的唱法"。为什么要给自己的小说取这么一个名字？
　　李洱：我妻子是个花腔女高音，去年刚获得全国美声十佳。所以，我每天都在"花腔"的气氛下生活。这个名字也是她给起的，我觉得不错，就用了。不过这个"花腔"不同于她那个"花腔"。
　　记者：小说中引用了很多史料。历史的元素有多种，怎么就相中了知识分子，还是延安时期的知识分子？
　　李洱：我特别关注三四十年代那批知识分子的生活，看了很多史料，鲁迅、陈独秀、李大钊、瞿秋白，还有西南联大那一批人。许多材料有意思极了。比如瞿秋白在游西湖的时候，第一个反应是漂亮，人间天堂；第二个反应是，应该填掉，马上填掉。为什么要填呢，因为国破家亡，底层人民都在受罪，而我却在游西湖，看景呢。一种原罪感缠住了他。我想，关注现代史上的知识分子，可以发掘出许多对今天的现实依然有效的资源。不过，我读这些东西并不是为了写一部小说，就像收看世界杯并不是为了参加甲A联赛。

不愿有说谎的朋友

　　记者：《花腔》通过三个讲述人，叙述了一个知识分子卷入革命的过程。总体看来，就像一部侦探小说。可直到故事结束，你也没给读者一个明确结局，为什么？
　　李洱：事先并没有想到过什么侦探小说，就我所知，世上还没有一部侦探小说是目前这种写法。写成这个样子，是故事本身的要求。我觉得这个故事还是有尾的，没有太为难读者。之所以有些扑朔迷离，是因为参与者都在耍花腔，找借口,把水搅浑了。

记者:比较白圣韬、赵耀庆、范继槐这三个耍花腔的人物,谁是最大的谎言家?你对他们是什么态度?

李洱:在不同的历史时期,他们各有各的"花腔"。时代在变,很难说谁的花腔耍得最高明。作家对笔下的人物永远是爱的,也就是说有感情。没有这种感情,就没法写出人物活动的那种合理性。他们"说谎",在一定的历史情景中那是很自然的行为。我这样说,并不表明我认同他们的说法。生活中,我不愿意有这样的朋友。

给人物取名,比给孩子取名难

记者:小说中三位叙述人以及第四位搜集者——我——所呈献的材料交错叠加,既有真实的材料,又有虚构的材料,相互补充又彼此悖谬,是有点把简单的事情复杂化的意思。而"@"和"&"这两个引领正文和副本的符号,就像迷宫中的一盏灯,指导读者不倦前行。"@"和"&"具体含义是什么呢?

李洱:小说中虚构的那些材料,都是在真实的经验基础上得以成立的。至于那两个符号,上过网的人都知道,"@"读作"at",意思是在,存在的在。"&"读作"and",意思是关联,互文。这两部分内容互相印证,又互相悖谬。究竟哪一种说法更真实,哪一种说法是在耍花腔,读者会有自己的判断,这其实也是对读者最高的尊重。

记者:小说主人公葛任,很容易让人产生"个人"的音位联想。一切叙述均围绕"个人"转,这是不是就是你要表达的历史真实?

李洱:我想,写过小说的人都知道,给小说中的人物起名字,往往比给孩子起名字还难。给孩子起名字,只要能够寄托你的感情就可以了,可小说中人物的名字,还得符合特定的环境,还要考虑到小说的主题,小说的人物关系、小说的结构方式。中国古典名著中的任何一个人物,名字都有讲究,甚至小狗小猫的名字都有讲究。"葛任"的发音确实容易让人产生这种联想,它与小说所要表达的观念确实有关系。

不停地写,对作家来说最重要

记者:很多权威评论家,如李敬泽、李洁非、陈晓明、宗仁发等都认为,《花腔》的出现对上世纪60年代出生的作家具有里程碑的意义,是那代人第一部真正意义上的长篇。据我所知,湖北许多作家对《花腔》也有很高的评价。你怎么看这些评价?

李洱:小说家认真写就行了,不要想别的。我这么说并非故作洒脱,而是你想也没用。我个人认为,经过多年的锤炼,60年代作家和部分70年代出生的作家,都已进入了较为成熟的阶段,好作品会越来越多。同代作家中,湖北张执浩的《试图与生活和解》也是很优秀的长篇,反响很大。李修文比我年轻得多,他的《滴泪痣》和《捆绑上天堂》可以说开创了一条新的写作路子。这批人的综合素质,我指的是写作的综合能力非常强,只要写下去,就可以写出让自己和读者满意的作品。

记者:生动的口语、丰富的细节、真真假假的历史、时隐时现的戏谑态度,把小说衬得花团锦簇又一派端庄。读者对该书有什么反应?

李洱:我以前很少收到读者来信,到了《花腔》,读者来信突然多了起来,各行各业,国内国外。有一位在美国的华人,已经退休了,她认为书中的冰莹就是她姐姐,葛任就是她姐夫,向我索要葛任的自传《行走的影子》。福建有一位读者,写信告诉我,现在通往白陂镇的路已经修好了,还说书中的白陂镇就是现实中的黄塘镇。原来,他利用假期,沿着书中提到的路线自己跑了一趟。

大学是作家的摇篮

记者:有一种传统观点认为,校园里培养不出作家,这实际上是在强调生活和阅历的作用。而你恰恰是校园里走出来的作家,还有格非、马原,这是不是证明了阅读也是一种阅历?

李洱:我跟上海作家张生有个对话,我在里面说,大学是我们的文化童年。当今比较重要的作家,大多是从高校里面出来的,或者是回高校深造的。仅有的几个例外,在青年时代也有过在不同文化背景下生活的经历,那其实也是一种大学。相对完整的教育,使写作者知道别人走到了什么地方,可以少做无用功。现在躲在山沟里发明一台三轮车当然也很了不起,问题是如今连拖拉机都不准随便上街了,跑得更快的航天飞机已经把人送上月球了!

记者:如果让你用最简单的几句话来描述文学的意义,你会怎么说?

李洱:文学让我们学会了说话,文学让我们心中柔软,文学让我们眼中还有泪,文学让这个世界不那么干燥。

记者:最近,你有什么写作计划?与知识分子有关吗?

李洱:在写一些中短篇。我要求自己写下的所有作品,都和知识分子有关。至于能不能达到这个要求,那就要看自己的努力了。

记者:祝你心想事成。期待你有更多、更好的作品问世。

对话背景:2003年1月15日,首届"21世纪鼎钧双年文学奖"颁奖会在北京举行。37岁的李洱以长篇小说《花腔》与莫言(《檀香刑》)分享此项殊荣。曾在高校任教多年的李洱,现为《莽原》杂志副主编,著有《饶舌的哑巴》、《遗忘》等小说集多部,曾获第三、第四届"大家文学奖"(荣誉奖)。新著《花腔》被评论界普遍认为是2001年至2002年间最优秀的长篇小说之一,它对历史中的个人、对知识分子命运的思考和追究体现了深湛的认识水平,在艺术上是对上世纪80年代以来先锋文学探索成果的一次有力的综合,被评论者称为"先锋文学的正果"。

20日,本报联系到李洱和《人民文学》副主编李敬泽,就《花腔》与鼎钧文学奖,进行了一场对话。

原载《楚天都市报》2003年2月23日

探究知识分子在历史和现实中的困境

李洱 马季

我一直关注知识分子的生活

马季：你是从什么时候开始小说创作的？能谈谈当时的情况吗？

李洱：上中学的时候就想写小说，不然也不会报考中文系。高考报志愿，我一口气报了十几个中文系。

但正儿八经写小说，是在上大学以后。碰巧我上的又是华东师大。八十年代的华东师大，文学创作和文学批评的气氛都非常浓厚，有一大批写小说的人。当时文史楼有个通宵教室，我记得是115教室，到了后半夜，除了谈恋爱的，就是写小说的。在这种气氛里面，就是一块木头也会做起文学梦。华东师大当时有两个文学社团，一个叫夏雨诗社，一个叫散花文学社，分别有油印刊物《夏雨岛》和《散花》。我参加的是散花文学社，格非是《散花》的主编还是副主编，我记不清了。我当时与格非交往很多，可以说无话不谈，有时候谈起文学，简直是通宵达旦。格非毕业留校以后，我成了《散花》的副主编。我当时写了一组散文，写了一篇关于散文的论文，还有一篇小说。我没想到，这几篇文章都发表了出来。

马季：那时候写作就像现在上网一样，很热闹的，坚持下来的却不多。你的第一篇小说发表在哪里？

李洱：我的第一篇小说叫《福音》，发在宗仁发先生主编的《关东文学》。《关东文学》当时虽然是地市级刊物，但在先锋文学圈里很有影响，是第三代诗人、先锋小说家和新潮批评家的炮兵阵地。小说发表的时候，我已经毕业了。我记得当时领了75块钱的稿酬，天文数字，因为上大学的时候一个月只有29块5的生活费，毕业以后一个月才58块，第二年才涨到74块。平白无故多领了75块钱，都不知道该怎么花了。

马季：后来，哪一篇作品让你觉得写作之门完全被打开了？我知道你很多作品都在《收获》上发的。

李洱：我早期比较满意的作品是《导师死了》。那是我的第一个中篇小说，写的是当代知识分子的生活。我后来一些小说的重要主题，都在这部小说中初露端倪。写完以后，寄给了格非，格非把它转交给了《收获》的程永新先生。程永新先生看了,觉得还没有人这样写类似的故事,有些修改的价值,就通知我修改,改定以后还有5万多字。后来一直没有消息,我想大概没戏了。突然有一天,我收到了《收获》的大信封,一摸,很厚,还有棱有角的,不像是退稿。拆开一看,还真是刊物啊。我的心差点从嗓子眼蹦出来。再一看目录,里面有《导师死了》。后来领了1400块钱的稿酬,我马上去买了一台冰箱。《收获》有一个非常好的传统,就是稿子发表以后,再把原稿还给你。我看原稿上面划了很多地方,这里删一个字,那里加一个字。加的最多的是一句话,叫"过了一会儿",以调节叙述节奏的。我还记得《收获》校过的格非的原稿,里面有一处改动给我留下深刻印象。格非小说里写,某某某的睾丸被子弹打掉了一只,还剩下一只睾丸。后半句被红笔划掉了,旁边有个眉批,意思是后半句多余了,因为读者已经知道仅剩下了一只嘛。所以给《收获》写稿,改稿,可以学到很多东西。可惜,后来我们都用电脑写作,《收获》没有原稿可退了。

马季:作家梦似乎一夜之间就实现了。离开上海回到河南以后,原来的环境没有了,写作状态怎么样呢?

李洱:《收获》的影响很大,小说发表以后,好几个选本选了这篇小说,也有些评论。一直到现在,还是经常有人会提起这篇作品。这之后,我写了一个中篇小说叫《缝隙》,给了《人民文学》。李敬泽当时是这篇小说的责编,他比较喜欢这篇小说,他又约河南当时的作协主席田中禾先生给这篇小说写了评论,同期刊出。我比较幸运的是,我刚开始写作的时候就遇到了中国最好的几个编辑,他们很负责任,也有很高的艺术判断力。

从上海回到河南,我当初很不适应,一有空就往上海跑。河南的整体气氛与先锋小说格格不入,也就没有一个可以谈话的人。回到河南以后,很多年里跟河南的创作界也没有联系。我不是在高校教书吗,一些老师就推荐我看河南作家的小说。我看了一些,挺失望的,有一种本能的拒斥,感觉像是一夜回到了解放前。举个例子,1987年我回河南的时候,随身带了一本《博尔赫斯小说选》,就是王央乐翻译的那一本。你知道,那个时候博尔赫斯就是先锋小说群,或者说受过现代主义影响的小说家的一个暗号。可是河南竟然没有人知道博尔赫斯。那正是大革命的关键时期,可是没人在街头跟你对暗号,你说这叫什么感觉?可是河南也有一个好处,就是他讲究本土化。河南作家不跟你比时装,他要你脱了时装跟他比肉。河南作家还有一个长处,就是耐得住性子,毛驴拉磨盘,一圈又一圈。在河南待久了,这种环境会对你有影响,我现在其实很喜欢河南作家的这种风气。

马季:从《导师死了》、《午后的诗学》、《遗忘》,到《现场》,知识分子在不同状态、不同境遇下的生活,一直是你早期叙事的主题,那么,你在当下知识分子的处境中发现了什么呢？

李洱：其实不能说"早期"，因为我一直关注知识分子的生活，一直想用小说的方式探究知识分子在历史和现实中的困境，探究个人存在的意义。我写了一篇别的故事，然后马上就会回来，就像急着返回根据地似的。而且我即便写别的故事，背后也会隐藏着知识分子的视角。也有人开玩笑，说我写的农民不像农民，起码是中专毕业的。知识分子的故事，他们的悲欢，他们的复杂处境，我一辈子也写不完。要用简单的几句话来说明我对知识分子的认识，我觉得是不可能的。太复杂了，我想没有人能够说得清。我只能用很多的故事，从不同的侧面入手，从很小的角度入手，试图来呈现我对知识分子的理解，对知识分子在当代的复杂境遇的理解。在我看来，知识分子的处境越来越复杂，知识分子就是变成千手观音，也应付不过来。其中任何一个问题，都足以让他们进退维谷。所以，对知识分子，我最突出的感受就是他的无力性。有时候，他可能会比别人过得优越一点，房子好一点，职称高一点，脸皮也白净一点，但内心的那种无力性时刻缠绕着他，有如灵魂附体。因为这种无力性，他连叹息都无法强劲地发出。

主题在变化，就像地平线在不断地位移

马季：游戏精神和隐喻性是新生代作家写作的普遍特征，比如在你的小说中，始终充满了暗示，意外事件似乎随时可能发生，《导师死了》之面对死亡，《朋友之妻》之面对道德……认真地面对无聊，真实和荒诞的合二为一。这样的理解是否准确？

李洱：新生代作家也是一个大略的说法，和"70后作家"的说法一样，不大靠谱。当然我理解你的所指。借用你的说法，我想所谓的新生代，他们的一个重要贡献，就是把先锋叙述和当代日常生活结合了起来。新生代以前的小说，很少触及当代生活，小说带有过于强烈的虚构特征。你可以发现，新生代作家的小说，几乎都有着写实面貌，但它又不像新写实小说那样平铺直叙，还保持着必要的先锋精神。说到对偶然性、意外事件的关注，不好意思，我倒不认为这是新生代作家的特点。所有小说中的事件，都是偶然事件，从托尔斯泰到海明威到马尔克斯，都是如此。小说中的事件，本来就是偶然中的必然。最先发生的事件是一个偶然事件，随后却是一系列合乎逻辑的演变过程，我想所有的小说都概莫能外。因为他们写的大都是当代日常生活，所以容易给人造成拿无聊当有趣，拿荒诞当真实的印象。但是，如果你觉得它确实足够有趣，并且足够真实，这已经说明了小说的成功。不是吗？当然，对我来说，我一直在寻求变化。

马季：你所说的变化是切入事件的角度吗？也就是变换认识世界的方式吧。

李洱：作家总是在寻找自己的主题，寻找自己最感兴趣的那个主题，那个主题就是他对这个世界的最根本的疑问。这个主题，我想它不仅仅是感觉层面上的，不仅仅属于味蕾、手感。如果我说，它更多关乎心灵，是一种你时刻都在面对的一种巨大的存在，你可能会觉得这有点矫情，还有点文绉绉的，但事实就是如此。但这个主题，确实又在不断变化，就像地平线在不断地位移。它位移的前提，当然是你对世界的认知在不断地发生变化。

马季：新生代作家对文学意义的不懈追求，已经使其具有了独立品格，但如何揭示复杂的现实，如何面对消费时代的文学消解，这些问题不是"使命感"能够解决的，你怎么看这个问题？

李洱：任何时代，任何情形之下，一个称得上作家的人，都会用文学的方式表达他对现实的理解。这甚至不是"使命感"的问题，而是本能，类似于狗吃屎，猫洗脸，耗子生来要打洞，熊瞎子生来会立正。但如何"揭示复杂的现实"，却跟作家的才华有关，跟作家的认知能力、表现力有关。所以我完全认同你的说法，它确实不是"使命感"就能够解决的。

马季：这一代作家有夹缝中的感觉吗？市场没有先锋作家活跃时期那么宽容了，混淆视听的非文学的声音也很响亮，当然，对像你这样的作家，诱惑也很多啊。耐力和信念是否越来越重要了呢？

李洱：说到市场，我想直到90年代初，先锋小说还谈不上市场。当时最有影响的那几个先锋作家，书的实际发行量也不会超过3000册。谁若不信，可以去问当时出版社的责编。"先锋作家"这个词本身，就说明了它和读者的疏离。先锋作家后来在市场上的走红，是因为他们的小说迅速被风格化了，在某种程度上甚至被格式化了，这在文学界内部引起了广泛的模仿。他们在被模仿中走红，也在被模仿中被逼上绝路，甚至不得不暂时搁笔，或者寻求新的变化。只要重返当时的文学现场，就可以清楚地看清这一点。我想，当时的先锋作家对此也不会否认。至于你说到的诱惑，我不知道是什么诱惑。耐力我是知道的，我认为它很重要，从来都很重要。马尔克斯是天才吧？普鲁斯特是天才吧？耐力对他们也同样重要。

《花腔》是一部理想主义的作品

马季：《花腔》是你的代表作，这部小说延续了80年代先锋小说的精神实质，但其丰富性和想象方式是经历过重新"脱胎"的，几年过去了，能谈谈你现在对这部小说的感受吗？

李洱：《花腔》对我个人的意义，是我塑造了一个让我心仪的人物。所以，我一直觉得《花腔》是一部理想主义的作品。有人说，这是一部消解性的作品。我不这样看。消解，你消解什么？你消解的目的是什么？你怎么能够为消解而消解？如果没有建构的想法，消解的意义何在？消解的逻辑起点又在哪里？几年过去了，我对人世的看法，对小说艺术的看法，变化很大，但是这个看法并没有改变。

马季：你对先锋小说是如何看待的，请谈谈对你产生影响的先锋小说和先锋小说家。

李洱：先锋小说出现的时候，作为热爱小说艺术的人，那真是激动。这么说吧，当时看了先锋小说，觉得以前的中国小说都不叫小说了。这是实话。当然，后来我的看法有些改变，我相信当初的那些先锋作家对自己小说的看法，也有很大的改变。对我影响比较大的先锋作家，主要是格非。国内比格非更有学识的小说家很少吧？

马季：评论界认为《花腔》是新生代作家第一部真正意义上的长篇小说，你如何理解这个评价？

李洱：关于《花腔》的评论文章有很多，远远超过了《花腔》的字数，可以说各种评价都有。有的人原来不喜欢，后来喜欢了。还有的人原来很喜欢，而且写了文章，后来又说他不喜欢了，也写了文章，这我都能理解。当然，也有人一直看重它，后来更看重了。这我更乐意去理解。所以，如果有人说，它是所谓的新生代作家的第一部长篇什么的，你也不能太当真。小说有它自身的命运，书写完了，出版了，它就进入一个公共空间，任由他人评说。我想，看重《花腔》的人，大概认可了《花腔》对历史、对知识分子的探究精神，很多人从主人公身上看到了个人在历史上的意义，这是让我感到欣慰的。

马季：《花腔》出版以后，有人认为你属于智者型作家，对这个称呼你是怎么看的？除了一般意义上的技巧之外，在你眼中，小说智慧是怎样的一种特质呢？

李洱：我对写作的困难的感受，对人生的困惑和不解，虽然不能说比别人多，但也绝不比别人少。由此可见，我不是什么智者型的作家。这么说吧，很多时候，一个句子，一个词，人物的一种说话的语气，就能把我给难住，让我感到寸步难行。所以，什么是小说的智慧，什么又不是小说的智慧，我真的说不上来。

马季：能谈谈你对长篇小说这个文体的认识吗？打个不太确切的比方，如果把文学比喻成一个人的一生，长篇小说像其中的哪一部分呢？

李洱：长篇小说对我来说，意味着各种知识的对话，意味着对人性的复杂性以及文化的复杂性的辨析。如果以人生来打比方，它应该是中年。它像中年一样漫长，起首和结尾都没有明确的标志。它上有老下有小，关乎生死，自己的生死,和别人的生死,但那别人又是自己。

应该出现一种新的知识类型的小说

马季:现在大量的农村题材作品,以关注底层、描述苦难为己任,这当然不能说不对,但又脱不了经验重复之嫌,《石榴树上结樱桃》走了另外一条路子,你当初是如何考虑的呢?

李洱:我只能写我感受到的生活,写知识分子是这样,写乡村也是这样。确实有评论说,《石榴树上结樱桃》开辟了写乡村生活的另外一条道路,但我觉得好像还不能这么说。就小说的风格而言,我想它与我以前的小说的风格有某种延续性。就小说的喜剧性而言,只要有过短暂的乡村生活经历的人,都会知道乡村生活处处充满着喜剧性。这种喜剧性是农民在对抗严酷的生活的过程中,必然产生的一种精神要素。鲁迅的乡土小说,当然严格说来是乡镇小说,那里面就有很多喜剧性。就小说所表现的当下生活而言,我倒是乐于承认,以前确实很少有人去触及这些生活。不过,《石榴树上结樱桃》出版以后,写当代乡村生活的小说越来越多了,这也是我乐意看到的。

马季:《石榴树上结樱桃》的复杂性是建立在精神和土地两个纬度上的。从某种程度上说,中国就是个大的乡村,它的变革更具普遍意义,你自己也说过,在参与政治生活的深度和广度方面,农村走在了城市的前头。《花腔》之后,你尝试书写乡村,是在寻求一种突破吗?是在向自己的创造力挑战吗?

李洱:毫无疑问,在参与政治生活的深度和广度方面,农村走在了前头。我迄今在三个城市有过较长的生活经历,上海、北京和郑州。我如此真切地感受到,在城市里,人们对政治生活的关心往往表现为对流言的关心。而在乡村,政治生活是一种看得见、摸得着的东西,是有体温的,要烫手的,一个大王八蛋当村长,和一个小王八蛋当村长,和一个为百姓干点实事的人当村长,那都是有冰炭之别的。但是说实话,对这部小说来说,这还不是我很关心的事。我关心的是,传统的乡土社会在现代化转型的过程中,会出现哪些问题,这些问题有没有可能解决?如果没有可能,那下一步怎么办?等死吗?诸如此类。

马季:《石榴树上结樱桃》里的"颠倒话",形式即本质,是一种乡土智慧,大暗喻,为什么想到采用这个形式?它在你的乡土叙事中体现出了什么作用呢?

李洱:一种矛盾修辞,长期以来一直让我兴趣盎然,而"颠倒话"就是乡村最常见的以矛盾修辞方式出现的民谣。我当然不能放过它。书中所引的"颠倒话",大都有案可查。但写作的时候,风助火势,我一时兴起,就趁机又编了一些放到了里面。我自己觉得,"颠倒话"不仅能在乡土叙事中体现出微妙的效果,也能在别的叙事中起到作用。哦,对了,你在前面提到"小说智慧"这个词。我觉得"颠倒话"这样一种修辞方式,特别适用于小说叙事。当然,我不是说别的小说中也一定要出现"颠倒话",我的意思是,这样一种修辞方式背后所隐藏的思维方式,与小说写作所需要的思维方式,有着微妙的关系。

马季:我觉得你是个很讲究形式感的作家。能谈谈你对小说形式的看法吗?

李洱:据说现在再去讲究形式感,已经落伍了。但我很高兴,很高兴能被看成是一个讲究形式感的作家。小说当然要讲究形式感。我认为,一个作家,如果他所创作的每篇小说都有它自己的形式感,那么,即便所有人伸出食指,指定这个作家已经落伍,我也会觉得这个作家是个了不起的作家。想想看,鲁迅的小说,哪两篇是重样的?我感到,小说很有必要找到新的表达方式,以激活它与现实的对话关系,但那究竟是怎么一种形式,却没有定论。我倾向于应该出现一种新的知识类型的小说,在不同的层面上展开多种对话,形成一种对话主义的小说。应该说《花腔》在这方面是做了一些探索的。我几乎每天都在写,现在越写越慢。

马季:评论界非常关注新生代的创作,读者也是一样,我做了多年的文学编辑,看了不少也听到不少,普遍还是期待心理,认为真正有影响的作品还没有写出来。你对这个问题是怎么看的?

李洱:真正的好作品出来,人们也不一定能认出来。获诺贝尔奖的奈保尔是好作家吧,可很多中国人不以为然。最近的这个土耳其作家帕慕克,写得应该不错吧?可还是有人说给错了,可惜了,可惜了呀。帕慕克的书在国内卖火以后,至少有十个人给我打电话,说他的小说与《花腔》有很多相似之处,在小说类型方面,是一致的。我听了一愣,心想,这也太悬了,幸亏《花腔》早出版了,不然,即便那部小说不怎么的,还是会有人说三道四的。说到"有影响的作品",我想正如作家可以分为杰出作家和非杰出作家,而不能草率地分为著名作家和非著名作家一样,作品也可以分为杰出作品和非杰出作品,而不能随便划分为有影响作品和没影响的作品。萨达姆的小说影响很大,伊拉克国内就不说了,那是以读了为荣,以不读为耻的。出了伊拉克,从死海之滨到盐湖之畔,从白令海峡到堪培拉,都有人买有人看有人组织研讨的,而且参与研讨的人不限于文学批评家。凝望星空,我想如果有火星人的话肯定也要把它翻译成火星文了。用我们现在习惯的以版税多寡衡量价值大小的方法,参考好莱坞电影提供的相关资讯,你必须承认火星上的版税比地球上高。他娘的,他赚大了呀,影响都远及太空了,比地面上的出口石油要厉害多了。但是,影响如此,他写的还是狗屁,甚至狗屁不如。

马季：在今天这个商业社会，诱惑和压力并存，你是如何面对"坚持独立的写作态度"这个问题的？

李洱：诱惑和压力并不是商业社会才有，商业社会也并不是今天才有。所以，这不只是作家现在才面临的问题。独立的写作态度，或者说真正个人化的写作，从来都是写作者应该具有的态度。

马季：你有什么新的创作计划吗？短期内还会有长篇小说问世吗？

李洱：我几乎每天都在写，都在想着如何写。长篇小说早就开始写了，但什么时候能写完，我却说不上来。我本来写得就慢，现在越写越慢，比慢更慢。我的一些朋友说，不知道你整天在磨蹭什么。我也想写得快一点，可是却快不起来。

新的共鸣才能保证你读下去

马季：对于作家来说，童年时代的阅读一定是相当重要的，留在你记忆深处的书有哪几部？

李洱：童年时代读过《东周列国志》和《水浒传》，印象极为深刻。可我后来的写作，却与这两部书关系不大。中国的现实变化太快了，你必须有新的共鸣才能保证你重新读下去。不过最近几年，我又重新读了《水浒传》，我觉得其中还是有很多资源可供开发。

马季：你自己说过，阅读对你的创作影响很大，没有阅读几乎不可能创作，那么，哪些作家是你的良师益友呢？

李洱：有十五六年的时间，我几乎每天都读小说，欧美小说读得多一点。但最近几年读得少了，读的也大都不是小说，社会学方面的书多一些。作家当中，我喜欢加缪和哈韦尔。加缪的《局外人》，以前吸引我的是第一部，现在吸引我的是第二部，也就是关于审判的那部分。我觉得，能写出第一部的人很多，但能写出第二部的人却很少。哈韦尔的书，国内没有出版，只是私下流通。他不是一个职业作家，但他的书却极有穿透力。他比一般的荒诞派作家更有力量，心智更为强劲，也更为健康，是一位绿色的荒诞派作家，理想主义的随笔作家。最近几年，我还喜欢上了一个俄罗斯作家，叫马卡宁，就是写《审判桌》的那个人，但他的书在国内几乎毫无影响。

马季：你的阅读涉及哪些领域？文学以外，你喜欢的，或者认为必须阅读的书籍有哪些？

李洱：以前读文学书籍很过瘾，但后来不了。现在大多数小说，读起来不过瘾，不解渴，缺痒，先不说立场不立场，我想很多小说连起码的"问题意识"都没有，有点稀松了，甚至是过于稀松了。我比较喜欢读旧书，读社会学、人类学、历史方面的书，也读文学理论方面的书，起码从中能学到一点知识。但我不能开书单，倒不是说我不想把自己的葫芦锯开，而是你认为应该放进葫芦里的东西，别人可能不屑一顾。

马季：写作和阅读之余，你有哪些"业余"爱好？你关注哪些"与己无关"的事情呢？

李洱：最大的爱好就是和朋友聊天。可我现在住在北京，朋友聚到一起聊天，成本太高了。我又不喜欢上网，所以从未有过网聊。"与己无关"，还要关心的，那只能是球了。我喜欢足球，也写过一些球评。好几个体育报纸邀我写足球专栏，可一旦变成任务，我就得往后躲了。对足球，我与很多人的看法不一样。比如谈到中国足球，我认为它在中国所有行当里面是做得最好的。任何一个体育项目，甚至不只是体育项目，只允许你派出去 11 个人，去和别人的 11 人打，你认为你能打得过吗？你认为你能打个平局吗？你认为你只能输个 0：4 吗？在政治、经济和文化的各个领域，谁敢夸这个口吗？无论输赢，都是明摆着的，谁都看得见，谁都可以骂，而且可以几万人聚在一起骂，亿万观众一起放开嗓子骂。别的行当可以吗？你有这种公开发表意见的渠道吗？所以，我每次看足球，尤其是中国足球，即便败得很惨，我都在心里喊，打得好，打得好。这哪是足球啊，这分明是中国现实在全球化时代的真切写照。在足球以及与足球相关的领域，即便是最最现实主义的小说，其现实性也无法跟它相比的。

原载《作家》2007 年第 1 期

"倾听到世界的心跳"
——李洱访谈录

魏天真　李洱

魏天真：第一个问题是关于"60年代出生"的，但愿我不被人认为是思想懒惰甚至神经麻痹。我并不认为用年代来把许多作家编派进一个群体的做法是恰当的。但"60年代出生"是例外。60年代出生的人和他们（我们）前后的人相比，很不同的。不是说谁坎坷谁平顺、谁丰富谁贫乏因而谁高谁低谁优谁劣的问题。这一个年龄段的人刚发蒙或正读小学时，是读语录的高潮时期，在其他年代，一个小孩很可能因为能诵读诗书或者单背唐诗而受赞赏，70年代的小孩受夸奖的程度要根据他背诵"毛主席语录"的情况来决定。一个孩子的心灵纯如白纸，本来可以"画最新最美的图画"，而我们的白纸上写满了语录，很多语录深深烙刻在心里。成年以后我发狠地读古诗背古诗，想挤占一点语录的位置，但古诗忘得快，好像浮在语录上面的粉尘，一阵风就吹走了。这样的经验肯定会作用于一个喜爱文学的人。您怎么理解60年代出生的作家这个群体？

李洱：用出生年代来划分作家，其实很常见，国内国外都有。一来省事，谈论起来方便；二来也确实可以说明一些问题，比如童年记忆对写作的影响。但问题是，写作最讲求的是差异。相近的童年记忆，在不同的作家笔下，呈现出何种不同的面貌，为什么会有这样那样的不同？差异，也只有差异，才能把个人从群体中分离出来，写作也才有了意义。

当然，我承认，60年代出生的作家，因为成长背景大体相同，所以他们的写作肯定是有共性的，就像中国作家区别于美国作家，是因为各自都有一定的共性。具体说到60年代作家，我想，不妨把他们说成是"悬浮的一代"。与上代作家相比，他们没有跌宕起伏的经历，至少在90年代之前，他们很少体验到生活的巨大落差。不过，他们也经历了一个重要的变革。这个变革就是某种体制性文化的分崩离析，但与此相适应，某种美好的乌托邦冲动也一起消失了。这个变革是什么时候发生的？他们的青春期前后！而他们的世界观，正是那个阶段开始形成的。对于如何理解这一代人，我想这是一个关键点。

我想，他们的脑子里，很少有此岸与彼岸的概念，思维方式也不是非此即彼的，不是二元论的。与下一代作家相比，他们与商业社会有较多的隔膜，有抵触,有愤怒,有妥协,也有无奈。对主流的意识形态,他们不认同。同时,对于反主流的那种主流,他们也不认同。60年代作家,有"希望",但没有"确信"。有"恨",但"恨"不多。身心俱往的时候,是比较少的。他们好像一直在现场,但同时又与现场保持一定的距离。他们对各种临界点、界面,有较强的适应能力。他们的感觉、意念、情绪、思想,有些上不着天,下不着地,悬浮在那里,处于一种"动"的状态,而这种"动",很多时候又是一种"被动"。90年代中期,我写过一篇小说,题目就叫《悬浮》,当时我试图通过一个较为复杂的情爱故事,来表达我对这种状态的感受。我自己比较喜欢这篇小说,但它却很少有人提起。这足可以说明,我的这种看法,其实并不被很多人接受。

还有一点,我想多说两句。如果再细分的话,60年出生的作家,其实也有前后期之别。这一点,别的人可能不清楚,但这一代人都有体会。举个例子,"文革"歌曲、样板戏,我就不会唱,而比我大上几岁的人,却是张口就来,溜得很。而我呢,到了90年代才会唱。你一定记得,90年代初,大街小巷都在传唱"文革"歌曲。那些歌曲不是通过"文革"时的那种大喇叭唱出来的,而是通过磁带唱出来的,是出租车上的交通电台唱出来的,是在歌厅里唱出来的,是通过电视台的综艺晚会唱出来的。它是商业文化、娱乐文化的一部分,有"红歌黄唱"的意味,但又被主流意识形态所兼容。在"南行讲话"之前,这样一种歌唱别具意味。说来好笑,我就是在那个时候学会那些"文革"歌曲的。这跟比我大几岁,但同属60年生人的经验,自然有很多不同。所以,我觉得60年代生人的经验,其实也是有很多细微的差别。

魏天真:您很早就立志当作家吗?

李洱:我很小的时候就看小说,也想写小说。我祖父对《红楼梦》、《三国演义》熟得不能再熟。我父亲是个中学语文教师,早年也写过小说。这种家庭环境可能对我有些影响。我记得,我还没有桌子高的时候,家里就放着《红楼梦》、《东周列国志》、《野火春风斗古城》、《暴风骤雨》。我父亲喜欢书法,迄今在豫北一带,有很多人家的门匾、墓地的碑文,还有些桥梁上的铭文,都是我父亲写的。但我父亲当初的愿望不是让我当作家,而是让我当画家,甚至为我请来了一位家教。他是县剧团的一位演员,在京剧《杜鹃山》里扮演反派人物温其久。除了演戏,他还负责画布景,画海报,那海报是直接画在墙上的,类似于连环画。有很长一段时间,我跟着他在野外写生。这个人当着我父亲的面,对我特别好。但是一出去写生,他就换了一个人。我向他请教问题,他也懒得搭理我。我只好蹲在旁边看着他画。不是照葫芦画瓢,而是看着葫芦,再看看他画的瓢,然后再模仿着他画的那个瓢,画一个自己的瓢。不管怎么说,学画的经历对我来说是很难忘的。这可能对我后来有一定的影响,比如无形中训练了我的形象思维能力,等等。

魏天真:作为一个60年代生人,您的文学、文化的启蒙如何影响了您的创作?

李洱:我真正开始系统阅读小说,是在上大学以后。80年代的华东师大,有一大批文学信徒。说"信徒"这两个字,一点也不为过的,大家都很狂热,好像活着就是为了写作。在和小说家张生的一次对话中,我曾说过,大学才是我真正的文化童年。80年代中期的文学教育、阅读和交流,使我受益匪浅。那个年代,文学气候也很复杂,冷热空气频繁对流,形成了各种各样的小气候。它使得人们对于启蒙、政治和文学,以及彼此之间的关系都非常敏感。那样一种特殊的语境,我想对于在80年代完成大学教育的一批人,是有深刻影响的。

当时,最新的文学潮流很快就会波及到校园,甚至在它还没有形成潮流的时候,就已经传到了校园。举个例子,我记得阿城的《棋王》还没有发表的时候,我们都已经知道它要引起轰动。因为当时有很多年轻教师参加了那个著名的"杭州会议",事先已经看过了手稿,并且和编辑有过讨论。对于寻根文学和先锋小说,我们都是先知道有人在写,甚至先知道了小说的开头,小说的语言,小说的主题,过了一段时间才在刊物上读到了那些小说。我们是一边听老师们讲课,听他们吹牛,一边摩拳擦掌,蠢蠢欲动。我很怀念80年代,它虽然有些浮皮潦草,但却很有冲击力。唉,那个时代确实一去不复返了。

魏天真:您写了一群知识分子,孙良教授、华林教授、吴之刚教授、侯后毅和他的弟子、费边和他的朋友,等等。这些人给我的印象就是,他们是一群有专业(职业)的谋生者。因为要谋生,就免不了蝇营狗苟;因为有专业,他们总能为自己找到说辞,使他们的蝇营狗苟显得不一般。这些形象如此真实,切合我们的生活经验,因此更让人感到绝望。请您谈谈刻画这些形象的意图,您对知识分子还有所期待吗?

李洱:我熟悉校园生活,熟悉知识分子的知与行,我写他们有如写自己。有很多人看到了我对他们的嘲讽,其实,如果说有嘲讽,那嘲讽首先是针对我自己的。我的描述也不仅仅是嘲讽,其中包含了我的祈祷。我相信,就对生活的复杂性的感受而言,知识分子肯定是最敏感的。知识分子是文化的神经,是文化灵敏的触角。我喜欢"复杂性"这个词,我喜欢描述复杂的生活,复杂的感受。写知识分子,刚好可以满足我这个愿望,可以表达我对写作的理解。

魏天真:您理想的知识分子应该是什么样子?葛任是您心目中的知识分子吗?

李洱:说到《花腔》中的葛任,我想,他确实是我心目中的知识分子。葛任所面临的精神困境和现实处境,在今天其实并没有发生根本性的变化。葛任的选择,即使在今天也是罕见的,或许是更为罕见的。关于葛任,我写过一篇短文,里面写到我对葛任的敬意,以及我的感激之情。我这么说,并不是出于矫情。哦,你自己先塑造了一个人物,然后你再对他表示感激,这叫什么事啊?但我确实非常感激这样一个人物,我不认为我这样说是在耍花腔。写这个人物的时候,我其实很难受。不是因为写不下去,而是因为这个人物要面对那么多的困境,这让我心中不忍。是这个人物鼓励着我,让我得以写下去。我相信,很多读者都能从葛任的经历中,看到一种存在的勇气,一种面对种种威胁而艰难地寻求自我肯定的力量。

魏天真:我非常理解您对葛任的敬意和感激,虽然我的理解可能与您不一致——我还没有读到您说的短文。我还想说,我读《花腔》的时候,除了敬意和感激,还体验到一种怜惜之情,那是我一次次读到葛任的"羞涩"时,您书中有不同的人以不同的方式谈及他的"羞涩"。并且,从许多我敬重的或喜爱的人物身上,也会看到"羞涩",是不是因为现在的生活中和文学作品中,羞涩已经太罕见了,偶一闪现就格外耀眼?

李洱:写葛任的"羞涩"时,我记得我写过一句话,说那是"个体存在的秘密之花"。正是因为无法准确说出我所理解的"羞涩",我才用到了"秘密之花"这个词,一个有生造嫌疑的词。

有童心的人,才会有羞涩。这样的人内心良善,不愿违背自己的意愿。不假言,不修饰,看到别人违愿,也会感到羞涩。这样的一个人,充满着对细微差别的感知和兴趣,并有着苦涩的柔情。对这样的人来说,"我"就是"他","他"就是"我",和世界息息相通。学识、阅历和情怀,使得他对这个世界的体验,永远像是男女的初恋,但又比那种初恋深邃。在文学作品中要写出这样一个人,难度很大。写"假丑恶"很容易的,写"真善美"就很难了,写"羞涩"就更难了。

魏天真:太美了!"个体存在的秘密之花"我记得是借一个法国人之口说的,我当时颇费思量,转念一想,我不能理解的言辞,也许人家老外正稀松平常呢,这句话就沉淀在记忆中了,是一种别致的印象。我在解读《石榴树上结樱桃》的时候大量借助《老子》的观念及相关阐述。我感到大作所描绘的生活现实和人物形象都是老子思想的反面例证,和魏天无谈及此,他说您曾称自己为"掺水的老子",这或许是一句戏言,但我还是想请您谈谈。

李洱:那本是一句笑谈。别人说,你也叫"李耳"?我就说我是加了"三点水"的,有很多水分的。《石榴树上结樱桃》所写的乡村生活,可能跟迄今所有小说所表现出来的乡土生活不同。我并不是要故意如此,首先还是因为现实如此。老子的理想国从来没有实现过,以后也不会实现。从这个意义上,几乎所有描述现实生活的小说,都与老子的理想相悖。在所谓的全球化时代,某种现代的——干脆一点说——是西方的,那样一种制度化的设计,与中国乡村的古老现实,结合在一起,就形成了一种前所未有的新的现实,一种意外的果实。淮南为橘,淮北为枳,但那种果实既不在淮南,又不在淮北,而是长在河心的那个荒岛上,所以它非橘非枳。既然是在河心,它就要经受洪水的反复冲击,忍受河流的污染。它自己很难受,有时还得忍受观光客的嘲弄。这样一种现实,在我试图描述中国乡土时候,非常顽强地要从字里行间凸现出来,它要说话,要发出声音。

只要到现在的乡村走一走,任何人都会发现,它与鲁迅的未庄,沈从文的湘西,已经有了很多很多变化。沈从文的湘西只存在于旅游画报。我必须写出这种变化。你知道,很多乡土小说,喜欢去写所谓的永恒的人性,这个去写人性恶,那个去写人性善。有个朋友告诉我,写人性善的,当然是中国人的人性善,可以获国内的奖;写人性恶的,当然是中国人的人性恶,可以获国外的奖。我一想,哈,好像还真的是这样。但我不喜欢这样写。我喜欢写出文化上的复杂性,喜欢去探究复杂语境中人的存在状态。

魏天真:这番话真的让我开窍,所以还想问一下,是否有这样的时候,面对某一生活事件或者现实情景,你觉得所感悟到的复杂性比所能说得出的复杂性更复杂,你通常都有十足的信心传达出来吗?一般来说,你在写作中对"读者"有过设想吗?

李洱:我所能写出的,只能是我感受到的一小部分,我无法做到"指哪打哪"、"意到笔到",我永远无法做到这一点。在意念和现实之间,那条鸿沟永远存在。这其实是所有写作者都会面临的问题,包括卡夫卡,包括曹雪芹,不然《城堡》和《红楼梦》也不会写不完。也就是说,有很多东西是说不出来、写不出来的。

但是,最有意思的地方,就在这个时候出现了:你一定要尽力"说出说不出来的"、"写出写不出来的"。你已经写出来的那一部分,要能够让别人感觉到,你确实还有一些东西没有写出来。甚至可以这么说,你已经写出来的这一部分,它的意义就在于显露出没有写出来的那一部分,那是个巨大的存在,它不可言说。你的言说的意义,就是让人知道还有些东西不可言说。但是,那个不可言说的东西,只有通过你的言说,才能够成立。

对读者,我当然有设想。写作是一种对话。小说当中应该有多重对话关系:作者与自己对话;作者与小说中人物的对话;小说中的人物之间的对话;作者、人物以及小说中的一草一木与读者的对话。写小说不是写日记,不仅仅是反抗遗忘。我不喜欢故意取悦读者,我认为那不是对话。故意取悦读者,其实是对读者极不尊重。

魏天真：对话和对话关系，我希望还有机会专门就这个问题与您交流，对话。现在还是回到关于小说的人物的问题上。在女性主义的争论中有一种说法，说如果真的按照某些女性主义主张行事，那么人类至今只能待在母系氏族的茅屋里；与此类似，一直就有人说老子的理想是退回到原始的蒙昧状态，而《老子》思想中的一个重要主张就是守雌、贵柔，所以也有人把老子跟女性主义扯在一起。《石榴树上结樱桃》中两个最重要的人物是两个女人。这两个女人的行为方式显然和女性主义、和道家的原则是不搭界的，甚至是相反的，可以说她们奋斗在现代化的瓷砖房子内外（您书中曾专门讲述瓷砖），您对这两个女人的态度如何？

李洱：我孤陋寡闻，不知道已经有人把女权主义和老子挂上了钩。我没想过书中的两个女人与女权主义有什么关系，真的没想过。书中的一个人物，确实提到过"女权主义"，但那是为了写活人物，写那个乡村知识分子的无所不知，也写各种时髦的观点已经进入了乡村的日常言谈。坦率地说，我不知道该如何谈论书中的两位女性。我知道您对女权主义有深入的研究，所以我更不敢随便谈论这个话题。我只能说，写孔繁花，我只是照猫画虎。

魏天真：我想到这些，是因为孔繁花和小红这两个人物太不一般了，历来形容、评价女性的那些词汇，无论是褒义的贬义的都不适合她们，这两人远远不止是工于心计的农村妇女。如果说老子思想在老子之后变成权谋术数，她们好像把这传统的权谋之术和现代政治手段熟练结合在一起了，当然这两个人又彼此不同（这也说明讨论性别的差异就像用一个年龄段来概括一个作家群体的特征一样，常常会不得要领的）。我不是要追究到底是老子教唆了后人——人们从老子那里窃取了权谋之术而后用于生存竞争，还是你争我斗本来就是人的生存本能，老子努力想要涤除它，不料反而使它变本加厉；而是想知道，面对这样的人物、这样的现实，尽管是它自己"非常顽强地要从字里行间凸现出来"，而您也倾心于"写出文化上的复杂性"，不过总还是有价值态度暗含其中的吧？

李洱：我还得回到文化的复杂性上来。我常常惊异于中国文化的那种一锅煮的能力，什么东西都可以放到一起煮。这种能力在一个农村妇女身上也能够表现出来。世界上只有一种文化可以把犹太人给同化掉，那就是我们的文化。神奇吧？太神奇了。我们的文化既是历时性的，又是共时性的。说到"一锅煮"，我就想到了"鼎"。"鼎"本是三条腿的大锅，煮东西吃的，但它却成了中国最重要的礼器，成了国家和王权的象征。任何骨头到了"鼎"里面，都可以融化成汤。在这个煮的过程中，原本清洁的文化，也会不断产生新的变异，变腥，变膻；同时，本来腥膻的东西，在煮的过程中，也会产生新的变异，有些香喷喷的。林语堂悼念鲁迅，说鲁迅有一副大心肠，狗头煮熟，饮酒烂醉，鲁迅乃独坐灯下而兴叹。面对这样一种文化现实，文人更多的时候似乎也只能是兴叹。

具体到孔繁花，我想说，仅仅把她当成一般的村干部，她还是好干部呢，有责任心，不贪污，还很想为百姓谋福利。但这样的人，一旦进入小说，人们就会对她有许多不满，或者说反感。说到底，这种不满和反感，正是对一种文化现实的正常反应，而这正是我想要的修辞效果之一。

魏天真：这应该也是文学的价值所在吧。最近在《读书》上读到批评家称《石榴树上结樱桃》有"轻喜剧风格"，我以为要说有这种特点的话，并非这一部，您其他小说在形式上都有这种特征。比如"颠倒话"，可以说您历来的作品，基本上都具有某种"颠倒话"的含蕴，只不过那些小说里没有出现民谣和儿歌罢了。我想，对于人性的乖悖、现实的荒诞的体认，一直在左右您的写作。您怎么理解真实/真相和荒谬/荒诞的关联？

李洱：你说的是南帆先生的那篇评论吧？南帆其实是对我有所批评的，我觉得他的批评有他的道理。他以前也写过我的评论，对我的小说比较熟悉。他所说的"轻喜剧风格"，其实也不单是指这部小说。他其实希望我能在小说中表达出一种沉痛感。

我在前面说过，很多60年代生人的世界观，从骨子里就是非二元论的，也就是说，这是非自觉的。至于我本人，除了这种非自觉，还有一种自觉，那就是自觉地反对二元论。我的很多小说，习惯于表达一种悖谬性的经验。但我不认为，这种悖谬性的经验，仅仅是对事物的荒诞性的体认。真理的对立面也可能是真理，与真理的对立面一定是谬误，对这样两种看法，我认为前者更有积极的意义。当然，我能够意识到，对这种悖谬性经验的呈现，容易给人以虚无之感。但虚无也有积极的意义。虚无，如果没有这个虚无的体验，人的存在意义可能就在于穿透这种虚无，这才是一种真正的存在的勇气。

我无法准确说出真实/真相和荒谬/荒诞的关联，首先我无法准确界定它们每个词的含义。还是让我试着说出我的感受。从写作角度说，我关心的是真实，我倾向于认为，真实是在修辞学的意义上成立的。但是，修辞学上的真实却可能更接近真相。这话说得好像有问题，那就让我再试着举个例子，把小说写作与新闻写作比较一下。新闻写作号称讲述的是真相，但是，正如我们已经知道的，很多时候，它是把一个个真相叠加在一起，最后形成一个谎言。而小说写作，它的人物、情节是虚构的，但最后创造出来的却是一个真实，符合历史的真相。有一个好玩的说法，说的是历史除了人名是真的，别的都是假的；小说呢，除了人名是假的，别的都是真的。所以，如果没有修辞学意义上的真实，所谓的真相其实无法指认。我还想说，这甚至是小说叙事直到今天还得以存在的一个重要理由，即小说通过虚构的方式，使得我们得以倾听到世界的心跳，真实的心跳。

魏天真：你说的南帆先生以前的评论，是不是《小说与历史的紧张》？这篇文章我还记得。也许是我执著于文学的价值和意义，认为形式或技术特别是小说的叙事技术，只是作家自我实现的副产品，通过使小说的意蕴更丰厚，使小说的意旨实现更充分，使人物更真实（应该说具有应有的复杂性）而获得价值。所以对南帆先生文章中的一些观点，例如《花腔》的叙事方式质疑了历史大叙事的合法性，拆解了历史得以形成的作坊，等等，这些涉及价值判断的阐述我是由衷信服；对另一些阐述比如《花腔》为什么是一部小说、它是怎么虚构的等等技术和形式方面的断言，则兴趣不大。《花腔》使我震惊，完全不是因为它的叙事的技巧，它让我联想到《一九八四》，它们表述的同一个主题是"个人"是怎么被消灭的。叙事方式则完全不同，甚至可以说一个正好是另一个的"翻转"。比如说，《一九八四》是预言式的纯虚构，《花腔》则是回顾式的仿历史；一个是情节单纯、线形走向终局，另一个从结局开始，情节线索经纬万端，但这些形式的差异并不重要，重要的差异是在这样的地方：一个主人公（温斯顿）曾经是一个顽强的个人并誓死坚守信念，但他吃枪子时已经彻底驯化，他的"个人"先于肉体死亡了，另一个主人公他的"个人"如此柔弱，在历史和群体中不堪一击，但在身体被干掉时，他的个人得到实现，等等。对读者来说，除了唤起我们对见惯不惊的事件的警惕，小说的叙事技术还有什么其他的意义？

李洱：其实，你的问话里面已经包含着答案了，这就是你说的小说的叙事技术，使得小说的意蕴更丰厚，使小说的意旨实现更充分，使人物更真实。小说的技术变革一直在进行，不是说作家一定要变，而是因为，当他对世界的体认发生变化的时候，他必须找到一种形式，把这种体认表达出来。借用庄子的话说，小说就是一种"卮言"，所谓酒杯里的水，要不断地随物赋形。

小说叙事技术的变革，必然带来形式的陌生化，并可以此唤起读者对于习以为常的事物的警觉。这样一种"警觉"，说明对话关系已经建立起来了。在我看来，小说的叙事技术，之所以要不断变革，就是因为小说必须建立与世界的对话关系。比如说，因为传媒的空前发达，小说的部分功能有可能已经被传媒代替了，那么这个时候，小说就必须找到一种新的表现方式，一种新的技术手段，来重建或者说激活它与世界的联系。一个小说家，如果他足够敏感，并且有必要的勇气，那么，他就会去关注小说叙事与历史和现实之间的对应关系，并尽力呈现出这种对应关系。也正是因为这个原因，每当我听到有人说，"怎么写"问题已经解决了，我就满怀疑虑。"怎么写"的问题永远也解决不了。它不只是先锋作家的问题，它是有责任感的作家都会面临的问题，而且是永远都会面临的问题。

魏天真：所谓一枚硬币的两面，只要有"写什么"，就有"怎么写"的问题。就"怎么写"而言，我感觉也有某种乖悖的特征体现在您的创作之中，比如，您小说的语言，包括人物的语言大多显得嬉皮、滑稽，但从故事中，从对人物言行的描写中可以想见作者写作时的激愤和绝望的情绪；在许多十分放诞的、自我的表达方式里，却能读出对人的体谅和同情来；与此对照的是许多反映或者号称反映民生疾苦的东西，常常透着股狎亵的气息，好像写出来的东西只是为了满足自我——这是我过去的一年受命研究"性描写"得到的感受。您是否意识到自己处于玩世不恭和忧世伤生、虚无和理想主义的矛盾纠葛之中？

李洱：我们不得不承认，历史以及个人生活，在我们的经验当中正在发生一种转变。我在小说《午后的诗学》当中，曾经就此发过一段议论。这个转变就是从悲剧向喜剧的转变。有很多让人感到崇高的事物，往往突然显得滑稽可笑，变得荒唐嬉皮。为什么会有这种转变？因为那些"伟大的"、"崇高的"事物，在现在看来，它与历史和现实的联系所带来的却往往是一种悲剧性的结果，而且颇具压迫性。有些"伟大的痛苦"其实很苍白，很空洞。这当中，有很多经验，需要我们一一细加辨认，它是历史带给我们的深刻教训之一。需要说明的是，至少在我看来，作家的同情心并没有丝毫减弱，作家对崇高事物的向往也没有丝毫减弱，他只是多了一份怀疑，多了一份清醒，多了一份对悖谬经验的体认，小说因此不再仅仅是情感的倾诉，不再仅仅是喊叫。小说应该直面这种转变，在文本中呈现出这种转变。

说到我自己，我确实处于矛盾纠葛之中，似乎有些无可救药。我不愿意执其一端，也无法做到执其一端。对一些反映民生疾苦的作品，我还是很尊重的。当然，其中有很多假货，一些成名作家的作品掺杂其中。袁宏道有一句诗，很损，却不无道理，叫做"自从李杜得诗名，忧君爱国成儿戏"。

魏天真：如果有人说您《花腔》以前的大多数作品中，有"掉书袋"的嫌疑，您怎么想？到《花腔》，则变过去的"掉书袋"为对"掉书袋"的戏仿，您认为有此一转变吗？

李洱：《午后的诗学》曾遇到过"掉书袋"的指责。我还是想说明一点，掉书袋也好，不掉书袋也好，都是为了塑造人物，都是为了表达作者的感受。诗人们在一起说话，外人很难听懂，不要说一般的外人，我想很多小说家都不知道他们在一起嘀咕什么。他们说的话，像暗语，像土匪黑话。批评家们在一起说话，外人也听不懂，诗人听不懂，小说家听不懂，也是黑话。你刚才有些问话，有些概念，我就没有听明白。现在，如果要去写诗人的生活，不来上几句他们的黑话，那就是不真实。所以，那种"掉书袋"就类似于插进了几句黑话。不过，在小说中，我通常会对那些黑话做一些解释，免得一般读者看不懂。《石榴树上结樱桃》就不存在这个问题,因为写的是农民,不需要"掉书袋"了,"掉"了,反而假了。当然,"掉书袋"对我来说,还有一个目的,就是增加小说的互文性,使小说站在话语的交汇点上,与多种知识展开对话。在我看来,这也是激活小说与世界的对话关系的一种手段。

说到《花腔》的"掉书袋",我想它不是为了"戏仿"而"戏仿"。如果说是"戏仿",那也只是对历史学的戏仿,它是为了能够一本正经地书写葛任的历史。

魏天真:很不好意思!前面我的有些话也可能让你听不明白,一是由于我没有说清楚,二是我可能不恰当地使用了"概念",其实那还不是"不清楚"的缘故。想不清楚说不清楚了就搬概念、术语,是不少批评家都有的毛病。我还算不上批评家呢,如果不特别用心的话,这样的毛病自然会更多。我很认同你说的都是为了塑造人物,我关心的是另一个问题,来自你较早以前的小说的两个细节。它们给我留下很深很深的印象,一是《暗哑的声音》中的孙良对情人说一直没有写东西,因为他觉得写的每一句话别人都早就说过了;另一处是《葬礼》中的华林教授,在火车上写安慰他情人的卡片,把两段分别出自某两位大师之手的文字拼在一起,读起来却天衣无缝又感人至深,华林为此得意不已。我猜测,你对孙良可能有同感,对华林虽带嘲讽却是出于同一理由。作为一个写作者,无论是小说家、诗人、批评家,当然是读得越多越好,可是,广泛深入的阅读是否也带来绝望呢?——面对如此众多的大师、经典,不由人不觉得什么样的表达都是在重复,怎么讲故事都会落入"窠臼",任何创新的举动都踩着别人的脚步?

李洱:您问得好!孙良和华林,这两个人经常在我的小说中出现。这本身就能说明一些问题,比如,说明我在很多时候与他们感同身受。不过,我得赶紧强调一点,我可没有他们那样的艳遇。

有时候确实会感到绝望。世界上已经有了那么多的书,多你一本,少你一本,都可忽略不计。我想,这不仅小说家的感受,这可能是所有从事人文学科的人都会有的感受。索尔·贝娄曾经无可奈何地表示,在这个时代,写作者将被抛到脑后,在世界末日来临之际,人文学科的意义就是应召为地下墓穴张贴壁纸。够悲观的吧?开句玩笑,我想对中国学者来说,这种感受可能更强烈,至少要比小说家强烈,因为说到底,小说家的写作,更多的还是从感性出发的。

可能是每个人的兴趣不一样,我本人反而喜欢那种广泛阅读后的写作。或者说,我喜欢在你所说的"绝望"当中写作。没错,写作需要想象力,但并不是所有的想象力都值得信任和尊重,对生活来说如此,对写作来说也是如此。我们通常所说的想象力,更多的与天赋有关,但我所信任和尊重的那种想象力,却更多的与我们的历史有关,与学识有关,与作家严格的自我训练有关。我很想称它为第二种想象力。这样的一种想象力,可能更为弘毅、坚韧,并充满着对话精神。从这个意义上说,我反而认为,我看的书还很不够。

写作的理由、道理太多了,讲不完的。世上已有的婚姻,成功的也好,失败的也好,都不妨碍我们自己走进婚姻殿堂,而且代代如此。虽然结婚与写作不同,但是拿来打个比方还是可以:结婚的理由有多么复杂,写作的理由就有多么复杂,结婚的道理有多么简单,写作的道理就有多么简单。对人来说,婚姻就是命运。对作家来说,写作就是命运。

魏天真:是的,就我个人而言,这种绝望伴随着我朝着成为学者的方向努力。还是用一个老套的问题来结束这一次的对话吧,能否谈谈您接下来要写的或正在写的?

李洱:我原来计划,除了中短篇小说,这辈子只写三部长篇,一部关于历史的,一部关于现实的,还有一部关于未来的。《花腔》是计划中的第一部,《石榴树上结樱桃》是在准备第二部长篇时,临时插进去的。我现在正在写的,是原计划中的第二部,也就是关于现实的一部小说。内容比较复杂,篇幅也比较长,大概要写三十万字,几句话讲不清楚,何时能够写完也不知道。计划中的这三部长篇,其实贯穿着我的一个想法:历史既是现实,也是未来。这句话倒过来说也行:未来既是历史,也是现实。当然还有第三种说法:现实既是历史,也是未来。

原载《小说评论》2006 年第 4 期

"乡村中国"是中国文化的根基
——对话著名作家莫言、李洱

刘 洋

4月16日至18日,一年一度的伦敦书展在英国伦敦爵宫展览中心举行。中国是2012年伦敦书展主宾国,英国今年邀请了该书展史上规模最大的中国作家代表团赴英参与书展中国项目的讲座活动及其他相关活动。本报约请刚自伦敦书展回国的著名作家莫言、李洱作了以下访谈,话题从"乡村中国"开始。

《绿海副刊》:近年来中国乡村的变化在当代中国作家笔下得到了怎样的体现?作家在城市长期生活的客观事实将对乡村题材作品的创作产生怎样的影响?

莫言:我的家乡在山东高密,曾经那里遍地都是红高粱,但是某年毕飞宇去找寻红高粱时,看到的却是遍地玉米,于是写出了成名作《玉米》。如果没有高密,就没有毕飞宇的小说,这部小说也为他赢得了很多女性读者。

我如今已经在北京生活了近30年,但只要提笔还是要写20世纪90年代前的乡村生活。过去我总以为能钻到农民心里去,现在回家长住后,又觉得自己的许多想法是肤浅的。

李洱:关注乡村变化的作品还是很多的。前段时间,我看到了宁夏作家郭文斌的《农历》,我觉得是一部很优秀的小说,只是没有受到太多的关注,很可惜。贾平凹的《古炉》大家关注很多,作者是名人,又获了奖嘛。河南有个作家叫李佩甫,他一直在写城乡变化,最近出了一本书叫《生命册》。这次在伦敦,有个英国记者让我说出一个小说中的农民形象,我说的就是李佩甫《羊的门》中的呼天成。我提到的这几个作家都有乡村背景,但现在都生活在城市。离乡村生活远了,你对乡村的变化当然会有些隔膜。但这也有好处,就是容易拉开距离看问题,有时候看得可能更清楚一些。

《绿海副刊》:您如何看待乡村近年来发生的改变?

莫言:去年下半年,我回到高密住了7个月的时间,与89岁的父亲过中秋节时,来看我的文化局干部说的第一句话是"感谢共产党",与我侄子对事物的看法就有差别,两代人的看法差异是因为各种经历的不同。现在农村大部分年轻人都离家打工,种地都是老年人做的事。回到家看到姐姐一个人开拖拉机到处跑,我觉得很不可思议。这些变化中存在很大希望,但也有隐患,比如十年、二十年之后,谁来种地。

李洱:乡村的变化,超出了人的想象力和智力。我每次回到乡村,都感到极度陌生,甚至很难找到家门口。我怀疑,连狗也找不到家了。全球化进程,中国的城市化进程,给传统的中国乡村带来了根本性的变化。我个人认为,这种变化超出了当年土改时的变化。礼失求诸野,中国文化的根基在乡村。但现在,这个根基已经被连根拔起,处于风雨飘摇之中。我当然知道这种变化有其好的一面,人们比以前自由了,能吃饱了,甚至都已经需要减肥了,但我还是忧心忡忡。中国特殊的资源和人口状况,决定了乡村不能够走城市化的道路。乡村的城市化,总有一天会给乡村带来灭顶之灾。中国有一句俗话,一个人不管三辈子的事。也就是说,第三代以后的事,我是不管的。这种习惯性思维,使得人们只顾眼前。谁也不知道下一步会怎么样。我相信,东西方的哲人对这种状况都无法应对,因为我们以前的哲学所面对的从来都是吃不饱的问题,而不是吃饱之后怎么办的问题。可是,当你对这种变化的某些方面表示怀疑的时候,你还必须注意另一个事实,那就是,尽管如此,城乡的差距仍然在拉大。这使你在表达自己对乡村变化的忧虑的时候,显得极度无力,极度地缺乏理论的合法性。

《绿海副刊》:城市化步伐的日益加快让更多中国人进入城市生活的时代,您认为城市生活与乡村生活哪种才是文学里最值得关注的生活状态?

李洱:他们当然都是文学需要关注的对象。只要你不是住在月亮上,你都应该关心中国的乡村生活。住在月亮上就可以不关心了吗?如果是,那么你说的那个月亮,肯定不是中国的月亮。

《绿海副刊》:您如何看待"当代中国文坛产生不了大师"这种说法?

李洱:如果别的语种有大师,那么用汉语写作的人也有大师。就看你如何看待大师了。现在的大师,肯定与托尔斯泰、鲁迅那样的大师不一样了。现在的大师,有可能只是小说大师、诗歌大师,而不是托尔斯泰那样的大师。但另一个问题是,即便是托尔斯泰再世,鲁迅再世,我们也常常认不出来他们是大师。

《绿海副刊》:您认为"大师"应当具备怎样的素质?

李洱:既植根于已有的文化传统、叙事传统,又开辟了一个新的文化空间和叙事空间的人,就是大师。

《绿海副刊》:如果请您作关于"当代中国大师"的演讲,您会向英国及世界推荐哪些中国大师呢?

李洱:我的演讲常常是即兴式的,到了台上想起谁是谁。我想起的第一个人是史铁生,毫无疑问他是大师,他打开了汉语叙事的一个新空间。但英国人知道中国出了个史铁生吗?知道史铁生进行过艰苦卓绝的叙事实验和精神探索吗?我相信没有几个人知道。就是所有的中国作家都向世界推荐此人,世界上也不会有几个人对史铁生先生感兴趣。要知道,英国读者也只是在最近两三年,才知道中国曾经出现过一个名叫鲁迅的作家。

《绿海副刊》:安妮宝贝是近几年屡创畅销佳绩的作家,您是否关注过她的作品?

李洱:我与安妮宝贝是很好的朋友,她是我很尊重的作家。我从来没有把她看成是一个畅销书作家。她的书畅销与否,不会影响我对她的判断。她的新作《春宴》是一部深思熟虑的作品,是一部深入开掘人物内心生活的作品。我也很喜欢她的小说《彼岸花》。她是一个非常可贵的写作者。安妮,可以这么说,她一直在一条幽暗隧道中默默前行,捕捉着那缝隙中稍纵即逝的微光。她的作品与这个社会保持了距离,当下的纷扰没有影响到她,她内心是有坚持的,这很难得。在生活里,她待人非常温和,但是言谈之间不乏"硬气",是一个出色的女人。

《绿海副刊》:您觉得80后作家的作品缺陷在哪?作为一个文学现象,他们是否可以被纳入文学史?

莫言:评论界有权威地位的人大都年纪比较大,这一代评论家对80后创作认知的理解有问题,我也是这样,我读80后的作品,觉得该痛苦的地方不痛苦,不该痛苦的地方他们哭天抢地。也许这也影响了对作品真正艺术价值的客观评价。但目前80后作家没有写出可以打动不同年龄读者的作品,希望他们能从小圈子里突破,开阔视野,获得宽阔视角。

李洱:再过10年,"80后作家"这个概念就消失了。这一代作家肯定会被纳入文学史的。这一代作家中,肯定有写得好的作家。不过,写得好的作家与写得不好的作家,都可以进入文学史。从来没有人规定,文学史是由写得好的作家构成的。现在的文学批评,也不仅仅关心写得好的。哪个人写得不好,或者说哪个写得好的作家突然写出来了一部失败的作品,可能更会引起批评家的兴趣,从而进入文学史。

《绿海副刊》:80后作家代表韩寒日前身陷"代笔门"引发诸多探讨,作为作家,您怎样看待这一现象?

李洱:我不知道真相,所以无话可说。套句俗话,真相或许有大白于天下的那一天?如果真有那么一天,到时我将乐于回答这个问题。

《绿海副刊》:中国是今年伦敦书展的主宾国,您认为中国作家如何才能更好地走向世界?

李洱:作家写作,肯定不是为了走向你所说的那个西方世界。一个称职的作家,他的写作,首先是为了走向自己的内心生活,并且在反省的意义上忠实地表达自己的内心生活。至于这部作品能不能走向那个世界,它真的不是作家要考虑的问题。在我看来,它也不应该是作家在写作的时候要考虑的问题。

原载正义网《检察日报》

http://newspaper.jcrb.com/html/2012-04/27/content-97985.htm

河南人李洱

朱 竞

石榴树上结樱桃？这是不可能的事！但作家李洱硬是把它们结在了一起，而且还结到德国。李洱在柏林换坐地铁的时候，顺便拐进了一家书店。书店门口贴了一张宣传单，上面有一幅很大的照片，从面相上看是中国人，很熟悉，也很陌生。李洱好奇地走近一看，原来是自己。这就是《石榴树上结樱桃》在德国的热卖宣传。

《石榴树上结樱桃》是李洱新出版的长篇小说，这次他把笔伸向了神秘的乡村权力场，描写了在权力的诱惑面前人们的自尊、良知受到的考验，反映了权力对这片净土的侵蚀，小说刻画的人物似乎离我们很远，又似乎离我们很近。同时李洱用他看似随意、诙谐，实则精细的语言将每一个细节放大，在琐屑的叙述中凸显出当代乡村居民的真实状态。

写乡村及权力，大家认为不是李洱的强项，他自己也坦率地说："小时候在农村，我跟农民们的交往不是非常多。但是很多邻居、亲戚会经常来串门，所以我非常了解他们的日常生活和精神状态。我至今仍然和他们保持着交往。"李洱与同为河南作家的刘震云、阎连科、周大新、李佩甫等不同，他们写乡土是往非常沉重的地方走，很痛苦，但李洱认为实际上农民是很乐观的。他说："他们有一个沉重的痛苦的背景，但他们也有喜悦和快乐，能够通过反讽从沉重、痛苦中瞬间解脱出来。他们通过戏谑和自我反讽来减轻自己的重负。如果没有这一面，沉重和痛苦会把他们彻底打垮。"

当我面对面与李洱对话时，很难把严肃而深刻的问题与他那诡辩的样子结合起来对待。人们都常说河南人聪明，而李洱这个河南人简直是太聪明了。李洱能说善辩，就连讲黄段子，他都比别人讲得生动有趣。他的语言表述能力极强。自从李洱出版了长篇小说《花腔》后，朋友们私底下叫他"李花腔"，朋友间在私下常拿作家们的代表作当话题开玩笑，比如跟池莉叫池麦娘（《看麦娘》）、跟张者叫"张桃李"（《桃李》）等等。

戴眼镜的李洱，他总会先笑着与你打招呼，这让你看不清楚镜片后边那双小眼睛。他的笑中充满着"坏意"，让你不知道他又要讲出什么让人大笑的话来。李洱个子不算高，有些瘦，但声音却浑厚而洪亮。李夫人小周是教美声唱法的大学教授，她的声音真是太美丽了。想必李洱的声音也是受过声乐训练的。李洱在讲故事方面简直就是个天才,若在旧社会,李洱走街串巷在民间说书,肯定能混上饱饭吃。他还有学说各地方言的本领,学谁像谁。

记得有一次聚会,李洱、阎连科、张方、梁鸿等几位朋友,来到柏拉图咖啡馆小坐,大家天南海北地聊天,我注意到李洱不太说话,显得很憔悴,没有了往日见面时的那种幽雅和诙谐。后来他说,母亲生病住院,爱人马上又要临产,他整天往返于医院,心力交瘁,感受到人到中年的种种压力。这种压力更多的是来自内心。我想,李洱的这种压力,是我们每一个人都有的,但又很难消除。

过了一段时间,接到李洱的短信,爱人顺利生产,得了一个大儿子。40岁得子,是值得庆贺。自从李洱当了爹以后,他说一定要有爹样,不能让儿子瞧不起咱,要好好当爹,给儿子做出榜样。

听他这话,大家笑得不行。

原载朱竞的博客 http://blog.sina.com.cn/zj000 · 学者印象

李洱的光芒

张　宇

　　去年 10 月 23 日,访问中国的德国总理默克尔向中国总理温家宝赠送了一本中国作家作品的德文版,第二天又请这位作家面谈。是什么样的作家和作品受到如此特别隆重的待遇呢?就是河南作家李洱和他创作的长篇小说《石榴树上结樱桃》。

　　也许在我们河南省内,许多人还不太了解李洱。李洱在省内的知名度没有省外高。省内媒体报道作家们时,常常会把李洱排列在一长串作家的后边。因为按照传统习惯的认知待遇,文化人的社会地位要对应于官场的级别,虽然不是实职,也要相当于那个级别。这种传统的认知方法虽然过于简单,却很容易掌握和使用。李洱不是处级更不是厅局级干部,也就大不起来。在我们这里,这是很自然的事情。但是,外国人头脑简单,不懂得中国文化的复杂性,他们看作家很单纯,只看他的作品。于是,李洱就在德国的阅读界产生了广泛的影响。

　　还有,最近的韩国文学界,也出现了李洱热。先是李洱的长篇小说《花腔》在韩国出版以后,产生了很大的影响。再就是《石榴树上结樱桃》跟着出版,这就在我们的邻居韩国掀起了中国作家李洱的风浪。不只是书卖得好,李洱得的稿费也特别多,甚至于韩国的几个著名批评家,也都开始研究李洱的小说艺术。朴明爱写下长长的论文《"花腔"的魅力》,还"兼谈李洱小说的叙事观念",对《花腔》进行了深入细致的分析和研究,称《花腔》是"口述者的美学",称李洱是当代杰出的作家。朴宰雨的论文《先锋性的探索》,还兼谈"超俗不凡的智略型作家李洱",对李洱的《石榴树上结樱桃》进行了高度评价,认为李洱是中国当代作家的优秀代表。还有很多……

　　这就让人心里不舒服。同样是一个作家,和李洱相比,咱的差距咋就这么远呢?咱的写作哪儿出了毛病?

　　转念再想,又非常高兴。毕竟是河南作家,为我们河南的文学界甚至为我们河南人,在海外挣得了脸面,又挣来了外汇。可以说是精神文明物质文明双丰收,说到底是好事情啊。

　　俗话说活到老学到老。于是我就往细处想,连外国人都要向李洱学习了,原来榜样就在身边,学习起来还是方便得多。那么向李洱具体学习一些什么呢?

经过认真研究李洱的作品,不断回忆和李洱同志相处的那些岁月的片断,就对李洱总结出两大特点:一是为人朴实;二是长于思考。对了,长于思考是他最大的特点。李洱经常低声地悄悄地教导我们说,对许多问题反复进行追问和思考,就会产生属于你自己的不同见解……

终于想明白了。作家要有自己的见解和风格啊。

那就认真向李洱学习吧。万一有所长进,那该多么好啊!

原载《大河报》2009 年 10 月 20 日

李洱:作家嘴里开花腔

吴虹飞

李洱的名字真正广为人知是在 2008 年年底。媒体报道称德国总理默克尔将德文版《石榴树上结樱桃》送给中国总理温家宝,并点名要与李洱对谈。

一个月后李洱与吴思、蔡定剑一起见到了默克尔,当时她刚结束与胡锦涛的会面。默克尔发现自己的裤子上有些灰尘,不停地去掸。"那些灰尘是哪儿来的呢?是从天上掉下来的吗?她皱着眉头想了一会儿,好像没想起来。"

其实早在 2007 年访华时,默克尔就希望见见他,但李洱在河南看护母亲,未能回到北京。得知李洱的母亲过世了,默克尔称她为"伟大的母亲"。

德国媒体对李洱评价颇高。但这位作品(《石榴树上结樱桃》)被《普鲁士报》认为"配得上它所获得的一切荣誉"的小说家接受国内媒体专访的次数屈指可数。

他自称不善于说话。"很多人能把废话说得极漂亮,舌头像蛇信子一样吞吐不息。全是废话,但很有节奏,我真是佩服。"但他很可能是最聪明、最会讲笑话的作家之一。他纵横捭阖,收放自如,感到惊讶时,喊一声"乖乖"。他既诚挚又狡黠,既严肃又八卦,既得体又放松。

没有人回信的祖父和父亲

李洱有个"家族徽记":密密的抬头纹。"小时候看我爷爷的额头,皱纹非常非常深;现在我儿子一岁多就有!我们家是一代不如一代啊!"他半开玩笑地说。

他祖父弟兄三人,当年一同投奔延安。大哥老死在那里,二哥进城之后屡获升迁,长期任军方要职。他爷爷原是延安的马列教员,后因家事返乡,在随后的年月里备受折磨。因处境不同,兄弟三人长期不通音讯。唐山大地震时他祖父给远在北京的二哥写信,问他是否平安。此后,他掐算着日子,想着几天之后可以收到回信。信如石沉大海,但祖父的等待却被孙子记住。后来李洱读到马尔克斯的小说《没有人回信的上校》时,眼前出现的不是那个流亡异乡的哥伦比亚老头,而是缄默的祖父。

李洱第一次投稿是在八九岁时,当然,投的不是自己的稿子。

当年他的父亲考上了新乡师专,此后在济源的中学教书。上世纪 80 年代,他就把《百年孤独》看得津津有味,私下里也一直在写小说。其中一篇写的是农民买化肥的故事,八九岁的李洱看完父亲的小说,碰巧手里有几分零钱,就瞒着父亲把小说寄了出去,信封上写着:《光明日报》收。但他忘记在信封上留下家里的地址了。后来他父亲翻箱倒柜找自己的小说,李洱每次都吓得要死。最近他才向父亲坦白了:稿子是被我偷偷寄走了。

过了许多年,李洱终于见到了曾身居高位的二爷爷,他既没提到那封信,也没问到他弟弟的死,只是反复教育李洱一定要树立共产主义的远大理想。又过了几年,李洱突然接到他的电话。问李洱是不是他的孙子,是不是写过一部小说叫《花腔》,他想看看,能不能给他寄一本。李洱立刻就想起了祖父寄信的往事。他没有当面回绝已经 90 多岁的老人,他说:"好吧,回去就寄。"但他终究没有寄。

给了"优"又要回去的道理

1983 年,李洱考入华东师范大学,那里曾经有"全国最好的中文系"。"80 年代前期,中文系里人人都是诗人和小说家。当时文史楼有个通宵教室,一到晚上就坐满了,写小说呢,为赋新词强说愁。这种气氛下,就是傻瓜也会写。"

"对我来说,80 年代是文化的童年;对文学来说,那是它的青春期;对时代来说,那仿佛是新婚之后最忙乱的时期。"

最初的小说创作跟博尔赫斯有关,此后师承的名单不断拉长:马尔克斯、昆德拉、卡夫卡、哈维尔、索尔·贝娄……"博尔赫斯,当时大家都叫他豪·路·博尔赫斯!全称,以示尊重。当时华东师大就有一个博尔赫斯,格非嘛。当然,格非的视力是 1.5。"

当时李洱跟格非来往很多。格非比他高两届,李洱写毕业论文时,格非还是助教,没资格指导论文,李洱逼着他当了自己的指导老师。

结果李洱的论文评了个"优"。但那一次,得"优"的学生太多了,教导处说,要去掉一个。格非只好来找李洱,说:"我只是个助教,就把你的'优'去掉吧。"李洱急了:"你不给'优'就罢了,哪有给了又要回去的道理?"

李洱早期的小说,格非大都看过。"他提意见的时候很委婉,不直接说我的小说,说的都是大师的作品:霍桑有个细节是这么写的,海明威有句话是那么写的。"

也正是格非，陪着李洱把他的第一篇小说送到了《收获》杂志社。

"那是一个文学的年代，文学是一种思想资源。奇怪的是，当时的小说其实是没人看的，包括后来的先锋小说。要到很多年后，通过商业炒作才被接受。"李洱记得有一次王蒙的新书征订，结果只订了37本。

中国乡村已经卷入全球化了

想了七八年，又写了三年，到2001年，李洱以复杂而自如的叙事技法，完成了长篇小说《花腔》。

德文翻译夏黛丽看到了《花腔》。因为没找到出版社，她决定自己买下德文版权。由于牵涉太多的中国现代历史和传统文史知识，《花腔》的翻译非常艰难。这时，李洱出版了《石榴树上结樱桃》，夏黛丽决定先翻译这本书。

《石榴树上结樱桃》2004年在国内出版，销量固然还不坏，但李洱之名基本只出现在各种文学会议的演讲稿上。当时夏黛丽四处寻访李洱，一位中国作家说：我向你保证，中国没有这个作家。

2007年4月，《石榴树上结樱桃》由德国最著名的出版社之一——DTV出版社出版。至今，德文版已经卖出了1万本。

有次在柏林换坐地铁时，李洱看到一家书店门口贴着一张很大的海报，上面的人面相是中国人，看起来既熟悉又陌生。他凑近一看，发现那是他自己。

德国出版社为他办了系列朗诵会。所有李洱认为中国读者会笑、会有表情的地方，德国人都有对应表情。"那天下着雨，各地来了很多学者、教授，他们全都看完了《石榴树上结樱桃》，讨论到很晚很晚，我嗓子都哑了。"

李洱不知道这本书在德国为何如此受欢迎，从翻译那里得到的解释是："他们非常惊讶中国乡村已经深深卷入全球化进程了。"现在《石榴树上结樱桃》已经拍成了电影，但除了拿版权费，剩下的事李洱一概不参与。

写《石榴树上结樱桃》，李洱并没有"深入农村、体验生活"。不懂的时候，他就打电话给在河南的父亲，屋顶上那个东西叫什么？

有人调侃，这本书里的农民至少是上过中专的。有人猜度，这与李洱的农民出身有关：他1966年生于河南济源的一个村子里，这个村曾经非常有名，唐朝时韩愈、白居易都来过这里，并留下了大量诗作——有李洱老家马桶边的一本诗集为证。

农民的生存智慧不得了

《南方人物周刊》：《石榴树上结樱桃》里的繁花和小红都挺可爱、好笑,你认为可以用善恶来评判这些人吗?

李洱：我关心人物的性格,要多于关心人物的道德。这可能是小说家的职业病。我内心有善恶标准,但不会要求读者认同我的标准。有些朋友开玩笑,说你写的农民不像农民,起码是从中专出来的。哈,小看农民喽。农民的生存智慧不得了。一个自作聪明的知识分子跟农民打交道,农民能把你卖了。不是经常有报道吗?哪个女大学生被农民卖到了什么地方,洞房花烛夜才明白过来,摸过来的,原来不是"同桌的你"。

《南方人物周刊》：你怎么看待作家的道德感?

李洱：从专业角度讲,准确是作家的唯一美德。

《南方人物周刊》：书里那些"颠倒话"是你自己编的还是听来的?

李洱："颠倒话,话颠倒,石榴树上结樱桃;东西大路南北走,出门碰见人咬狗。"民间流传很广。前面两句是很有趣的矛盾修辞。不过,小说中大部分颠倒话是我顺口编出来的。有一天竟写了几百行,写得口干舌燥、扁桃体发炎。但最后用到小说里的只是一小部分。

《南方人物周刊》：中国有许多乡土文学,你觉得你写的是不是真正的乡土中国?

李洱：不能说我写的就是真正的乡土中国,只能说我写出了我的乡土经验。什么是经验?经验就是活泼的印象。如果现在还有人去写沈从文式的乡土小说,要么是傻瓜,要么是装傻。应该学的是沈从文处理经验的方法,而不是照搬他的写法。另一方面,我也不喜欢通过写作来诉自己的苦。有些作家,不把人写哭绝不罢休,然后就到处签名售书,胳膊肘都快磨破了,要影响他打高尔夫球了。他的苦其实是高尔夫球没有打好的那种苦,那种苦当然也很真实很活泼,但如果非要通过写农民来表达自己的这种苦,我就要把书放下了。我知道有很多人喜欢这种写法,莫非他们平时也打高尔夫?

《南方人物周刊》：《石榴树上结樱桃》德文版出版后,当地书店为你举办作品朗诵会,在中国你没享受过这种待遇吧?

李洱：巴金百岁诞辰时,《收获》就举办过朗诵会,请一些作者朗诵自己的作品。我觉得这种形式很好,就跟买花篮买蛋糕一样好。当时我朗诵的是《喑哑的声音》,一篇写通奸的小说,别人也没觉得有什么不妥。开个玩笑,作者朗诵还有可能对播音美学产生影响。让贾平凹去朗诵《秦腔》,肯定比罗京有意思。

在德国我朗诵过几次。有个在法斯宾德的电影里演女主角的演员,她朗诵德文,我朗诵中文。她不懂中文,但她说听我的朗诵有助于她理解作品。

《南方人物周刊》:德文版在德国引起很大反响,法文版呢?

李洱:法文版的翻译和出版很有意思。一个译者本来快翻完了,最后却放弃了。他是"文革"时在复旦学的汉语,无法忍受小说中对"文革"的议论和描写。可出版合同已经签了,眼看就到期了,怎么办?那边只好征求我的意见,说如果我想打官司,他们也没办法;如果我不打官司,他们就多赔一点违约金。还是这个好,我也没有时间打什么官司。最主要的是,我对那个译者突然尊重起来了。他为了他的文化立场,可以放弃经济利益。这样的人难道不值得我尊重吗?我就跟法国出版社讲,我很想认识这个翻译家,想请他吃顿饭,跟他交流交流。我告诉他们我不是开玩笑,他们不信。

有人老觉得自己过的不是生活

《南方人物周刊》:小说中的人物跟你是什么关系?

李洱:我作品中的人物都不是很坏,所以我这个人也不是很坏;他们分裂得不是很厉害,所以我分裂得也不是很厉害。所有写丑恶的作家,思想都有丑恶的部分。人写黑暗是以自己内心的黑暗为依据的,黑暗不到那一步,就写不出那一步。

《南方人物周刊》:你怎么体验生活?

李洱:今天下午有人给我打电话,说某个出版公司跟电视台合作,邀请一批作家跟普通人一起生活,然后写出这个普通人的传记,电视台再拍成电视片。他问我有没有兴趣,我说没兴趣。我每天都跟自己、跟朋友在一起,过普通人的生活。有人老觉得自己过的不算是生活,非要"体验生活"。

《南方人物周刊》:你平时是怎么写作的?

李洱:我一天写七八个小时,最后能留下一千字就谢天谢地了。各有各的习惯,所谓"猫钻猫洞,狗走狗道"。有的人,比如阎连科,一天只写两个小时,但一写就是好几千字。我不行,一天到晚磨磨蹭蹭,一个句子,放这里好还是放那里好,诸如此类。有点把小说当成女人了。同样是一团脂肪,长在乳房上是丰满,长到腰上就是赘肉。为了表达各种各样的价值观念,我要比较深入地了解它们,知道我写的每一句话是什么意思。这就变得很困难。我认为加缪的小说就是这样的。它经过经验反省,每句话都表达一种被审视过的生活,而不是像生活本身那样。我可能还没达到这样的高度,但是我的写作习惯已经变成这样的了。

这还不是最要命的,最要命的就是你的想法一直在变。我常感到这个时代不适合写长篇,因为你的经验总被新的现实击中、冲垮。曹雪芹那个时代适合写长篇,贾宝玉什么人,有什么想法,他事先都知道,按部就班写出来就行了。虽然那个时代也在变化,可价值观念稳定得就像贾府门前的石狮子。要是贾宝玉接个电话,林黛玉的,说她在什么地方按摩,今天回不了贾府了,他立即觉得这个女孩不能要了。现代小说中使用频率最高的词大概是"突然",突然怎么样,突然不怎么样。睡个午觉起来,你的想法可能就变了。

《南方人物周刊》:什么是诚恳的写作?你自己是否忠于内心?

李洱:写作时,我无限忠于自己的内心。糟糕的是,这个时代的内心生活更多的时候是一种不良反应,一种创伤性经验。写作就是对这种不良反应的表达和反省。大家都说,内心平安就是幸福。可现在,绝大多数时候,内心平安其实是一种罪,它表明了你的犬儒、你的放弃、你对秩序的认同。所以,在写作上你既要表达,又要对自己的表达作出必要的反省。写作类似于你眼睁睁地看着某种体外手术,做的是自己,被做的也是自己,最担心做坏的当然还是自己。

《南方人物周刊》:《花腔》体现了你对结构和语言的追求,在小说中你使用了大量引文。

李洱:《花腔》接近了我的小说理想。总有一天我们会发现,我们留在世界上的是一些混淆的、错乱的、矛盾百出的文字,各种看上去跟你距离甚远的引文构成了你的生活。一个人通常是在别人记忆中存活的,除非你写自传。但这可能引来杀身之祸;没时间写自传或者只愿意写诗的人只能把他的生活让渡给别人来写。比如《花腔》的主人公,他不愿意写散文,只愿意写诗。

《南方人物周刊》:你尊崇哪几位作家?

李洱:两个,一个加缪,一个哈维尔。哈维尔的作品,译成中文的我全都看过。他不是一流作家,却是一流文人。当总统之后他的秉性也没改。他踩着滑板接见贵宾,抽空就写荒诞派戏剧。

《南方人物周刊》:写作给你带来了什么?一点名、一点钱?你一开始写作时有什么目的或者动力?

李洱:不是一点名、一点钱,而是一点点名、一点点钱。写了这么多年我的目的已经变得很简单了,就是写出自己心目中的小说。

当代作家都被失败感笼罩着

《南方人物周刊》:你怎么看国内最近比较认可的美国作家卡佛、厄普代克?

李洱：我正应邀写卡佛呢。他是个好作家。我读卡佛应该是在1989年前后。后来我写过一篇文章，叫《卡佛的玫瑰和香槟》。卡佛死之前曾经站在床前凝望玫瑰，他最后一篇小说写的是他的导师契诃夫死前喝香槟，香槟的瓶盖自己蹦了出来。这两个细节意味非常接近。卡佛是以此向前辈致敬，为今生的告别，也为来世的相聚。写作就是这样，一代一代传承下来。一个作家，往往是在走向生命终点的时候，他才能够最终懂得什么叫死，什么叫生，什么叫幸福。困惑疑难在那一刻悄然遁形，然后再次现身，要求后世作家做出解答。

你说读书界和媒体现在终于认可了卡佛，我不敢相信。这个月他们认可的是卡佛，下个月是谁？

《南方人物周刊》：德国汉学家顾彬批评中国作家的言论你怎么看？

李洱：顾彬在德国有个绰号叫"痛苦的耶稣"，可见他谈论德国文学时也很痛苦。顾彬的"垃圾论"出来后，他在汉语文学界很痛苦，他说自己没说过这话，只是说某某作家的作品是垃圾。邱华栋跟他做了个对谈，可是没地方发表，因为中国的很多媒体对他别的话不感兴趣。开始时媒体只是借顾彬之口来骂人，人家要不骂，我们的媒体能活活急死。注意，请他骂的是作家，不是别的什么家，如果他骂了别的什么家，我们的媒体要么不感兴趣，要么不敢刊登。这是不是很有趣？一个媒体先塑造出自己需要的顾彬，然后别的媒体一哄而上，去讨论同行们精心创作的那个作品，而作品主人公的真实想法别人却很难知道，也没有兴趣知道。耶稣若真的复活，这会不会是他在传媒时代的真实处境？

《南方人物周刊》：有时候西方人看中国小说像看某类社会文献。

李洱：我在德国接受访问，记者经常问我关于卫慧、棉棉的问题。我坦率地告诉他们，如果她们是作家，我就不是作家；如果我是作家，她们就不是作家——我们的差别就有这么大。

棉棉其实写得不错，是自动写作。但问题就在这里，当以作家要求自己的时候，她必须有文学史的判断，知道自己写的跟别人哪儿不一样，否则写作无法继续。卫慧很极端，但只是虚构的极端。那种生活不是她的生活，不是中国人的生活，是她从亨利·米勒的作品里读来的。这就变成一个基本问题：绝对虚假的写作和最本真的写作，都有可能导致写作无法持续。她们两个正好代表两种状态。

《南方人物周刊》：是不是我们没有一种健康的体制，使好作家能浮现出来？似乎现在很多作家都缺乏真正的精神力量。

李洱：我常常有一种感觉，可能有些很棒的作家我们并不知道。他们写作，然后放进抽屉锁了起来，加了密码。一种可能是他们不愿发表，不愿加入合唱，不愿被纳入秩序。另一种可能是他们发表了作品，但被我们忽略了，因为他们表达的经验与我们有背离,但这种背离又没有夸张到眩目的地步,所以我们没能看见。跟他们相比,我已经很幸运了。文学史、文学体制是一个有趣的东西,它会过滤掉非常丰富的内容。筛子的网眼很大,筛出来的都是大块文章、所谓的成功人物。什么是成功?在平庸的年代里,成功是一个很可疑的概念,它往往是商业包装和自我吹嘘的混合物。它唯一的必要条件就是销量,但在五年之后,两三年之后,甚至两三个月之后,有没有人会想起来你这本书?都是白忙。

精神力量?失败算不算一种力量?我们现在所谓的精神力量,往往是指成功者的愤世嫉俗,用高射炮打蚊子,用破扫帚打老虎。真正的力量,是雪被下面的草尖,是小鸟的红喙,看上去很微弱的,只是我们往往不知道爱惜。

《南方人物周刊》:在这种状况下,作为一个当代作家,你如何自处?

李洱:每个当代作家都被失败感笼罩着。我们最早接受的文学教育使我们想表达某种思想、经验、观念,并使之成为某种思想资源。但现在这种可能性已经消失。很多作品踮着脚去迎合,而不是站稳了去表达。这是一个不重视内心生活的时代,价值观分崩离析。但也许通过财富积累,人们会重新认识到文学艺术的美和意义。据说很多贪官愿意让自己的孩子学文学,是吧?我还是比较乐观的。

《南方人物周刊》:你认为幸福是什么?

李洱:幸福成了时间概念,成了一种嗅觉,瞬间的,细微的,具体的。闻着婴儿身上的气息肯定是幸福的,可你也不能一直抱着他啊。他也要寻找幸福,你不是他的幸福,他的幸福是吃奶。写出满意的小说当然也是幸福,类似于婴儿吃奶。

原载《南方人物周刊》2009 年 3 月 20 日

研究论文选辑

饶舌与缄默:生活在自身之外

南 帆

我与李洱的文字之交缘于他的一篇小说《寻物启事》。数年之前,我应邀编选一本"先锋小说集",偶尔从一本现已关闭的文学刊物之中选出了《寻物启事》。日后的通信之中我才得悉,李洱是我的校友,我们大约曾经在华东师范大学文科楼的幽暗走廊之间擦肩而过。

《寻物启事》的醒目风格是肆无忌惮的叙述语言。放肆,粗野,玩世不恭,尖刻的挖苦和锋利的反讽,如此等等。活跃于这篇小说之中的主人公是一批初出茅庐的中学生。当然,塞林格的《麦田里的守望者》风靡之后,这种语言风格不再是一种惊世骇俗的创造。尽管如此,我仍然从《寻物启事》之中读到了一种生气勃勃的反叛,一种对于文化体制的不屑和蔑视。这篇小说推出了一批富有冲击力的异类形象。

奇怪的是,如今我集中地阅读李洱小说的时候,这种激烈的撞击仿佛消失了。某种优雅的情趣回旋于多数小说之间,代替了《寻物启事》的粗野和放肆。引经据典,背诵艾略特或者马拉美的诗句,谈论尼采与弗洛伊德的观点,学院里面的教授或者骄傲的文人彼此炫耀学问,诸如此类。我甚至倾向于认为,《寻物启事》仅仅是李洱的偶然之作;多数时候,李洱是优雅的。

这个意义上,我必须提到李洱的小说《现场》。众多书卷气十足的小说之中,《现场》的强烈动作性显得别具一格。我似乎有理由将《现场》之中一批抢劫银行的匪徒想象为《寻物启事》之中走出来的人物,抢劫银行的故事如同《寻物启事》之中某些人物若干年之后的作为。《现场》之中的马恩与《寻物启事》之中的路通肯定存在某种精神的血缘。尽管如此,《现场》的阅读还是使我意识到了某种变调。如果说《寻物启事》之中的路通们流露出强烈的叛逆精神,那么若干年之后,《现场》之中的马恩们并没有进一步提出正面的理想。从谋划、夺取枪支、算卦到枪战场面,这篇四万多字的小说布满了种种眼花缭乱的惊险段落。但是,这批劫匪的作案动机不明。这里仿佛存在某种比例的失衡,马恩似乎仅仅因为一些微不足道的原因铤而走险。他并不是真正缺少钱财,这个冒险更像是为了叛逆而叛逆。这多少解释了故事的结局:马恩为什么突然放弃了隐蔽和出逃而束手就擒,马恩曾经不断地向他人表白他即将抢银行,潜意识之中似乎祈愿事先暴露这个案件从而被及时地阻止。总之,《现场》之中的丰富表象与动机的阙如形成了一种奇异的悬殊之感。

于是,在阅读李洱小说的过程中,我的思绪逐渐聚集到这个方面:丰盛的表象与空洞的内在信念之间形成的张力。李洱的人物兴致勃勃地言说和行动,然而,他们是为了什么呢?

为了集中地阐述问题,我试图围绕两个概念展开:"日常生活"和"知识分子"。李洱曾经在一篇访谈录之中表明,这是他深感兴趣的两个概念。李洱解释说:"我觉得当下的知识分子大致可以分为三类:一类是搞科学技术的知识分子,一类是人文知识分子,再一类就是葛兰西所说的那种为统治集团出点子打下手的幕僚式的知识分子。"① 显然,李洱的目光聚集在人文知识分子身上。传统的意义上,这是一批为人类精神立法的先知者。然而,李洱企图描写的是他们的日常生活,企图考察一个时代的宏大叙事和世俗生活之中琐碎的日常表象如何在他们身上相互遭遇。

也许,李洱的一个重大发现即是,这些知识分子的生活正在与所谓的宏大叙事相互剥离。他们逐渐对高悬于头颅上方的种种大字眼例如真理、理性、历史、思想、信念,还有诗——失去了信任,他们已经无法从这些大字眼之中赢得生活的动力。这些知识分子的目光正在下垂,开始注视日常生活的表象。《午后的诗学》之中那个滔滔不绝的费边对于这个动向作出了自己的概括:"一切都在发生从大到小的转变。哈贝马斯提出从大写真理到小写真理,罗蒂提出从大哲学到小哲学,新历史主义分子提出从大历史到小历史,福柯提出从大写的人到小写的人。大师们的看法并非妄下雌黄,而是他们对世界体认的结果。"费边利用这个哲学的转向阐述"小老婆"包含的历史意义,这本身就是一个生动的实例。

日常生活的表象——我试图在这个意义上重新解读李洱的《悬铃木枝条上的爱情》和《破镜而出》。这两篇小说形同姐妹篇,它们拥有相同的主人公。奇怪的是,我无法清晰地回忆这两篇小说的情节轮廓,甚至无法清晰地回忆这两篇小说之间的界限。《悬铃木枝条上的爱情》和《破镜而出》仿佛仅仅是一系列生活镜头和种种片断持续地增加和膨胀,时间似乎停滞了,人物之间的关系失去了进展。小说之中没有激情的焚烧,没有紧张的冲突;我所读到的仅仅是一个不无慵懒的叙述人对于种种生活镜头和片断的品味。人们滑动在这些镜头和片断之间,锁住这些镜头和片断的核心或者"深度"消失了。这两篇小说的叙述风格是一种漫不经心与无奈的混合。这是现今许多知识分子典型的文化

---

① 张钧:《知识分子的叙述空间与日常生活的诗性消解——李洱访谈录》,《花城》1999 年第 3 期。

姿态。

《午后的诗学》是李洱小说之中的精彩之作。这篇小说充分地显示了日常表象与宏大叙事相互分裂的主题,这篇小说之中,登场的是一批学院里的人文知识分子。他们满腹经纶,口若悬河,机智而俏皮。他们高瞻远瞩——甚至连自己的墓志铭都已经提前拟定。90年代初期,他们仍然雄心勃勃;他们不仅聚会谈论种种理论问题和社会问题,甚至打算动手筹办刊物。然而,时过数年,他们嘴里的诗句或者名言已经与他们的日常生活中断了联系。从尼采到马拉美,他们仍然旁征博引,左右逢源,但是,按照李洱自己的解释,他们的灵魂已经进入缄默状态。这是一种骨子里面的贫乏。这时,柏拉图的格言或者海德格尔的观点仅仅是调侃情敌的论据,雄辩滔滔、巧舌如簧不过是说服某一个权威的评委给自己的妻子打上更高的分数——知识只是世俗生活之中某种得心应手的工具。换言之,这些知识分子不再是真理的求索者,不再是孜孜不倦的思想者;他们浮游在种种观点的碎片之间,成为东拉西扯地卖弄嘴皮或者文笔的人。李洱的另一篇小说标题的确是这一批知识分子恰如其分的命名:"饶舌的哑巴"。他们"生活在自身之外"——费边的这句话与其说是自嘲,不如说是确切的写照。《午后的诗学》的有趣之处在于写出了一个秘密的转换——种种深刻的著名思想如何被转换为一些词句,这些词句又如何巧妙地转换为毫无深意的世俗表象。回到先前曾经提及的两个概念,人们可以说,这一批"知识分子"已经驯顺地成为了"日常生活"的俘虏。

这时,我想插入另一个问题:博尔赫斯的影响。某一个时期,博尔赫斯是许多中国作家公认的技术导师。博尔赫斯式的奇诡想象和叙述回环令人迷恋不已。这些作家突然发现,书斋之中的奇想可以开创一个异于生活经验的空间。根据李洱的自述,博尔赫斯是他初涉小说之际的启蒙偶像,他甚至因为博尔赫斯的影响而写过一些幻想小说。在我看来,李洱的许多小说之中还存有博尔赫斯的余韵。优雅,从容,智者的风格,寻章摘句制造的书卷气,如此等等。这种风格似乎不愿意卷入现实之中粗粝的一面。博尔赫斯式的叙述之中,许多人举止体面,不卑不亢,言谈之间的渊博知识显示了教养和风度,种种惊慌、混乱、喧嚣、狂野、暴躁、悲号时常被某些巧妙的句法或者睿智的辞令一笔带过。某些时候,读者甚至会突然怀疑,这一套优雅的叙述是否遮盖了"力比多"的存在?情欲、嫉妒、不泯的仇恨、失控的冲动、滴血的刻毒、不可思议的狂热、面临死亡的恐惧和战栗,这些汹涌的激情会不会因为某种智慧的表述而显得风轻云淡?

这个意义上,我对于《导师死了》——李洱认为这篇小说使他学会了写作——略感失望。教授,疗养院,教堂的圆顶,高大的墓碑和墓园,医生与病人之间风趣的对话,教授夫人与院长夫人吻脸告别,一系列分歧而又彼此相容的性关系……这些片断似乎力图将《导师死了》装饰为一幢西式建筑物。李洱深知精彩的细节——他不惜夸张地称之为"上帝的细节"——对于小说的重要意义,一个恰当的细节会使人们迅速地意识到现实的全部气息和纹理。然而,《导师死了》缺乏有力的细节。光滑的语句没有形成打击人们意识的力量。轻盈回旋的叙述令人觉得这个故事以及众多人物关系背后某些沉重的部分被慷慨地抛弃了。这种叙述暗示了一个智性的高度,在这个智性高度的俯视之下,人间的种种厮打或者嬉闹仅仅是一些转瞬即逝的花絮。于是,生活显得平面化,准确地说是书面化了。古典现实主义作家时常囿于一套陈旧的叙述方式,这已经遭到了来自多方面的批判;但是,古典现实主义作家时常顽强地揪住性格或者事件之中最为严重的部分,不屈不挠地拷问人物或者拷问世界。在我看来,这是不可放弃的艺术遗产。当然,如果上述这一切仅仅是一篇小说的偶然失策,也许我没有必要费那么多的口舌;其实,我真正担忧的是,博尔赫斯式的叙述隐藏的负面因素——巨大的成功往往是引诱一批模仿者的陷阱。

"好像要让某种处于悬浮状态的东西尽快扎下根",这是李洱小说《遭遇》之中主人公的一句话,也可以说是李洱小说之中众多知识分子想做又做不到的。与《午后的诗学》之中的费边相似,《葬礼》之中的华林一样谙熟先哲的种种名言。可是,他的学识以及他的著作与他所乘坐的硬座车厢没有丝毫联系。《喑哑的声音》是一篇动人的小说。这篇小说的叙述密度和节奏都恰如其分。如同这个悖论式的标题显示的那样,《喑哑的声音》隐藏了分裂的两个部分:传播媒介或者讲坛之上公共的声音,和隐蔽而真实的感情生活。主人公的相爱并不能弥合这种分裂。他们束手无策,这个世界无法安慰他们。公共的声音悬浮于他们的日常生活之上,格格不入。

《饶舌的哑巴》和《鬼子进村》似乎表明,李洱企图改换一个视角考察这批知识分子。可是,这种考察时常被一个无形的障碍阻断。对于《饶舌的哑巴》之中的那个邮递员来说,语言学教师费定的生活是一个看不透的秘密。费定的生活如同海底的冰山一样潜藏在小说的叙事平面之后,秘不示人。或许有理由认为,叙事学意义上的视角与主人公之间的距离可以视为知识分子与日常生活相互分裂的象征。相对而言,《鬼子进村》是一篇富有情趣的小说。小说聚集于一个乡村孩童的视角描述知识青年那个时期的知识分子。尽管"扎根"是知识青年的一个时髦口号,但是,这个口号并未在实践之中完成。"鬼子"这个集体的绰号表明,知识分子与日常表象之间的离异源远流长。

《堕胎记》叙述了一个戏剧性的事件。这个事件的奇怪结局令人深感意外,小说因此充满了扑朔迷离的因素。尽管如此,我仍然不愿分散话题,我想指出的是:《堕胎记》之中,几个知识分子之间的情爱以及隐蔽的钩心斗角与他们所热衷的巴赫、杜威或者胡适无关。这个事件无法充实他们的知识分子身份。人们再度看到了宏大叙事与日常生活脱钩了。然而,《遗忘》的出现终于带来了一个重大的改观。二者之间似乎因为某种中介开始得到了衔接。的确,这些知识分子还在从事他们习以为常的活动。学院、导师、研究生、学术会议、考证、学位论文、多角性爱,如此等等;然而,《遗忘》试图为这些琐碎的活动提供一个深刻的依据神话。

李洱曾经表示:"《遗忘》是我至今写得最为艰难的作品,一部七万字的作品,竟然写了四个月。在四个月的时间里,我埋首于各种典籍、注释之中,犹如承受着一种酷刑。"①如同人们所看到的那样,《遗忘》是一个纷杂繁复的文本,种种话语、文体乃至图片汇于一炉。人们可以从不同的方位进入这个文本;同时,这个文本也乐于承受各种不同的阐释。对我说来,这批知识分子的故事与隐在故事背后的神话构成了一个饶有趣味的呼应关系。《遗忘》之中,"嫦娥奔月"的民间神话充当一种隐形结构成为这一批学院知识分子的故事"原型"。李洱借助灵魂转世的传说将二者联结起来。于是,神话不再是一个遥远的传说,神话内在地成为这批知识分子身份的组成部分。

如同批评家已经考察过的那样,《遗忘》之中的众多人物即是"嫦娥奔月"传说周围各种人物的现代翻版,如侯后毅与后羿、冯蒙与逢蒙、河伯、罗宓与洛神,等等。他们之间的种种纠纷乃是神话传说的续篇。阐述这种"原型"对于故事的意义时,陈晓明的分析颇有见地:

> 灵魂转世说在小说里不仅是一个叙事结构转换的机制,而且是人物关系重新编码的逻辑结构,并且,也许更重要的是,所有非道德行为的依据和遮羞布。灵魂转世是叙事策略玩弄的狡计,它使所有的非理性行为顺理成章。那些反常的反道德人物关系,依照灵魂转世则无可非议。既然罗宓前世是冯蒙的妻子,那么现在他们的暧昧关系就不是乱伦,而是旧情复发。甚至侯后毅都认为,这不过是物归原主。在把远古(传说)与现在时空嫁接在一起时,道德谱系学发生严重错位。小说叙事在错位中获得了最大的自由,这些人物已经不受现代伦理约束,他们是超历史的转世灵魂,但阅读效果却又获取充分的反道德快乐。这些故事发生于当代,他们随意跨越禁区的步伐,无疑是对现代文明无所顾忌的嘲弄。②

沿袭这种分析的逻辑,我企图继续追问的是为什么选择了古老的神话传

---
① 李洱:《遗忘》,《大家》1999 年第 4 期。
② 陈晓明:《后历史的焦虑》,《大家》1999 年第 4 期。

说？全球化的文化背景已经是一个既成事实；从现代性到后现代主义，西方的思想家联合组成了某种咄咄逼人的强势文化。这是第三世界国家普遍察觉到的文化压力。另一方面，对于费边、廖希、华林或者侯后毅这些知识分子说来，西方思想家的理论正在空洞化。他们渐渐地熟知一系列西方的经典，然而，这些经典与他们的日常生活相遇之后开始失效、变种，继而演变为一袭悬挂在墙上的语言披风——这些知识分子仅仅在某些登台表演的时刻才动用这一袭语言披风。就是这个时刻，李洱——或许是灵机一动，或者是挖空心思——挑选了"嫦娥奔月"作为解释知识分子日常生活的依据。这可以视为神话传统的复兴；同时，经典的戏谑性模仿与支离破碎的话语片断又赋予了《遗忘》显而易见的后现代主义风格。也许可以说，神话正在后现代主义的炼丹炉之中推陈出新。人们是否可以预示，神话将会成为回应后现代主义文化的策略之一？无论如何，知识分子、古老的神话传说、后现代主义文化——《遗忘》试图提供这三者相互遭遇的空间，这本身即是一个意味深长的动向。

原载《当代作家评论》2001 年第 4 期

历史在别处

陈晓明

带有反思性的表现知识分子与革命的关系的作品,并不多见。李洱显然试图在业已建立的宏大革命叙事之外另辟蹊径,重述这段革命史,把历史引入疑难重重的领域。

李洱近年来一直关注当代知识分子的故事,例如《导师死了》和《遗忘》。李洱试图描述知识分子不能真实地融进现实环境的那种困窘,并揭示他们绕过历史障碍的种种努力的失败。这一次,李洱的《花腔》(人民文学出版社 2002 年 1 月版)把目光投向了更久远的历史,去观看在更复杂的历史境遇中,知识分子的必然命运。不管从叙事方法还是它所要把握的主题来看,《花腔》都是一部奇妙怪异的小说。李洱运用不断变换叙述视点的方法,来透视国内革命战争时期的一段历史,使历史变得疑窦丛生,矛盾重重。小说围绕葛任的死亡与营救展开叙事。作为一个参与革命的知识分子,葛任身居高位却不能掌控自己的命运。参与营救或谋害葛任的各路人马,也都是知识分子。中国现代性的革命在很大程度上是知识分子革命,不少革命史的西方传记作者,都写到毛泽东等中国早期革命领袖身上的文人气质,那种深深打动人的浪漫气息。这在另外一种文化中的人看来,显得特别激动人心。确实,如何深入理解中国现代性革命与知识分子的关系,无疑是一个值得发掘的主题。

葛任这个人物使人想起瞿秋白或陈独秀,而这个名字所唤起的音位联想又有如"个人"。事实上,《花腔》中的每个人物都有特殊的经历,都把自己的生命和理想与民族国家的命运紧密联系在一起。个人就这样进入了历史,参与伟大历史的活动。这些生命虽然也被历史深不可测的无底的游戏所裹挟,但也始终表现出一种坚定而不可屈服的个性。如此真切地写出历史中的个人,这得益于李洱精细的叙述笔法始终把握住了人物的性格心理,在人物与环境的对立关系中,极有分寸地显示人物的语言、行为和状态。知识分子无法拒绝革命——这是现代性的最重要主题之一。法国大革命无疑推动了现代历史的进程,它使革命成为改良社会的最有效率的手段。但是任何革命都没有中国的"革命"来得彻底、伟大和壮阔。"革命"也一直是中国现代性文学表现的主题,但带有反思性的表现知识分子与革命的关系的作品并不多见。李洱显然试图在业已建立的宏大革命叙事之外另辟蹊径,重述这段革命史,把历史引入疑难重重的领域。

《花腔》最显著的特征在于不断变换的叙述视点。通过每个人物的叙述,使历史产生歧义,使革命史变得如此复杂丰富。李洱可以相当贴切地抓住人物的身份和性格展开叙述,使每个人的叙述都别有滋味。这确实令人称奇。当然,小说依然有一种总体上的叙述风格。也许因为以知识分子为主角,小说的叙述始终散发着醇厚的诗情;也许是小说叙述语言的凝练精致,使复杂多变的故事又呈现出纯净舒畅的质感。它打开了一个个异常生动的革命史画卷,特别是有意混淆真实与虚构界线的手法,使这段革命史显得真切而意味深长。不管是葛任这个人物,还是其中隐约可辨的早期革命者,都给人以强烈的亲历历史的感受。它所打开的每道历史之窗都显得异常清晰,每片历史风景都独具一格,给人以深刻的印象。

李洱打开的这个角度,可以说是中国文学展开现代性反思的最有成效的探索。它没有默认那些固定化和经典化的历史叙事,也不进行正面的拆毁,他只是平易朴实地调动叙述视点,使历史在重述和叠加中显示出多种可能性。这不是把历史简单推翻,而是小心翼翼地打开,巧妙地重新拼贴,在解构历史中使之变得栩栩如生。解构历史绝不是粗暴地损毁拆解历史,而是去发掘更多的可能性,去激发被隐匿的历史活力。

作为少数称得上是"学者型"的作家,李洱一直有相当充裕的知识和思想准备。他写作这部小说时,显然在历史档案方面下过相当的功夫,他把中国革命的历史线索、历史人物、历史事件都疏理得一清二楚。《花腔》确实相当准确而细致地呈现了那个时期的历史面目,其艺术提炼则在更为深远的意义上呈现出革命年代的精神地形图。20世纪90年代后期以来,中国小说已经越来越多地靠近商业主义,消费社会的时尚趣味也更加有效地支配着文学写作。大多数情况下,当代小说确实缺乏一种反思性的力量——不管对历史还是对现实,都不能在历史和人性、在性格和命运的交织或对抗中展开文学表现。在此情形下,李洱独行式的探索就更加显得难能可贵。

原载《北京日报》2002年1月20日

记忆与对话
—— 李洱小说解读

格　非

词语

　　李洱去了郑州之后,他的小说中常常出现一种颇有诗意的树木,名曰"悬铃木"。我起先还以为那是郑州一带特有的树种,并不以为意。后来,他写了一篇很有名的小说,题目就叫做《悬铃木枝条上的爱情》,我觉得,倘若不弄清楚这悬铃木到底是个什么玩意儿,就有点对不起老朋友了。翻开字典一查,立即茅塞顿开:悬铃木,梧桐树也。原来它也不是什么稀罕之物。不过,我又在傻想了,这平平常常的梧桐树,李洱干吗一定要把它写成悬铃木呢? 这虽是个小问题,对于理解李洱的作品似乎也无关宏旨,但对我这样一个爱钻牛角尖的人来说,倒是着实让我苦闷了很长一段时间。有一次在校园里陪朋友散步,我突然指着路边的梧桐问道:"你知道这是什么树吗?"朋友似乎很吃惊:"梧桐,怎么啦?"我又问:"你知道它还可以被称作什么吗?"朋友更吃惊了:"悬铃木,怎么啦?"我当时十分丧气:原来就我一个人孤陋寡闻呐。

　　但问题似乎仍没有解决。倘若再追问下去,李洱和梧桐树(悬铃木)的关系无非是下面两种:1. 李洱不知道这种树叫梧桐,他一开始就叫它悬铃木。2. 李洱知道这种树有两个名称:梧桐树和悬铃木,他选择了"悬铃木"。我不知道哪一个是事实。去年秋天他来上海开会,我本想当面问问他,不过见面之后就给忘了。按照我对李洱先生的了解,我猜测后一种的成分居多。如果这个假设能够成立,那么李洱写作中的许多深藏不露的习惯就渐渐清晰起来了。

　　在"词语"的选用上,李洱似乎有许多秘而不宣的原则,他对语词的魔力很早就有所敬畏。我们在华东师大读书时,他曾写过一篇名叫《黑陶》的小说,写作过程似乎颇为不畅,前后竟达数月之久。那段日子,我真的有点担心他会为此发疯(有一天,他竟然神经兮兮地跑来问我:"你知道李洱去哪儿了吗?")。后来,他终于找到感觉,一气呵成地把它写完了。问起灵感的来由,原来题目已改为《黝亮》矣。看来,"黑陶"与"黝亮"就是不一样。

　　我记得在他的成名作《导师死了》的开头,有一段导师在游泳池的跳台上自杀时的描述,其中有一个词叫"凌空欲飞",李洱对这个词简直着了迷,每天都要唠叨个没完。有时他还亲自示范"凌空欲飞"的具体姿势(导师自杀前的准备动作):身体前倾,双手上抬,单脚离地,宛如一只俯冲向下的大鸟。我甚至怀疑,整部小说都是从这几个字中衍化而来。

在作家和他写作活动的无数纽带之中,我认为最为根本的联系就是语言。而词语则是语言中最基本的单元,也是最核心的部分。一个作家选择或避免使用某些词汇,在我看来绝非无关紧要。换句话说,作家受到词语的魅惑而激发写作欲望,也是再正常不过的事。现在的很多学者在做论文时常常喜欢使用"关键词"这一术语,其实,这个概念用于文学创作的过程或许更为贴切。文学作品中的"关键词"虽不像论文里那么具体而清晰,但对它的寻找往往构成了写作活动中较为神秘的部分。李洱是一个对词语特别敏感的人,词语对他而言既是恩惠,也是折磨。

不过,话说回来,李洱在小说中频频使用"悬铃木",不屑于"梧桐"俗称,从文体上来说也不是没有道理。其中也许暗含了这样一个用意,他不想让读者一下子就弄明白它到底是一种什么树,作者的心机十分清楚:他笔下的人物和故事有很多是在"悬铃木"下展开的,如果"悬铃木"写作"梧桐",它当然会遭到读者的忽略,那么,"悬铃木"作为场景指代物的特殊意义亦将被抽空,场景和人物之间的有限张力也会即刻失去。李洱显然不太愿意像传统作家那样,花费很大的精力去刻意营造一个个特征明显的场景或环境,若在名称上作一点小小的变化即可达到目的,又何乐而不为呢?与"梧桐树"相比,"悬铃木"带有那么一丁点神秘、陌生、朦胧的味道,这正是李洱所需要的。即便是在这些微小的方面,也可以看出作者的机智以及对文体分寸的良好感觉。

不过,李洱小说中的另一类词汇则非但不朦胧、陌生,反而真切得纤毫毕现,这可以看出作者的别一番趣味。《现场》中的陈栓保喜欢骑摩托,这种交通工具在作品中并无特殊的意味,但每次提到这辆摩托,李洱一定要把它写成"建设—125";同样,吉普车则写成"米黄色巡洋舰";至于"邂逅"一词,作者也一定要说明它是"联绵词",就连击毙陈栓保的那枚子弹,作家亦不厌其烦地注明弹壳底部的生产标号:环球、中国12—12(这是不是有点过分?)。作者这样处理似乎也不是无缘无故的。我想,最简单的理由,大概是为了增强作品的纪实氛围吧。

"悬铃木"也好,"建设—125"也罢,时而朦胧,时而精确,但都各安其所,各得其妙,从中可以看出作者对词语的独特敏感。但这两组词汇看似功能不同,也不是说就毫无联系。我觉得,最为重要的一点是,李洱喜欢正规、书面化的语言陈述。比如说,"悬铃木"是梧桐树的别称,也是学名,从严格的意义上来说,它比"梧桐树"更准确、更书面化;再比如李洱小说中各色各样的性爱行为,无论它发生在新婚的洞房,还是肮脏的声色场所,作者一律将它写成"做爱"。

李洱是河南济源人,他的日常用语属于北方方言语系,理应带有明显的地方特色,比如他有一位老乡,所说的话我至今都听不懂,奇怪的是李洱却说着一口标准的普通话,其语调之纯正足以胜任新闻播音员一职;而他在写作中所使用的词汇句式之规范、标准和简约,其作品用作汉语学习的教材也无不可。有些评论者注意到李洱作品的书卷气,叙事的儒雅和从容不迫以及所谓的"知识分子"视野,这当然是事实。不过,在我看来,李洱与"知识分子写作"的关系,首先不是一个"说什么"的问题(的确,他的大部分小说都涉及知识分子生活),而是"怎么说"的问题。他的那些乡村题材的小说(如《鬼子进村》),其叙事语亦带有明显的"知识分子"气息。假如我也把李洱看成是一个"知识分子",我想这并不仅仅是说李洱曾毕业于大学中文系,又在大学教过书,有着良好的学养和专业训练,甚至也不是指他的作品中所固有的知识分子的文化视野,我的意思是说,在李洱的词语和语式中,有一种对知识分子言说方式的自觉认定。

文体

在李洱的叙事中,"声音"始终是一个重要的意象。这种声音不论是"喑哑"还是"洪亮";不管它是知识分子的无聊私语,还是来自"饶舌哑巴"的文化关怀;总的来说,李洱笔下的人物一直在滔滔不绝地说话。

在中国当代的小说创作中,描写人物对话时将引号省略已越来越成为一种时髦。有些作家(比如苏童)从来就极少使用引号。也许有人认为,不用引号仅仅为了写作中的某种便利,对话太多,省掉引号也就省掉了许多麻烦。但我认为,是否使用"引号",对于小说叙事文体的意义不容小视。引号的作用,犹如一道道篱笆,将不同人物的语言加以分隔,同时,更为重要的是,它区分了人物对话与作者的描述性叙事,正如引号的作用是使各类语言符号条分缕析一样,引号的丢弃最终会使如下的一系列概念之间的界限变得暧昧不清:不同人物的话语,作者的描述,人物的内心活动,以及作者的介入式感叹。

奇怪的是,在李洱的作品中,描述人物对话时是否用引号的比率差不多各占百分之五十,而且其中并无任何规律可循。我想这是否暗示了李洱在如何看待语言的意义时所产生的犹疑?那么,李洱笔下的那些人物都在说些什么呢?换句话说,话语与意义或表达的有效性之间的关系究竟如何?

加缪有一句名言:真正的无言不是沉默而是说话。李洱的许多小说,尤其是描述知识分子日常生活的一类小说,其人物话语有时并无明确的指向性或意义,或者说,它与故事结构、作品的道德/非道德说教功能关系不大。他笔下的人物常常不为了说些什么而开始说话,尽管他们发出了某些"声音",但它依然是暗哑的;尽管饶舌,但实际上形同哑巴。有时,作者不需要告诉我们,人物的生活意义如何缺乏,因为他们话语本身就是浮泛无根的,说话就意味着沉默。在众多的人物语流掩盖之下的是一种真正的无言和寂静。正是在这一点上,李洱触及到了现实的隐秘真实,这也许是作者对当代的日常生活的考察中最为重要的贡献之一。

然而,如果说,李洱对于真相、意义、道德一类的字眼完全漠不关心,显然也不是实情。阅读李洱小说时,我有一种比较复杂的感受。一方面,作者在叙事中总是有意无意地摆出一副揭示真相,阐述意义,提供判断的架势,而且,他的流畅的叙事技巧也有助于读者产生这样的幻觉:仿佛有什么不同寻常的事即将发生。不过,当你读完整部作品时,又会觉得与自己的预期相去甚远。李洱当然不是那种"铁肩担道义"式的作家,也不特别热衷于所谓的后现代叙事游戏,与时下颇为流行的新新人类更是判然有别。李洱的写作为我们敞开的,是一个广阔而模糊的中间地带。在这里,意义从未被取消,它只是暂时被搁置了起来。这个中间地带通过一系列相互矛盾的标志组合划定了它的疆域。这些标志包括:言说与沉默,丰富的细节与意义的缺乏,过程与结果,多声部的观念与模糊的主题,悬念与真相,如此等等。作者并没有什么特别的消息要告诉他的读者,亦不想在价值观念上对读者有所指教,甚至也不以智者的姿态自居。作为一个徘徊者,或游移不定的思索者,他自己常常深陷困局亦可想见。然而,对于中国当下的生存经验而言,李洱的叙事方式即使不是最好的,也是最有效的之一。我的意思是说,这种方式与当下经验本身的感受与表述的可能性之间,确定了重要的象征关系。这是我在分析李洱文体的意义时,需要特别提出的。

我还想谈谈李洱叙事文体的另一个显著特点,那就是互文色彩。我并不是在最严格的意义上使用这个结构主义叙事学中的重要概念。因为我在描述这一特点时遇到了一点困难。在某一文本中大量引用、穿插其他文本的手法,李洱在使用时显得过于谨小慎微。不同文本之间的关系既没有夸张到足以构成反讽效果的地步,其他文本的介入也不是作为某种行文的点缀而被挪用。也就是说,其他文本介入的作用,既不能过于强化,亦不能完全忽略。

不管怎么说,在中国当代作家之中,就我的阅读所及,李洱叙事中的互文特性尚无人能够比拟。这当然是作者博览群书的结果,也可以看成是作者对各种文化现象长期关注的副产品,更为重要的是,作者有意识地让另外的文本介入叙事,显然预示着作者在文体探索上的艰辛努力,而且,随着时间的推移,这一特征在李洱的作品中表现得越来越清晰和具体化。

李洱所引用的文本类型包括:古典或现代诗词、小说、哲学论文、历史人物的言论、时尚杂志的专栏文章、新闻报道、广告、戏剧、宗教语录、神话传说,范围之广,几乎将各类文化文本一网打尽。有时作者是直接引用,有时则是化用,这些文本在上下文中的功能也不尽相同。总的来说,这些被引用的文本与故事的进展无关,叙事的目的性也不十分清晰,作者往往是随手摘引,随意穿插,似乎并没有什么明确的意图:引用的信息对叙事不构成说明或补充,不是意义的延伸或深化,甚至也不是为了强化叙事氛围。读者在阅读中也会遇到这样一个困境:让流畅的叙事暂时中断,插入其他文本究竟有何用意?正是在这一点上,作者保持了沉默。

在《葬礼》这篇小说中,其他文本介入叙事的情况比较集中,但没有一次介入向读者自然呈现出它的必要性:主人公华林外出,看到一个工程师模样的人,正在阅读《生活月刊》,这自然没有什么问题,因为人物的这种经历对读者而言是司空见惯的。华林从工程师手中的报纸上看到卡斯特罗与教皇约翰·保罗二世握手言欢的照片,这也可以理解;但作者却郑重其事地将照片的说明文字尽数摘引(多达百余字,而且与本文的故事毫无关系),读者当然有理由提问:作者这样做到底是为什么呢?然而,假如读者一定要从这种摘引中找出作者的明确意图、隐藏着的微言大义,反而会落入言筌,一无所获。

在《午后的诗学》中,叙事中插入的文本并非来自典籍和出版物,而是主人公费边的随想、言论和诗歌作品。也就是说,这些文本原先并不存在,它是作者杜撰出来的,我们可以把这称为"虚构的文化文本"。在作品中,李洱用不同的字体将两种镶嵌在一起的文本加以区分。与《葬礼》不同的是,两种字体所代表的声音却能够互相阐释、说明和补充。

如果我们并不拘泥于"互文"这个概念,把目光投向作者整体叙事中不同文本之间的关系,便会立刻发现,李洱不同时期的文本之间亦有某种互相说明的特征。《饶舌的哑巴》中的费定与《午后的诗学》中的费边很难说不是同一个人(《暗哑的声音》中的主人公之一也叫费边),不同人物的生活环境、活动场所、所谈论的话题甚至是说话的语调都让人产生似曾相识的感觉:一个中断了的声音在另一个文本中延续;一个黯淡了的历史形象则在另一个场景中借尸还魂(比如,《遗忘》中主人公原型似乎一直可以追溯到"嫦娥奔月"的神话)。

通过以上分析,我们可以试着就李洱写作的总体诗学特征作出如下归结。在我看来,李洱的潜在意图是,在他笔下的不同人物,不同时期的文本,各种典籍、出版物、文化史上的各种言论之间建立一种全面的对话关系。这种关系的确立,不仅避免了"作者的声音"所可能产生的观念上的褊狭和局限,同时也增加了叙事的历史纵深感,让"现实场景"与"历史话语"互通声气。由此我们不难看出,李洱在叙事文体方面所作出的谨慎探索,其意义却不同寻常。

记忆力

西方有位学者,在分析卡夫卡的《城堡》时曾一针见血地指出,《城堡》的主题就是"遗忘"。我觉得,从叙事方式上来说,李洱与卡夫卡并没有多少共同之处,然而,李洱小说中的"对话关系"似乎也可以通过以下这组概念加以表述,那就是"记忆"与"遗忘"。李洱曾借笔下人物之口,发出"让漂浮无根的事物扎下根来"的感慨,我认为,这也可以看成是李洱对历史文化命运的深深担忧。不论是他的语言,还是文体,从精神现象学的角度,都显示出一种潜在的文化动机:对遗忘的反抗。

旁征博引和引经据典从表面来看,仿佛仅仅是让不同历史、现实背景中的人物与语言形态彼此勾连,而实际上,它未尝不是对自身文化境遇的一种勘探、认定和说明。文化衰亡的起点和终点分别有着一个可怕的象征,那就是淡忘和遗忘。从李洱最近的一系列作品来看,他所搜索的记忆对象,已从浮泛的人类思想记录更多地转向中国文化史,我不知道,这种倾向是不是中国当下特有的精神状况煎迫的结果。

在如今的现实中,记忆力既是心灵的财富,又是生活的障碍。李洱无疑具有良好的记忆力,我所指的当然不是通常意义上的智商指标比如能否一口气背出五十个电话号码。一个具有良好记忆力的人,同时意味着开阔的文化视野、敏锐的警觉和判断力、智慧和道德勇气。

原载《当代作家评论》2001 年第 4 期

被卷入日常存在
——李洱小说论

王鸿生

20世纪90年代,中国文学对语言的仪式功能开始了无忌的颠覆。一个突出的迹象是,在余华、格非、苏童之后,小说家们在兴趣方面变得更加日常化,而叙事方面更富于技巧性了。如今,他们必须成为凡人中的凡人,小说家中的小说家。

这种文化上的世俗取向与学科上的专业取向结合在一起的情况,似乎在20世纪初那场哲学革命里也发生过。当时,为了排除各种无法被经验观察所证实的知识,打破那些超越于日常生活世界及可感事物之上的形而上学的精神秩序,维特根斯坦等人发展了一套复杂的语言分析技术。这项技术的一个积极后果是,从此以后,人们开始意识到,形而上学的话语,可以表达某些有趣的或充满挑战性的信仰态度,却不能对生活世界的事实作出陈述。

剥离事实与态度,即严格区分事实陈述与价值陈述,是现代哲学(从分析哲学到现象学)对付形而上学的共同策略。不可避免地,这一思想方法也渗透到文学观念的变化里来,并导致了一系列对经典理论的质疑。比如"真实",无论是浪漫主义的"主观真实",还是现实主义的"客观真实",实际上都不能不意味着"事实与一个观念构造的结合"。这样,就叙事技巧的严肃性而言,如何在语言中呈现"事实",而不是通过语言去达到"真实",换句话说,如何给出"经验图像",而不是如何给出"本质",便成了一部分小说家的探索目标。

在我看来,李洱小说的叙事学意义,正系于"反形而上学"这一背景性命题。抓不住这一点,我们就很难理解,为什么正是在市场化的今天,才出现了这类作品,而这些看上去如此"形而下"的作品,又怎么会受到敏锐的批评家、青年读者,特别是一些有影响力的文学期刊(如《收获》、《花城》、《大家》、《作家》、《山花》等)的青睐。但李洱自己似乎并未着眼于此类"宏大"用心,他不愿意在摆脱一种意识形态的时候,又落入另一种意识形态,他只是对"事实"感兴趣,只是想为人,尤其是当代知识者的日常境遇及其心理行为,找到对应的语言表达方式,并将之妥善地落实在各个叙述环节上。

大概是缘于阅历本身的提示,李洱迄今关注"人"的兴奋点一向比较集中,其叙述对象主要是两代知识者:"老师"或"同学"。推想起来,这两代人当在是否经历过"文化大革命"上有所分属,一般来说,"老师"辈大多的青年或壮年时期参与过"文化大革命",而"同学"辈则是在幼年或少年时期"目睹"了"文化大革命"。有趣的是,在李洱笔下,"老师"的问题往往出在"单位",而"同学"的事情则常常发生于"家庭"。前者所涉及的社会关联域,与后者所敞开的个体关联域,不仅隐含着不同的观察层面,而且出示了关于"人"的问题的时代性变迁。但作为人寄予其间的直接的生活共同体,无论是"单位"还是"家庭",他们显然都比"旅途"、"梦境"或特定的"历史时刻"更能表明人的日常属性。如果将李洱的小说视为某种"抽样报告",那么,我们的确可以从中"看"到两代知识者精神状况之间的巨大差异。这种差异,一方面当然来自"事实",另一方面则与观照者与观照对象的不同距离关系有关。

对人的隐秘欲望和无能心理,李洱有着非凡的洞察力。在写《导师死了》、《加歇医生》的时候,叙事人的目光堪称"刻毒",师长辈有学识的无知、无能(博览群书,能把自己的"病"升华到学术高度来谈论),其失常人格与荒谬境遇之间的隐秘关系(永远要被治疗,对他们来说,生活就是互相的"治疗"),以及种种言行不一和包含于其中的人格焦虑(身体已走进一个欲望时代,而脑子还停留在一个神性时代)等等,似乎都未能逃脱学生辈无情的审察。到写《白色乌鸦》、《缝隙》、《悬铃木枝条上的爱情》等篇什的时候,情况就不同了,因为写"同学"宛若写"自己",观照位置开始与对象平行,叙事人的目光也趋于缓和,紧张感消失了,隔代相望的疏离感也解除了,一切显得放松、随意而疲乏。现在,甚至连爱欲、嫉妒和敌意也变成非激情式的了,至多,它们只是作为不可缺少的生活伴随物来到叙事之中,温吞平静,模棱两可。

这是又一代人。他们不是神经官能症患者,不是虚无主义分子,不是嬉皮士,也不是超凡脱俗的人文主义信徒。他们健康、敏感、受过良好的教育,有相当高的智商,生性散漫但懂得游戏规则,充满活力却从不挑起事端。虽也会感到生存方面的"不安全"或"莫名的威胁",但不至于郁郁不欢或惊慌失措。即便遇到羞辱、挫折和麻烦,他们也能够安然度身,甚至可以点上一支烟,悠然地对这一切加以智性地品味。沉湎于日常时间的流逝,感慨着人心的叵测与生活的喜怒无常,他们一副少年老成的模样。他们的经验特征是:妥协。既与环境妥协,也与自己妥协。如果你愿意,也可以将"妥协"理解为"逃脱",就像《动静》里写到的汪晟,他不断从生活也从自己身上"跳开",打一枪换一个地方,"跳"到最后,谁也不知道他究竟去了哪里。

我们看到,在一个日趋多元化的世界中,"妥协"的哲学正在取代"斗争"的哲学。由于统一的真理尺度已不复存在,人们开始学会对异质的事物、行为表示宽容。让自己活得轻松,也让别人活得轻松,注重"理解"而不是注重"批判",以及对不断重复的日常冲突的"避让"和"不了了之",是看上去十分"平庸"的"妥协"姿态中所闪射出来的智慧光亮。由于理解自己所处的时代(这个时代讲究的是"操作"和"效益"),同时也由于放弃了建立在历史目的论或人格预设基础上的发问与评价标准(尊重人的日常性和选择的多样性),妥协者与自我及世界构成了一种半间离、半投合的关系,既不乏必要的警觉,又能够得过且过。他们的存在意识被李洱提炼为这样一句话:"我们只是夹在天堂和地狱两张皮之间的什锦肉馅儿。"(《破镜而出》)在这里,被"夹"的别扭感与不自由感,和"什锦肉馅"般的实在感、得意劲,奇特地混在了一起。通过这类叙事语调,我们可以进一步读出,以"妥协"为特征的日常生存姿态,乃是一种机敏的、息事宁人的姿态。与这种姿态互为表里甚至互为因果的话语方式,从另一端打开了人类内省能力和怀疑精神的去路——对于妥协者来说,任何敏感的生活触动和内在的不信任感,都不再被导向抗议和审判、祈祷和忏悔;而在从前,这类仪式性的话语方式几乎是"内省"和"怀疑"的必然归宿。

那么,剩下的与这种妥协性相适应的日常话语方式是什么呢?李洱给了它一个命名,叫"午后的诗学"。"工蜂一张嘴,吐出来的就是蜂蜜,我的朋友费边随口溜出来的一句话,就是诗学。"从但丁、马拉美、米沃什、布罗茨基、博尔赫斯,到尼采、海德格尔、阿多诺、福柯、哈贝马斯;从墓志铭、亚细亚生产方式、罗慕洛斯大帝的逸事、性的深层本质,到梦、遗忘、过敏性反应以及粪便和玫瑰——费边式的"分析"可谓引经据典,无所不及。"本土的民谚、典籍和西方哲人的格言、警句,经过费边的高压锅,就成了色香味齐全的什锦菜肴。"(《午后的诗学》)本来,闲侃是一种异化了的交谈,但现在,闲侃却获得了日常的补偿功能。无论是用于"讲课"、"谈恋爱",还是用于"求人办事",或沙龙内外的"学人过招",这种敏捷的口才,几乎总是能够出奇制胜、倾倒一片,难怪连费边本人也不得不长期地陶醉在这种无法克制的"舌头的快乐"里边了。

《午后的诗学》对当代知识分子的日常观察已深入其行为方式亦即话语结构的时候,李洱的现象学呈现能力和自我训练,的确经受了一次重大考验。李洱重新和自己"挂钩",并用闲聊的"语法"对应地还原了一个暧昧的时刻("午后"),以及处在这一时刻的人文知识("诗学")的特殊境遇。我们直观地看到,生活意义的丧失往往来自语言上的绝望。尤其对拥有"言说身份"的知识分子来说,由"妥协"而导致的存在困境无疑是双重的:一方面,由于所有精彩的话都已被大师们说完,聪明如费边者也只能在不断的"引用"以及"仿造"中饶舌;另一方面,人文语言的作用正在蜕变,变得越来越缺乏行动的能力,而日益沦为一种"精神"的假象,生活的"借口"。有趣的是,在小说中,费边对"借口"这个词也有自己"精妙的"分析。

与有学识的无能相映成趣的,也许是无学识的有为。据我所知,小说《现场》的人物、素材基本上来自李洱对一起银行抢劫案的第一手采访。在李洱的创作经历里,这是从未有过的事情。《现场》显示了李洱扎实的叙事功力,不同凡响的是,在作者笔下,一桩特大抢劫杀人案,居然被做了日常化的处理,就像"打枪的声音"被换成了街头"爆玉米花的声音"。很显然,马恩、二庆和杨红都不是生性残暴邪恶的人,也不是那种处心积虑要对抗社会的人。他们几乎是儿戏般地走向了深渊,而推动这一过程的毁灭性力量,则完全由一些普通得不能再普通的因素"碰巧"构成。支撑整个叙述的重心,是诸多极为传神的细节,而把所有的细节加在一起,呈现出来的却是几个"卡通型"人物。正像李洱在这篇小说中所暗示的那样(杨红的一大爱好就是看卡通片),大凡是卡通片里的角色,都是极为"率真而且简单"的。

这种"卡通型"人物,也曾出现在李洱另一部作品《寻物启事》之中。通过对大人世界的滑稽模仿,一群少年一本正经地完成了自己的"成年仪式"。李洱通过对事实的冷冷逼视,向我们暴露了无意义存在的"鬼脸"、"怪相"——类似的作品,或许还有《鬼子进村》。在《寻物启事》这个以"物"为基本动力和主导线索的"恶作剧"里,作者以他一向细微的笔触,游蛇般潜入了未来的普遍虚空之中。李洱的知解力和幽默感在于,他不喜欢也不讨厌那些"孩子",不念诵也不解除"物"的魔咒。通过小说漠然的,有时也不乏讥诮的叙事语态,我们仿佛听见一个怀疑主义者正对自己咕哝:救救孩子,好吧,那么让谁来救救这些孩子呢?

从风格和效果上来看,李洱小说的叙事特征大多一脉相承:不营造故事,不塑造典型,不强调寓意,也不追究是非;场景、细节无比明晰、准确,动机、意图却十分驳杂、暧昧;其取材之"琐屑",语调之"冷漠",洞悉力之"狡黠",判断力之"无能",仿佛都暗示着一个纯粹观察者的立场。他绝不愿向读者披露内心的想法。但不知为什么,在索解叙事意图的期待每每"落空"而陷入烦闷时,我们又总是能够听到自己的笑声,一种被这个置身局外的叙事人所引发的笑声。也许,使人们笑起来的并不是主人公的言行,而是小说本身所携带的令人迷惑的虚脱感。或者可以援引小说《黝亮》里的一句话来说,不同的事物,压缩到同一个平面,会使人"哑然失笑",而"在座的诸位",却"要用笑声来结束一段紧张而又毫无意义的谈话"。

有时,读李洱的小说,就像听"供热装置发出的哼哼声"(《悬铃木枝条上的爱情》),虽然均衡、沉稳,但什么也记不住,一如日常生活本身。它既没有情绪标志,也没有时间刻度,它是一种没有框架的存在,一种漫无边际的拉拉扯扯,除了当下提供的有限的乐趣,它的絮叨仿佛只是努力促使着对它的遗忘。我无法验证这些感受是否也属于别人,但有一点毋庸置疑——在生活世界所展开的各种可能的维度上,李洱似乎格外青睐于浮游在日常时间中的"鸡毛蒜皮",和那些发生在夫妻、朋友之间的小小不然的"心理摩擦"。他倾心所描述的东西,正像黄仁宇那幅得奖作品上所画的,"只是一些混乱的线条和色块"。(《白色乌鸦》)这句话显然包含了一个隐喻,不用费太大的事,就可以被引申为作者对日常存在之无序性与非结构性的理解。与这样的认识相适应,李洱叙事的契机或曰悬念,便不能不系于"偶然"这一上帝之手,或者是"一封回信"(《饶舌的哑巴》)、"一个电话"(《黝亮》)、或者是"缠绕在梳齿上的几根细长的头发"(《白色乌鸦》),或者是"临时改变的营业时间"(《奥斯卡超级市场》),再不然就是一个孩子的"火化日期"(《动静》),或一次提前开始又转移了地点的"聚会"(《缝隙》)。而关键在于,随着呈现的毁灭性的事实,其"情节"大多平淡无奇,不了了之,既缺乏内在的因果联系,又构不成什么"事件"、"结局",尽管诸多人与事、看与想的表层逻辑被叙述者安排得严丝合缝,井井有条。

　　李洱有着相当自觉而缜密的叙述意识,其笔触上的控制力也值得称道。除《加歇医生》的结尾(随农妇下乡以自赎)属一大"硬伤",他的小说一般没有什么牵强、破绽或超日常性之处。对于各种易于混淆的叙事语言的界线,比如:存在/感知、观察/想象、理解实际存在的东西的愿望/说出某种新的或更好的东西的愿望,他都做了严格的区分。为了有效地还原日常事实的"经验图像",他恪守界限,将自己定位于存在、观察、理解的角色上。正是由于专注于日常生活本身的运动形式,他几乎中止了所有可能中止的倾向,并敛起了一切变形、夸诞以及有可能在情绪和观念上致幻的叙事因素的形迹——这一点,使其作品的叙事人与叙事材料之间的关系有如"科学",显得极度冷静甚至漠然。

　　照理,对日常存在的现象学呈现是一回事,对日常现象的社会学评价则是另一回事,作家在叙述中是有权隐匿其伦理态度的。然而,李洱并非故弄玄虚。他实际上并不知道怎么确切地评价自己的主人公,因为"一旦分析起来,就可以发现成人精神世界中充满着更复杂、更多维的东西"。(《创作手记·写作的诚命》)正如我在另一篇涉及李洱的文章中谈到的,当一切教化系统陷入尴尬之际,他宁肯没有态度,拒绝解说,从而将自己彻底"暴露在判断他人时深深的无能为力之中"。

　　这是另一种诚实,但也是让人感到沮丧的诚实。细想想,类似的无力感也浸透了我们的骨髓,正是它使一向高傲的我们变得谦卑起来,同时,也是它使我们陷入了更加深刻的意义的焦虑之中。如果我们从中读出了"反讽式幽默",那么我要说,这种效果既来自李洱的叙述方式,也来自小说呈现的生活所具有的某种自相嘲讽和令人啼笑皆非的性质。

　　不能说李洱们的工作一定比他们的前人做得更好、更有价值,也不能说他们试图去达到的叙事目标已如愿达到。但对文学进步,尤其是对一向偏爱寓言、神话、戏剧性并特别注重教化的汉语叙事传统来讲,学会从"应该"退回(或跃入)"是",学会观察和分析日常性存在的经验事实,并使之得到准确的文学处理,毕竟是一项富于挑战性的工作。

　　由此我认为,作为汉语叙事话语的一个新的生长点,90年代出现的李洱小说及其同类作品,已构成拓展现代汉语小说视域并加速其形态转换的一个重要环节。它们把一种实事求是的叙述精神引入了文学,并提示着某种专业性的评价标准,那就是语言上的责任感和理智方面的严肃性。

原载《当代作家评论》2001年第4期

话语生活中的真相
——李洱小说的知识分子叙事

张学昕

一

我始终认为,李洱不仅是极其重视小说技术、颇具先锋意味的作家,而且,也是一位努力使自己尽力置身于发现之中的作家。他对生活和世界一直保持着怀疑和警惕的姿态。李洱说:"我愿意从经验出发,同时又与一己的经验保持距离,来考察我们话语生活中的真相。在写作中,我的部分动力来自形式和故事的犯禁。"①显然,李洱在寻找他自己体验、理解和表达当代知识分子存在的角度、方法和方式。与众不同的是,在他的写作中,他不仅发现了"话语"、"叙述"的表面特征及其潜在逻辑之间,语言的经验特征及思想本身之间的相互依存与分野,而且,他在所谓传统意识形态话语、语词的乌托邦,"日常生活话语"之间捕捉到或发现了知识分子特有的"存在性话语"极其困境,并使之在叙述的巧妙和机智中获得思想的张力,洞察其中不可知的内在秘密,发现知识分子自身的多重叙事可能性,发现他们赖以生存的话语的生成和失落。知识分子的公共历史或存在境遇被李洱重新编码,衍生成对知识分子个人内心生活的情感表达。我感觉到李洱在知识分子叙事上潜在的叙事雄心,他试图去写作这个时代知识分子的精神发展变化史。因此,在他的"叙事诗学"中就呈现出很大的包容性。在对个人经验、个人无法进入公共空间、个人生存方式及其困境毫无保留的揭示中,既有对于知识分子神性、人文性、和谐性、永恒性追求的古典情结,又有对其浮躁、寻找、怪异、失落、裂痛等精神震荡、集体无意识的深刻剖析。李洱的知识分子叙事儒雅、机智、诙谐,既具有深厚、结实的古典性,又具浓厚的现代主义诗学特征。从整体上讲,李洱的知识分子叙事,基本上不关注重大的历史、生活事件,而是不断返回到个人的日常性存在,个体的生命体悟,直指知识分子精神内核的蜕变。这就使李洱的叙事具有生活的刺痛感和焦虑性。从《午后的诗学》、《导师死了》、《悬浮》、《抒情时代》等中、短篇小说到长篇《遗忘》和《花

---

① 李洱:《夜游图书馆》自序,浙江文艺出版社,2002年,第2页。

腔》，无论是人物和主题、人伦道德概念，还是不同的文本语境、各种复杂的结构形式，都围绕知识分子的话语生活——他们的"讲述话语"和自身的"被讲述"——展示他们在各种不同环境中的根本性虚空。

一个作家对小说叙事话语的选择，或者说其独特的话语形式和艺术质地，最终都取决于写作中的叙事倾向。李洱的知识分子小说表面上看只是对知识分子日常生活、基本存在形态的描述，无论是主题还是人物，都无明确的指向性内涵和意义，但他的话语中，包括叙事话语、叙事视角都隐含着强烈的哲理意蕴。李洱在20世纪80年代末开始写作，90年代中成名，李洱的写作恰恰置身于中国进入消费社会的过程及历史现场，但他却并未进入带有任何时尚性、功利性的消费写作，他格外重视对当代、现代知识分子日常生活的审美解释，并将其艺术地转化为审美图像。他很早就清醒地意识到，有关知识分子写作的经典化和浪漫化、传奇化时代已彻底终结，日常的政治、社会、历史以及经济的整个现实都与超真实的仿真维度结为一体，作家已经渐渐走出审美幻觉。李洱既不热衷于戏仿，也无意进行策略性拼贴和仿真，而是坚持从人和生活的"存在性"，尤其是话语存在的现实可能性出发，在"话语"、"叙述"方面进行有广度、深度和复杂度的掘进，并以此为切入点，对知识分子的存在进行广泛质疑，在对知识分子这个生产话语的群落的叙述中，颠覆其生存表象内在的虚伪性。

二

20世纪90年代，随着当代社会政治、经济文化的转型，知识分子受到市场经济现实的猛烈冲击，原来的相对安宁的体制内生活已不复存在，而被裹挟进驳杂、碎片般的社会空间，因此，当代知识分子的生活形态和精神状态也开始日趋复杂、暧昧，包蕴着多种存在的新的可能性。而精神存在方式的发生变异，表现为知识分子昔日巨型神话的坍塌，他们陷入现代生活"喧嚣的孤独"之中。可以说，李洱是较早意识到知识分子精神性存在发生重大变异的作家之一。知识分子既是文化与价值的载体，同时又是社会经济的主体，他们既有神圣性，也有凡俗性。与其他社会群体一样，他们也会出现浮躁和失态。李洱发现了并毫不掩饰地表现当代知识分子的这种精神性变异，他通过"叙述"对其"话语"变异进行了"艺术变形"，呈现出他们的各种荒诞情境，把人的精神困境推到极端，也把人物的推到极端。一般情况下，我们会更多地注意李洱叙述的反讽化和谐谑手法，和以此表达的知识分子无法真正融入当代现实环境的困窘与焦虑。实际上，李洱在写作中所刻意的是，将知识分子的存在性焦虑"话语化"。在《午后的诗学》、《遗忘》、《导师死了》等篇章中,现实就是话语,话语构成了一种生活,生活由话语呈现,话语同时改写了生活。在《花腔》中,历史就是话语,话语创造了历史,话语在颠覆、解构历史的同时,自身也遭遇危机和尴尬,而这正是知识分子在当下的个人历史和存在的真相。

《午后的诗学》和《导师死了》是李洱迄今除长篇小说《花腔》之外最重要也是最好的两个中篇小说代表作。值得我们注意的是,知识分子精神与话语秩序在李洱的小说中经常发生变形移位,丧失其传统的"合法性"存在。《午后的诗学》中的费边、《导师死了》中的吴之刚的生存状态首先呈现为话语道德感的迷失、人生的失败甚至生命的灾难。可以说,《午后的诗学》呈现了文学写作所能达到的极其纯粹的文学语境。这篇小说,让李洱找到了一个新的美学起点并显示了他对"存在"、"话语"把握的力量。在这篇小说里,宏大叙事彻底解体,对个体生命存在的确证及讲述成为有效的表达方式。很显然,这是一篇表达人的存在焦虑的小说,它从人物的"言说"出发,讲述费边生存的各要素及其细节,他的精神和话语生活在社会转型中所遭遇的多重困境。作为知识分子中较高层次的诗人费边,在自信地讲述"高贵"的同时自身却跌进了俗世的漩流,以自身的无奈演绎着马拉美《焦虑》中的罪愆、灵魂的风暴和人性的高贵。诗人的生活必然是体验着的生活,反思着自身的生活,而且,诗人与现实生活的关系或和谐、对应,或抵触、龃龉,都是通过一种内在的心灵活动的过程实现的。也就是说,费边自身的内在的生活结构本身,似乎已决定了他与没有也不可能有内在精神结构的现实的对立性。而他那诗人特有的感受方式、向度和话语角色感又使他远离集体想象而进入个人玄想。这种冲突的结局呈现为费边现实生活的溃败和话语生活的盛宴之间的落差,他只有在消费话语中才能确认自己的存在,最终完成人格的自我消解。费边的恋爱、婚姻、事业以及全部精神生活都转化为话语的展示或暗示,我们从话语的展示中看到,费边的主观世界决定着费边主体存在的客观世界。李洱深悟现象学大师胡塞尔"回到事物本身"的理念,所以,小说中费边所直接面对的,并不简单是现实生活中的世俗、物质对象,而常常是活跃于他意识中的自我意识现象。马拉美的诗句、但丁的《神曲》、莎士比亚的戏剧、亚里士多德的哲学都成为费边存在的内在的精神性依据,费边的意义也正是在这种意识的创造性活动中建构起来的。小说呈示了费边精神活动的私人性特征:事业的郁郁寡欢,友情、爱情、婚姻的困惑,精神的颓唐,但他仍对话语满怀冲动。"几年之后,当一切都分崩离析不可收拾,当各种戏剧性情景成为日常生活的写真的时候",费边仍在朋友的婚宴上给同桌的一对恋人讲着柏拉图的爱情说,仍一如既往地构思他的诗歌《午后的诗学》,他感慨"一切都在发生从大到小的转变。诗歌呢,是从大诗到小诗,连厕所都有从大到小的转变问题——火车站的厕所从大茅坑改成了坐便"。费边在自由自在的精神漫游中找寻"经典话语"的力量和对自我的存在支撑,同时也在对"话语"的戏谑中拒绝来自心灵的拷问,以此模糊伦理的界限。一般来说,知识分子,特别是诗人出于对精神生活的爱好和信奉,往往轻视甚至蔑视粗俗泛滥的物欲,在物质面前都表现出淡泊或弃绝的态度。但"现代知识分子当然也并不拒绝现代化所带来的物质上的方便,真正的弃绝主义毕竟是少数;但他们在借用现代物质手段的同时仍然保持着对理想生活模式的向往,他们对自己不得不身处其中的物化环境保留着清醒与批判态度,因而正是他们才能发现并反对工业文明下人的异化状态"[①]。而费边则在凌空蹈虚、精神觉悟、进行灵魂布道的同时,还有自己俗世的常识感和务实原则,同样钟情于物质并对现实具有一定的妥协性。他运用、利用话语也解构话语,在话语生活中对现实开着米兰·昆德拉式的"玩笑",享受着"智慧的痛苦",直到彻底凡俗化,直到诗歌的最终消失。可以说《午后的诗学》中的费边是李洱对当代知识分子人物形象画廊的一个独特贡献。

  从一定程度上讲,中篇小说《导师死了》颠覆或阻隔了我们寻找终极意义的现实与理想路径。"导师"在某种意义上说是高于"诗人"的更高文明层次上的精神化身、文化语码和指代。导师之死,从本质上讲,表现为对人类生存的本源性与终极性的怀疑和无奈。导师为何而死?如何死?怎样死?导师生存的真相如何?这种追问在小说的叙述表层上根本是缺失的,因为生存的本质,生活的终极性意义在这里是不存在的。而对导师吴之刚生活中诸多迷惑、疑问、悬疑等真相的揭示,有可能是对精神真相更彻底的否定。小说叙述者通过对导师死亡过程的回忆和"讲述",努力梳理导师精神、物质生活的种种细节,试图在情感、敬畏、高尚的意义上恢复导师的风貌。但李洱仍然是设计了将导师始终置于"话语"旅途中的方式,从文本上说,导师自身始终是被"讲述"的,是缺失的。"叙事"是对缺失的缺失性叙事,这看上去是作家的纯粹方法上的叙事策略,实际上是指向一种存在"现场",指向一种本质对知识分子存在真相的根本性解构。李洱扭曲和撕碎了一些东西,也修复和还原了另一些内容。"导师死了"是否可以对应"上帝死了"已变得并不重要,关键是活在"话语生活"中的导师正渐渐地在推动话语时扭曲着话语,所以,身体的消失与否也已经不足以和精神寂灭给人的震撼相比了。李洱无所顾忌地摆脱了许多经典叙事可能给文本带来的窠臼,他完全是在一个新的叙述出发点上,在多重历史或现实关系中把握"现在",表现当代人文知识分子文化冲动的衰竭场景。小说中所描述的是作为

[①] 李书磊:《当前中国知识分子心态分析》,见祝勇编:《知识分子应该干什么》,时事出版社,1999年。

民俗学学术权威的吴之刚教授,为了"报答"常老,已先在学科话语内将自己的学术自主精神自戕掉,后来其遭遇的情感的悲凉,欲望的乖张,灵魂的孤独与绝望,更让我们看见了导师生存环境的恶化。而日常生活的庸俗化,既消灭了导师的肉体,也使人们觉得自己似乎并不需要导师,这无疑是人的存在性悲剧,是人的精神性苦难。吴之刚最终在疗养院以奇妙的方式终结肉体和精神(思考)的存在权力,也暗喻了一切话语存在的虚无。而且,终极性真理的迷失,使得知识分子对世界乃至自身产生了怀疑,在权力、经济、世俗的强力挤压下,他们的主体性逐渐走向黄昏和没落。这部小说追踪并记录了当代知识分子这个时期精神的苦难历程,体现出"话语"与"话语"之间文化逻辑的对立。李洱本人也对这篇小说倍爱有加:"对它,我一直有着特殊的感情。从某种意义上说,它为我后来的写作,打开了一个全新的领域。我后来作品中的一些基本主题,比如日常生活、性与权力、知识分子的话语生活,等等,都由此而来。"①

中篇小说《抒情时代》、《悬浮》,短篇小说《夜游图书馆》、《喑哑的声音》、《黝亮》、《饶舌的哑巴》等在主题学上都是《导师死了》的延续和进一步充分的展开。其中《夜游图书馆》是一篇别致的小说,它以写实的笔法表现了一种荒诞。小说写几个青年知识分子深夜去大学图书馆窃书,他们惊异地发现,他们"见到的好书越多,他们就越难受,他们搞的书,虽然纸张已经发黄,但大多数都还没有人借过",于是,他们努力想带走更多的书,他们开始撕书,将经典的篇章带走。小说的现实场景构成一个巨大的隐喻:在现时代,人类的知识和文明仍被闲置和废弃。主人公徐渭在其中找到了自己的小说集,并将它带走。可以想见,作为话语载体的图书的被遗弃或冷落,成为知识分子的另一种失语。

爱情和性,也一直是李洱在小说中探究的主题,而且从来都与人的存在境遇有着密切的关联,我们可将这类小说看作是他对知识分子个性存在的隐秘的揭示。《喑哑的声音》和《悬浮》都是讲述中年知识分子隐秘的内心情感生活,从性爱到精神,从世俗婚姻到反常规的情感,小说细致地刻画了其中变迁的过程,涉猎人生隐秘的角落。李洱既没有从怪异的一路去贬抑这种情感,也不做过分渲染,他的叙述还避开了浪漫化的诗性铺陈,而是探寻其中一些非常个人化的情感。《喑哑的声音》中的孙良、《光和影》中的孙良、《悬浮》中的杜衡和孙良(孙良是李洱许多小说中主要人物的名字)都属人文知识分子,都遭遇了情感的迷惘和窘境,在日益变迁的当代现实生活中出现了伦理观念的错位。小说没有强调真切的同情和情景交融的人文理解,而是更多地关注一些存在真实。小说中几位女性似是而非的生活、情感经历,没有着落、处于情感悬浮状态的心理

---

① 李洱:《破境而出》后记,中国社会科学出版社,2001年,第254页。

轨迹,以及他们与她们之间、甚至她们自身也难以达到的正常理解和沟通,注定了知识女性作为悲剧性角色被扭曲、相互逃避的现实境遇。这几篇小说同样显示了李洱扎实的叙事功力,不同凡响的是,他的叙事已超出了传统的古典伦理,构建了90年代关于情爱的叙事法则,呈现出文学写作的后现代症候。在这里,情感生活中喑哑的"声音"、话语(交谈媒体)的"悬浮",体现出知识分子情感的失重和灵魂的无所依傍,以及他们在现代社会生活中的精神晕眩。孙良们和中年知识女性在精神生存临界线上的心灵挣扎和隐忍,显示了他们对幸福归宿的真诚向往。李洱在发掘那种刻骨的真实性,逼近"原生态"的叙事雄心正是他写作的追求。现在的问题是,知识与性,是否构成了知识分子日常生活或精神性存在的最后支点,是否也指代生存、生活最后的希望——这种思考、艺术判断和表达的多重性在李洱一系列中、短篇小说中呈现为种种生活样态,被表达得有棱有角。扭曲与自尊,痛楚和哀怨,生长与扼制,精神与物质相互重叠,达到一种呼应,成为对知识分子已略显破败生活的重新修补。李洱尽力控制着自己个人化的文学经验,表现出当代人文知识分子在种种生存预设和话语束缚下的日常生活和精神状态,将"日常场景"和话语形态彻底地推到了知识分子叙事的中心。

三

20世纪90年代的文学尽管有些怪诞奇妙,混乱而不可思议,但却是一个生气勃勃的转型期。这个时候,许多作家已不再寻求共同的终极目标,而乐于以个人姿态游走于那些中间地带,李洱无疑就是其中之一,但他更愿意在写作中建立自己的文学表现方式和叙事立场。《遗忘》和《花腔》就是以相当大的艺术震撼力,继续表达着李洱对当代知识分子的独特思考,充分地显示出作者巨大的艺术勇气、自信心和探索精神。现在看,这两部长篇小说,已成为近20年当代小说创作中极为重要的作品,在知识分子题材小说创作中具有革命性意义。两部小说基本上都采取写实与虚构相结合的方法,无论是小说文体还是题材处理,它们都与李洱前些时候的写作有重大的区别,在这里,李洱的写作意外地接近了米兰·昆德拉的"小说是引人发笑的"文学理念,使知识分子及其"话语"在"狂欢化"的语境中走向了平民化、世俗化,滋生于多种文化形态共生与存在的土壤。他在相当深厚的层次上写出了知识分子颓败、荒诞而真实的当代图景。小说通过"话语",包括知识分子自身的话语成分、作家的叙事话语,呈现出人物历经的种种精神苦难、生存境遇、生命求索。话语散发的不仅是幽默、反讽,给阅读带来的思考气息,更多的是提供了强烈的悲剧意味,这其中不仅有话语的颓败,更有精神的迷惘。

《遗忘》最初在《大家》杂志"凸凹文本"特辑中作为文体实验发表的,引起的基本上都是关于小说文体革命、纯粹的文本实验的讨论和研究。我不否认小说在叙述策略和文本技术方面所作的创新努力,它作为一个具有多重可阐释性的"文本"给我们的阅读提供了智慧、智力的表现机遇,还有,它在一个虚构危机时代带给了人们的审美上的惊异。但事隔多年,现在回头来看,这部小说之所以生命力犹在,仍能够在人的思想深处引发震动和反响,并非单纯是文本形式怪异,叙事结构和机制的魅力,而主要是文本形式背后隐含的那些本质性问题,一个时代最根本的问题:对文化、生命、精神的深刻揭示,对当代文化、人文现状、当代人文知识分子真实的虚构,以及由此带来的尖锐感和刺痛感。小说讲述的是历史学家、博士生导师侯后毅对弟子冯蒙博士的学位论文提出了与众不同、不可理喻的荒诞要求,要冯蒙对嫦娥这个神话人物进行历史学考证,并证出"嫦娥下凡"的过程,包括侯后毅本人与嫦娥之间的特殊关系,即嫦娥下凡完全是为了表示她对侯的爱恋和钟情。但研究生冯蒙根本不可能与嫦娥作任何现在时的对话和交流,更无法进行推理,论证其中的逻辑关系。加之冯蒙与曲平、与师母罗宓微妙、复杂的情感纠葛,小说中的神话传说和现实生活互相推动、缠绕、挤压,在对历史和神话的假想中表达出现时存在的神秘、荒诞和悖谬。整部小说基本上是用想象性话语进行叙述的,故事本身是想象的,侯后毅与嫦娥的关系是想象的,现实也完全依赖神话传说被推进、被戏拟。由于侯后毅近乎走火入魔地对现实与神话,也就是存在与虚无进行混淆,神话、现实的逻辑秩序被颠覆、被解构、被拆解。具体地说,一个著名的大历史学家,倾其自己一生的精力和生命去论证一个根本就不存在的神话传说,仿佛已然遗忘了自己庄重而严肃的史学家身份。我们看到他生存的空间完全是"话语"的空间,而"话语"也已全然没有了实实在在的历史或现实依凭,神话可以修改增删,历史可以拼贴,现实也必然是存在谎言的世界。侯后毅在遗忘自己生命起源的同时,任何权威话语、个人性话语也都变得更加虚妄和毫无依据,最终,想象性存在和话语一样衍生为一种生活方式,即话语生活的方式。所以,知识分子的角色感渐显朦胧、模糊,我们在文本中已无法判断现实与虚构的本质区别,同样,我们更无法通过话语甄别知识分子存在的精神内核是否坚硬如初。我觉得,它是李洱制造的一个"现代知识分子神话"坍塌的事件。事件的导火索则是话语本身的相互引爆,因为,思维和存在的关系就是由话语建立的,在一定程度上,话语的维度决定规约着人的现实选择的方向。也就是说,知识分子在这里既丧失了话语的建立者身份,也迷失了话语的阐释途径。

如果说《遗忘》在戏谑神话传说中瓦解了知识分子的话语生态,呈示其追求神性、秩序、和谐与永恒的叙事冲动，显示出喧嚣、怪异、失落、裂痛感的话，那么，《花腔》则在仿造历史的话语中揭示、暴露出知识分子历史话语自身的缺陷和局限。李洱充分地发挥了他小说家的天才和机智，彻底地将主要人物葛任置于多重话语的讲述中，完全"剥夺"了他自己的话语生活，让葛任（个人）的个人生活寓居在"众语喧哗"的声浪之中。关于《花腔》，人们都非常注意小说与历史的关系，在人们的传统小说观念中，认为小说只有在与史著攀附在一起的时候，方能显示出小说"补正史之不足"的文体分量。李洱实际上是假借历史演绎知识分子在当代现实中的颓败，以此完成对知识分子心灵的解构，尤其是对种种传统意识形态话语、私人话语的解构和重构。那么是否可以说，倘若在李洱小说中文学和历史出现惊人相似，也可以权当是一个意外。说到底，小说文本反复想要在"叙述"中最终解决的问题，就是主人公葛任生和死的真相问题。其实，这是一个永远也无法回答的问题。不仅葛任的生存或终结生命都取决于话语，葛任已是"符号"、是"影子"，而且，"讲述"、"叙事"话语本身也不可能有确定的话语秩序。这就是说，一方面，《花腔》中的"众声喧哗"是努力向我们呈现出历史的原始质地、丰富性、多种可能性，另一方面，实质上作家是在运用一种话语（文学话语或文化话语）消解另一种话语——传统意识形态等合力构造的历史话语。这样看，主人公葛任由于双重话语的挤压而存在于话语的撞击中，让我永远无法看到他存在（或不存在）的真相。历史话语以往的坚固性也遭到毁损，在跨时代的讲述中，他的个人性、私人话语又不能获得自我确证，那么，谁又能确定一个人真正的时间和空间位置，辨别出知识分子最后的精神居所呢？

在知识分子问题上，毛泽东很早就曾提出过著名的"皮毛理论"，即知识分子不是一个阶级而只是一个阶层，在进入社会实践时它必须也必然像"毛"一样，要依附到某张"皮"上。"皮毛理论"有其充分的理论和现实依据，其形式和推行方式也有足够的象征意义。在这里，"皮"显然是喻指被预设的某种话语体系，知识分子这根"毛"的张扬或失落，都只能在"这张皮"的平面上获得话语的直接经验或进行精神的腾挪，这也注定了这个群落在社会、政治等许多层面可能遇到的困难，以及由此带来的悲剧性。从《花腔》的文学叙事来看，李洱试图在多元文化视野中，在"叙述者"营构的时空变幻的结构中展开叙事。叙述有意让不同时代、不同身份、不同环境、不同背景的语言混淆杂陈，造成巨大的落差和错位感，目的是为了最大限度地表现时代文化的多元经验。葛任看上去像飘移的影子，像是行走在各种话语边缘的精神幽灵，他可以被任何叙事话语或个人经验进行置换，他生活在一个话语的氛围里。可以这样讲，李洱实际上是在运用近乎历史学的叙述方法进行小说写作，但其中人物、事件、诸多文字记载和记忆都已变得并不重要，"真实"已彻底文学化，从另一角度讲，也可以说是小说将历史彻底文学化,或是小说使文学历史化了。按照海登·怀特的观点,历史学家同样是依照情节模式对历史事件重新编码,进行改造,这种处理也与文学有异曲同工之妙,因此,小说与历史两者在"话语"叙述中词与物的对应关系上,都表现出所指的不可确定性,葛任在文本中的存在也就无法确定。葛任既属文化创造型知识分子(他是马列学院编译研究室译员、理论家),也算批判型知识分子,但在小说叙述中,在话语分析的层面,他的革命性、政治抱负、人生理想都只能存在于多重讲述之中,他在现实中已无处藏身。因为话语权的丧失,连葛任自己都已无法确认自己的存在位置了。李洱将他的自传命名为《行走的影子》、将他的诗命名为《谁曾经是我》,也表明葛任自我的困扰、疑惑。作家找不到他的存在真相,葛任连同他的影子已被强大的叙事话语吞噬,话语中的葛任失去了自身。即使从叙事时间上看,葛任的生命、存在时间在文本中已是不合乎自然时序或历史时间的个人时间,也不具获得结局、意义的可能。在《花腔》中,知识分子自始至终都处于话语的相互纠结、缠绕之下,其命运的无奈,宿命般的沧桑起伏不定,生命只能在汹涌的时间之流中最终渐渐隐逸、寂灭。所以说,《花腔》的叙事是关于现代知识分子的悲剧性叙事。

　　李洱近十几年的小说创作,专注于对知识分子群体的精神考察,他通过独特的话语形态和不断调整变化的叙事策略,面对"现在"写作,在生活的缝隙中捕捉当代知识分子生存的奇观异质,表现、解析中国所谓"现代性"历史发展中知识分子被解构的"后现代"感觉和体验,显示出执着的精神性,并渐渐形成了李洱式的"叙事诗学"。不夸张地说,《午后的诗学》、《遗忘》、《花腔》一出,就已成为很难模仿或借鉴的知识分子叙事的特色文本。他用个性叙事取代、替换了意识形态叙事,使"叙事性"向多元性的转化成为可能,这无疑是对新的小说审美表现形态的一种革命性建构。李洱小说以其自由而富有穿透力的话语形式,对知识分子进行了独到的描写,他的小说不仅让生活艺术地发生变形和变异,更主要的是,让我们看到了知识分子存在的种种局限性,看到了事物、生命存在的真相。

原载《当代作家评论》2005 年第 3 期

饶舌的哑巴：怀疑主义者的青春期话语
——李洱早期小说文体风格

魏天真

《饶舌的哑巴》是李洱的第一部小说集，辑录了他写于20世纪90年代的10篇中、短篇小说。《饶舌的哑巴》是其中一篇的篇名，这篇短篇小说并不是其中最有力或最精彩的，但用它来作小说集的名字，却是那么的恰如其分。因为，无论是从文本叙事方式还是故事中人的举止气质来看，"饶舌的哑巴"都十分写意传神；对读者来说，无论是作经验式的理解还是进行索引式的穿凿，"饶舌的哑巴"这一含义乖悖的命名预先赋予我们一种"辩证"的心理期待，促使我们排除已有的阅读习惯和成见，进入特定的文本世界。这个集子中的其他篇名，如"暗哑的声音"、"午后的诗学"、"悬铃木枝条上的爱情"等，也都有或隐或显的意义悖谬，它们好像与"饶舌的哑巴"串通一气地作弄我们的神经。于是，读者在进入文本世界时，不由得带着某种形而上的思议，至少是对玄奥之事的逆料，一种哲理探究的欲望有时甚至会超过对故事情节和人物命运的好奇。的确如此，在阅读和思考这些作品时，从叙事结构到人物形象，从文本主旨到作品的题外之旨，从讲述的语气到人物说话的方式，我始终摆脱不了"饶舌的哑巴"在意识中的纠结。尽管有些小说的篇名偶有例外，比如"故乡"、"葬礼"，但一经深入文本就会逐渐发现，其中所叙之事终究还是和这些温情、肃穆的篇名形成了对照和忤逆，仍然可看作是对"饶舌的哑巴"进行的演绎和诠释。"饶舌的哑巴"正是我们理解李洱早期小说的特征和意义的关键。

一、何谓"饶舌的哑巴"

维特根斯坦《逻辑哲学论》中的第六命题里有这样一个陈述："神秘的东西不是世界如何，而是世界存在。"①在第七命题中，他又说："凡是不可说的东西，

---

① [英]路德维希·维特根斯坦：《逻辑哲学论》，《维特根斯坦全集》（第一卷），陈启伟译，河北教育出版社，2003年，第262页。

必须对之沉默。"①把这两个命题结合起来,我们可以理解一些明智的人为何倾向于沉默,因为他们知道自己的说"话"和"事物"本身相比,总是模糊的。"存在"无需言说而自在,"如何"则是人对"存在"的勉为其难的言说,言说可能杀灭存在的神秘,至少是说不清楚"存在"的神秘,好似无用的饶舌;但是,如果"说得清楚",就可以说吗?对此,另有哲学家给出了另一套说法:"也有的人知道自己的话清楚,太清楚了,但真理又必须藏在隐晦之中,比如拉康欲言又止";"有的沉默是雄辩的";"有的话却什么也没说";"有的人明白话语就是沉默,说话就是保持沉默,并以为保持沉默比什么都不说还要好";"也有的人起点是一样的,认为沉默和话语联系在一起,认为沉默是最高阶段,或者是最为巧妙的形式,但他们走的却是一条相反的路,在保持沉默的同时,却开口讲话了:比如马拉美就是个不断地说话的哑巴,这个饶舌的人反反复复地说着,编出一段'静',并编出一段诗'更美'"。② 这些对"说话"和"沉默"及其关系的描述,让我们领教了"饶舌的哑巴"在意义和形式上的特质。但它们并不与李洱笔下的"饶舌的哑巴"完全对应,读者可能在读这串引文时已经感觉到,发出这个声音的家伙更像是李洱小说中的一个"哑巴"(比如费边甚或费定)在"饶舌"。要简单地概括"饶舌的哑巴"的含义,可以说是一个不停张嘴说话的人,人们听见他发出的声音,看见他张嘴的动作,但听不清或听不懂他所说的一切。在李洱的叙事文本中,其所指包括如下几种情况:一是所说的一切皆无意义;二是所说的一切都为复述;三是指无人倾听的诉说;四是令倾听者无从理解的言语。有时,"饶舌的哑巴"不仅是指这个人言辞上的状态,还包括他出现在人们眼里的所有行止,也就是他作为"在这里"的"这一个"的所有举动,皆显示出一种"赘疣"的特征。

"饶舌的哑巴"的最终寓意是虚无;并且,制造这个短语的人已经预示,人——并非哪一个人——是"饶舌的哑巴",他自己也有"饶舌的哑巴"的自我意识。这样说来,这部集子里的小说极有可能是观念性很强的小说,甚至可以说是"观念先行"的小说。贯穿其中的观念是存在的无意义。不过,由于这种观念是写作者自己的生存体验和对现实的理解的结合,他的写作并无过去所谓"图解观念"的作品的概念化或者教条性的弊端,相反,它非常切合部分读者的感性经验,因而很容易引起共鸣。

在《鬼子进村》中,饶舌的人是两个"我":叙事的"我"和作为主人公的小时

---

① 〔英〕路德维希·维特根斯坦:《逻辑哲学论》,《维特根斯坦全集》(第一卷),陈启伟译,河北教育出版社,2003年,第263页。
② 〔法〕贝尔纳·列维:《萨特的世纪——哲学研究》,闫素伟译,商务印书馆,2005年,第157页。

候的"我"。在"我"的讲述中,用了小学生"我"的视角,小学生"我"看知青和他们的生活,看乡民们如何看知青,还看与知青和乡民生活都紧密相关的时势。总之,有多重眼光笼罩在故事和事件上。饶舌从何而生,因何而起呢?成年叙事者的"我"和小孩子的"我"的互相牵扯、互通声气,这个特点从小说开篇就已显示出来,具体地说,是在解释用"鬼子"和"驴"代表知青的由来时显示出来的。作为小孩子的"我"对听到、看到的一切感到兴味无穷,所以他向读者的"报告"不可能是饶舌,他自己丝毫没有"饶舌"的意识。当叙事人把自己的成人眼光附着在他身上时,一方面使他对读者的讲述更周详、清楚,另外,他也为自己当年的那种饶有兴味打上了引号,叙事人在对自己小时候的那种兴致表示留恋的同时,也有了索然的感觉。他对要讲述的关于"仪式"的故事特别进行说明,专门指出这是本篇小说中"比较有意思的部分",就是证明。叙事人故意使自己讲述当年情景的行为带有饶舌的性质,为他对知青生活的讲述定下了基调。

在这个小孩子的"我"身上,始终附着了一个成年的"我",但这个"我"又为作者所掌控。因而,小男孩在说出他所看到的一切时,他说的方式经过成年的"我"的归纳、整理和补充;小孩子不说话时,成年的"我"也在代替他说,对他说出来的话进行加工、提示、补白。如果说当年的小男孩和今天的叙事者这两个声音是合为一体的,也可以说是成年的"我"把目光投向当年时,本来是要附着在还是小孩的"我"身上去看当年,结果却是成年的"我"带着幼年的"我"去"看"了,就像一个老大哥陪着年龄过于幼小的弟弟——纵然他很乐意迁就,成人对小孩总是进行驾驭和牵制的。这样,叙事过程的"饶舌"就出现了。前面所说的对关于"知青是驴"这个说法的来龙去脉的交代,是很明显的一个例子,实际上比这更隐蔽也更典型的例子还多的是。比如,小学生"我"一听老师说"不上课"三个字,就奔出教室去抢占乒乓球台,这是他往常在课间常干的事情;而后小说写到"我"坐在球台上有点害怕,那一段原本是客观描写,但有成年的"我"的声音掺入:"别以为我是害怕球台倒塌砸伤自己,那没有什么可怕的,我相信在它倒塌的那一刹那,我会像一只鸟那样突然飞离。"再如,当"地震"的传言将要出现时,"我"——在成人"我"帮衬下的小孩"我"——归纳"众多的奇迹"后,以这样一句话作总结:"不敢往深处想了,一想头皮就发麻。"这个总结的确像是小孩的感觉,也和当时其他人的感觉很吻合,但它更是此时的成年的"我"在叙事过程中的即兴"雅谑",自然也是作者的幽默。借叙事人的这种"饶舌",作者尽显风流,这"风流"一方面是看透世事的风流,另一方面,作者虽然和他笔下的叙事人一样在饶舌,虽然"无意义",但作者自有他在意的"趣味"。

像《午后的诗学》、《暗哑的声音》、《破镜而出》、《夜游图书馆》、《奥斯卡超级市场》等作品里,则有一些饶舌的主人公,他们喜欢诡辩,经常说着许多读者听不懂、他们自己也不懂的话。这些人控制不了自己的语言和说话的欲望,就像他们驾驭不了自己的行为一样。他们总是在一种清醒的状态下把自己逼到绝境,故事往往在他们不知道怎样摆脱绝境,作者和读者也不知道事态如何发展的情况下结束。所以,许多小说的结尾都属于黑色幽默,它让读者和主人公一起惊恐地、又有点幸灾乐祸地张大嘴巴。最突出的要数《饶舌的哑巴》和《奥斯卡超级市场》。与《鬼子进村》相反,《饶舌的哑巴》的表现对象是一个饶舌的人,但故事讲述者的话语却很俭省,也就是说叙事人没有饶舌,以有利于读者自己认识这个饶舌的哑巴的形象。这似乎也是李洱小说的一个规律:主人公滔滔不绝的时候,叙事人总是适时地闭嘴并且藏匿起来。

在《现场》、《遭遇》、《故乡》、《错误》、《缝隙》等小说里,也有显得饶舌的主人公;说"显得",是因为他们并不真的饶舌,起码他们不比现实世界里的人更饶舌。但他们在文本世界里却显得饶舌,这是由于叙事的语境突出了这种状态:彼此说话、应答的人们都听不懂对方,他们没有能力和心情去听、并且听清楚别人都说了什么,都只管自己说,都只希望他人能听见、反馈自己说的话。《现场》中,对人与人之间没有倾听的自说自话状态的表现,不在马恩如何不厌其烦地讲述自己杀人,也不是杨红怎样告白自己勾引男人,甚至也不是采访者"我"通过他们的讲述而对"现场"作了过于逼真的复现。精当地表现出"饶舌的哑巴"状态的是很简单的小事,比如,马恩几次对人说起想去抢银行,他对李老师说,李老师的反应是"我才想抢银行呢";而那个最关心他、他最信赖的程普老师这样回应他,"好啊,你抢了钱可以赞助一下学校的数学竞赛"——与其说这些人不相信马恩会抢银行,不如说大家都受困于自身处境,无法分心去听他人的声音。《遭遇》写的是两对互相说话的夫妇。侧面和间接描写的那一对已经离散,被正面表现的迁入新居的这一对,他们之间的说话方式、他们和另一对的语言交流也有一种隔膜的特征,不过不像《现场》那样惊悚。《故乡》刻画一位小学教师、也是位孤寂老太太的饶舌,她沉浸在常常是错误的往事回忆中,不停对人说起她的混杂的回忆,即使有学生认真听她说话,那认真里头也透着厌烦和敷衍。小说描写"我"和一位在故乡颇有实力和影响的女同学,不费举手之劳就抚慰了老师:他们在小学操场放电影而极大地满足老师的虚荣心,在电影放映的同时他们自己却在应酬式地宣泄本能冲动。之所以说他们的本能冲动也是应酬式的,是因为小说写出了他们的冲动只是填补心里空虚的行动;两个老同学有了肉体关系,还是隔膜依旧。这些饶舌的哑巴形象,是对现实中人的精神状态的一种诠释。

在李洱此时的小说中,还有其他种种饶舌的方式和饶舌的哑巴的形象,不待细数。我们常常会从中看到自己的影子,于是便返身自问:人为什么饶舌不已?

二、饶舌:存活的证据

　　李洱早期小说中的主人公如费边、孙良等人,如果偶尔有不说话的时候,那反而是他们在心里饶舌饶得更起劲的时候。当他们认真对待生活并且认真思考问题时,也就是在精神上有所追求时,往往会产生强烈的虚无感;当他们放弃追求,投身于庸常生活,想要沉溺于具体的快乐时却也做不到,因为他们有头脑,自我意识太强大,无法对日常生活的种种虚假、虚幻视而不见。所以,饶舌是他们纠缠、郁结于心的焦虑和虚无感唯一的、不那么通畅的一条发泄渠道。

　　饶舌的人是丧失了存在感的人。人人都有生存的意欲和对价值的追求,人人都在矛盾中挣扎,所以人们的痛苦既来自形而下的需求也来自形而上的思索。对于那些知识分子而言,"饶舌"成了一种特有的、甚至是最基本的生存方式。同时也可以说,"饶舌"仅仅是存在的一种征候而已,它表明这个不断说着话的家伙还活在人们眼前。有时候,对于饶舌的人这个主体而言,"饶舌"就好像是身体上的疮痂,可能掩盖起腐烂,也可能在保护和培育新生的肉芽。读者看到,在那些有着确定的知识分子身份的主人公嘴里,经常会吐出一些格言式的言辞,不论是自己创造的还是背诵别人的——更多的是将前人的警句嫁接到自己的表述上;从那些不那么正式的知识分子的嘴里,也时常蹦出谵语式的言辞。这些人要么没有正常的生活,在旁人眼里有点神经病,要么他本来在按部就班地过正常日子,可他总是在用一只眼睛盯着自己的"日子",旁人看着还是终究无聊;并且,当他们的声音传到我们耳朵里,我们费劲地琢磨时,却发现,他们说的带有极大启示意味的言辞,终究是为了使意义"归零"。他们的生活方式看似任性任情、洒脱自如,却遮盖着情感的迟钝粗糙、精神的疲乏和孤寂。他们总归是一些没有着落的人,所以要不断地聚拢,聚拢是为了说话,通过说话表明他们还"在"。

　　这些人对自己的饶舌是有着清醒的意识的。《喑哑的声音》中,孙良这样回答情人的问话:"自己好长时间没写了,不是没东西可写,而是觉得自己写下的每一句话,别人都写过了。"一个人感到自己是在重复他人的言辞,他的经验别人早已经验过了,他的生活也无非就是重复。不过,有的人因为这种重复而羞愧、绝望,有的人则热衷于利用这样的重复。看看《葬礼》中华林教授的表现:

他就在那本书的封三上开始了他对徐雁的安慰，他写到：

你别哭了，当我们的亲属好友死的时候，我们其实应该感到快慰，因为我们有了令人安慰的保证——他们再也不会受今生今世之苦了；好吧，让我陪你一起哭吧，一想到人家把他放在冷冰冰的地下，我还是想陪你痛哭一场。

写得多好啊！他想，徐雁应该对我的安慰感到满意。这种话可不是一般人能写出来的。徐雁一定不知道，分号之前的话来自奥古斯丁的《上帝之城》，分号之后的话来自莎士比亚的《哈姆雷特》。有奥古斯丁和莎士比亚来对她表示安慰，她确实应该知足了。她应该擦干眼泪，张开双臂，迎接我的大驾光临。

华林教授坦然、得意地利用他人的表达。的确，华林这样的人在生活中无疑是表达"情感"的高手，其他更多的人不过是拙劣地重复那种老掉牙的情感表达模式。换一个角度看，精致文雅的话和粗糙落俗的话都是在重复：简单粗俗的重复可能有效地传递感情，产生实际效果；复杂高明的重复，却使得"表达"形式本身重于想要表达的情感。华林教授就是有完美的"表达"而无真实情感的人，他迷恋自己传达情感的形式，并不关注那有情感需求的人，甚至别人的情感需求也是他按照自己掌握的形式设计出来的。所以，通过对他的行为和心理的描写，表现他的虚伪和无耻，这是顺便或者次要的事情，作者真正的用心更令人沮丧：他等待着读者把审视和调侃的目光，从文本主人公返回到自己身上来——华林教授的形象在提醒着我们，我们生而为人，我们在重复着他人的言辞因此也重复他人的生活；如果我们在重复时还能表现出那么一点独创性——像华林这样——那么我们也应该能识别得出自己的伪善和无价值；如果我们的重复还欠水准、欠火候，那么正在重复着的我们已经是微不足道的了。

一个人无论怎么追求独立，发挥自己的创造性，无一不是落入他人或前人的窠臼之中。这是小说集《饶舌的哑巴》描述的生存图景。如果其中有些人还没有绝望，是因为他完全没有看透，或者看透了但没有真的觉悟，或者曾经觉悟但又忘记了。这本书中的故事主人公都不外乎如此，他们大多有一种"看透了"的绝望，绝望之后的虚无。下面这一段是《喑哑的声音》的结尾：

她谈到她的那些观众非常可爱，也非常可怜，因为他们从来听不到她真正的声音。"只有你是个例外。"她说。他纠正她说，不是可怜，而是可爱。他们这时候真的看到了许多可爱的人。那是些孩子，他们在一个滑梯上爬上爬下。像往常一样，有什么最紧要的话题好像随时要跳到他们之间。他们踩着悬铃木暗红色的果球，绕过了一个小树林，在金水河边坐了下来。她把脸埋到双膝之间,小声地哭了起来,那声音跟她平常说话的声音一样喑哑。他想象着能用什么办法来安慰她,他对她说,他真是在爱她,但这似乎并不顶用。是的,如果她现在明白无误地对我说,她也深爱着我,那又顶什么用呢?如果现在是我哭了起来,她又会怎样安慰我呢?于是,他又想象着自己哭起来,会是什么样子。好在天黑以前,还有一段时间可以让他想象,所以他并没有感到事情过于棘手。

结尾里的"他",和《奥斯卡超级市场》结尾时那个明知没带钱,还是装了满满一购物车高档消费品,向收银台走去的"他",没有什么本质的区别,虽然一个"并没有感到事情过于棘手",另一个可以想象已经紧张得脑子一片空白。我们能够体会的是,无论他是在继续想象还是意识空白,都是无聊的;无论他此刻怎么无聊,那即将到来的时刻都是灾难性的;而且,即使那即将到来的一切是灾难性的,他也只能无聊地挨过去。

归根结底,饶舌除了标志人活着,再没有别的意义。可以说,在李洱早期小说中,众多"饶舌的哑巴"的形象,也就是无意义的存在的一种象征。年轻的作者何以虚无至此,他果真如此虚无吗?换句话说,就算我们都承认自己是饶舌的哑巴,我们每个人不是都还在孜孜以求引起他人的重视吗?即使是饶舌的哑巴,也想得到承认。这是我们共同的经验。

三、哑巴:从愤青到嬉皮士

表面看来,李洱早期作品更注重思考而不是故事,是针对人的无意义的存在和现实生活的荒诞性的思考。实际不然,即使是表达抽象玄妙的冥思,作者也是通过故事来进行的,并且,叙事十分依赖"故事",那些构成故事的悬念、高潮、结局等要素一样不少。读者还会发现,这些各有千秋的故事也有风格化的共同点:既令人焦躁气闷,也令人忧郁感伤;既引起人的冲动,也引人进入深思和冥想。如前所述,故事人物表面上多是随波逐流,但他们的内心并非真的如此,还潜藏着对生活的价值和意义、人的尊严之类的执着。无论这些人是干什么的,他们都格外敏感,总是看到旁人看不到的东西,他们面容散漫无神而内心常起波澜。

在《故乡》的开头,那个当烟草商人的主人公阎森一出场,我们就看到他的随波逐流的状态:对眼前的一切漫不经心,对自己的行程计划和临时决定也都是无可无不可的。但是,作者很快就让我们看见了他的敏感。他坐在车上,看到一个乘客递给售票员一包烟,求他停一下车,他看到"售票员拿着那包烟看了看,从中抽出一支咬到嘴上,然后又把那包烟还给了那个游客。这个举动让阎森感到了一丝慰藉"。阎森捕捉到这个细节并产生这种心理,暗示他有太多类似的见闻,这些经验使他看到游客的举动就预想了司机的举动,他预想的情景也许就是司机不仅收下烟,还得骂骂咧咧地表示不耐烦,所以他才对司机的实际反应感到意外,并且感到慰藉。而看到他对司机的举动感到慰藉,我们读者也应该为他的慰藉而感到慰藉——为了这么一个生意人还有这么细腻的感觉。如果读者真的怀着这样的慰藉来继续阅读,很快就会受到打击。不过,诸如此类的波澜将通通被淹没,我们还没有来得及为故乡所引起的怀旧、怀旧带来的忧伤、故人相逢产生的温暖所融化,庸碌和俗套就次第上演了。出现在我们眼前的终究还是在真实时空中见惯不惊的事情:启蒙老师的记忆错乱的絮叨,分别多年的同学百无聊赖的山中野合,乡人们浅陋的奸猾和委琐等。

阅读这类故事,我们可以看到并进一步猜测的作者的态度,是他对他笔下的这一切既痛恨又无奈,既感到别扭又觉得好笑。那么,读《现场》和《国道》,你会体验到作者的悲愤和游戏、追根究底和不求甚解互相交织的心态。

《现场》写一个没有考上大学的好学生怎样杀人、怎样抢劫银行,写他怎样在没有人相信的情况下做成这些事情,他怎样在做这些事的过程中和他的女友越来越诚笃相爱。讲述者经常提请我们注意主人公心态的耐人寻味:

> 可马恩对我说,其实他在心里从来就没有把栓保当成朋友,他只觉得他是一个可以利用的人。"充其量,我们也只能算上是酒肉朋友,我请他吃请他喝,其实我压根就瞧不起他。把这样的人当成朋友,我的这张脸往那里搁啊。"他对我说。说到这里,在旁边站着的看守们都笑了。听马恩谈人格一类的话题,确实让人忍俊不禁。马恩对人们的发笑感到恼火,"笑什么?笑什么?"他说,当人们继续发笑的时候,我看到了他的脸上闪现出了不屑一顾的嘲讽。

面对一个杀人犯,任何普通人都有一种道德和心理的优势,这里叙述的情形刚好相反,表现出这种优势的是这个犯人,他对朋友和酒肉朋友的辨析、他探讨的面子问题、他脸上的神情都证明了他的这种优越感,另外,他还在有意识地显示他的优势。在听者这一方,也因为具有当然的心理优势,他们无法理解此刻说话的人,只好把他当成疯子。作者专门写"我"注意到"他"脸上闪现的嘲讽,这意味着"我"对"他"的好奇和不解,实际上也表达了作者对叙事人"我"的怀疑:当"我"对他的神色如此敏感时,"我"真的能理解他吗?这时,作者是在对读者说话,并且,他不想做饶舌的哑巴,他设置这样的一个说与听互相交融又互相隔膜的场景，交由读者判别，读者也就不得不从置身事外到参与其中，不得不开始考虑，当一个确定的、真正的罪犯和一个普通人——比如我们自己——互相面对时，道德的高下还在吗？人格、价值这样的范畴还有效吗？作者担心读者不愿费这个神，所以他有点饶舌了，介入到叙事人的声音中：

> 在谈到和陈栓保的交往以及杀陈栓保的过程的时候，他却一反常态，变得非常健谈，甚至有点饶舌。在事实的真相已经大白的时候，你会发现，他所讲述的杀陈栓保的过程比他实际上做过的还要残酷，并且添加了一些滑稽的成分。
>
> 当然，谁都能听得出来，马恩这样讲，无非是要为杀死陈栓保辩解。但他那种辩解的效果，又逐渐被他讲述的血腥的杀戮冲得七零八落了。讲到兴头上，他就开始问我要烟抽。他抽烟不是要让自己平静，而是要用烟提神，以烟助兴，使自己的讲述在血腥中显得更加活泼有趣。

杀人者不为自己辩解，而是在讲述中把对方再杀死一次。作者让叙事人把这些介绍给读者，让我们去注意这个人，并提示我们要注意的地方，而后我们再凭自己的经验、教养去思考。在叙述中我们并不能发现作者有激起读者的立场倾向的企图，他就是要让我们看到他所看到的现实，注意他认为值得注意的地方。

在其他一些爱情故事中，按照常规，两个人相遇和相爱，既然发生了关系，一定是由于彼此吸引，怀有无法遏止的激情。但是，李洱叙事展示的是，几乎所有的"爱情"都是以怀疑和算计开始，到末了更是那么的了无生趣。我们看到，以孙良为代表的恋人们不仅没有热情，连同情心、羞耻感等等也都没有，只有自己已经发现和未及发现的厌倦。

或许，愤青和嬉皮士本身就是一而二、二而一的。我们说一个人是愤青的时候，是指这个人不仅对现实不满，而且以鲜明的态度表达他的不满；而我们说嬉皮士的时候，多指以游戏的方式处理自己与现实世界关系的人，最典型的当数60年代的西方"朋克"，他们有一个"迷惘"、"垮掉"的背景。那么，对李洱笔下的这些人物，除了提请读者按照自己的方式去思考他们怎么就迷惘了、垮掉了，能说的只剩下一句话：只有一个饶舌的哑巴，那就是文本幕后的作者。他也是那个愤青和嬉皮士的双面人。

四、倾听无名的声音

所有可说的话都有人说过了但人们还在重复，所有应该思考的问题都已经被人思考过却得不到解答,所有正在经历的情感早就有人经历却都没有结果。不愿做"饶舌的哑巴"的写作者何所作为?

文学史中的两种情况可以帮我们理解这个问题。一是那些建立世界声誉的大作家,在他们的学习和创作历程中,也曾认识、理解、崇拜先贤,对他们的伟大感到敬畏,但却并不服气,终其一生要躲开大师的阴影,超越其成就,到头来却发现自己还是被这个阴影所攫取。他感到颓丧,但更感到安慰。第二种情况,就是那些成长中的作家,他们同样是有独立性的思想者,只是还没有和先贤叫板,就已经看透了种种情景,产生了这样的觉悟或者绝望。所幸他们转而投身现实,开始重建对素常人生的尊重和关怀,使自己从落入大师窠臼的恐惧中跳脱出来。李洱正属于后者。

在《饶舌的哑巴》时期,李洱在故事讲述上有一些明显的习性,如果不能都说成是风格的话。总结起来,有这么几条:

一是自觉的局限视野。这从李洱小说的叙事人称可以看得出来,多用"我";而当他使用"他"时,那个"他"一定比"我"更接近"我",比如《喑哑的声音》中的"他"(孙良)和《饶舌的哑巴》中的"我"。并且,他以"我"为视角的叙事却没有"自我中心"的嫌隙,与自传体和所谓"个人化写作"大异其趣。

二是不直接描述或者呈现事件和场景,但这不意味着李洱的小说缺少此类情节要素,因为他总是借助人物之口说出这些事情,并且,凡在他的虚构叙事中出现的人物,无论主次,几乎每个人都会抓住机会说说他们想说的"故事"。这使他的小说有种"向内伸展"且无限蔓延的趋势,外部情节似乎很单纯,但在里头的故事却显得密实。

三是开放式的结尾,文本叙事往往在读者以为好戏终要开场——在经历了太多的悬念和铺垫之后——时结束,在读者的心和主人公的心一起吊在嗓子眼的时候结束,也会在情节的高潮部分结束,当然更会给那些自以为是的中青年知识分子一个了无意趣的结束。总之,作者全不以读者的好奇心为意,而采取一种令人不适的方式结尾。这也属李洱小说的风格化特质,在他后来的更成熟的作品里也很常见,值得深入研究。这里只作几项申明:一、如果是令人失望的结尾,那表明故事的结局令人失望,而不是叙事的结尾不好;二、如果是耐人寻味的结尾,那可能是一种效果,甚至是读者的想当然,而不是作者的刻意追求;三、如果结尾太出人意料,那是因为世界本身并不遵循常规,而作者尊重现实,并非想从吊人胃口中找乐趣。之所以如此郑重其事地发表申明,是考虑到传统小说有文本叙事的结束和所叙之事的结束同步的倾向,而现实主义又进一步养成了读者对内容和形式进行系统编排的习惯,尤其是培养了为个人情感倾向在文本中寻找发泄渠道和道德依据的习惯。这一切经常诱使读者抛开小说的虚构艺术的性质,实际上也就抛弃了小说的价值。

四是文本间的"互文"性。那种被称为"互文"的表达方式,在李洱后来的创作中,会有更典型的表现,也有更多的类型,比如在文本内部的互文性,《遗忘》和《花腔》是最典型的;再如《1919年的魔术师》与《花腔》,《龙凤呈祥》和《石榴树上结樱桃》所形成的互文,也值得考察的。在这部集子中,不必说像孙良和费边会一再出现,我们来看故事和讲述的"互文"。我们先读到的孙良与邓林的性爱交往:"他想起了邓林在做爱之后的那种羞怯的表情和她的忏悔……在她说话的时候,他正盯着悬铃木那灰白的枝条和那暗红色的果球发愣呢。"这是《暗哑的声音》。之后,我们会读到以"悬铃木枝条上的爱情"命名的文本;而其中的主人公王菲和不出场的罗小刚的故事将会在《破镜而出》中再次闪现。它们是"互文",确切地说是互补型的互文。另外,小说中的人物也擅长此道,除了前面列举的费边和华林、孙良等人,《夜游图书馆》里的人也是如此,他们把别人的思想和语言娴熟地嫁接在自己的意识里,或者在听到他人说话时透过言辞看到某个哲人的幽灵。故事、情节、话语在不同文本间穿插孳生,彼此应和,互相验证,其草蛇灰线,已经不是迹寻千里之外了——而是在另一个世界里幻化而出,以至于让我们感到,《饶舌的哑巴》及同时期的所有中、短篇小说,其实只是李洱筹划中的某一部大书的章节或者细节。那部大书迟早要完成,并且终将让我们吃惊地看到,所有互不相干的一切在那部大书中是那么的浑然天成。

以上这些习性,造就了李洱早期小说的独特的文本世界。这个世界也许远不是一个精彩完美的世界,却是一个真正"自由"和"民主"的世界。说它是自由的,因为即使一个常人所谓的"自闭症患者",也可在这个世界里说出心里话;即使一只任人宰割的鸽子,也可用最后一丝哀鸣或仅剩的一根毫毛,来击中人的耳膜和心房。说它是民主的,因为不光小市民、罪犯、庸碌之徒,甚至那些漂浮在河面上的塑料袋和被水泡黑的树枝,也受到了认真对待,不仅得到关注和倾听,并且得到质问和怀疑。正所谓万相并生,万物皆与"我"相连。前面说过作者是唯一的"饶舌的哑巴",现在我们可以说,他是所有"饶舌的哑巴"的唯一倾听者。李洱用他的小说,响应了哲学家的号召:

> 每一个在自己的世界中的人必须留心倾听无名的呼声,而不要因为虚妄的依赖和企盼而再次使其隐而不现。无名是真实的存在。只有那些正视无名的人才拥有抵御虚无的保证。但与此同时,无名又是非存在的生活,其力量无可比拟和不可思议地强大,它发出了摧毁一切的威胁。无名,乃是我

为了成为一个人而努力与之一起飞升的东西——如果我寻求存在的话。①

20世纪90年代的李洱,正是那样全身心地投入世界,又竭尽所能地寻求着超越。激情和理性交相逼迫,促使他关注那"无名"的"真实的存在"。他在虚无之中,也就是在愤怒和绝望中顽强地支撑着,向那邈远晦暝的理想之境迈步。由此,我们看到了一个处于青春期的怀疑主义者,在不断地怀疑和自我怀疑中建构着他自己的话语体系。

原载《平顶山学院学报》2009年第4期

---

① 〔德〕卡尔·雅斯贝斯:《时代的精神状况》,王德峰译,上海译文出版社,1997年,第165页。

李洱论

王宏图

经验的悖论与命名

　　有句俗话说,趣味无可争辩。人们同样可以说,情怀无可争辩。林林总总歧义纷出的话语,归根结底可以从陈述者各自的情怀的差异中探寻出某种缘由。

　　任何话语,一旦脱离了粗陋直白朴素的原始状态,各种思辨性的术语概念将它包装润色得令人眼花缭乱,各种归纳推演方式给它披上了滔滔不绝巧舌如簧的雄辩的外衣,但骨子里依旧围绕着那个隐秘的原始基点打转,正如笛卡尔为了给他的哲学论述寻求一个令人信服的基点,对形形色色的成见加以辩驳,但最终他手掌心里还是捏着一个无可化约的起始点:我思故我在。只有在这个基础上他的哲学大厦方能稳固地矗立起来。

　　艺术家的作品也是这样。尽管它们采用的是展示性而非论辩性的话语,但在其结构的深处依旧潜藏着创作者本人的情怀。你尽可以挑剔他技术的优劣高低精湛粗陋(这有着相对客观的衡量标尺),但对其情怀与立场的评判却是一件不能不多加小心的事。这正像你被邀请参加一场高朋满座的盛宴,席间有人乐不可支,有人装疯卖傻,有人醉意醺醺、麻木颠顶,也有人愤世嫉俗,冲动间想抡起胳膊拳头将周围的世界砸个稀巴烂,而在厅堂的暗影中自然也有人郁郁寡欢,更有人中途退场。但他们事后又都发表了各自对酒宴的观感。这里要追问的是,是不是志满意得、皆大欢喜的陈述,就一定比病恹恹的、饱含着神经质抽搐的狂乱的呓语更为正确,更为高明,更为全面,也包含更多的真理性元素?

　　然而,人们习惯上(注意,是沿袭千百年的习惯而不是出于理智)将前者视为一种更具正确性的总体化的图景。在文学中,由匈牙利思想家、文艺理论家卢卡契推崇的展示社会现实总体化图景的作品长时间内雄踞文坛,人们对之青睐有加,将它视为不可超越的范本。自然,这类意义饱满的文本中既有对历史发展的透视,又有不无深度的哲理思索与不无虔诚的宗教情怀,既有特定社会场域内的风俗展示,又有对人物内心冲动与激情的剖析:这些优势使它理所当然地占据了时代的制高点。而浸渍在这类作品的氛围与趣味中的人们,一旦审美习惯被仿佛来自天外世界的另类作品粗暴地袭击,便会惊惶失措。他们实在难以想象会有其他类型风格趣味迥异的作品的存在。

而具有另类风格作品的涌现,主要并不是作家们如杂技演员那样力图炫耀高难度技艺的结果,核心问题在于他们面对的世界图景发生了根本性的变化。李洱在近期的一篇创作谈中曾真切地描述了90年代以来在中国文学界弥漫的灰暗的心理状态:"我倒不认为,这是因为文学失去了轰动效应的结果,我也不认为这是文学边缘化的结果。我更愿意相信,这样一种不开心,这样一种坏心情,来自于我们突然发现,我们所养成的用文学眼光看世界的方式,用文学的形式表达感受的方式,一下子好像不好使了。我们的知识结构好像不灵了。"①

这确实是当事者的最为真切的感受。在变化莫测的世界面前,仿佛经过了一场祛魔的仪式,人们原先熟稔的灵感、想象、激情统统失去了原有的效力。总体化象征的破碎导致了个体性的溃败,一时间许多人沉陷在怀疑里。那不仅是对先前业已崩解的大写的意义、真理的怀疑,而且还是对未来能否重新建构起一种新的意义与价值系统深表疑虑。这好似从情爱的迷狂中走出来的男人,抓挠着自己的头发,开始冷静地审视着自己膜拜的女人,百思不得其解:自己怎么当初会那么弱智?且看,此刻的她远远称不上完美,脖子太粗,颧骨太高,胸脯太扁,骨头不那么匀称。问题是自己当时怎么一点没有意识到呢?他发誓以后再也不上当了。用李洱《午后的诗学》中主人公费边的那句俏皮话来说就是,此刻是"经验排除了希望"。

从这场内心风暴中走出来的人们,他们无法再相信那些冠冕堂皇的宏大叙事。而经验一旦摆脱了规整的理念的驯化与拘囿,顿时间便显得狂肆无忌,如汹涌奔腾的暗流,悖谬、抵牾、幽秘、无可预测等因素时隐时现,不时冲击着人们理性的堤坝。正是这些鲜活的经验而不是经过了人工化约的话语构成了生活的底色。作家从繁复的经验中找到的不是信念的佐证,而是腐蚀剂一般的怀疑。在悖论意味十足的经验中他们深深地感到了命名的困惑。李洱自己曾以为,"我感到与重新审视已有的经验同样重要的工作,是审视并表达那些未经命名的经验,尤其是不同语言、不同文化背景相互作用下的现代性问题"②。从这个意义上说,作家的工作便是命名,是赋予那些混沌糊涂的生活状态以一个清晰的形式。然而,这一工作并不轻松,因为他意识到,"命名其实就是一种穿透能力。当你试图对生活进行命名的时候,这种写作就会变得异常困难"③。写

---

① 李洱:《在场的失踪者》,《当代作家评论》2008年第6期。
② 李洱:《为什么写,写什么,怎么写》,王尧主编:《我为什么写作:当代著名作家演讲集》,郑州大学出版社,2005年。
③ 李洱、梁鸿:《"日常生活"的诗学命名与建构》,《渤海大学学报》(哲学社会科学版)2008年第3期。

作需要进行命名,但常常又无法命名。有时候,这一命名的困窘甚至让李洱对其可能性抱着虚无主义的态度:"当代生活或当代经验变得无法命名,作家要去呈现一种无法命名的生活和经验,这本身就值得怀疑。"①

只要你一天不放弃写作,除了怀疑,还得有一套有效的方法来应对这隐晦险恶的世界。李洱采用的写作策略是,既然当代中国生活的方方面面那么难以命名,而写作又需要对中国的现实与历史进行富有穿透力的想象,那么还不如暂时悬置命名,以回到现场的方式取而代之。正如胡塞尔以所谓现象学还原的方法将先前一切哲学概念加以悬置,力图直面生活世界本身,李洱和其他一些作家也试图悬置先前种种文学成规惯例,以回到生活现场的方式来呈现难以命名的世界图景。现在要紧的不是命名,而是展现。既然无法给出价值陈述,那就先赋予它事实陈述。价值因人而异,事实则享有一种具有先验性质的稳固性。重要的不是命名,而是事实,虽然这事实其实也是一种心智建构的产物。在此,李洱等人找到了他们叙述活动的出发点。

《现场》是一篇为不少批评家谈及的中篇。这个四万余字的小说以一件真实的银行抢劫案为蓝本,精细地展现了马恩、杨红、范二庆三人作案的整个经过。但它既不是吸引人眼球的通俗惊险文本,也不是像陀思妥耶夫斯基《罪与罚》那样力图将一件杀人抢劫案变成一部充溢着哲学伦理探索与宗教情怀的作品;相反,从头到尾,这件抢劫案在常人眼里有种儿戏的意味,染上了浓重的卡通色彩,虽然不时有血腥的场面发生。可以想象,习惯了解读《罪与罚》的批评家在读完之后,肯定会微微皱起眉头。作家的叙述才华自然无可置疑,那些丰富饱满的细节也如电影画面般清晰可感,但作家不厌其烦地叙述究竟要告诉人们什么?其中有什么意义可供挖掘呢?没有,什么都没有。既没有劝善惩恶的道德教育,也没有对心理颇有深度的展示,在栩栩如生的表象后面似乎只是一个空壳,抽绎不出任何激动人心的话语。

如果说《现场》还有着扣人心弦的情节线索,那么到了《悬铃木枝条上的爱情》、《破镜而出》等作品中,情节如断了线的风筝若隐若现,弥漫在文本中的是剪不断理还乱的日常生活之流,它从前后左右涌逼过来,将那些本来没有多少鲜明轮廓的人物淹没其间。一些独立出来颇有意味的细节,串合连缀在一起后会让人困惑不已。面对似乎不加剪裁的日常生活之流,它平庸、琐屑、细密而又无所不在,批评家在此似乎被缴械,失去了用武之地。与此同时,我似乎听到了躲藏在文本之后的作者狡黠地撇着嘴,发出会心的微笑。

---

① 李洱、梁鸿:《虚无与怀疑语境下的小说之变》,《当代作家评论》2008 年第 3 期。

百科全书式的叙事

　　回到现实与历史的现场,只是李洱写作的出发点。为了有效地完成这一宗旨,必须有一套相应的操作技巧。上面论及的对缺乏戏剧性冲突的日常生活之流的精细描摹便是其中之一。此外,百科全书式的叙事方式也在李洱的写作中占据了不容忽视的重要地位。下面以他长达七万余字的中篇作品《遗忘》为例,阐明这一叙事方式的特性。

　　李洱曾夫子自道,《遗忘》是他自己最为钟爱的作品,"当代知识分子的生活、中国的远古神话与后现代主义的文化背景,在这里狭路相逢,喜剧迭出。当中的许多故事,我写的时候就常常忍俊不禁。不过,你肯定看得出来,我的笑往往比哭还要难看"①。

　　这当然不单是因为写作过程的相对艰难。据说李洱花了整整四个月时间才完成这部作品,在此期间,他埋首于各种典籍、注释之中。到此,有人会发问,李洱在干什么?他是在写小说还是在做艰涩的学术论文?将《遗忘》全文粗粗浏览一遍,你就会发现,其间的确羼杂着林林总总摘自古代典籍的引文,歪曲窜改得令人发噱的白话译文,主人公撰写的所谓论文的片断,配合文本内容插入的各式各样的照片图像等。这一切使它远远超出了文字文本的范畴,成为一种超文本,怪不得当年《大家》杂志将它放在实验性的"凹凸文本"栏目下发表。它的确包蕴着诸多游戏因素,但又不止于此。他力图展示的悖谬性的经验,各种复杂的对话关系,以及由对话引发的质疑性的表达。②

　　这一点不难理解。《遗忘》这一文本由两个层面构成,即现实的层面和神话的层面。在现实的层面上,侯后毅、罗宓、冯蒙、曲平等人喜剧意味十足的纠缠构缀成了一幅当代大学校园生活的灰暗怪诞的百态图。学院褪去了原有的神圣光晕,显现出猥琐鄙俗的丑相。如果仅止于此,那它和李洱先前的《导师死了》、《午后的诗学》在文本处理方式上极为相像。但《遗忘》从文本上看,其复杂性程度远远超出了后两者。它将"嫦娥奔月"这一神话传说镶嵌在文本深处,并与现实中的人物形成一种对应关系。如果单是这样,《遗忘》文本中的神话与现实两个层面只是遥相呼应,互相指涉,就像爱尔兰作家乔伊斯在其意识流开山之作《尤利西斯》中那样,将古希腊荷马史诗《奥德赛》作为作品的潜在构架,

---

① 李洱:《遗忘》自序,漓江出版社,2002年。
② 李洱:《关于〈遗忘〉》,《大家》1999年第4期。

使其结构与人物与 1904 年 6 月 16 日活动在都柏林的凡夫俗子们形成呼应对照。奇妙的是,在《遗忘》中,神话与现实两个层面不仅互相映衬,而且形成跨时空的互动关系,它们穿越时空的间隔,相遇、交叠、渗透,你中有我,我中有你,现实成了神话的延续,神话则成了现实的根源。这一切都依照灵魂转世的方式缀合勾连成一体。这可谓是这部小说中最惹人注目的亮点。批评家陈晓明对灵魂转世的功能曾作出极为精彩的论述:"灵魂转世说在小说里不仅是一个叙事结构转换的机制,而且是人物关系重新编码的逻辑结构,并且,也许更重要的是,所有非道德行为的依据和遮羞布。灵魂转世是叙事策略玩弄的狡计,它使所有的非理性行为顺理成章。那些反常的反道德人物关系,依照灵魂转世则是无可非议。既然罗宓前世是冯蒙的妻子,那么他们现在的暧昧关系就不是乱伦,而是旧情复发。甚至侯后毅都认为,这不过是物归原主。在把远古(传说)与现在时空嫁接在一起时,道德谱系学发生严重错位。小说叙事在错位中获得了最大的自由,这些人物已经不受现代伦理约束,他们是超历史的转世灵魂,但阅读效果却又获取充分的反道德快乐。这些故事发生于当代,他们随意跨越禁区的步伐,无疑是对现代文明无所顾忌的嘲弄。"①

如上所述,由于大量引用、穿插着其他类型的文本,《遗忘》的整体风貌表现出极为鲜明的互文性。显而易见,现实生活与神话传说这两个层面在作品中是以不同类型的文体呈现的。如果说描述世纪之交的校园生活采用的一种直接呈现的叙述文体,那么神话世界的展现方式则要复杂得多。它不仅包括了古代相关典籍的引用,还有各种戏拟戏仿和插科打诨的文本,现实生活中人物的主观推断臆测,以及神话时空与现实时间的互相渗透与融合。对此,作家格非曾经作过精到的概括,李洱力图"在他笔下的不同人物,不同时期的文本,各种典籍、出版物、文化史上的各种言论之间建立一种全面的对话关系。这种关系的确立,不仅避免了'作者的声音'所可能产生的观念上的褊狭和局限,同时也增加了叙事的历史纵深感,让'现实场景'与'历史话语'互通声气"②。而恰恰是这种互文性,成了实现李洱孜孜以求的"回到历史现场"的有效途径。

在某种意义上,这是一种意大利作家卡尔维诺推崇的百科全书式的小说。在他看来,"现代小说是一种百科全书,一种求知方法,尤其是世界上各种事体、人物和事务之间的一种关系网"③。而《遗忘》犹如一幅大型的挂毯,色泽斑驳,各式图案镶嵌其间,色块、线条构缀成了一个独特的空间,形成微妙的对应。其

---

①陈晓明:《后历史的焦虑》,《大家》1999 年第 4 期。
②格非:《记忆与对话——李洱小说解读》,《当代作家评论》2001 年第 4 期。
③〔意〕伊塔洛·卡尔维诺:《美国讲稿》,译林出版社,2008 年,第 57 页。

间,支撑着各式文本的柱石不是人物、情节、情感或意境,而是各种编织在一起的知识。但它们的功用并不是在词典中那样向读者传输准确的知识,它们在文本中的出场,用批评家梁鸿的话来说,是"试图在各种知识中建立某种关系,这一关系背后的意义是动态的、怀疑的,甚至可能是纯粹的虚无";此外,"知识在小说中不只是一个填充元素,显示出主人公背景或某种氛围,它是一种求知世界的方法。作家所致力于的是在各种知识、各个事物之间建构起一种复杂的关系网络,展示它们之间的关联性,最终形成对事件、事物的某种认识"。①

在此,小说艺术拓展出一个新的场域,它不再是单纯的故事的讲述,情感的宣泄,心理的展示剖析,而成了知识的汇集组合,成了一种堪与哲学媲美的探求世界与历史的方式。它与法藉捷克裔小说家昆德拉的小说观有着异曲同工之妙。在深受法国18世纪启蒙主义熏陶,充满怀疑与探索精神的昆德拉看来,近代欧洲的小说并不是以讲述故事或塑造人物为其最高宗旨,由塞万提斯开创的这门艺术"正是对这个被人遗忘的存在所进行的勘探"②。在《小说的艺术》和《被背叛的遗嘱》,乃至新近问世的《帷幕》等文艺随笔论著中,昆德拉反复再三加以论述、探讨的正是小说的这一特性。它关注的不再仅仅是小说的艺术特性,而是其作为一种审视世界的方式的伦理特性。这一伦理体现在它摒弃了一元论的价值立场,凸现了人生道德的模糊性与相对性,"小说的精神是复杂性的精神。每部小说都对读者说:'事情比你想的要复杂。'这是小说的永恒的真理,但是在先于问题并排除问题的简单迅速而又吵吵闹闹的回答声中,这个真理人们听到的越来越少"③。而昆德拉的魅力很大程度上来源于他以小说这一体裁所能包容的综合性散文的形式对人生种种复杂性的思考与揭示。

根本性的问题在于,无论是卡尔维诺百科全书式的图景,还是昆德拉以对位、复调、多声部等方式连缀起来的综合性散文的叙述,他们都致力于打破伦理价值观上的一元论,承认价值的多元性,道德的模糊性,使得人生的意义显现出相对性的驳杂面貌,这意味着各种生活方式都有着不容抹杀的独特意义,人们不能再用大一统的价值标准来衡量、评判。在这种情形下,价值诉求的权力从一个至高无上的神圣源泉下放到了每一个个体手中,人人都能理直气壮地选择自己的生活样式,并为之辩解。④

---

① 李洱、梁鸿:《百科全书式的小说叙事》,《西部·华语文学》2008年第3期。
② [捷]米兰·昆德拉:《小说的艺术》,孟湄译,生活·读书·新知三联书店,1992年,第3页。
③ [捷]米兰·昆德拉:《小说的艺术》,孟湄译,生活·读书·新知三联书店,1992年,第17页。
④ 有关昆德拉体现的自由主义伦理学,参看刘小枫《沉重的肉身——现代性伦理的叙事纬语》中相关论述,上海人民出版社,1999年,第140~176页。

和后文将论及的《花腔》一样，在《遗忘》中你可以发现诸多知识性的客观表述，各种文体的混杂，它们之间形成一种紧张的对话关系。但作者之所以这样做，主要并不是为了炫耀高难度的技巧（与单维度的写实叙述相比），也不是单单为了博取读者一笑，它有着潜在的情怀。它是对世界总体化图景的怀疑，对单一的大写的真理的怀疑，对单一的所谓历史真相的怀疑。它提供的只是无数繁密的细节与碎片，"各种材料的求证与分析，各种知识的出场，只是为了最充分地显示影响事件的各种不同因素。'真理'被变为无数个细节和碎片，它们各自发出声音，形成对话，互相消解或印证，'真实'既在这不断的求证中得到最大限度的彰显，同时，却又被无限地遮蔽"①。

对《遗忘》的解读便有这样的效果。在其结尾部分，由于导师侯后毅违背诺言，拒绝在冯蒙的博士论文上签字，冯蒙一怒之下，当即抡起拐杖向侯后毅砸去。如果单从写实层面着眼，它可谓达到了整部作品戏剧性的高潮。这一带有闹剧色彩的暴力行径既终结了冯蒙和侯后毅间的恩恩怨怨，也给冯蒙年轻的生命打上了黑色的休止符。问题在于，由于与后羿射日、嫦娥奔月的神话传说纠结绞缠在一起，冯蒙的这一血腥味十足的举动被赋予了多重意义：冯蒙不单单活在世纪之交的当世，他还是神话人物逄蒙灵魂转世的载体。他击杀导师这一行径，尽管有着种种可以解释的缘由，其实却并不由他定夺。仿佛是遗传密码的作用，他注定要完成转生再世的逄蒙的使命。在这种神话与现实互动交融、渗透的语境中，冯蒙个人的伦理责任被一笔抹杀了。他不再是自己命运的主人，而是且仅仅是灵魂转世这一宇宙生命法则长链上的一环而已。而读者在读完全篇后，对现实的校园生活和远古的神话传说的了解不是趋向清晰，而是愈加模糊，在他眼前浮动的只是一串游动、耀眼的碎片。通过这一多重叠合的文本，真实似乎在那一瞬间鲜明无比地展现出来，但随后悄然陨灭，坠落到难以触摸的黑洞之中。

《花腔》：革命与历史的悖论

2002年初问世的《花腔》是李洱影响最大的作品之一。就其文体而言，呈现出纷繁驳杂的景象。单看"@"符号之下的正文，它就包含了三个不同的叙述者：受田汗委派从延安去大荒山白陂镇执行特殊使命的白圣韬医生；曾打入国民党军统、后在"文革"时期沦为劳改犯的赵耀庆；以及曾在国民党军统任职、现

---

① 李洱、梁鸿：《百科全书式的小说叙事》，《西部·华语文学》2008年第3期。

为著名法学家的范继槐。他们身份、阅历、与主人公的关系以及在整个事件中所扮演的角色个个不同,因而他们各自的叙述烙上了不同的腔调和色彩。此外,主人公葛任后代对其生平的探寻构成了整个作品文本的另一个组成部分,即在"&"符号下的副本,它由众多虚拟或经过作者精心改造编辑的各式引文组成,对理解主人公葛任的生平事迹、事件背景作了大量的补充和说明。正文与副本既相互独立,自成一体,又交叉重叠,互相映衬补正。这种语言风格与文体上的实验使它在某种意义上成了肇始于80年代的先锋小说的集大成之作。

透过这令人眼花缭乱的语言表象,不难发现,《花腔》的文本蕴含着两套互不相同的话语系统,它们分属于不同的层面:其一是对葛任这样一个富有激情的生命个体在20世纪前期中国革命历史境遇中非同寻常命运的倾力追索和思考;其二则是以一种超脱的立场,对这人间的种种扰攘所持的一种智者的怀疑、质询、嘲谑的态度。前一套话语系统由于贯穿于正文的始终,因而给人以一种挥之不去的强烈印象;相比之下,另一套话语系统的显现则要隐微得多,它体现在对各个叙述者有关那段扑朔迷离的历史事件的讲述本身所具有的真实性程度的评判中,体现在对残酷的历史情景与境遇的解构性理解中。这是两套相互冲突、抵牾的话语系统,但却被作者缝合成了一体。

从更为宽广的视野来看,葛任的命运是20世纪上半叶投身中国革命运动的红色知识者的典型写照。知识者和革命之间的亲缘关系贯穿了革命运动的始末;甚至可以说,如果当年没有那些红色知识分子投身革命运动,中国革命的壮大和胜利是不可想象的。

然而,在李洱的笔下,葛任身上完全没有了意识形态投射上去的炫目光晕。作者在这里着力展现的是葛任作为一个人的悲剧性命运。葛任一生颠沛流离的命运轨迹似乎在他父亲被枪杀的那一刻起就定了格。他四十多年短暂的人生不可谓不丰富:早年东渡扶桑学医,回国后先在北京任教。"五四"运动后又作为特派记者前往十月革命后的苏俄。返国后在上海任教。历经多年的走南闯北,他也许就此安居乐业了。但他似乎从来没有享清福的份。30年代初他便离开繁华的上海,进入苏区,后参加了长征。在战火硝烟的空隙,他还孜孜致力于俄国文学作品的翻译介绍,直到1942年二里岗之战人们以为他与敌军同归于尽。

单纯地复述这些事实并不能使人真正理解葛任这个人的全部。葛任在政治的漩涡中挣扎滚爬的历程同时也是他青年时期理想和梦幻不断破灭的过程。就其私生活而言,他与情侣冰莹由于两人长时间分离,而产生了意想不到的变故。宗布引诱了冰莹,她还和他生下了女儿蚕豆。尽管葛任对冰莹一往情深,但这毕竟是他终生抹不去的创痛。从政治信仰来说,他一生都与共产党领导的革命运动结下了不解之缘。他在临终前还坚信共产党一定会胜利,国民党一定会倒台。然而,他并不是一个成功的政治家。正如作者多次在文本中指出的那样,葛任是一个性情中人。政治谋略并不是他真正感兴趣、也不是他所擅长的。他在政治的浪潮中陷得愈深,就愈加感到其间的无情和残酷,愈加感到自己的无能为力。他在日后之所以想写一部题为《行走的影子》的自传体作品,在很大程度上乃是出于对社会政治活动的厌烦。他曾对埃利斯牧师说:"时至今日,我虽留恋生命,但对任何信仰都无所把握。我唯一的目标是写出自传。我的自传比所有小说都要精彩。写的是我是怎么变成这样一个人的。"①他想通过对父亲、自我和女儿的描写,找回生命的真实意义。在现实中找不到的东西,他想在语词的网络中加以确认。

颇为吊诡的是,葛任越是想远离政治,他就越脱不开政治无所不在的浓重阴影,而他的生命也成了各派政治力量角逐、争斗的牺牲品。构成《花腔》整部作品发展枢纽的破解葛任生死之谜这一事件再鲜明不过地展现出了他个人命运的悲剧性和历史情境的极度荒谬和其对人的善良意愿的捉弄。在浩浩荡荡的历史潮流中,葛任原本只是一个无足轻重的小人物,然而,一个偶然的机缘使他成了各种政治力量聚焦的中心。人们原先相信他已在二里岗战役中以身殉国,他被册封为民族英雄。不久,各派政治力量都发现他竟然还奇迹地活着:这对既定的政治利益格局构成了潜在的威胁和挑战。于是各方都派人前往葛任隐居的白陂镇,一场惊心动魄的厮杀由此展开。

这实在是一种近乎荒诞的境遇。法国作家加缪对此曾作过深入的分析:"我们在一瞬间突然不再能理解这个世界,因为,多少世纪以来,我们对世界的理解只是限于我们预先设定的种种表象和轮廓,而从此我们就丧失了这种方法的力量。唯一确定的事实是:世界的这种密闭无隙和陌生,这就是荒谬。世人也分泌出非人的因素。在某些清醒的时刻,他们机械的动作,他们毫无意义的手势使得他们周围的一切变得荒谬起来。"②依照人之常情,葛任未在二里岗战役中遇难本应被视为一个令人惊喜的奇迹。然而,荒谬的是,由于他已被戴上了"民族英雄"的桂冠,他在这个世界上就永远失去了生存的权力,在任何一个地方都已不再有他的立锥之地,连他想遁世隐居、埋头写作这一愿望也根本得不到满足。最终因葛任拒绝向国民党方面投降,他的肉体被消灭,苦心经营多年的文稿被焚毁。但更为令人震惊的是,这一切最终都出自与葛任有同窗交情的范继槐之手。而范继槐为了不让自己的手沾上血腥气,又借日本人川井之手结束了葛任的生命。在范继槐眼中,这一结局堪称圆满,它既使他完成了戴笠

---

① 李洱:《花腔》,人民文学出版社,2002年,第304页。
② 〔法〕阿尔贝·加缪:《西西弗的神话》,生活·读书·新知书店,1987年,第17页。

下达的任务,又让葛任名副其实地成了一个死于日本人之手的"民族英雄"。在几十年之后,范继槐回忆此事时,还口口声声地说所做的这一切都是出于爱葛任的缘故。读到此,由整个价值系统颠倒产生的荒谬感弥漫在字里行间。

　　细心的读者在阅读过程中不会忽略这样一个细节,范继槐先期派到葛任隐居的大荒山的杨凤良和赵耀庆与葛任都有交谊,他的良苦用心在此昭然若揭:让他们有可能便放葛任逃走。但葛任明知这一点,但他还是选择了留下,也即选择了死亡。在此,人们要问,葛任为何不愿离去?他这一近似自杀的选择的心理动机是什么?是对人生扰攘的厌烦绝望,还是出于其他难言的隐衷?对此,作品的文本并没有提供一个明确的答案,因而葛任的这一选择也成了一个难解的谜。如果说《花腔》的整体结构围绕着破解葛任生死之谜而构筑,那么它在破解的过程中却生长出一个更令人困惑的谜团:葛任为何不愿找机会离开白陂镇,而宁愿坐以待毙?对此作者保持了一种暧昧的缄默。他似乎更想让读者在合上书卷时脑海中还盘桓着那个疑团,而不愿将一切兜底抖出。

　　在《花腔》整部作品中,对葛任的形象的描写从来没有采取过全知叙述或以戏剧化的展现方式。这就是说葛任从来没有直接出现在读者面前,他的形象存在于正文中白圣韬、赵耀庆、范继槐三人的讲述之中,存在于副本中众多的引文之中。这意味着葛任的形象是在其他人零零散散、断断续续的讲述、回忆之中,在后人对各种互相冲突、矛盾的资料整理的过程中凸现出来的。尽管通过这些百科全书般纷繁、性质和种类不一的文本的累积,读者对葛任这个人物的性格和命运有了一个不能说不清晰的了解,但他的形象依然存在着许多空白点。

　　初读《花腔》,人们常常会被其揪心的悬念所吸引,为了廓清重重疑团,只得凝神屏息地一气读到尾。但那些细心的读者会发现,三个叙述者之间的讲述并不一致,不仅在不少细节上,而且对许多关键性的场景也说法不一。也许有读者在潜意识中会认为第三部分范继槐的讲述比前两部分的讲述具有更大的真实性,显得更为可靠,但这也只是一厢情愿。细究之下,范继槐的讲述尽管表面上显得公允、客观,但不少地方也是绵里藏针,有时是躲躲闪闪,有时甚至是顾左右而言他。因而作者在副本中说:"其实,'真实'是一个虚幻的概念。如果用范老提到的洋葱来打比方,那么'真实'就像是洋葱的核。一层层剥下去,你什么也找不到。"①如果真是这样,整部作品到结尾不但没能有效地破解葛任生死的疑团,相反它陷入了更深的迷雾之中而不可自拔。先前帮助读者理解作品的那些叙述本身的可靠性并不稳固,它们在破解谜团时常常制造出更大的疑团,因而读者在掩卷之后实际上并不能肯定他得到了任何确凿的答案,人们获取的

---

①李洱:《花腔》,人民文学出版社,2002年,第310页。

也只是一些幻影般的叙述,仿佛从残缺不全的镜面上反映出来的一组影子,它们交相叠垒,使真相(如果有所谓的真相的话)在这镜像的迷宫中变得扑朔迷离。用梁鸿的话来说,"各种文体之间不断地进行解释,形成非常复杂的、无限复杂的、繁殖的、迷宫式的、历史永远未完成的状态,你发现了无限接近历史核心的途径,但你永远无法达到"①。这是让人尴尬之至的窘境:读者的理智和尊严受到了冒犯和戏弄。作者在作品中是这样来解嘲的:"对那些辨明真伪的讲述,我在感到无奈的同时,也渐渐地明白了这样一个事实:本书中的每个人的讲述,其实都是历史的回声。还是拿范老提到的洋葱打个比方吧:洋葱的中心虽然是空的,但这并不影响它的味道,那层层包裹起来的葱片,都有着同样的辛辣。"②

进一步考察,在事件讲述的真实性受到质疑、动摇之后,葛任事件中所蕴含的历史境遇的悲剧性也不由自主地遭到了一定程度的消解和颠覆。如前所述,葛任的悲剧性主要体现在他被置于一个他个人的意愿、能力无法左右的陌生、野蛮、近乎荒谬的历史状况之中。但如果他置身的历史境遇本身——那个所谓大写的历史以及他本人的活动本身都带有某种不确定的话,那么其中的悲剧性就大可怀疑了。③

因而,最终作品文本中这第二套话语系统的逻辑终点必然是对历史情境的解构性领悟,一种转弯抹角的虚无主义:取消抹杀人世间的一切价值序列的差异,人所有的活动都被放置在一个平面上等量齐观,无论其伟岸或是渺小,都只是"行走的影子"。从这种解构的效果而言,尽管题材、主题有着程度不同的差异,它与上文论及的《遗忘》一脉相承。

中国古典小说美学传统的复归

如果说在李洱关于中国的想象世界中,《花腔》中体现的对革命、历史与知识分子的命运的展示与思索是其重要的一维,那么当代千变万化的乡村生活则开拓了另外一个引人瞩目的场域——这集中体现在他 2004 年发表的长篇小说《石榴树上结樱桃》中。

---

① 李洱、梁鸿:《百科全书式的小说叙事》,《西部·华语文学》2008 年第 3 期。
② 李洱:《花腔》,人民文学出版社,2002 年,第 311 页。
③ 所谓"大写的历史"的问题,参看特里·伊格尔顿:《后现代主义的幻象》,华明译,商务印书馆,2000 年,第 38 页、第 55~80 页。

迄今为止,批评界对这部小说的评价呈现出一种审慎、宽容而又略感遗憾的姿态。南帆认为,主导这部作品的是一种"轻喜剧风格",它使文本缺乏一种"激越的声音":"这部小说的叙述者人情练达,脸上挂着悲悯的微笑。他多半置身局外,叙述者与故事的距离即是幽默与调侃的空间。由于叙述者的智慧,种种矛盾的价值观念并没有迎面相撞,以至于不得不分出青红皂白。相反,它们被巧妙地处理成一系列喜剧式的修辞,例如轻微的反讽,滑稽的大词小用,机智的油腔滑调,无伤大雅的夸张,适度的装疯卖傻,如此等等。这时,开怀一笑就可以将严重的问题暂时搁下……圆熟的叙述是否同时表明,作家并没有及时地发现可能打破生活现状的力量?"①梁鸿也认为这部作品在展示乡村生活悖谬经验时做得很出色,表现出罕有的洞察力,但这一剔除了强烈情感因素、祛魅化的叙述文本却让人感到不满足,"作为一个艺术整体,小说缺乏一种力量,缺乏一种能把小说各个部分融合起来的凝聚力"②。

细究之下,便不难发现,上述评论其实还是秉承了居高临下的启蒙主义文学批评观,在其价值谱系上,厚重、深刻以及悲剧性无疑占据着比轻巧、幽默与喜剧性更高的位置。且不去谈论这一批评观念本身的是非曲直,我们还是来看看《石榴树上结樱桃》这部小说本身向读者讲述了什么,展示了什么。

小说的情节并不复杂,它以官庄村村长孔繁花在换届选举前紧张忙乱的工作日程为主轴,以工笔画的方式细密地展示了当代乡村世俗生活的全景图。值得注意的是,主宰小说文本的并不是作家个人居高临下、俯瞰芸芸众生的悲天悯人的情怀,不是对日趋败落的传统生活方式的深情挽歌,不是扬善惩恶的道德理念,也不是温情脉脉的牧歌,而是以牵涉到实际利益关系的选举为透视点,对乡村日常生活状态和权力结构作了近乎原生态的还原与揭示。孔繁花的最后落败,雪娥的计划外怀孕当然是一大主因,但更重要的是被她视为心腹、乖巧异常的小红暗度陈仓,在关键时刻瓦解了孔繁花的权力基础,将人气聚拢到自己身边,赢得了最后的胜利。这一权力的争斗尽管没有沾染上你死我活的血腥气,但已足以将原先罩盖在人与人关系上的那层温情脉脉的面纱撕个粉碎。在这一主线之外,乡民纷繁杂呈的日常生活形态与变化轨迹(现代、前现代与后现代的奇妙混合与杂糅),人与人之间大大小小的纠葛,官场与民间的互动,都一一得到了精确的呈现。在作品中,你找不到圣徒般的正面人物,但也没有长着蛇蝎心肠的恶人。活跃在字里行间的人物完全专注于当下的世俗生活,并有着

---

① 南帆:《笑声与阴影里的情节》,《读书》2006年第1期。
② 梁鸿:《"灵光"消失后的乡村叙事——从〈石榴树上结樱桃〉看当代乡土文学的美学裂变》,《当代作家评论》2008年第5期。

平常人的所有优点与弱点。作者的目光是那么冷峻,他不时对其塑造的人物发出调侃宽容的微笑。让许多批评家失望的是,李洱抹去了原先许多作品刻意加在乡村生活上的所谓灵光,以其擅长的理智化的方式展现了它丰富的表象与内在的混沌莫测。你再也无法用简单的公式对它加以化约;此外,这样赤裸到极点的世俗化乡村根本无法成为人们的精神故乡。

此外,在我个人看来,《石榴树上结樱桃》最显著的特色却在于它大幅度地实现了向中国古典美学传统的复归。首先,从外部语言形态上看,它与李洱先前的小说有着不小的差异。它仿效、承袭的是明清白话小说的语言风格,并加以适度的推陈出新,赋予了它鲜活的生命力。滥觞于宋元时期民间说书艺人话本的白话小说,采用章回体的框架,以人物之间的对白和简略的白描为主要构成部分,这与"五四"新文学运动以降小说作品中占据主导地位的叙述方式形成了鲜明的对照,后者显而易见是以近现代西方小说为其仿效的母本。虽然李洱的这部作品并没有采用章回体的形式,但它的主体部分却是众多人物间高密度的对话和白描,罕有游离于情节线索之外的大段风景、环境描写、随想抒情和冗长的心理剖析,更遑论 19 世纪后半叶起在西方文坛风行一时的主观视角、视角融合、意识流等手法。整部小说依靠一个具有民间说书艺人姿态的全能的叙述者而展开,他的目光聚焦的是乡民的日常生活形态,尽管他对他们内心的活动不乏了解,但并没有兴趣加以繁冗的展现或分析。通过密不透风的日常生活细节的罗列和情节的铺陈,他成功地酿造出了高度世俗化的生活氛围,游刃自如地引导读者出入其间。

再次,从内在精神上而言,《石榴树上结樱桃》也是明显地向中国古典小说的传统靠拢。虽然不少传统小说的叙述者表明了扬善惩恶的伦理意图,但在很多情形下这成了一种俗套和惯例,真正吸引读者的并不是浮漾在文本表层的几乎千篇一律的道德喻义,而是五色杂呈的繁复的生活形态本身,是那些具有鲜明性格特征和曲折命运遭际的人物。正是在这里,中国古典小说表现出一种高度世俗化的精神。尽管也有着神魔志怪这一类型的作品,但从总体上说,它没有对高蹈悬虚的彼岸世界的浓烈兴趣,没有对抽象的真理世界的执着探索,它注目的是此岸的世俗人生,那些在尘世中挣扎的男男女女的悲欢离合。例如,在《红楼梦》中,宝玉的前身是一块在清虚世界中的石头,只因它坠入尘世才有了那番悲天动地的人世传奇,但这只是故事展开的框架,它的精华部分纯然是对贾府内外各色人等日常生活形态与情感世界的精细到不无琐细境地的描摹。在深得中国古代文化精髓的现代作家张爱玲看来,中国人的生活态度是一种非宗教的世俗主义,"受过教育的中国人认为人一年年活下去,并不走到哪里去;人类一代一代下去,也并不走到哪里去。那么,活着有什么意义呢? 不管有意义没有,反正是活着的。我们怎样处置自己,并没多大关系,但是活得好一点是快乐的,所以为了自己的享受,还是守规矩的好。在那之外,就小心地留下了空白——并非懵腾地骚动着神秘的可能性的白雾,而是一切思想悬崖勒马的绝对停止,有如中国画上部严厉的空白——不可少的空白,没有它,图画便失去了均衡。不论在艺术里还是在人生里,最难得的就是知道什么时候应当歇手。中国人最引以为自傲的就是这种约束的美"①。

像李洱这样一个受过现代教育、深受西方文学熏染的作家,之所以能与中国古典小说的传统产生共鸣,它们之间的结合点还在于他的怀疑主义情怀和对现实世界加以命名的困窘。由于怀疑各种夸张的意识形态的话语,也怀疑人的感觉、冲动,李洱在力图对中国的现实加以命名时倍感困窘。如上所述,他的策略是悬置命名,回到现实与历史的现场当中。与其给出虚假的命名,还不如提供丰富的表象世界。当然,混杂的表象世界很多时候无法满足人们的智性欲求,但至少它为进一步的阐释与命名留下了足够的空间。而中国古典小说的世俗化展示方式为李洱提供了一种可能,那便是尽情地展示生活的方方面面的表象,而不用陷于命名的焦虑之中。李洱对当代乡村生活有着自己的感悟、自己的判断,但它并不那么斩钉截铁、一目了然,毋宁说它是含糊、多义的,隐含着对人世间沧桑变迁的无穷感喟,正像《石榴树上结樱桃》最后一段所呈现的那样,"灯光照不到的地方,天光幽暗而浩瀚。那脚步声越来越近,好像正从天上传过来,传过来"②。

而这也正是李洱这部小说的力量之所在。乍看之下,它没有披挂上沉重、深刻、悲剧性等符码,也不力图抽绎出惊人的历史宏大叙事话语,但它通过与中国古典小说传统的对接,精心汇集、编排出了一长串闪闪发亮、风趣生动的原生态的乡村生活细节,并借此织缀成了一幅斑斓驳杂的"清明上河图"。它预留了多种阐释的可能性,但作者不想在仓促间提供一个清晰的命名。他宁可将生活本身暧昧晦涩、不无沮丧的形态呈示给众人,宁可将他内心的怀疑困窘抖搂出来,也不愿将自己都满怀狐疑的玫瑰色的允诺与启示塞给读者。

原载《文艺争鸣》2009 年第 4 期

---

① 张爱玲:《中国人的宗教》,《张爱玲散文全编》,浙江文艺出版社,1992 年,第 144 页。
② 李洱:《石榴树上结樱桃》,江苏文艺出版社,2004 年,第 242 页。

先锋性的探索
——超俗不凡的智略型作家李洱

〔韩〕朴宰雨　崔　强(译)

去年10月23日,作为国宾访问中国的德国总理默克尔向中国总理温家宝赠送了一本一位中国作家作品的德文版,第二天又把这位作家邀请到自己的下榻处进行了谈话。是什么样的作家及其作品受到如此特别的待遇呢?

后来得知,该作品是40岁出头的作家李洱写出的长篇小说《石榴树上结樱桃》,内容是围绕着中国某一乡村选举村长这一小小的权力问题而描写人们内心的变化。本人不免对此"礼品"怀有疑惑的好奇之心。

该小说于2007年4月在德国翻译出版,据悉,已经翻印多版,普及到一万多册。许多德国人一直根据从前的传教士写的书来理解中国的农村,但通过该小说,他们了解到中国农村已经深深地步入了世界化进程。在为此事实感到惊讶的同时,为了了解中国农村到底发生了什么事情而看此书的人较多。默克尔似乎也是那种热心的读者之一。可是,将此小说的德译本赠送给中国的领导人时,也可能含有"你们是否熟知这种农村现实"的某种有意的暗示。

笔者于2007年11月参加在韩国全州举行的亚非文学节之后,偶然在首尔见到过李洱。笔者的主业虽然是中国文学研究,但由于中国的作家人数众多,在中国国内的知名度与在国外的名声差距较大的情况也不少,常常会有见到以为不知名的作家之后回头查阅资料才发现该作家的价值与意义的时候。

李洱给我的第一个印象是外貌有些特殊,好像是一个苦恼于矛盾的观念之中的知识分子。后来读了中国的一位评论家对其外貌的一段描述之后,顿感共识。"双眉紧蹙,然而又在笑。不像是苦笑,略有一点嘲讽,却很真诚,肌肉很紧张的样子。"但我们第一次见面未经深谈就分手了。之后,在准备出版其问题之作《花腔》(2002年)韩文版的过程中,有机会得以接触该作品。通过直接与李洱往来电子邮件以及了解他的作品和思想,我感到这位主张"先锋运动虽然过时,但是要坚持先锋精神"的40岁刚出头的年轻书生绝非一般的作家。就像《花腔》那样,他彻底抛弃了中国现当代传统中的革命浪漫主义写作方式,在描写现代革命知识分子命运时,引进虚实交织的独创技法,通过刻苦地反复推敲充分发挥出精湛的写作能力。这种作家实在令人佩服。相比之下我怀疑自己对中国文学作品的阅读量不够。这样的场合真不知如何形容才好,是见面之后的新发现?偶遇之后的深遇?后(post)邂逅?正因为如此,《花腔》与莫言的《檀香刑》一起获得了由11位著名的中国知识分子组织的首届"21世纪鼎钧文学奖",该奖项是从40岁以下和40岁以上的作家中各选出一位授奖,得奖时李洱只有37岁。

笔者上次介绍过德国顾彬(Wolfgang Kubin)教授曾把中国当代文学一味贬低为廉价的"二锅头",说"中国只有像北岛、顾城这些好诗人,没有像样的小说家和散文家"。我认为这只是针对那些不提出根本问题,不能以精通的外语通过外国文学洞察自己,不具备突破言论自由之制约的勇气和战略,迎合于商业主义或煽情主义以及业余性的中国文坛的某些现象进行的粗暴轰击,实际上并没有客观地正确评价像李洱这样认真刻苦、努力写小说的脱俗不凡的智略性专业作家的一些作品。从某种角度来看,外国汉学者对中国当代文学的评论,受其本国历史文化语境以及自身读书量的影响,是不可避免的。

外国的许多知识分子对于如何看待当今既复杂又变化快的中国社会,尤其对于如何看待农村与城市、农民与知识分子的问题感到很困惑。李洱基于对传统社会连续性和市场经济中变化的农村与城市、知识分子和农民的独特认识,所持有的看待中国历史与现实的眼光和见解,具有相当的平衡感和洞察力,并令人感到坚实可信。同时,他基于相当理论水平并对文学以别具一格的睿智闪耀出来的语言构思也非常出色。在今天的中国作家中,对不容易见到的"智略型作家"的评价格外显眼。所以,我觉得今后在中国的文坛里,我们必须要关注李洱。

至今为止李洱发表的作品,大体上可分为知识分子小说和农民小说。

在农民小说《石榴树上结樱桃》(2004年)中,围绕着某一乡村选举村长的故事,通过揭露暗地里村民之间发生的纠葛和背叛等,真实地描写出表面看来很朴素的中国农村生活"计算复杂而暗斗"的另一面。同时,该小说虽然以因市场经济的深化而受到忽视的农村社会负担加重和痛苦为背景,但却以自嘲的反讽手法将其转换为快乐,以此具体地描写出知道如何从痛苦中摆脱出来的农民阶层的日常生活。李洱一方面描写了某些农村甚至还在使用汉唐代农具等比较原始的面貌,另一方面同时描述了村民们使用播种机和收割机的设备,观看好莱坞电影,用手机相互谈论中美关系和阿拉伯问题等,把前现代和现代、后现代混合在一起的农村描写为"中国的缩影"。这与"五四"时期鲁迅的批判性现实主义乡土小说有所不同,与土地革命时期以农民意识和语言写作的赵树理的农民小说也有所不同,与近几年阎连科或刘震云等找寻艾滋病村那种问题严重的农村集中地突出阴暗面的新现实主义农村小说更有所不同。虽然有些人指出李洱的农村题材小说的生活气息不够,不如他的知识分子小说那么深入、地道,但是这篇农村题材小说吸引了德国等欧洲的读者,好像成为了一扇"了解现在中国农村之窗"。

然而,小说家李洱的与众不同之处在于,像《花腔》那样,通过对现代中国历史中的知识分子的命运和生存方式的描述所体现出来的眼光和洞察力,并利用既复杂又精湛的叙事手法将其表现得十分贴切。

《花腔》的基本故事情节是寻找被认为牺牲在与日军交战中的革命知识分子葛任的过程,针对葛任的生死之谜,以多声部的叙述方式描写了葛任短暂人生有过的日本留学、滞留苏联等经历与政治追求、爱情,以及事件发生之后他的行踪。围绕着该事件有三位当事者进行口述,具体人物是医生白圣韬、囚犯赵耀庆、法学者范继槐。该作品根据这三人的口述而分为三个部分。每个当事者都口述将近三十年的岁月时光,各个部分的每个小节都由含有口述者自身故事的正文和一些有关人物的故事以及注释文所组成。而且还有小说自述者"我"的叙述。奇妙的是根本不存在能令人完全相信的叙述,以此引导读者结合这些叙述蹒跚地走向历史的真实。

葛任与汉语的"个人"谐音,这个名字可以解释为作家对个人的独立与尊严发出的理性号召。李洱早就说过:"《花腔》里的葛任确实是我心目中的知识分子。葛任所遇到的精神上的困境和现实上的处境,至今也未发生根本的变化。"

我们重新听听李洱说的其创作背景和创作过程的故事:"今天中国的状况很大程度上可以说是知识分子在历史上选择或者被迫选择的结果。我特别关心鲁迅、陈独秀、瞿秋白在当初的选择,读了大量的书。但很难说读这些书仅仅是为了写一部小说。首先是我对这段历史很感兴趣,有疼痛感。我甚至想,这种疼痛感是双向的:我们对那段历史有疼痛感,他们如果能想象到今天的生活,当时也会有疼痛感。我忍不住要设身处地去想象当初他们的选择,以及可能有的另外选择。我一闭眼就能看到他们。这样的生活大概持续了有七八年之久,但具体到这部小说,真正坐下来写我用了三年前后写了 100 万字,经反复修改。"

如此诞生的该作品,在思考和探索现代革命知识分子的命运方面,展现出了与从前的作品有所不同的深层认识水平,在艺术成就方面也受到难得的"80 年代先锋文学正果"的评价。

李洱,1966 年出生在河南省济源市,1987 年毕业于上海的华东师范大学中文系,1993 年在上海的《收获》杂志上发表中篇小说《导师死了》,从此正式开始创作活动,现在是河南省文学院的专业作家,担任《莽原》杂志的副主编。其代表作有:长篇小说《花腔》(2001 年在杂志上发表,2002 年人民文学出版社出版单行本)和《石榴树上结樱桃》(2004年),中篇小说《导师死了》、《现场》、《午后的诗学》、《破镜而出》、《遗忘》等,短篇小说《饶舌的哑巴》、《夜游图书馆》、《悬铃木枝条上的爱情》等。出版的作品集有《饶舌的哑巴》(2000年)、《破镜而出》(2001年)、《遗忘》(2002年)、《夜游图书馆》(2002年)、《悬铃木枝条上的爱情》(2004年)等多种版本,被翻译成德语、意大利语、法语、英语等多国语言,韩国也将在今年三月份出版《花腔》(文学与知性社)。我很期待能再次见到李洱,作一番"后邂逅"后的"更上一层楼"的交流。

本文原载于韩国大山文化财团发行的季刊《大山文化》2009年3月春季号
原载《作家》2009年第15期

论李洱小说的"知识分子书写"

张旭东

比之王蒙、王安忆、张炜、张承志、韩少功等当代著名作家来说,李洱还显得不够"分量",因此,在文学史家编著的各类当代文学史中,李洱还鲜被提及。然而我认为,至少在"新生代"作家群中,李洱是相当有思想并极具先锋探索意识的一位作家,他写作的意义不应被文学史忽略。毕竟,他的小说是那么的智性和理性,他对消费时代知识分子生存困境的探讨,对"日常生活"纹理细致的呈现与刻画,对人类生存境遇之"困难"的同情与理解,以及对个人与历史关系的形而上思考……总之,他的创作已越来越成为当下写作中一个重要的"现象",值得我们关注与探讨。

批评家谢有顺曾说,在当下的作家中,李洱的小说恐怕是最难评论的,它给你的最突出的感觉是,这是纯粹的好小说,但究竟好在哪里,你却说不出来。在阅读李洱小说的过程中,我有和谢先生一样的感觉。我知道,阅读李洱不仅需要一定的知识储备,而且还要有对社会人生深入的思考和敏锐的洞察力,才可深味他小说内蕴的"微言大义"。我当然不敢自诩说能够完全看出李洱的小说"好在哪里",但关于他小说中的"知识分子书写"我倒真是有些体认,感到有话要说。

一、坚持知识分子的写作立场

李洱在不同的场合谈到过自己坚持的是一种"知识分子写作"的立场,并不止一次地在各种访谈中表达过对真正的"知识分子"型作家如加谬、萨特、昆德拉等的敬仰。可见,这种立场的坚持在李洱并非仅是一种姿态,或是通常而言的身份和阶层确认,而更多的是作家的一种责任和道义担当,那就是坚持一种理想化的灵魂状态,保持对社会人生进行细致观察和不竭批判。"我认为知识分子写作必须坚持批判立场。"当被问及对"知识分子写作"的看法时,李洱这样说。他进而强调知识分子角色定位的公共性:"如果只关注自己的生存群落,那他肯定不是知识分子,对知识分子来说,'我'就是'我','他'也是'我',这二者同等重要。"可见,作家的这种批判并非仅仅局限在自身所属的那个狭窄的领域,而是面向整个社会公众的,这很容易让人想起萨义德在《知识分子论》里的说法:"我仍然愿意坚持这样一种立场:文学应该积极地向'公众事务'发言,这仅仅只是因为,知识分子是社会中具有特定公共角色的个人,不能只化约为面孔模糊的专业人士;而且,无疑属于弱者,无人代表者的一边。"①

是的,知识分子就是要保持永远的质疑和批判精神,应该是一只永远不知疲倦的"牛虻"。李洱曾经语气严肃地说:"在我看来,'知识分子'是个分量很重的词。它是名词,同时又是形容词、动词。它意味着个人身份的确立,意味着承担,意味着在思考中行动。"但面对市场经济的大潮和消费主义的甚嚣尘上,知识分子群体很容易就丧失了坚守,以致出现了大面积的溃退。这让李洱很困惑,也很愤怒:知识分子已不愿再做"社会精英"和民众思想上的"启蒙者",他们那么容易就心安理得地跟现实妥协,与各种利益集团和体制的关系越来越暧昧。这其中,有多少故事值得认真讲述,有多少经验需要细加辨析。作为其中一员的李洱对此感同身受,很自然的,他把知识分子的生存情状和心路历程作为自己小说创作的首要关注目标。

二、着力于知识分子生存境遇的刻画和描写

李洱的大部分作品,无论是长篇代表作《花腔》、《遗忘》,还是中篇《午后的诗学》、《导师死了》,一贯延续的主旨是对知识分子的深刻描述和批判。李洱为何如此热衷于描写知识分子?我想原因有三:一、本人即是其中一员,对知识分子的生存状况和心理状态非常熟悉,感同身受;二、文学作品对知识分子的书写有着深厚的传统;三、拿知识分子做切分入点,能有效把握整个社会的脉动,提出问题,引起关注。

关注和描写知识分子是中国作家的一个传统,从鲁迅开始,这样的作家可以开列出一个长长的清单。在这样众多的书写知识分子的作家中,李洱有自己的独特开创:除了在《花腔》中满怀敬佩和理解地塑造了自己心目中理想的知识分子形象葛任,李洱把更多的笔触放在了关注消费时代语境下知识分子在庸常生活中的卑琐、苟且、丧失自我。在这个意义上,他是批判性的,以此来引起人们对一系列社会问题的关注、警醒和深思。检点李洱迄今为止以"知识分子"为题材的创作,可以发现这些小说都指向这样一些共同的主题:对当下精神空虚

---

① 〔美〕爱德华·萨义德:《知识分子论》,生活·读书·新知书店,2002年,第16页。

和价值混乱的关注;对知识分子与社会的复杂纠葛关系的描摹;对知识分子中普遍存在的虚无、荒诞、混乱、庸俗、失语等现实困境的刻画;对那些饱暖思淫欲、思想不行动或者行动不思想的知识分子行径的无情批判等等。如果要加以细分,我认为这些小说又大致可以分为三种类型:

1. 对知识分子群像在新的社会环境下生存情状的隐喻书写

这一类可以《导师死了》、《遗忘》等为代表。与徐迟《哥德巴赫猜想》、谌容《人到中年》等作品对知识分子进行正面颂扬不同,李洱小说里的知识分子一下子被打回了常人原形,不再是社会的"精英"和思想上的"启蒙者"。在《导师死了》这篇小说中,"知识分子"已经成了一种十分暧昧的存在,它日益消融于世俗的生活场景之中,变得世俗、平庸、苟且、堕落。李洱在此宣判"导师死了"实际上也就是宣判"知识分子死了"。这当然是个隐喻,意即那种通常意义上代表人类良知、肩负历史使命的知识分子已不复可见。小说里的主人公吴之刚教授不再是忍辱负重、肩负使命的"中坚力量",而是一个在琐屑的日常生活和情感生活中无法突围的绝望者。当他赤身裸体从教堂的圆顶上跳下时,所有的"围观者"都吃了一惊,我们所树立的知识的偶像也就此崩溃成泥。到底哪里出了问题? 这不能不引人深思。

《遗忘》可以看做是《导师死了》主题的一种延续,仍然是对中国的知识分子在当下的生存困境的描写,但有所不同的是,《遗忘》更强调了一种面对历史困境的无奈感。探究知识分子与社会的关系、个人言说与历史需要的关系等正是李洱的拿手好戏。在小说里,历史学博士生导师悉心指点学生如何撰写论文以使自己在历史中"正名"而进入史册,对历史的研究他奉行的是"两手抓,两手都要硬",一是考证要科学严谨,再是立论要大胆想象和虚构,必要时添枝加叶,以使历史朝着有利于自己的方向发展。"历史本身是没有记忆的。历史是一条长在嘴巴之外的舌头,和一块石头没有什么两样。它无法言说,它需要借助别人的嘴巴确证自身。"谐谑的话语指向的是深刻的形而上哲思。

在对知识分子形象进行解构方面,《遗忘》比之《导师死了》更进一步:知识分子对自身形象类似神话的虚构,在这里受到了不留情面的破坏,什么终极关怀,什么人文精神,什么学术规范,都一概被知识分子们抛之脑后,唯一剩下的信仰就是欲望。书中种种"察见渊鱼"式的恶作剧描写,确实可供解颐破闷。但就像李洱自己说的,这种笑应该"比哭都难看",因为仔细思之,这篇小说反映和探讨的话题之沉重,实在让人难以笑出声来。《遗忘》所要"遗忘"的究竟是什么呢? 是"遗忘"理想追求,还是"遗忘"道德良心? 当代学院派知识分子侯后毅和自己的"前世"后羿一样,也面临着内外交困的窘境:妻子的怀疑、学生的背叛、事业的危机,他应该"遗忘"吗?"遗忘"就能使知识分子走出社会现实的困境吗？作品不长的篇幅却有着这么多让人深思的话题,难怪李洱自己对这篇小说也格外看重。

2. 对人文知识分子拥有的渊博"知识"通过调侃、解嘲进行重新审视

这一类可以《午后的诗学》、《饶舌的哑巴》、《夜游图书馆》等为代表。《午后的诗学》深刻地写出了知识分子那种徒有"知识"却处处显得"无能"和"无力"的生存状态。他们学富五车却又学无所用,才华横溢而又无所作为;他们鄙视名利又周旋于名利,人生处于一种"高贵"的悬浮状态。在这篇小说中,李洱透彻地刻画出了人文知识分子双重的存在困境:一方面,由于所有精彩的话都已被大师们说完,聪明如费边者也只能在不断地"引用"以及"仿造"中饶舌;另一方面,人文语言的作用正在蜕变,变得越来越缺乏行动的能力,而日益沦为一种"精神"的假象、生活的"借口",知识的累积仅仅带来了语言狂欢的快感,就像李洱所说:"看来,通过知识并不能获得解放与幸福。""知识"本来是知识分子区别于芸芸众生的"标志",是他们安身立命、责任担当的"本钱",但费边们却只能用它来发发无用的牢骚、吸引少女的眼球、进行无聊的雄辩、争取现实的权益……可见,思想、知识在知识分子那里并没有获得本体地位,只不过是获取生存条件的手段而已。所有的格言、警句与哲思在这里都成了世俗的、戏谑的、讽刺性的存在,它们利落无比地陷入了中国知识分子生活的泥潭中,再也无法找到当初的纯净、阔大和微言大义。

让人更为担忧的是,在经济和金钱至上的时代语境下,"人文知识"更是遭到新一代"准知识分子"的无情鄙夷,这可以短篇小说《夜游图书馆》为代表。小说主要讲述了三位知识分子忽然心血来潮,共同谋划趁夜色去一所师范学院的图书馆偷书的情形。作品中的三位主人公都可称得上是现代意义上的高级知识分子:哲学博士徐渭、文学博士陈亮和写小说的文学硕士孔庆林。这三位知识分子同样没有为自己的学术和知识献身的激情,他们很容易和世界"妥协",过得庸碌而满足。"图书馆"在这里是一个大的"隐喻",它连同其他一些意象,如得过且过的高级人文知识分子,落满厚厚灰尘的各种人文图书,对诸如《疯癫与文明》、《局外人》、《神圣人生论》等书籍毫无兴趣的师范学院的学生……共同构成了让人警醒的社会现实和"人文知识"在当下的无奈境遇。

3. 对丧失立场、随波逐流的知识分子堕落现实的无情批判

这类小说以《抒情时代》、《林妹妹》、《光和影》等为代表。在《抒情时代》里,无论是袁枚副教授还是张亮讲师,他们的精力和"才情"完全放在了搞婚外情、玩弄学生、互相拆台、钩心斗角等方面,完全没有了知识分子应有的那种道德上的纯洁和高尚,更谈不上崇高的历史使命感和责任担当意识。张亮也像《午后的诗学》里的费边那样,喜欢引经据典,出口成章,对"意义"一词的内涵

说起来旁征博引无所不知,但滑稽的是,所谓"业精于勤,荒于嬉"的至理名言居然被他用在了"要及时泡女人"上。他们很会为自己的不思进取、自甘堕落开脱,"只要想到别人也都在瞎忙,我们就心安理得了"——其丑恶嘴脸和卑鄙心灵暴露无遗。《林妹妹》中的那条吉娃娃狗的主人刘教授,更是一个让人不齿的知识分子形象,他对"土狗"的欺负,简直就是"文革"时期封建腐朽的"血统论"思想的幽灵再现,而他那些依仗自己的"知识分子"身份而做出的一系列欺人行径,实在让人不敢想象"知识分子"一旦无行而带来的可怕后果。《光和影》里李洱对某些"文化人"的丑陋行径的顺手一击也不可谓不辛辣:那位自称"研究历史"的在省府某个显要部门供职的中年知识分子,为钻营升迁竟不择手段地给上司送"准毛片"《罗马帝国艳情史》。更让人难以置信的是,他在孙良的盗版DVD摊上买不到这部碟片,竟像骂街的泼妇一样蛮不讲理、胡搅蛮缠,哪还有一丁点知识分子应有的形象? 就像有论者指出的:"这些知识分子在文化人格上已经悖离了传统精英知识分子的批判性立场,完全沉溺在当下欲望化生存现实中,他们与世俗生活'和睦相处',在世俗层面谋得利益,并为之全力奋斗在都市的角角落落。"①

三、关注"日常生活"和采取"反讽叙事"

李洱在刻画知识分子在当下的生存境况时无疑是充满矛盾的:一方面有着自觉的批判和自我批判,一方面又对日益边缘化的人文知识分子的生存困境抱有同情。所以,李洱在写作时常常不自觉地将自己暴露在判断他人时深深的无能为力之中,显现出明显的犹疑和妥协。李洱深知以往那种理想型的意识形态化的知识分子叙事的虚假,他不愿再加入其中,而是自觉地把描画知识分子凡庸的"日常生活"作为自己首要的审美选择和叙述空间,通过叙写"人文知识分子心中的那些从古到今,从西到东的盘根错节的知识,与他们在当今世界所过的或被迫卷入其中的卑琐的日常生活之间的可笑的结合"②,试图为读者呈现出一个本真的世界。

这并非李洱一个人的独特审美与叙事选择,而是绝大部分出生于20世纪60年代的被命名为"新生代作家"的共同选择。这种选择有着明显的时代环境

---

① 张文红:《伦理叙事与叙事伦理》,社会科学文献出版社,2006年,第226页。
② 耿占春:《反讽的诗学——论李洱近作》,《群岛上的谈话》,中原农民出版社,1999年,第243页。

因素:进入 90 年代后,那种体现群体性意识的理想主义精神和意识形态伦理在文学中全面消退,市场经济和消费主义的逻辑开始渗透进包括文学在内的精神文化领域,世俗日常生活的独立性价值开始在文学写作中谋得合法性地位,并日益成为作家们进行写作的一个出发点。日常生活为文学写作提供了一个新的叙事空间,使人们对生活的理解和对传统人生价值观的评价发生了根本转变:"我们拥有世界,但这个世界原来就是复杂得千言万语都说不清的日常身边琐事。它成了我们判断世界的标准,也成了我们赖以生存和进行生存证明的标志。"①对李洱来说,可能那些普通人的看似烦琐平庸的日常生活经验更具有文学上的审美意蕴空间。"从某种意义上说,现代小说是对日常生活的奇迹性的发现,在那些最普通、最平凡的日常生活中小说找到了它的叙事空间。""古代神话表现善与恶的强烈对比,而现在的小说,可能要表现善与恶的中间地带,表现被神话所忽略的那些更富日常性的生活中的细枝末节。"②

具体到小说写作,无论是在《夜游图书馆》、《导师死了》里,还是在《遗忘》、《午后的诗学》中,李洱无一不写到知识分子那"极富日常性的生活中的细枝末节":职称竞评,学术会议的参加人选,内心卑琐而不敢与人言的欲望,夫妻、朋友间的暧昧心理摩擦……靠着对这些细节的巧妙处理,李洱完成了对生存的整体性存在及其内在秩序的拷问和诘难,揭露了当下人在日常生活中的无力、无奈和有限。那么,对于知识分子来说,他们的"日常生活"是怎样的一种状态呢?是"人文知识"在当今时代因无用而遭遇的尴尬;是知识分子拿渊博的"学识"来自我抚慰与自我解嘲;是和普通人一样的势利、投机、苟且,一样地把主要精力倾注于日常生活中的吃穿住用,以工具实用主义作为自己不二的人生哲学信条……至于那些玄虚的远离现实的"精神",连他们自己都不好意思提及。

日常生活是卑琐、平庸,甚至非理性、非人性的,李洱能借此建构他的诗学,实现他的批判目的吗?在与学者梁鸿的一次对话中,李洱为我们解开了困惑。他清醒地认识到:"日常生活是个巨大的陷阱,它可以轻易将人的批判锋芒圈掉。它是个鼠夹子,使你的逃逸和叛逆变得困难重重。"因此,他有了写作时的充分自觉:"你只要进入写作,你就不能是一个经验上的夸张主义者,而应该是一个经验的怀疑者,辨析者,揭示者。即便日常生活是一堆乱麻,小说也应该能够揭示它的内在秩序,而不是进一步添乱。"所以,李洱在叙写知识分子日常生活的过程中,在暴露知识分子话语虚妄的同时,并未完全否定知识分子尤其是

---

①刘震云:《磨损与丧失》,《中篇小说选刊》1991 年第 2 期。
②李洱:《短篇小说及其它》,《集体作业——实验文学的理论与实践》,中国广播电视出版社,1999 年,第 29 页。

批判型知识分子的存在价值,而是执着地在日常生活的缝隙中彰显批判的力量,从而为中国知识分子走出当下的困境探索新的方向。

叙写知识分子的日常生存,李洱惯用的是"反讽"的叙事策略。无论《导师死了》、《午后的诗学》、《饶舌的哑巴》、《夜游图书馆》、《寻物启事》,还是《花腔》、《遗忘》,反讽运用比比皆是。我们都知道,反讽(irony)一词最早来自希腊文,原为希腊戏剧中的一种被定型的角色,后来演变为一种语言表达技巧。新批评派的代表评论家布鲁克斯对反讽下了一个广为人知的定义:"反讽,就是语境对一个陈述语的明显的歪曲。"简单说来,就是言在此而意在彼。"本质上,它是指一个词、一个事件、一个人与其获取意义与生存的上下文发生了不符、背离或冲突。……某种意义上,'反讽'也正体现了一种新的文学思维与艺术逻辑,它集中代表了作家们融合梦幻与现实、想象与虚构、平庸与崇高等对峙性存在的尝试与努力。"①

对"反讽"手法的普遍运用,表明了一代青年作家驾驭生活和把握叙事的能力。那些凡俗琐事,那些几乎没有什么重要意义的故事,因了"反讽"大量运用而变得生机勃勃,妙趣横生,让人在谑笑之余去思考一些并不轻松的问题。其实,"反讽"不仅仅是一种美学原则,它更是一种文化态度和价值立场的显现。在一个去意识形态化的社会环境里,"反讽"表示了一种"中性化"的价值立场,它既恰当宣泄了人们的"批判性",又维系住了社会和谐统一的外表。评论家陈晓明的说法可谓一语中的:"对于青年一代的中国作家来说,他们置身于一个'文化失范'的文明情境,旧有的偶像已经破灭,而新的准则远未确立,他们无法固执己见,文化的严肃性和认真性也已丧失,他们除了借助万能的'反讽'(或调侃),除了以廉价的欢笑来掩饰内心的恐惧和恐慌之外,还能捍卫什么更高的正义呢?"

照此看来,"反讽"是这个时代的作家对世界做出自己的判断和表达的一种委婉的方式,是作家面对那些明显不能解决的根本矛盾而采取的一种折中的表达。在谈到反讽时,若泽·萨拉马戈这样说:"反讽有点像你晚上走路穿过墓场时吹口哨:我们以为我们有了那么一点儿人类的声音,拙劣地掩饰恐惧,就可以忽视死亡。反过来说也没错,如果我们连反讽的能力也没有,那么我们也就失去了任何抵抗能力了。"②可见,反讽不是强有力的针锋相对,而是委婉的变相抵抗。在李洱自己,"反讽"叙事策略的运用也正是他为了更好地表达当下知识分子的生存境遇而做出的自觉选择。所以,无论是语言的直接反讽(这在李洱

---

① 吴义勤:《中国当代新潮小说论》,江苏文艺出版社,1997年,第130页。
② 〔葡〕若泽·萨拉马戈:《穷人、小国与我的文学》,《天涯》1999年第2期。

的小说文本中比比皆是,如《夜游图书馆》中几个人商量着趁夜色去图书馆偷书,却冠冕堂皇地说是要去"拯救"一批书籍),还是借营造情境来达到反讽效果,都是为了表达一种"温婉"的"抵抗",就像在小说《悬铃木枝条上的爱情》中,李洱借叙述者之口所说的:"自我反讽是这个时代最微妙的解毒剂,它能巧妙地缓解你和世界的紧张关系,并使你的真实像海上冰山的那一角闪闪发光。"可以说,在知识分子伦理叙事中,具有反讽性和戏谑化的叙事情境设置不仅具有叙事结构意义,它在一个维度上铸写了小说主题学意蕴和美学风格,同时深切表达了作家个人化的叙事目的和价值立场,也使知识分子伦理叙事从传统范式走向了新的天地。

四、结语

李洱最擅长表达知识分子的生存困境和遭遇,他的小说充满了智性和知性,非常讲究叙事和细部的营造,反讽修辞手法的使用也堪称得心应手,并较好地起到了传达理念、解悟世界人生的效用。但是在阅读李洱时,我还是有些遗憾,那就是他的作品太讲究智性的叙事和反讽策略的运用,却忽略了对人物形象的刻画。同时,过多地使用反讽叙事,虽然有助于以一种自由而平等的姿态去呈现生存之悖谬,但当更广袤的"人"和"存在"的话题不得不需要我们面对并予以更为真切的艺术呈现的时候,一味地"反讽"就使小说缺乏了一种厚重和深沉,同时也就失却了那种湿漉漉的质感。

就像有的论者总结出的:李洱的小说具有以下的叙事特征:不假设故事,不塑造典型,没有深刻寓意,注重场景的营造,细节的描摹追求明晰、细致,但其中的目的却十分凌乱、暧昧,犹如一个纯粹的观察者的在场,他绝不愿向读者披露内心的想法。① 但我认为,仅仅把社会现实揭示出来是不够的,仅仅将自己"暴露在判断他人时深深的无能为力之中"而不是以知识分子的道德、良知、义愤、责任去直面,去担当,就只能是另一种妥协和懦弱。谁都知道,这是一个价值失范、道德滑坡的时代,但这并不意味着作家不可以坚持自己的道德底线、价值尺度和判断能力。"殊不知道德、说教,固然不能成为文学;但文学中最高的动机和最大的感动力,必是作者内心的崇高的道德意识。"② 实际上,李洱小说缺少的恰恰是那种本应该有的沉痛、愤怒,对不合理的社会、丑陋的现实和丑恶的各

---

① 胡永喜:《李洱:现代汉语叙事的转型》,《中华读书报》2005 年 1 月 14 日。
② 徐复观:《〈文心雕龙〉的文体论》,《中国艺术精神》,上海书店出版社,2006 年。

种人生现象不遗余力的批判。对比张炜的一些小说,李洱的小说在这些方面欠缺得厉害。虽然这样比附可能对李洱有些不公平,但我还是真诚希望李洱今后的小说能有所突破,至少,不要仍然仅是呈现、暴露甚至妥协,我希望看到他在作品中的愤怒、批判和担当。

原载《当代文坛》2010 年第 5 期

莴笋搭成的白塔

田中禾

20世纪末的中国文学有一个绕不开的课题,那就是如何使用审美要求越来越高的现代人感到新颖的手法切入现实生活。几十年来被我们称之为现实主义的东西被一再败坏,早已失去了活力;而借助遥远的传奇故事进行艺术形式创新的所谓先锋小说也已成为上一季节的时装。对于痴心于纯文学的作者,九十年代的文坛难免有点严酷。被物欲摧毁了的旧的价值观念、生活方式的碎片与充满感官刺激的五光十色的诱惑使我们面对的现实生活像一条流动的光带,冯河搏虎之辈坐在河那边的草地上搂着美女欢宴的时候,哲学和思想还在摸着石头过河,他们战战兢兢自惭形秽的样子使"高雅文化"这个意义含混的词儿成为文化遗老们自我解嘲的酸腐的遮羞扇。然而文学剧场的看客却变得更加苛刻,他们以时下最低贱的价格要作家们提供最高级的服务,丝毫不照顾我们面对的艺术与思想的窘境。

李洱的《缝隙》就产生在这样的缝隙里,他不得不在缝隙里发现,在缝隙里虚拟,让不可把握的现实在虚妄中显露出它的本质。它在诸多方面满足了看客挑剔的口味。首先,它是雅致的,不再是漠视"文学是语言的艺术"的粗疏的故事(这当然是再低不过的要求,然而对于中国文学仍然有点奢侈);它又是有趣的,没有硬塞给我们或是忧患、或是时弊、或是人文精神、终极关怀,或是什么什么采、什么什么姆、什么什么格尔而让读它的人老是惴惴于自己的人格和学识;它是恭敬的,作者没有把小说看破,没有把自己的才气看得无往而不胜。你从它的散漫中能够读出真诚、个性和投入,它在艺术上注意躲开陈腐也躲开时髦,因而能给读它的人带来一些新意。

《缝隙》的可读性不建立在媚俗和煽情上,它也不依靠讲故事的技巧。毫无疑问李洱并不忽视故事,他的许多小说都显示出他构思故事和掩盖故事的功夫。细心的读者会发现《缝隙》在结构上十分严谨,叙述的散漫沿着极其集中的时空和情节进行,它不再如先锋小说那样热衷于希区柯克,也不再像新感觉小说那样温软和神经质,它的悬念来自于语言本身,来自于作者与他的语言斗争的生动性——"作家同语言的关系是争论的、斗争的关系,因为这种关系充满激情,有如性爱。""语言文字是生气勃勃的创造物,它们向我们挑战,诱惑我们。"(帕斯)在这互相征服与诱惑的过程中,它于细腻敏感中透出疏朗简洁,在挥洒流畅时显出节制含蓄。如果是破裂、是波折、是起伏,可能要比缝隙写起来容易。《缝隙》的难点在于这缝隙让人处处感觉到它的存在,而又无法捉到形迹。它像空气一样弥漫在孙良的周围,笼罩着他全部的生活,极其琐屑,却又左右着他的人生。它的可怕正在于你没法把它抓到手,让它显形,对它施以改造。它是人性深处的东西,又是这个时代的病毒。如果没有藏而不露的幽默和谐趣的语调,没有语言的魅力,这题材将因它的庸俗不堪而使人难以忍受。

李洱的叙述显然得力于电影手段,你能感觉到镜头的方位,感觉到画外的眼睛推、拉、闪回、化入化出,眼睛的存在使他的语言能够随意地从特写变成全景:人是表情困乏的,背景是灰蒙蒙的,面的的窗口、大街上使人感官麻木的影像、聚会时的声色、医院、保姆市场……所有这些镜头使人的感情世界被物质世界淹没的感觉直接从不加阐释的画面上透出来,而那猪蹄骨头、失眠药瓶、站着吃自己煮的挂面、一再幻想的猪舌头……就成为身为大学教授的主人公的人格特写,镜头的眼睛使欲望的饥渴无处不在,除了妻子那又起腻又诱惑的孕妇的身体外,女理发师旗袍的开衩、妻子女友的身影、妻子同事的项链挡着了的领口、舞池边的女郎、甚至妻子舔色拉油的动作……这种饥渴感除了时代的挑逗之外,更是一种长久生活在阴盛阳衰的女性统治下的穷酸措大的特殊目光。被一位评论家称为表象拼接的李洱的叙事,其实是使用着电影的蒙太奇,我们通过这蒙太奇被带入一种强烈的意念和情绪的氛围。就像君特·格拉斯倡导的电影小说,李洱的散漫和表象化世界是靠着蒙太奇制造出的情绪流引人入胜,达致抽象的。

"莴笋搭成的白塔,一筷子下去就坍塌了。"突然间我们发现曾经被视为神圣的一个时代的文化、哲学、价值体系在贪欲被调动起来之后竟如此脆弱。在《缝隙》里,与孙良夫妇的生活构成对比的炒股票的赌徒、红歌星似乎是丢弃了文化走入物质世界不再有什么精神,然而李洱笔下的孙良、吴之刚、费定、加歇……这些曾经被自己和大众视为精英的高级知识分子随着倒塌的白塔也一下子变得一无所有,他们不但陷入物质的贫困,而且也陷入了精神匮乏。他们不再有任何可以引为骄傲的东西支撑自己的人格。除了把妻子吃剩的骨头煮一口汤喝,在猪舌头和性饥渴的幻想里对物质诱惑采取麻木态度外,唯一的用场就是为妻子的虚荣心去扮演一个朗诵诗的角色,这角色最终也没能演上。不要说妄想与赌徒、歌星相比,他们的人生状态其实已经远不如市场上的二流保姆。

在李洱的作品里,文化和价值体系的坍塌是通过女性来实现的。他的小说里的男人几乎无一例外地生活在女性的阴影里,他们仅仅是女人虚荣心的点缀,不但要长期忍受妻子的不忠,而且还要忍受她们的轻蔑和冷漠。如果说他们在社会上还可以保持一点虚假的自尊的话,他们在女人面前则完完全全是个窝囊废。女人的崇拜和爱慕是男人价值的标志，也是一个时代价值取向的风向标。中国的知识分子从来也没有赢得过女人的爱慕，比起过去政治地位的低微来，现在的生存状态更不容易在女性面前得分。女人嫁给他们已经是抬举了他，只能凑合着过日子，随时飞走也便天经地义。女性成为时代的尤物，女性既是物化和欲望的对象，又是物化、欲望的化身。

　　李洱的小说使我游弋在极不真实的虚拟的故事里，我能时时感觉到它的谎言性，我心里常常不自禁地涌出"这些狗男女！"这样的感叹。这感叹立即使我意识到我自己也是这狗男女中的一员，像他们一样无聊、庸俗、虚荣、虚伪、麻木而鄙劣。它对现实生活的虚拟使我感到惊人的真实，无论环境、人物，还是情绪、格调。我不知道他除了采用这样加缪痕迹明显的笔调还有没有别的选择？李洱是有他自己的哲学的，他也已经有了自己的艺术风格。我希望他不要服从评论家派给他的角色，那是评论家的需要。《缝隙》无疑是他目前写出的很好的作品，但我觉得他应该放得更开些，莴笋搭起的白塔也许就该不断地用筷子戳倒它。

原载《人民文学》1995年第10期

"谋杀"的合法性
——评李洱的长篇小说《花腔》

吴义勤

在所谓的新生代作家中,李洱的创作是令人欣慰的。与骄狂的"断裂者"不同,他有着温和的、不事张扬的作风,又有着坚定的艺术追求和艺术理念。他的"日常生活"和"知识分子写作"理论都不是过过嘴瘾的"宣言"与"口号",而是有着卓有成效的小说实践的切实支撑。这显示了李洱对于自己写作实力和写作功力的高度自信,也代表了新生代作家的一种全新的艺术可能性。这方面,其长篇处女作《花腔》(人民文学出版社 2000 年 12 月版)又是一个很好的例证。早在 20 世纪 90 年代下半叶新生代作家就纷纷开始了长篇小说创作,但除了《弑父》等少数几部有一定的反响外,大多数作品都令人失望。除了张扬、矫情的叙事姿态外,这些作品普遍给人一种轻飘飘的感觉。而李洱的《花腔》则给我们一种完全不同的艺术感受,它以厚实、凝重的内涵和新颖的艺术探索给我们强烈的震撼与冲击,这种震撼与冲击既是艺术上的,又是思想上的。某种意义上,它标志着一个艺术超越过程的完成,代表了新生代作家长篇小说创作的一个新高度。

《花腔》有着非常好看的故事,葛任与冰莹的爱情是小说的一条基本线索,而葛任的"生与死"则是小说的结构中心。在这里,爱与恨、善与恶、阴谋与背叛、朋友与敌人、政治与历史、真实与荒诞……彼此纠缠彼此冲撞,被作家演绎得荡气回肠、惊心动魄。也正是在这个荡气回肠、惊心动魄的故事中,李洱完成了对于"历史"的解构。葛任在"二里岗战役"的"牺牲"是"历史叙事"的逻辑前提,它赋予葛任"英雄"的身份,同时也赋予历史以合理性。但是葛任"死而复活"的消息却彻底颠覆了这既成的历史秩序,于是,为了维护历史的合法性,延安、军统等各路力量纷纷奔向大荒山,他们希望的是葛任的"重新死去"。小说惊心动魄的思想力量可以说就在于对"谋杀"葛任"合法性"的揭示上。所有的人都以"拯救"的面目来到了大荒山,但他们在乎的是葛任的"名节"、历史的"秩序",而不是他的"生命"。因此,小说中我们看到葛任似乎有很多次逃出的机会,但多被有意"延宕"了。我们看到了历史以"正义"、"革命"、"友谊"等堂皇的名义对一个人的"谋杀",但荒诞的是最具"谋杀"合法性的却是日本人川井,是他维护了葛任与"历史"的双重"名节"。

另一方面,《花腔》在叙事上也体现了非常高的水准。小说共三部,主要由三个主人公白圣韬、赵耀庆、范继槐的讲述构成,他们成了小说重要的叙事本体。作为"历史"的亲历者,他们提供了"历史"的感性的、毛茸茸的一面,但是他们的叙述仍然只是历史的一种可能性。因为呈现在他们话语中的历史固然不乏某种真实性,但他们的"花腔"却又有着明显的自我"伪饰"的成分。因此,小说中,作者又贯穿了另一条更重要的叙事线索那就是对他们"花腔"的辨伪、考证、注释和补充。两条线索,两种语言,平行发展,彼此互文,构筑了一种奇特的开放性文体。前一条线索具有某种"历史叙事"或"时间叙事"的特征,而后一条线索则超越历史和时间,具有形而上的拷问意味。小说引用了大量的典籍、史料和回忆文本,它们与主体的叙述段落构成某种"证实"或"证伪"关系,而"历史"就在这样一种"证实"与"证伪"中既得到了呈现,又得到了解构。在这样的叙事中,我们越是接近了历史的"真实",我们就越是感受到了历史的残酷;我们越是走近了人物的内心,我们就越是能感受到人在历史面前的无奈。葛任、冰莹、白圣韬、范继槐、田汗、赵耀庆等各色人物都可以说是存活在特定的"历史语境"里面,作家很少对人物进行意识形态或善恶判断,而是尽可能地让他们在历史的轨道上自我表演。他们的人性与他们的政治、历史面具也许是矛盾的、脱节的,但这正是他们的真实,他们与历史真实是互相塑造、互相建构的。从这个意义上说,我能理解葛任对于死亡的态度,实际上,他不是死于别人之手,而是死于洞透历史本质后深深的绝望。在这个意义上,我想,如果作家不把葛任处理成一个垂死的病人,艺术效果将会更好,其对历史的批判与解构也会更有力量。

原载《文艺报》2002 年 4 月 23 日

文化视野中的意识形态话语建构
——对李洱《花腔》的文化批评

李庚香

《花腔》中的人物原型瞿秋白是我心仪已久的共产党人。葛任("个人")虽然只是瞿秋白的一个影子,或者一个精神对应物,但是作为一个"知识革命者",他们都具有与被安排的历史命运不能完全吻合的那些不合时宜的气质。《花腔》的出现,使我从"个人经验"的层面上又一次重读了20世纪那场宏大的历史叙事,同时也看到了《花腔》对历史"神圣性存在"无情解构的技术。

对传统意识形态话语的全面解构

我认为,在"传统意识形态话语"(政治话语/阶级话语/革命话语/权威话语/权力话语)与"日常生活话语"(私人话语)之间有一个广阔的中间地带,那就是"文化视野中的意识形态话语"(文化话语)。在社会主义市场经济条件下,在开放社会的语境中,由于长期以来我们忽视了"文化视野中的意识形态话语"的建构,所以在"主旋律"与"多样化"、"权威话语"与"私人话语"之间,一直缺少一种沟通的中介和桥梁。面对"众声喧哗"的"多样化"生存环境,传统的意识形态话语显然具有一种"不合时宜"的性质。但是,我们是否就能够完全否定传统意识形态话语在"历史的特定时刻"存在的那种合理性,却是值得考虑的。在当前社会上流行的"言/行不一"、"台上/台下不一"、"明/暗不一"、"公域/私域不一"等现象,正是由于传统意识形态话语体系与日常社会生活之间存在着错位。李洱的"花腔"这一"隐喻"的实质,即意指传统意识形态话语与日常现实生活的不相适应性,或者说他看到了真理与话语、价值观与事件、意识形态与历史真实、存在与意义等在社会学、文化学、哲学层面上的差异、分歧与错位。用《午后的诗学》中主人公费边的话来说:"一切都在发生从大到小的转变。哈贝马斯提出从大写真理到小写真理,罗蒂提出从大哲学到小哲学,新历史主义分子提出从大历史到小历史,福柯提出从大写的人到小写的人。大师们的看法并非妄下雌黄,而是他们对世界体认的结果。"这种从"大"到"小"的变化与转折,是我们时代的一个突出特征。然而,问题在于,传统话语体系虽然有一个"与时俱进"的问题,但我们是否就应该嘲笑、讽刺、挖苦它作为一种历史存在的合理性呢?在这个意义上,我认为,《花腔》充其量只是进行了对传统意识形态话语的解构,却没有对"文化视野中的意识形态话语"的自觉建构。在传统意识形态话语那里,不仅是什么时代说什么话(时代话语),而且是什么阶级说什么话(阶级话语),但却遗忘了什么人说什么话(人文话语/个性话语),在不同的语境说不同的话(私人话语/区分公域和私域的"到什么山上唱什么歌")。对传统意识形态话语的权力话语性质,李少咏博士曾经相当准确地指出:"《花腔》则是以一种反叛的姿态,以一种事实上控制着人们的具体生存处境的意识形态话语作为外在形态,切入了某种权力话语对于'个人'的压抑与绞杀,以话语的共时态特征展示了在一个无个性的时代中'个人'的无处栖身。"①耿占春则进一步看到了意识形态话语的局限性,"意识形态在历史叙述领域内的虚构,成为唯一对历史叙述具有特权的叙述文本,并且把意识形态的虚构与真理的客观形式强权性的对等起来","当意识形态确立起唯一的特权叙事文本,它就变成了'反叙事'的真理权威","任何时候,一种叙事文本变成绝对真理,都是对叙事自由的取消"。② 正如小说家在作品中所体认的,"历史是由胜利者书写的",而且,就连失败者也会不由自主地移情胜利者,承认"成者王侯败者贼"的结果或结局。《花腔》中的口述者范继槐在评述自己的一首诗歌时说,诗里没有提到他的革命带路人胡安的大名,"不是不想写,而是不能写啊。道理很简单,他生活在历史之外。至今,我还没有看到哪本书上提过他。有谁知道他呢? 所以写了也是白写"。

因此,李洱并不关注作品的道德/非道德的意识形态说教功能,他重视人物的"个性"甚于人物的"共性",重视人物的精神性、生命性甚于一切。在他看来,传统意识形态话语承担了更多的"文以载道"的政治功能,"一元化世界中的经验,哪怕它是一种正义立场,也是应该遭到质疑的"。他认为,"我们在一元化的世界里生活得太久了,我们文化中的遗忘机制也太害人了"。在他看来,"汉语写作经常要么混沌一团、眉眼不分,还美其名曰零度写作,要么单向度的歌唱和控诉,还美其名曰有社会责任感","奇怪的是,犹太文学几乎可以准确地呈现出他们的苦难,写出他们的希望,但汉语写作却很难做到。也就是说汉语在表达经验的时候,容易失重"。在这一意义上,他把那种言不由衷、言不由己的传

---

① 李仰智:《以个人名义进入历史书写——关于李洱长篇小说〈花腔〉及相关问题的对话》,《作家》2002 年第 4 期。
② 耿占春:《仿史学的小说叙事》,《花城》2002 年第 3 期。

统意识形态话语(大话、假话、套话)视为"耍花腔",并在《花腔》中以"反讽"、"个人经验"、"复调"、"结构主义诗学"、"新历史主义"等后现代技术对之进行了无情的解构。

"反讽"是李洱运用得最熟练的一种写作策略。新批评派的布鲁克斯指出:"反讽就是语境对于一个陈述语的明显歪曲。"在对传统意识形态话语和隐秘的私人话语两种话语体系的共时性并列中,李洱的《花腔》不同于他以往的作品,而是充满了对意识形态话语的嘲弄、颠覆、解构和反抗,有一种独特的讽刺效果。比如,白圣韬的一些语言,充满了小心谨慎的"警惕"。"我立即向他表示,我要像列宁同志说的那样,像保护自己的眼睛一样保护它。窦思忠立即表扬了我,说同志们要都像我这样好,国民党早就垮台了,倭寇早就赶走了。""言多必失,我可不想再次因言获罪。小红在一边鼓励我,要我畅所欲言。我想,这小娘儿们是不是要引蛇出洞呢。我想,讲可以讲,问题是什么该讲,什么不该讲,要心里有数。戏子无情,婊子无义,哪一天她要把我屙出来,我可又要遭殃了。"再比如肇庆耀的话语,则有一种"痞味"和流氓无产者的劲头。"龙生龙,凤生凤,老鼠生来会打洞。俺既然出身于劳动人民家庭,那俺生下来就是革命群众。""尽管她的话叫俺丈二和尚摸不着头脑,可俺还是顺着她的话茬说,俺经常梦见葛任还活着,正为解放全人类而奋斗。""水利是农业的命脉,你多喝一口水,庄稼就少浇一口水,所以俺通常不喝水。""让俺打入军统的时候,俺就有这种思想顾虑,可是经过灵魂深处爆发革命,狠批私字一闪念,俺终于想通了。""毛主席教导我们说,镇压反革命,要打得稳,打得准。俺就是这样做的。""他肩上的担子重,心中的责任强,每天都抓革命促生产,领导大家两眼一睁,忙到吹灯,不断从胜利走向胜利。""向毛主席保证,俺没敢打搅他。在睡梦中,他可能也在考虑培养革命接班人的问题呢。俺在他身边站了一会儿,心潮逐浪高啊。俺心里说,看啊,为了革命事业,葛任都累成啥样子了。葛任同志本来就瘦,这会儿更瘦了。身体是革命的本钱啊,看见他躺在那里活像个纸人,俺就不由得鼻子发酸。"类似的例子,真是不胜枚举。作者还把《东方红》中的"他是人民大救星"与《国际歌》中的"从来就没有什么救世主,也没有什么神仙皇帝"并置,自认为揭示了传统意识形态话语的自相矛盾,把传统意识形态话语放在了一个颇为尴尬的位置上,却没有意识到了二者之间的"不同历史情境"与不同的认识维度。

剥离事件与态度,即严格区分事实陈述与价值陈述,是李洱解构传统意识形态话语的基本策略。在一个日趋多元化的世界中,"由于统一的真理尺度已不复存在,人们开始学会对异质的事物、行为表示宽容。让自己活得轻松,也让别人活得轻松,注重'理解'而不是注重'批判',以及对不断重复的日常冲突的

'避让'和'不了了之'"①。这是两种完全不同的话语体系,但却被作者细心地缝合到一起,就像把街头"打枪的声音"转换成日常生活中"爆玉米花"的声音。于是,对日常生活的关注超越了过去有关历史和社会的"宏大叙事",私人话语(包括"意识流")充满了合理性,传统的意识形态话语却失去了合法性的一面;于是,由于作者的"解构",在葛任身上,完全没有了意识形态投射上去的炫目光晕,剩下的只是一种"经验图像"。不同的叙述者各自从自己的"语调"出发拿腔捏调,大耍"花腔"。葛任的自传想写的就是"我是怎样变成这样一个人的"。

但是,从意识形态话语到私人话语之间却存在着"主观性"、"相对性"、"多元性"这些障碍和鸿沟。因为个人的经验,并不能成为历史真实的确切无疑的见证者。它几乎肯定会受到他的各种各样的观念与个人情感、他的愿望与隐私动机的不断修改。这样,"真实"就变成了一个"虚幻"的概念,以至于作者不无困惑地提出:"好多事用阿庆的嘴说出来是一个样,用范老的嘴巴说出来是另一个样","我在迷雾中走得太久了。对那些无法辨明真伪的叙述,我在感到无奈的同时,也渐渐明白了这样一个事实:本书中没有个人的讲述,其实都是历史的回声。""'真实'是一个虚幻的概念。如果用范老提到的洋葱来打比方,那么,'真实'就像是洋葱的核。一层层剥下去,你什么也找不到","洋葱的中心虽然是空的,但这并不影响它的味道,那层层包裹起来的葱片,都有着同样的辛辣。"面对这种具有"不确定性"的广阔"中间地带",李洱毫不犹豫,他以后现代主义的"结构主义诗学"、"复调"、"话语"、"文本"、"互文"、"语义空白"等范畴继续扩大私人话语的空间,使《花腔》的文本意义变成了不是由意识形态话语加以确定和控制的,而是可供读者加以自由解释的话语空间。这样,对意识形态话语的解构就从话语层面上升到文化、文体、结构、语调等新的方面。

"中间地带"与后现代的"意味"及技术

西方文化在 20 世纪 50 年代发生的"语言学转向",诞生了西蒙、博尔赫斯等"新小说"作家。西方文学就是从此走向"平面化"(而不是"深度")、"技术"(而不是"艺术")、"游戏"(而不是"责任感")、"复调"(而不是"全能叙述")、"私人话语"(而不是福柯所谓的"权力话语")的。这是"后现代小说"诞生的哲学—历史—文化背景。5 年前,我曾经写过一篇《游移在欲望的边缘——李洱论》(未定稿),就是把李洱作为"后现代作家"来认识的。对人的隐秘欲望和无

---

① 王鸿生:《被卷入日常存在——李洱小说论》,《当代作家评论》2001 年第 4 期。

能心理,李洱有着非凡的洞察力。在《花腔》中,"后结构"、"反讽"、"黑色幽默"、"韵味"、"复调"等范畴大行其道,显然都有后现代的"意味"。

这种"变化",与语境的转变深刻相关。与革命和斗争的"有意义的生活"相比,和平时期的"日常生活"使很多人陷入一种"虚无"的状态。《花腔》在一定意义上体现了作者对日常存在结构之无序性和非结构性的理解。法国的布罗代尔这样指出:"日常生活是由那些人们在历史时空中几乎不加注意的小事构成的。这些每日发生的事情是不断重复的,是一种结构,渗透到了社会各个层次,并规定了社会存在和社会行为的各种方式。"这种"规定性"正如《花腔》中所言:"在常识面前,我们似乎只有默认、服从或者无动于衷。"《花腔》的话语系统在此也显示出其极大的局限性,它暴露了传统意识形态话语和私人话语之间广阔的"中间地带",但是由于解构了"基本价值观",这种"中间地带"就成为一种非"意向性"的存在。由于价值观的消弭和意向性的丢失,阶级主体性也丧失了;与之相反,个人主体性和私人话语却成为主流。例如,白圣韬医生的这段反省,就有一种"黑色幽默"的效果。"我受党教育多年,早该学会站在毛驴的立场上思考问题:那些毛驴,口料已经一减再减,可为了革命事业,还是坚持拉磨、拉炭、犁地。它们的肚子本来已经够空了,但是为了响应拾粪运动,它们有条件要拉,没有条件创造条件也要拉,不容易啊!可我呢,作为一名知书达礼的智(知)识分子,却一点也不体谅毛驴,竟然还要求它们一直拉下去,拉下去。这跟党八股错误,宗派主义错误,主观主义错误,一样严重呀。阶级感情都到哪里去了,喂狗了么?难道你的觉悟还不及一头毛驴?"再看看范继槐的话语:"在上海,我是红袖添香夜读书,有钱赚,有电影看,还有咖啡喝,可以说是精神文明、物质文明双丰收,去那穷山恶水干什么。""狗通人性啊,狗的哲学也就是人的哲学。经过多次战争的洗礼,狗已经学会了一分为二看世界。""范继槐还有一句话,俺记得很牢靠,《红灯记》里鸠山也说过同样的话。他说,这叫放长线钓大鱼。狡猾吧?真是狡猾透了。俺后来想,娘那个×,他们派俺去,还真是找对了人。""她每回来都带好多糖,给工人们的孩子发糖。啥,糖衣炮弹?你要说那是糖衣炮弹,那工人阶级的后代们最爱吃的就是糖衣炮弹了。"这种不带感情的把两种不同质的话语并置的方法,必然使"中间地带"变成一种"断裂带"。我一直认为,话语结构作为一种文化形态,它是有"意向性"的,是体现"基本价值观"的。这种文化话语的"意向性"不同于政治话语的"方向性",也不同于私人话语的"窃窃私语",它是沟通传统意识形态话语和私人话语的中介和桥梁。

由于不同时期意识形态、价值观念的变化与陈述的事实在不同视野中的认识、理解和评价的差异,使得文本的"互文性"呈现出无边的开放性,其读解过程甚有意味。在《花腔》中,有3个不同的叙述人,他们都是有关同一个人、同一件事的见证者和当事人,然而他们对事实各有自己的记忆和说法。白医生的叙述发生在事件的当时(1943年),阿庆的口述是发生在1970年的劳改农场,范继槐的口述时间则是距当今时间很近的2000年。由于小说的3个口述者都不同程度地运用今天的意识形态语言去叙述过去的事件和人物,这种语言与所描述的历史时期明显地不相称就有了一种喜剧效果,使人忍俊不禁。正如小说中阿庆在讲述中屡屡征询的那样:"这样说行吗?好,那俺就接着说。""下面该说啥了?还是那句话,你们指向哪里,俺就打向哪里。"白圣韬的话语则是带着西北味道的口头禅:"有甚说甚。"其实话语主体最担心的就是不能让受话人范继槐"有甚知甚"。

这种"结构主义诗学"的效果,是从形式上中止意识形态话语的一个巧妙手法,因为对话总是预留对方的立场,反对强制性地将单一的声音灌输给对方。这样,对文本的自由理解和自由阐释就显得十分自然。或许正如主人公葛任早年的诗作《谁曾经是我》所说的:"谁于暗中叮嘱我/谁从人群中走向我/谁让镜子碎成了一片片/让一个我变成了无数的我。"正像格非指出的:"李洱的写作为我们敞开的,是一个广阔而模糊的中间地带。在这里,意义从未被取消,它只是暂时被搁置了起来","他的流畅的叙事技巧也有助于读者产生这样的幻觉:仿佛有什么不同寻常的事即将发生。不过,当你读完整部作品时,又会觉得与自己的预期相去甚远","作者不需要告诉我们,人物的生活意义如何缺乏,因为他们的话语本身就是浮泛无根的,说话就意味着沉默。在众多的人物语流掩盖之下的是一种真正的无言和寂静。正是在这一点上,李洱触及到了现实的隐秘的真实。"①

因此,在整个社会话语系统中,文化视野中的意识形态话语结构和话语渠道还没有形成,也没有为人们所自觉建构。在现代话语语境中,如何才能坚持传统意识形态话语的"基本价值观"指向,克服传统意识形态话语把本质当作现象来使用的局限性问题;如何才能把传统意识形态话语和日常生活中的私人话语联系起来,或者把私人话语系统通过价值观层面进一步升华,就不能不涉及到创作立场问题。

创作立场与一个人文主义者的"花腔"

李洱的创作立场从传统的意识形态的维度退出来,却是一半进入后现代的

---

① 格非:《记忆与对话——李洱小说解读》,《当代作家评论》2001年第4期。

立场,而另一半则进入了一种存在主义或者人文主义的立场上。在李洱作品中的扑朔迷离的"后现代性"后面我们可以直接看到真正的"现代性",或者说其现象是后现代性的,其本质则是现代性的。李洱与其他"后现代作家"不同,这一点,刘思谦教授也注意到了:"《花腔》与它们不同,是站在现代性的人文主义价值立场上讲述历史,对文本之外有一个客观存在的历史客体并不怀疑,对人的价值,对人的主体性并不怀疑,它的思想意义主要在于批判权力对个人的控制和践踏。"①因此,李洱表面上是一个具有后现代气质的"新生代"作家,但骨子里却是一个存在主义者或人文主义者。存在主义者之所以与人文主义者有一定程度的相通,正像萨特所说的,存在主义者主要研究的是人的存在。比如,在《花腔》中,作者关注的不是主人公葛任的"民族英雄"的身份和历史的"名节",而是他的"生命",特别是"精神性生命"。

存在主义者加缪是李洱推崇的一个文学偶像。"他反叛,他合作,他嬉皮,他负责,他复杂,他单纯,他积极,他消极"——这是说加缪,也是说李洱自己。《花腔》不是一种平面化的历史存在,而是一种具有深度和精神含量的历史存在。《花腔》的中心事件的时间发生在1943年,但它映现出来的却是从晚清一直到20世纪结束时的历史图景。在作品的4个声部的合唱中,虽然每一个叙述主体都声称"不要花腔",但实际上整个作品处处都在"耍花腔",就像《花腔》的表象是后现代的,但骨子里却充满了现代主义精神一样。加缪是这样来概括自己的存在主义立场的:"我们在一瞬间突然不再能理解这个世界,因为,多少世纪以来,我们对世界的理解只是限于我们预先设定的种种表象和轮廓,而从此我们就丧失了这种方法的力量唯一确定的事实是:世界的这种密闭无隙和陌生,这就是荒谬。世界也分泌出非人的因素。在某些清醒的时刻,他们机械的动作,他们毫无意义的手势使得他们周围的一切变得荒谬起来。"②李洱对此深有会心。《花腔》真实地写出了葛任"被深深卷入历史游戏、真理游戏之后的悲欢与无能",充分展现了他个人命运的悲剧性。在他看来,"面对着历史关头的血雨腥风,人们的神经应该像鞋底一样坚硬,而葛任这样时常脸红的人自然显得不合时宜。但我相信,许多读者都会从葛任的历史中,看到一种存在的勇气,一种面对种种威胁而艰难地寻求自我肯定的力量","因为葛任先生的死,因为爱的诗篇与死亡的歌谣总在一起唱响,我心中常常有着悲愤和绝望,而随着时光的流逝,写作的继续,这悲愤和绝望又时常会变成虚无的力量。虚无的力量

---

① 李仰智:《以个人名义进入历史书写——关于李洱长篇小说〈花腔〉及相关问题的对话》,《作家》2002年第4期。
② [法]阿尔贝·加缪:《西西弗的神话》,生活·读书·新知书店,1987年,第17页。

是那样大,它积极的一面又是那样难以辨认,以至于你一不小心就会在油腔滑调中变成恶的同谋",是葛任"把自我反省的力量带给了我,并给了我一种面对虚无的勇气。他虽然死了,但他还是提醒我不要放弃希望","那微薄的希望虽然是倒映在血泊之中的,但依然是一种希望。我凝望着那希望就像站在地狱的屋顶上凝望花朵"。

站在这种人文创作的立场上,李洱既不满足于传统的意识形态话语,又不屑于日常生活中的私人话语,而是力图建立一种人文话语或知识话语。李洱对话语的选择极为敏感,也比较慎重。在"传统意识形态话语"和"私人话语"之间,李洱其实更倾向于"知识话语"(这种"人文话语"已经接近于我们的"文化话语"立场)。这是由其知识分子自身的定位所决定的。例如,其对"羞怯"的认识,"羞怯可是一种秘密,是个体存在的秘密之花,是对自我的细心呵护",明显是一种知识话语。与李洱在话语运用中所采取的人文立场不同,我们更主张一种文化立场,更主张建构一种"文化视野中的意识形态话语"。如果说人文话语的指向是一种"个人主体性",阶级话语的指向是一种"阶级主体性",那么文化话语则体现了一种对"基本价值观"的意向性。如果说"阶级话语/革命话语/政治话语"是"主旋律",私人话语是"多样化",那么在其"中间地带"我们更应该建构一种对"基本价值观"有"意向性"的"文化话语"而不是"人文话语"。人文话语虽然强调了话语的精神性、知识性,但却消弭了"基本价值观",丧失了对"基本价值观"的"意向性"。在话语建构上,如何实现"时代规定性"、"历史规定性"同"个人体验"的"同构"或"一致性",将是我们必须重视并下力气加以解决的一个重大文化课题。

这种人文创作立场和人文话语写作使李洱的作品增加了深度却也增加了局限性,因为对创作仅仅采取一种人文立场是远远不够的。当意识形态话语系统陷入尴尬之际,他宁肯没有态度,从而将自己暴露在判断他人时那种深深的无能为力之中。用作家南帆的话说:"这个故事以及众多人物关系背后某些沉重的部分被慷慨地抛弃了。"[1]他其实是在说,李洱以人文价值观取代了传统的政治价值观,以"精神性"取代了"革命性"。虽然李洱的作品有着对知识分子言说的自觉认定,但我们仍然认为,由于他仍然处于一种"精神的困境"中,用格非的话说,"作者并没有什么特别的消息要告诉他的读者,亦不想在价值观念上对读者有所指教,甚至也不以智者的姿态自居。作为一个徘徊者,或游移不定的思索者,他自己常常深陷困局亦可想而知",所以他是很难实现"让飘浮无根

---

[1] 南帆:《饶舌与缄默:生活在自身之外》,《当代作家评论》2001年第4期。

的事物扎下根来"的创作意图的。①

对文化发展走向的一点思索

作为60年代出生的同龄人,我和李洱其实面对着相同的精神背景和文化资源。李洱是一个表面不太正经而骨子里相当严肃的一个作家。虽然我们这一代人的"复杂性存在"至今并没有得到完整的表现,也未能被人们所认识,但这一代人缺乏历史方向感和生存的"根性"却是共同的。在一种思想文化相互激荡的精神困境中,在中国社会主义市场经济的条件下,在中国由封闭社会进入开放社会的语境中,我深切地感受到文化发展的"意向性"(历史发展的规律性与对人的自由自觉存在的终极关怀)问题变得十分突出。

李洱小说的优势在于和其他新生代作家相比,其作品具有浓郁的精神性或人文性特征(李佩甫、张承志的作品也具有此种特性)。然而,其弱点仍然和其他新生代作家一样,找不出人生的意义和人生的指向,哪怕是现象学中的"意向性"。他其实已经隐隐约约意识到这一点:"作家终其一生,最重要的工作,就是要表达自己的经验,换句话说,他时刻都在寻找经验表达的方式,就像河流在寻找河道,鸟在寻找翅膀,男人在寻找女人,女人在寻找自己的孩子。"《花腔》的小说叙事摆脱了历史领域的意识形态叙事或"由胜利者书写的历史",而进入了一种多元的互文的个人经验的叙事形态中,但是认真观察就会发现,在丰盛的表象下面却是空洞的内在信念。王鸿生在《被卷入日常存在——李洱小说论》中指出,李洱《花腔》的小说写作姿态"从另一端找到了人类内省能力和怀疑精神的去路",但是它却使人"陷入了更加深刻的意义的焦虑"之中。② 我一直坚信,中国的"先进文化"建设是有"方向性"的,文化视野中的意识形态话语(文化话语)内含着"基本价值观",而"基本价值观"是直指"阶级主体性"的。可以说,"阶级主体性"、"基本价值观"和"先进文化的前进方向"是一脉相承的。李洱对传统意识形态话语的解构固然有其进步的一面,因为传统意识形态话语在话语结构中的直接使用本质存在着简单化的问题,但是他站在个人主义、自由主义的立场上而进行的人文话语建设,却消弭了"意向性"、"基本价值观",因而是难以成为也不可能成为先进文化的前进方向的。基本价值观和话语结构是影响社会话语系统发展方向的一个关键因素。60年代出生的知识分子的人文

---

① 格非:《记忆与对话——李洱小说解读》,《当代作家评论》2001年第4期。
② 王鸿生:《被卷入日常存在——李洱小说论》,《当代作家评论》2001年第4期。

话语结构如何同先进文化的发展方向联系起来,如何才能同先进文化的前进方向一致起来,将是60年代出生的这批知识分子必须加以解决的紧迫课题。不仅如此,"民族英雄"、"历史"、"真实"等基本范畴的暧昧不清,也使我们陷入了一种"大量彼即此,彼此彼此"的文化相对主义或文化多元主义立场,从而无从认识历史发展的指向与规律,除了"跟着感觉走"的"试错"之外,不可能进入人类"自由自觉的存在"那种状态或境界。

对于60年代出生的知识分子来说,我们缺少的不是知识,而是对信仰、恐惧、痛苦、责任、权利的体认。从尼采到海德格尔,从波普尔到福柯,从现代主义到后现代主义,我们这一代人浮游在各种观点的碎片之间,成为"日常生活"和"知识生活"的俘虏。在社会发展史上,60年代出生的这批人,是处于社会发展"中间地带"或"断裂地带"的一类人。面对时代"转折"和社会"转型",这一代人的"复杂性"或"二重性"十分突出,其话语建构("声音")及其表达也十分困难。如果说我们的前一代人的价值观属于"英雄主义",我们下一代人的价值观属于"人文关怀",我们这一代人由于没有自觉的英雄主义价值观作人生框架,没有自觉的文化话语的建构,虽然接受了西方社会复杂的话语资源,却找不出话语发展的"规律性"或"意向性"的走向。我们主张建构"文化视野中的意识形态",就是因为"私人话语"、"知识话语"不能给我们提供人生的支撑,而传统的意识形态话语又脱离了日常生活的环境。我们不能否认李洱的艺术探索的意义,因为僵化的意识形态教条显然容易把我们置于一种"刻舟求剑"的困境中:"楚人有涉江者,其剑自舟中附于水,遽刻其舟,曰:是吾剑之所从坠。"但是,由于缺少"阶级主体性"的建构,我们的人生缺少对"历史规律"和"人生大方向"的定位,有现象而无本质,有欲望而无理想,有"小道理"而无"大道理"。我们的灵魂呈现出一种"缄默"状态,这是一种骨子里的贫乏。如果说,过去传统意识形态话语遮蔽了隐秘而真实的感情生活,那么在今天私人话语的"鸡毛蒜皮",又明显显得过于琐屑。在这样一种只有人文立场的写作中,在这样一种历史相对主义的知识氛围中,我们除了像新新人类那样将真理消解,抹杀情与欲的界限,无限膨胀私人生活,进入"生命中不能承受之轻"的精神状况之外,还能"开什么花来结什么果"呢?在《花腔》中,我们不时可以感到这种没有人生定向的描述:"我们无枝可栖,只好与巨大的冰块一起漫游。""葛任问娜佳的哥哥,你属于哪个阶级。娜佳的哥哥说,他既不属于布尔塞维克,也不属于民众,现在也不属于智识阶级。他说,他是一个找不到阶级的人。"

罗兰·巴尔特曾经指出:马克思所说的"改变世界"与马拉美所说的"改变语言"是同时出现的。马尔库塞则主张:"一场革命在何种程度上出现性质不同的社会条件和关系,可以用客观存在是否创造出一种不同的语言来标识,就是说,与控制人的锁链决裂,必须同时与控制人的语汇决裂。"我是一直主张对传统意识形态话语进行重建的少数学人之一。我们承认"新生代作家"、"新新人类作家"在这一种复杂的历史、时代、社会语境中的探索不乏意义,但是面对时代和社会提出的重大精神性课题,他(她)们的作品却明显地看出有一种"无力承担"的感觉。如果说《花腔》的意义在于对传统意识形态话语进行不破不立、推陈出新的探索,力图通过相对于意识形态的"个人经验"进行"个人主体性"或"个性"的建构,那么我则更主张通过"坚持阶级主体性,克服历史局限性"来建构文化视野中的现代意识形态。李洱不是一个像鲁迅那样的"铁肩担道义"式的作家,除了"格式的特别"外,我们也无从对他加以期望和要求。我坚信,传统的话语体系固然有其"不合时宜"的地方,固然需要"与时俱进",固然需要"话语创新",但是我们不能否认其历史存在的合理性与内含于其中的"基本价值观体系",就像我们不能否认邱少云、黄继光当年的献身一样。在21世纪的今天,我们固然需要对陈独秀、鲁迅、瞿秋白、王实味这些有着"复杂性"、充满个性的历史人物加以重新认识,但是我们却不能够脱离那个特定的历史的大环境,更不能以"常人之心"去理解当年的革命者的"革命生涯",把历史庸俗化。确实,革命者也都是"凡人",但是他却不仅仅是"凡人";革命者也有"儿女情长",却又不仅仅只有"儿女情长"。我们认识瞿秋白的复杂性,不能仅仅因为"他到死都是个文人,摆脱不了儿女情长"(白圣韬语,李洱钟情于瞿秋白,一个重要原因就在于他除了是一个革命家外,还是一个文人),而是应该认识到当"儿女情长"同历史和时代的要求发生冲突、对抗、矛盾时,你最终是服从什么。是"一条汉子硬铮铮,跟着队伍出了村"呢,还是只满足于小家庭安稳与幸福、个体生命的权利这些"一己之欢乐"?这些已经被历史反复证明了的"公理",显然是不需要反复"验证"的。因此,我认为,中国的"先进文化"建设,特别是意识形态话语建设固然需要各种各样的探索才能提高水平,但任何探索都不应该对"方向"进行质疑,对历史规律和人生意义进行质疑,从"应该"领域退入"是"的领域,否则我们对生存意义、人类价值的探索就丧失了理想或未来这一重要的时间维度。

原载《文艺争鸣》2003年第2期

历史以及历史的花腔化
——论李洱的《花腔》

敬文东

一、"花腔"释义

"花腔"无疑是李洱的长篇小说《花腔》中最重要的词汇,也就是说,它是极具包孕性的词汇,是被作者有意挑选出来充当对整部小说具有统摄作用的象征性词汇——依靠"花腔"一词的"自为运作",李洱甚至开拓出了对整部长篇小说有着特殊意味的几乎全部艺术空间。①

每一个语词都是自成体系的,按照米哈伊尔·巴赫金对话理论,每一个词汇都是一个小小的、竞技性的语义场或语义世界。② 恩斯特·卡西尔针对米勒(F. Max Muller)的"有神论"语言观,以幸灾乐祸复兼斩钉截铁的口吻说:"语词的巫术功能消失了,代之而起的是语词的语义功能。"③按照现代语言学理论,卡西尔的观点算不得大错。不过,事情并没有卡西尔想象得那么简单、那么美好。当语词真正的、原始意义上的"巫术功能"消失后代之而起的却是堪称另一种意义上的"巫术功能":词汇的语义空间看起来很小,其实又很大;看起来很大,其实又很小。而词汇语义空间大小的变化,几乎完全取决于这个词汇面对的具体事境的大小;词汇语义空间在大小上的变化,有一种类似于六祖惠能"逢

---

① 这么说实际上并不奇怪,由一个形象或一个词开启或者引申出一部小说并不是奇迹。这得力于两个大面,其一,这个词有着巨大的可阐释性空间,无论是观念上的还是其他方面;其二,这个词在音节上的特殊性也会勾起一个想象力丰富的作家的充分联想,比如米兰·昆德拉的小说《不朽》就起源于一个好听的词"阿格尼斯"(参阅昆德拉:《不朽》,安丽娜译,青海人民出版社,1998年,第1~5页),再比如据罗兰·巴尔特说:"文学就是书词的探索。普鲁斯特就曾在盖尔基特(Guermantes)这几个音节中发掘了整个世界。"(参阅巴尔特:《批评与事实》,上海人民出版社,1999年,第51页。)

② 〔前苏联〕米哈伊尔·巴赫金:《马克思主义写语言哲学》,参见凯特琳娜·克拉克、迈克尔·霍奎斯特:《米哈伊尔·巴赫金》,语冰译,中国人民大学出版社,1992年,第269页。

③ 〔德〕恩斯特·卡西尔:《人论》,甘阳译,上海译文出版社,1985年,第142页。

怀则止,逢会则藏"①的特征,套用北海若的句式我们也许可以说:因其所大而大之,则"语词"莫不大;因其所小而小之,则"语词"莫不小;语词能随着它所面对的事境空间在容积上的变化,改变自身语义空间的大小:在被它包纳和框架的事境需要它大的时候,它能陡然增大,在需要它小的时候,它不由分说地小了起来。② 这实在是一个奇迹。按照马克思"语言是思维的外壳"推断起来,我们差不多可以说,语词就是以上述方式和人的思维紧密地结合在了一起,从而让人有能力去认识世界。

从本性上说,每一个语词都倾向于是一根弹力近乎无限的弹簧、一具柔韧性近乎无限的腰肢,以便有能力尽量完好、准确地应对外部世界。在极端处,它甚至倾向于将惠施所谓"至大无外"的"大一"空间、"至小无内"的"小一"空间,转化为这个语词所具有的本己性空间。③ 这当然不是卡西尔指斥的所谓"诗语声音能够推动月亮"(earmina vel coelo possunt deducere lunam)的"巫术"灵光,而是语词在漫长的演进过程中,合乎人类心理渴求需要和认知需要的一般化结果。但是,在正常情况下(而不是在其极端处),每一个语词其实都有"内"、"外"两个部分("至大无外"、"至小无内"只是语义空间在大小上的两个端点,类似于宇宙大爆炸之前的质点以及无限膨胀之后的宇宙本身之间的关系)。李洱从众多以至于无穷的语词中单单挑出"花腔",分别从语词的内部涵义和外部涵义来看,其实大有深意。

在《花腔》的整一性语境中,"花腔"一词的外部涵义是:说谎、扯淡、有意掩盖真相。但"花腔"也有它力不及"七寸"的时候,它并不是随时随地、每时每刻都能成功的,它也有其自身掩饰不住的"练门"。花腔显然是一种十分精致的、

---

① 对语词的"巫术功能"的论述可以参考维柯(G. Vico)的《新科学》(朱光潜译,人民文学出版社,1986年版),维柯在这本大著中精辟地论述了初民时期人如何通过语词与现实世界进行交往。
② 这里所说的当然是语词的语义空间,而不是实际存在的空间。但这个语义空间却有一种包纳、涵括事实与事物的功能,能自动给意义留出可以居住的"空间"。关于这个问题有很多论述,比如陈嘉映说,在儒家那里,"多半谈到言的时候,言辞似乎只是达意的工具。后世儒学大致以此为纲,特重小学功夫,由字以通其词,由词以通其道。语言是道的途径,而不是道的体现"。(陈嘉映:《语言哲学》,北京大学出版社,2003年,第1~2页。)我们似乎可以将陈嘉映所谓的"道"看作语词意义(语义)的一部分。而戴震可谓是这方面一个集大成式的人物,他的《孟子字义疏正》几乎就是沿着这样的线索展开的。
③ 比如李泽厚在谈论孔子好"仁"这个概念时,分别析出了它的四种含义,按照李泽厚的主张,这四种含义都蕴涵在"仁"中(参阅李泽厚:《中国古代思想史论》,安徽文艺出版社,2000年,第20页)。也就是说,"仁"至少有四种语义空间可供言及外部事件。这差不多可以看作作为语词的"仁"在语义空间上的可变性。

需要通过专门训练才能学会的话语方式。按照小说中那位女歌手的话说:"花腔是一种带有装饰音的咏叹调,没有几年工夫,是学不来的。"为了证明这一点,李洱旋即通过第一个出场的叙事人白圣韬的讲述,命令那位自称"在马克思的故乡德国待过,在那里学过花腔"而转投革命圣地延安的女歌手亮了几嗓子,虽然她的唱腔在白圣韬听来"跟叫驴差不离","还抖来抖去的,"但确实是"一咏三叹",余音绕梁。千万不要以为此处的"花腔"只是一种音乐调门,在小说文本普遍而持久的叙事场域中,它影射的、显露的恰恰是一种表征谎言的话语方式。

正因为花腔的不易掌握,所以它才显得异常昂贵和功能巨大。小说的主角兼第二个出场的叙事人阿庆尽管耍尽了花腔,但出于种种原因,仍要对前来调查他的"反革命行径"的"革命委员会"成员保证:"俺有个长处,就是不耍花腔。"也正是因为看中了花腔的巨大作用(或曰"好处")。另一个叙事人白圣韬也要向抓住他的国民党中将范继槐(此人是小说中第三个出场的叙事人)保证,自己一贯就是"有甚说甚",虽然他明知道后者并不全信他滔滔不绝的扯淡,但白圣韬肯定能够猜出一贯擅长花腔的九段高手范继槐,分辨得清他的话哪些是真的,哪些是假的。为了逼真,白圣韬还不得不在真假之间努力保持一种平衡,以便使他的话语听上去更加真实可信。

但小说文本的真正目的恰恰是借用"花腔"一词的外部形象,直指它内部的五脏六腑:《花腔》的真实目的之一,就是想搞清楚或者想说清楚历史的花腔特性(或称"历史的花腔化")。整部《花腔》都在向我们暗示,历史的本来涵义之一就是说谎,就是耍花腔,虽然它也偶尔露出一点真相,那也不过是像那个聪明的白圣韬一样,仅仅是出于对平衡的考虑;而如果没有花腔的深层参与,历史就是不可能的。毕竟历史从来就不仅仅是"现象学"意义上的(即柯文所谓的"事件的历史"),它更是"阐释学"意义上的(这也是我们始终需要历史的重要原因之一)。而阐释,正如我们可以想见的那样,从根本上就意味着花腔(或海登·怀特意义上的"虚构"),或者阐释天然就需要花腔的帮衬才能够稳稳站立(也就是柯文所谓的"神话的历史"了)。毕竟我们对任何过往事件的解释,都是出于眼前的需要,或为了给当下事境作旁证(这或许就是施莱格尔和克罗齐所谓"任何历史都是一部当代史"的涵义了)。正如小说的叙事人之一范继槐所说:"干我们这一行的,最忌讳的就是醉酒。酒后吐真言嘛,还有什么比真话更危险的呢?"醉酒是花腔的天敌之一,而真话也正好算得上历史最大的冤家对头。因为按照马克思的看法,酒有能力让最严肃、最坚定的革命者都丧失方向感。很显然,这是酒自身的醉,是酒自身的"醉后吐真言"。

在小说叙述开始后不久,整个小说文本就从容地、然而也是很隐蔽地亮出了底牌:对于我们中国人来说,撒谎、扯淡、有意掩盖真相,不仅是一个学习过程,更是一个自觉运用的过程,因为耍花腔早已是我们的本能,是我们血液、肉体甚至遗传的一部分了。白圣韬对那位自称在德国学过花腔的女歌手的反问帮助小说文本道出了个中要的:花腔?花腔不就是花言巧语么,还用得着去德国学习?巧言令色,国人之本也。

因此,剩下来的问题无疑是:对于花腔,我们最主要的任务就是将它完美地运用在生活中与历史中。所谓学习过程,更真实的涵义就是学会完美地使用它以创造历史。因为按照蒙田的看法,历史促成自身的"老一套胜利"最常用的技巧就是它。至于我们是如何习得花腔的,小说文本对此显然不屑一顾,或者干脆有意将它掩盖和忽略了。

在其极端处,即从"至大无外"的"大一"空间来说,"花腔"一词的语义空间对应的是历史、历史的写法(即集体性的"大历史");从"至小无内"的"小一"空间来说,"花腔"的语义空间对应的是个人、个人对往事的言说(即个人性的"小历史")。但无论是历史、历史的写法,还是个人、个人对往事的言说,从来都是有目的的行为。而花腔作为一种特殊的话语方式,它的"至大无外"、"至小无内"也从极端处证明了,历史(不论是集体性的"大历史"还是个人性的"小历史")从来都包裹着一层厚厚的纱衣,这层纱衣就是由花腔编纂的"言语织体"所构成。长期以来,我们就是在这样的话语方式编织而成的历史"事实"网络之中长大成人的,小说文本当然没有必要就我们如何习得"花腔"浪费口舌了。它只是替代性地向我们展示了"花腔"露出海面的那块"冰山"——实际上,整个小说文本就是对那块"冰山"的演义。

因此,"花腔"一词被李洱挑中,并赋予它极大的包孕性,的确是意味深长的,也肯定是蓄谋已久的。小说家李洱在具体的叙事中,始终牢牢地命令"花腔"的内外涵义相互牵制、争斗、交叉互补,命令花腔的语义空间不失时机地随时准备变大或变小,以期恰如其分地承载不同的"历史"内容,最后终于从"大一"空间和"小一"空间两个方面(即"花腔"语义空间的两个端点)不断相互迎面向中间合围,构成了整部小说文本既错综复杂又井然有序的艺术空间。小说中三个叙事人(即白圣韬、阿庆和范继槐)在不同时段里的讲述,尤其是分别向不同倾听者保证"有甚说甚"、"哄你是狗"、"彼此彼此",就已经非常雄辩地证明了:个人、个人对往事的言说与追怀(即"花腔"语义的"小一"空间所包纳的"小历史"),在何种程度上构成了我们习见的历史和对历史的写法(即"花腔"语义的"大一"空间所包纳的"大历史")。这归根结底诉说的是历史的"老一套胜利法"。花腔一词所具有的内部涵义与外部涵义、"大一"空间与"小一"空间共同作用,终于构成了整部小说的特殊语境。而这,正是"花腔"一词自为运作最真实也最根本的涵义。

有两点是特别值得注意的。首先是"花腔"的声音性质("花腔"的语言性质是不言而喻的)。诚如小说中那位女歌手所说,花腔是一种带有"装饰音"的"咏叹调"。因此,我们有理由认为,"花腔"是对声音的有意扭曲、变形和修改——它让声音变得曲曲折折、绕来绕去;它反对声音的线性传播,它只有到了最后关头才在五彩缤纷中释放出"带有装饰音"的"咏叹调",但又绝不释放完发出声音的那张底牌或王牌。花腔就是声音上的修辞学:它修改了自然的声音,它的每一个变了形的声音的波段,都对应了相应的情感成色和人存身其中的充满了动作的时间段落。声音的修辞学在小说文本中始终意味着:历史是夸张的,是后人对某一个过往事件故意性的有声行为。它就是为了给所谓的真相、唯一的真相制造"噪音"。但在制造出来的噪音中,却包含了对历史中人的许多严格要求:让他们死或者活,让他们快乐或者痛苦,都被嘈杂的声音明确而严正地提了出来。

第二是"花腔"的戏谑性。整个小说文本有一种抿着嘴浅笑、偷笑和皮笑肉不笑的内敛式幽默。排除其他种种可能性,这种幽默的来源之一就是"花腔"的戏谑性。花腔的戏谑性是指:尽管作者和所有叙事人都明知历史就是要花腔、自己对往事的叙说就是要花腔,历史早就有将自己花腔化的潜在渴望——即是说,历史的真相是难以获得的,但所有叙事人都保证自己"有甚说甚"、"哄你是狗",作者本人也煞有介事地去追逐所谓的真相。真相和真相的不可获得与难以获得之间的差价、追逐真相的巨大努力与得到的真相战利品之间的差价,正是戏谑性的由来,也刚好附带性地构成了小说的"狂欢化"特质——将"不可能的转化为可能的"向来就有两种结果:要么是悲壮的,要么就是搞笑的。《花腔》在更大程度上似乎倾向于后者。小说中的叙事人之一阿庆一语道破了个中要的:"人民是历史的母亲。虽然谁也没有见过人民的二奶长啥样,可历史还是人民生出来的。"

二、讲述

《花腔》的主体构架是三个叙事人白圣韬、阿庆(赵耀庆)、范继槐分别在抗战年代(1943年)、"文化大革命"期间(1970年)和二十世纪末(2000年)向不同的人的"口述纪实"。所有人的陈述都围绕着二里岗战斗中"死"于日本鬼子枪弹之下的共产党人葛任展开。按照小说的叙述,虽然葛任被延安的报纸报道为"以身殉国"、"英勇战死",但实际上他并没有死,而是非常幸运地只身一人逃到了一个名叫大荒山的小地方担任小学教师,一边养病(肺结核),一边潜心写作自传《行走的影子》，当然也一边等死。——小说暗示道,尽管葛任有很多机会逃走以避免来自国共两方面的追杀,但他最终还是选择了死在此处。在小说文本中,葛任是一位著名诗人、翻译家,但首要身份却是革命家。他曾东渡日本留学,北上苏联学习马列主义,拜见过托洛茨基,聆听过列宁的演讲,即小说中一个小角色（但不是小人物）,所谓"如果葛任活到今天（即二十世纪末——引者注）,他恐怕就是见过列宁的唯一一人了"。三个叙事人都与葛任有着千丝万缕的关系。虽然白圣韬是延安的锄奸科捉拿解救(?)葛任的特派员,阿庆和范继槐是国民党军统说降葛任的钦差,但三个互相猜忌的叙述人（他们互相怀疑另外两方想致葛任于死地）都想放葛任一马,但最后还是只好以"爱"的名义杀了他。这个错综复杂的过程在三个人的"口述纪实"中被充分显露了出来。

讲述是《花腔》采用的主体叙事方式。这当然不是《花腔》的发明（从小说文体的角度来看就更不是了），在更大程度上,《花腔》倒主要是听从了"花腔"一词自为运作的本己要求和"花腔"一词的内在律令:"花腔"就是想看看那些历史事件的亲历者在他们的讲述中,如何撒谎、扯淡、有意掩盖真相,如何像埃里克·霍布斯鲍姆所谓的患上了"撒谎综合征"。更重要的是,讲述也使这段历史充分地声音化了,而不仅仅是语言化或者文字化了。历史的声音化意味着,每个人口中吐出的言辞泡沫,看起来都是对一件发生过的事情的真实陈述;我们似乎也只有从被声音包裹起来的亲历者的陈述中,才能准确知道历史事件的真相,而不只是从文字化和语言化的历史中——比如记载了该历史事件的书本中——去寻找真相。历史的声音化倾向于不信任历史的语言/文字化:声音化的历史相信只有它自己才距离事情本身最近。按照柯文的看法,声音化的历史是活体的历史,是有见证人的历史,更是亲历者的历史;历史的声音化在相当大的程度上,就是确立"个人时间坐标"来讲述已经发生过的事件。因此,历史的声音化归根结底意味着:声音化的历史的真实性不言而喻。《乐记》说:"是故审声以知音,审音以知乐,审乐以知政。"放在此处的语境,我们满可以再追加一句:通过审视声音我们还可以知道什么是历史,尤其是所谓"真正"的历史;这肯定就是历史的声音化的最大自信了。白圣韬宣称自己的讲述是"有甚说甚",阿庆自称"哄你是狗",范继槐更是信誓旦旦,"我说的都是实话,大实话",并且是"出于对历史负责的精神",还号称要把"这段历史留给后人"——凡斯种种,大可看作对历史的声音化的内涵的上佳注释。

李洱确实像个"诡诈"的历史学家一样,在小说叙事中,高度利用了历史的声音化来试图获得历史的"真相",最起码他"解决"了一个重要问题:葛任作为革命者、苦闷者、失败者的一生,尤其是作为知识分子型的革命家尴尬的一生,在讲述中得到了最大程度的展示或"再现"。三个叙事人的讲述在对葛任生平的描述上,也确实起到了承前启后的叙事学作用。从他们的讲述中,在他们有声的言辞中,我们拼贴出了一副葛任之所以成为葛任的全景图:一个坚定而又动摇的革命家,一个确信而又充满怀疑主义的知识分子,一个胜利了的失败者,一个失败了的胜利者,一个死于涵义暧昧不清的"爱"的刀剑下的悲剧性人物。——而归根结底,这个复杂的人物是被包裹在层层声音组成的多重纱衣之中的,对后人来说,在绝大多数情况下,他甚至就是声音的产物。而这也许才是《花腔》的目的之一。

像一大把马克思所谓正试图对利润蠢蠢欲动的资本,《花腔》为了达到为自己设置的目的,既跃跃欲试地赋予了讲述(即历史的声音化)过分的可信度,又兴高采烈地高度透支了这种可信度。从这个角度看,我们似乎不能轻易认为三个叙事人"有甚说甚"、"哄你是狗"和"本着对历史负责的精神"的信誓旦旦,没有透露出丝毫真实的讯息,而"花腔"在它力不及"七寸"时偶尔透露出来的值得打引号的真相,也为真实讯息的出现提供了支持。

但"花腔"的自为运作和"本质"定义,从一开始就给这些讲述者的讲述打上了喜剧色彩和狂欢色彩的烙印:它让他们尽可能多地出够了洋相。他们越是信誓旦旦,他们距离真实性就可能越远;距离真实性越远,就使得讲述和真相之间的差距越大。这就是说,历史的声音化并不是它暗示的那样必然表征真实,声音也是可以做假的——难道谎言不首先是一种动听的、悦耳的、撩人心志的声音吗?而这,直接传达了花腔导致的戏谑性的喜剧效果。

伯高·帕特里奇(Burgo Parttridge)从近乎于力的作用力和反作用力规律的角度精辟地说过:"任何节制都会带来某种紧张状态……各式各样的紧张状态就导致了一种释放,即狂欢。"但历史——早已花腔化了的历史——并不懂得什么叫节制,它天然就呈现出了狂欢色彩;它天生就是个纵欲狂,它浑身上下都是奔涌不息的"力比多",只是我们将它误以为是节制的、理性的,并美其名曰"客观的历史规律"。"客观的历史规律"是人的思维出于各种目的,强加给历史事件的观念虚构物,并不是实存的事件或事件的状态。所以,真正看清楚了这个问题的人,在对历史的陈述上,倾向于采取和伯高·帕特里奇相反的思路:正因为历史是狂欢的、纵欲的、非理性的,所以要在叙述中给它充分节育。《花腔》一方面动用了"花腔"的声音特性和戏谑特性,另一方面,又限制了声音特性和戏谑特性在自身跑道上的漫无边际,牢牢将它们限制在小说叙事的境域之内。但这并不是什么"历史规律"所致,而是小说写作者与"花腔"的整体语义之间相互搏斗、相互妥协的结果。这是一个不断与词语商量从而反历史狂欢化的艰苦过程,是对伯高·帕特里奇观点的反向介入。

花腔的"大一"空间和"小一"空间的矛盾运作、内部涵义与外部涵义的交叉互补,始终让三个叙事人的讲述呈现出了相互重叠、延续、交叉、互否的特性,他们的讲述显然有把似乎已经很明白的历史之水搅浑的嫌疑。这其实就是历史的狂欢化特性所致,也是"花腔"的戏谑性的附带后果之一,更是"花腔"的基本语义(即外部涵义表征的说谎与内部涵义表征的历史的花腔化)在得到限制、得到充分节育之后的产物。在这里,个人性的"小历史"的有意失真,直接导致了集体性的"大历史"的必然掺假。历史的声音化在对"真实的历史事件"的陈述上,露出了它可疑的尾巴,虽然这种种特征早已包含在"花腔"一词的语义空间之内,但《花腔》翻手为云、覆手为雨的叙事方式,在不断随叙事需要改换"花腔"语义空间大小的行动过程中,似乎有意让人难以分辨。但这不恰好曲曲折折显透了历史的某些"真相"吗?说到底,历史就是写在羊皮纸上的迷雾,它只是偶尔露出真相,但又不针对任何懒汉或没有眼力的人。

讲述证明了:历史是声音最大的消费者,也是声音最大的浪费者。历史总是首先倾向于选取声音的纵欲术,作为自我表达的重要方式。声音比文字和语言更早来到对历史进行陈述的境域之中,这几乎已经是不争的事实了。雅克·阿达利(Jacques Attali)就说过,不是色彩和形式,而是声音和对它们的编排塑成了社会(当然也塑成了"历史"——引者)。"与噪音同生的是混乱和与之相对的世界。……在噪音里我们可读出生命的符码、人际关系","当人以特殊工具塑成噪音,当噪音入侵人类的时间,当噪音变成声音之时,它成为目的与权势之源。"这似乎可以看作是对"花腔"的声音纵欲术的目的性的上好说明。尽管《花腔》知道历史的狂欢化在声音上的效果就是无边无际的噪音("花腔"的声音特性也为噪音的出现提供了跃跃欲试的支持),但动用花腔一词的"大一"空间和"小一"空间的矛盾运作对声音的限制,始终使声音在"大一"、"小一"两个端点之间游弋,按照自身需求迫使花腔的语义空间增大或者变小,它像一个被打劫出来或被营救出来的特写镜头,既使历史所具有的"权势"特征更加醒目,也使历史对声音的浪费更为惊心动魄。但《花腔》繁复的叙事还是较为彻底地道明了:这种"权势"始终是或主要是寄居在声音中,它安坐在声音的中心,仿佛它倒成了声音的源头而不是相反。

《花腔》的主体叙事方式(即讲述)就这样最终把声音给历史化了,仿佛亲历者的讲述就是历史本身,最起码从小说叙事学的角度看,《花腔》似乎有必要这么做:因为它的目的是想考证一个怀疑主义的知识分子型的革命家的心路史。这种心路史必须要建立在相对真实的基础上。心路史归根结底是心灵的"阐释学",但它必须首先是心灵的"现象学"。雅克·德里达以釜底抽薪的口气说,"为了很好地了解声音的能力寓居何处,形而上学、哲学、作为在场的'存在的规定',凭什么而成为控制对象——存在技术的声音的时代,为了很好了解技术和音素的统一,那就应该思考对象的对象性。理想对象是诸种对象性中最具对象性的对象",而"对象的理想性只是相对一个非经验的意识而言的存在,它只能在一种因素中被表述,这种因素的现象性并没有世俗的形式。声音就是这种因素的名字"。按照德里达的看法,并把德里达的看法放在此处的语境里,使我们似乎可以下一个判断:声音的历史化中蕴涵的真实性、历史的声音化的"在场"特性,似乎可以帮助《花腔》完成这一重要目的。

三个叙事人的讲述既是声音化的小历史,也是历史化的小声音。之所以是声音化的小历史,是由于它仅仅是亲历者的个人性讲述(即花腔的"小一"空间所包纳的内容),而亲历者本人并不知道自己参与的历史事件将会对大历史(即花腔的"大一"空间所包纳的内容)构成何种意义。亲历者并没有先见之明,对于未来,哪怕只是半小时之后的"未来",任何亲历者都是《圣经》挖苦过的那位"瞎子"。真正窥见全局的只有"花腔"和"花腔"在小说语境中获得的重要涵义。"花腔"决不把自己知道的事件的来龙去脉及其未来走向,合盘托向每一个具体的人(比如白圣韬)。它只调笑他们,支配他们,只让他们在"小一"空间之内来回穿梭,让他们自以为"小一"就是他们的整个世界,有如柏拉图描绘过的那位既自负又可怜的"洞穴人"。因此,三个讲述人的讲述归根结底只能是声音化的小历史,也只配称作小历史。

而三个叙事人的讲述之所以是历史化的小声音,是因为讲述者的声音只是一面之词,暂且还没有得到旁证或得到证伪。这同样基于"花腔"的特殊内涵:它拒绝对讲述者的声音的真伪提出指控,对他们在语调上的过于夸张和言辞上的惊人浪费三缄其口,也暂且认为对于历史来说讲述者的声音就是"在场"的。它调笑式地鼓励他们说下去,直到完成"花腔"给他们派定的任务——这既推动了小说叙事(因为它呼唤出了新的叙事人,并由此呼唤出了相应的叙事结构),也揭示了历史的花腔化的某些真相。

但三个叙事人在讲述过程中呈现出的不同型号的小历史,并不必然构成大历史:"小一"的集合并不必然等同于"大一",正如同质点经过爆炸形成的无限的宇宙并不由质点组成。对文本《花腔》来说,"大历史"的到来,还需要另外的参与者。

三、考证

这个参与者就是《花腔》中的"我"。"我"是小说的第四叙事人。这个叙事人在小说中关系重大。与另外三个叙事人不一样,"我"的主要叙事学任务,就是调出所有能够找到的关于葛任的"档案"。这些档案包括另外三个叙事人的口述纪实、对有关当事人的采访记录、记载了相关事件的旧报旧刊、相关人士的回忆录等,在此基础上,全景式地侦察出和拼贴出葛任的心路史。这就是说,第四叙事人充当的是侦探的角色,这个侦探需要的是"真相",需要的是一个知识分子型的革命家的心路史真相。和波德莱尔笔下的巴黎的业余侦探家很不一样,第四叙事人是葛任心灵和灵魂的侦探,但又绝不是医生:他只负责甄别、记录,但拒绝提供对灵魂有效的处方。该侦探才是"拼贴"的主语,另外三个叙事人则是"拼贴"的宾语。正因为白圣韬、阿庆和范继槐是宾语,是被拼贴的对象,所以才会在总揽全局的"花腔"的操纵下出尽了洋相。正是第四叙事人的出现,才使得葛任的生平、葛任的生平中显露出来的心路史成为全景式的。——由于他的出现,"花腔"的语义空间等待已久的"大历史"才成为可能。

　　第四叙事人在小说语境中首先是"花腔"的象征,因为他和"花腔"一样在总揽全局,知道事情的来龙去脉,也知道所谓事情的来龙去脉都是"花腔"自为运作的结果。其次,第四叙事人又是"花腔"的坚决反对者,因为作为侦探,他要的是真相,可"花腔"并不能直接提供他所需要的东西。花腔在历史的权势的帮助下,通过言语行为(即海登·怀特所谓的"虚构"),始终在有目的地修改过往事件,让历史真相处于海德格尔所谓的"迷误"之中。因为"花腔"的外部涵义表征着说谎,扯淡,有意掩盖真相;"花腔"的内部涵义在小说语境中恰好显露了历史的花腔化(即历史的花腔特性)。它本身就意味着失真"花腔"的内部涵义包含着"花腔"语义的"大一"空间和"小一"空间,以及这两个端点之间的所有不同容积的空间;而两个端点恰恰分别对应的是个人性的"小历史"和集体性的"大历史"。由于"花腔"外部涵义的说谎嘴脸,或直接或间接地导致了内部涵义的有意失真,所以也就为"大一"空间包纳的"大历史"和"小一"空间包纳的"小历史"天然打上了假象的烙印。这显然意味着:无论是个人性的"小历史",还是集体性的"大历史",假象都是先在的。这才是声音化的历史的"在场"性在小说中获得的根本涵义。海德格尔说:"迷误乃是历史的本质空间。在迷误中,历史性的本质因素迷失于类似于存在的东西中。因此之故,这种历史性地出现的东西就必然被曲解。"在此,第四叙事人的叙事目的与"花腔"一词的语义天然发生了对立,所以第四叙事人成为"花腔"的反对者也是先在的。

　　有趣的是,第四叙事人最后却又毋庸置疑地变成了"花腔"的同盟。因为既然对所有过往事件的陈述都是"花腔"自为运作的结果,所谓的真相也必然包含在"花腔"之中(从花腔这边来说,这恰恰是它力不及"七寸"的地方,也正是它的"练门"之所在),所以第四叙事人只有和"花腔"本身结为同盟,以便深入了解它的脾性、它自为运作的方式、它的句法构成、它的声音形式,才能分辨出它不经意间的"酒后吐真言"。"花腔"自身的醉正是历史狂欢化和戏谑性的声音表征。第四叙事人在此分明采用了一种类似于深入虎穴、与虎谋皮、与狼共舞的伎俩,因为历史的花腔化早已昭告了天下:真相只有在假象中获得。第四叙事人深知这是危险的:他要么在假象中攫取合乎目的的战利品得胜而还,要么深陷于假象的泥潭之中无力自拔;但第四叙事人更知道堡垒最容易从内部攻破。佛陀对须菩提说:"……如来说有我者,即非有我;而凡夫之人,以为有我。须菩提,凡夫者,如来说即非凡夫,是名凡夫。"为了进一步开导须菩提者流,佛陀随即还增说了一偈:"若以色见我,以音声求我,是人行邪道,不能见如来。"与此类似,第四叙事人要想见到"真相",有如志在修佛的"凡人"想见到如来(真如),必须要透过"花腔"带来的迷雾重重的"色"、"音声"去寻找,甚至涉险进入"色"、"音声"之中。这中间的困难当然可想而知。

为达到目的,第四叙事人"我"在万般无奈之下做起了考证工作。他号称掌握了一大堆资料。他既是档案保管员,又是侦探。但这个集档案保管员和侦探于一身的人,有些类似于吉尔·德勒兹(Cilles Deleuze)所谓的"新质保管员"。德勒兹将这一名号免费赠送给了老友米歇尔·福柯。他认为福柯之所以是福柯,关键就在于他发明了一整套重新看待档案的思维和陈述方式。德勒兹大声称颂说:"他(福柯)将沉醉于一种对角线图之中。"李洱通过"花腔"一词的自为运作,唆使他的第四叙事人也找到了重新看待档案的方式,像那个狡猾而又幸运的福柯一样,《花腔》的第四叙事人也有他将要醉心沉入的"对角线图"。而在小说文本中,这个"对角线图"就是《花腔》式的"考证"。

《花腔》式的考证显然是盗用了实证主义式的考证之名的"考证"。第四叙事人杜撰了大量档案:既有有声的,又有无声的。在具体操作中,第四叙事人力图引用无声的文字记载(即历史的文字化),去印证或者证伪那些已被声音化了的历史。它既调笑式地让声音化的历史现出了原形,也发掘出了声音化的历史中的真实成分。尽管历史的声音化和声音化的历史本身,在一定程度上就意味着噪音,噪音一如阿达利所说确实对应的是混乱的世界,但噪音之中也无疑包纳了一鳞半爪的所谓真实。《花腔》式的考证就是首先引证各种无声的档案资料,去为历史的声音纵欲术节育,以便让它有限度地闭嘴,然后迫使它"醉后吐真言"。这当然是一个艰难的"去伪存真"的过程,也是小说文本在"花腔"的教促下,为自己找到的"对角线图"。在小说文本中,"对角线图"作为一种重新看待档案的思维与陈述方式,完全在讲述中被行动化、动作化了,它不再是一种静止不动的观念,或者不仅仅是一种观念。它跑动起来了,它要在跑动中与那些档案们发生新型的、不可分割的关系。

但第四叙事人作为"花腔"的盟友,始终处于清醒之中:他始终明白无声的档案也是"花腔"自为运作的结果之一。所以,在小说语境中,出尽了洋相的不仅是声音化的历史,同时也是文字化的历史。这同样要归功于第四叙事人对无声的档案(即文字化的历史记载)进行的考证。这最明显不过地意味着:文字也有它的纵欲术,但那无疑是更有目的的纵欲术:它想让时间怀孕、生产,最后在浩若烟海的文字记载中,隆重生下一个让所有当事人几乎完全不认识的"历史""事实",朱淑真说:"笔头去取千万端,后世遭它态意瞒。"差不多就有这个意思在内。而在小说语境中,文字的纵欲术同样来自于"花腔"一词的自为运作,因为"花腔"的内部涵义表征的是整个历史的花腔化(或历史的花腔特性),该花腔化并不单单针对历史的声音化的花腔性质。按照詹京斯(Keith Jenkins)的观点,历史仅仅是"一种语言的虚构物,是一种叙事散文体的论述"。有这样精辟的言论壮胆,我们几乎完全可以下结论说:"语言的虚构物"正是"花腔"的本来涵义之一。所以"花腔"的内部涵义表征的历史的花腔化,也天然要针对历史的文字化透露出来的花腔嘴脸。在这里,第四叙事人将考证的手术刀,毫不迟疑地对准了历史的文字化的下部:他也要为语言的纵欲术的输精管结扎、节育了。

第四叙事人始终将自己和自己的考证穿插在另外三个叙事人的讲述之中,他让无声的档案和有声的档案连在了一起。第四叙事人的考证方式最终带出了历史的声音化和历史的文字化相互间狗咬狗的有趣局面。这刚好部分暗合了"花腔"本有的戏谑特性。更重要的是,历史的声音化和历史的文字化之间的搏斗、交锋,终于使小说的真正主人公葛任的心路史全景图一步步完整起来了。这既是考证的目的、侦探的渴望,也是所谓"大历史"的由来。

但绝对的真相依然是不可获得的,因为历史本身就意味着虚构(想一下拉什迪所谓的"写在羊皮纸上的历史"就行了)。"花腔"的语义空间的确是一根弹力近乎无限的弹簧,一具柔韧性近乎无限的腰肢。在需要它小的时候,它规规矩矩地小了——比如需要它以文字化的历史去校正声音化的历史的时候;在需要它大的时候,它也毫不迟疑地大了——比如将第四叙事人的叙事穿插在"讲述"的过程中来展示"大历史"的时候。但"花腔"的天然说谎特性,使它无论在语义空间按照需要变大或变小的时候,都脱不了假象的内在神色。这使得第四叙事人紧锣密鼓忙活了大半天,仍然在最后发出了深深的哀叹:"真实其实是一个虚幻的概念。"这似乎正合钟鸣所言:"人们留在地面上的是哲学、幻影和恐惧,而埋在地下的,却是真理和考古。"

四、爱与死

按照小说文本的介绍,葛任在二里岗战斗后拖着病体残躯只身一人逃往大荒山,在一所小学中暂时安住了下来。但他还是很快暴露了行踪,敏锐的国共两方都嗅出了葛任可能还活着的蛛丝马迹,也都随即做出了迅速的反应:三个身负追杀葛任或者说降葛任重任的叙事人,分别从重庆和延安出发奔赴大荒山。他们风尘仆仆的脚步声在他们对事件的讲述中清晰可闻,仿佛匆匆的脚步也构成了历史的声音化的一部分。

延安方面想致葛任于死地。原因很明确,既然他已经被报道为"英勇就义"、"以身殉国",他就是不想死也由不得他了;重庆方面则想将其说降。原因似乎也很明确,既然他是共产党的重要人物,既然他并没有杀身成仁、引颈取义,一旦说降成功,不仅于党国大有用处,也够长期敌对的共产党喝一壶了。双方的算盘都打得叮当作响,目的不可谓不明确,计划也不可谓不周详,但都在某一方面失算了:他们派去的人都与葛任有着很深的关系;他们可能没有想到,这些执行任务的特派员和钦差大臣们,都在为如何放葛任一马殚精竭虑。

这个错综复杂的过程在小说有意味的艺术空间中,显然有意识地涉及了"爱"。延安方面认为,葛任只有死才能保住名节,现在杀死他也只能理解为被爱所驱使。一个叫窦思忠的袖珍领导人在向白圣韬交代任务时,说得再明白不过了:

> (我们)都深爱着葛任。哎,他当时若是就义,便是民族英雄。可如今他甚么也不是了。他若是回到延安,定会以叛徒论处。要晓得,大多数人都认为,在急风骤雨、你死我活的斗争面前,一个人不是英雄,就是狗熊。总会有人认为,倘若他没有通敌,他又怎能生还呢?……不杀掉,他也将打成托派,被清理出革命队伍。即使组织上宽大为怀,给他留了条活路,他亦是生不如死。……我们都是菩萨心肠,可为了保护他的名节,我们只能杀掉他。……如果我们还像往常那样深爱着他,那么除了让他销声匿迹,没有别的好办法。

这真是掷地有声的爱的宣言。这是爱的声音化,似乎与历史的声音化无关,实际上又太相关了。因为爱这个人才去杀掉这个人,却又要为此进行长篇大论、滔滔不绝的解释或辩护,正是历史的声音化的本义之一,也是历史的声音纵欲术的引论之一,更是历史的狂欢化被随意利用的结果之一——历史的狂欢化被加以利用的方式从理论上讲几乎是无穷的,既然它本身就是非理性的、没有明确方向的,正说明它有可能处处都是"正确"的方向,甚至这种用声音包裹起来的解释或辩护,也已经直接构成了历史的声音化的一部分。假如上述看法还算有那么一点道理,就非常清楚地表明了:在死亡面前,一切语言的纵欲术和声音的纵欲术并没有失效,尽管切切实实的死亡本身并不需要这些嘈杂和饶舌。但对死亡的辩护和解释的目的依然很明确:它要让人安然地甚至是快乐地引颈就死。因为这就是爱,是"花腔"的自为运作赋予"爱"的内在律令。它的无可辩驳的理由早已被充分地、滔滔不绝地声音化了。

而重庆方面则认为,只要说降葛任,就可以给共产党难堪,也就可以为"攘外必先安内"之达成添砖加瓦。这样做也是为了民族大义。而这同样是出于爱的考虑:牺牲了葛任在共产党那里至高无上的神圣名节,却又为民族解放大业贡献了力量,在国民党眼中,这两者之间的差价葛任看来是不费什么成本就能白白赚到手了,说到底还是便宜了葛任;如果说降不成,那就只好将他杀了。在重庆方面看来,这也是爱的意思:不让葛任为共产党效力,也就使党国少了一大敌人——我们早就听说了,国民党始终认为只有它自己才能代表国家和民族,它从一开始就拍着自己的胸膛说过:兄弟我历来都是赞成"天下为公"的。在这种情况下杀了葛任,意味着迫使葛任牺牲自己成全民族,尽可以让他留名青史,这当然还是爱他的意思。

总之,在小说文本中,在爱的笼罩下,在牺牲的广泛吁请下,葛任肯定不会有任何活路了,除非他答应逃离这个由各种型号的"爱"编织起来的是非窝。所以国共两方在这次行动中,都不约而同地给葛任取了一个相同的代号:0 号。意思是没有、不存在——有关这一点在小说文本中有着清楚的交代。因此,葛任的死早就是预定的了。爱与死在这里也终于像一对幸福的情侣一样手挽手地联系在了一起。更为重要的是:在小说文本中,死是爱的结果,但同时又是爱的条件:没有死,爱就无从体现。

三个叙事人出于对葛任的私人交情,都想放了葛任:白圣韬不惜降了军统特派员范继槐中将,因为他终于看出了后者也有放掉葛任的心思,因为放了葛任他姓白的回到延安毕竟只有死路一条;阿庆为此还杀了他的同僚——另一个也想救葛任却不为阿庆所知的——军统特务杨凤良。应该说,这三个人对葛任的爱基本上都是针对葛任本人(即爱的私人化),并不惜冒着背叛国共两党的神圣旨意的危险。但已是病体残躯的葛任拒绝了他们的好意。他似乎早已心灰意冷,不再作生还的打算。"无端歌哭因长夜,婪尾阴阳剩此时。"他的朋友们在万般无奈之下,也只好杀了他。有趣的是,他们都没有亲自动手(当然也不能或不忍亲自动手),而是借一个日本人川井——也是葛任的朋友——完成了这项艰巨的工作。

《花腔》一边动用讲述(即历史的声音化),也一边动用"考证",将爱与死紧紧联系在了一起。由于"花腔"一词自为运作带出来的历史的花腔化,让人感到爱与死互为因果式地联为一体,既太过滑稽又太过严肃。以历史的名义来看待一切事情,生与死也就被置于历史的链条上,生与死的意义也被置于历史的网络中;在一切以历史点了头才能作数的境域内,爱作为生与死之间相互转换、相互过渡的中间环节或核心内涵,也就顺理成章。这就是说,爱也最终被历史化了,爱成了一个具体的、历史性的概念,容不得解释上的半点闪失。但由于历史的花腔化或花腔特征,已被历史化了的爱也天然打上了花腔的嘴脸。它看起来在逻辑上无懈可击,却经不起来自心灵的真正推敲。云格尔(Ebehard Jungel)坚定地说:"死必须严格限制在那个界限:没有任何人有权设置它,因为没有任何人能够取消它。"云格尔的看法未必逻辑严密,但它合乎我们"凡夫"的内心。但历史的花腔化和花腔化了的爱,却往往倾向于拒绝来自心灵的拷量。不用说,它们当然有自己的道理。

为此,小说文本为爱的涵义有意设置了惊心动魄的一幕。葛任的爷爷非常宠爱一只名叫咪咪的小猫,其宠爱程度甚至超过了对孙子葛任的爱。但这位老人在临死前,将咪咪熬成了一锅汤喝了下去。他认为那是对猫最好的爱。第四叙事人引用相关档案对此大发议论:爱也会带来灾难,爱就是殉葬!而这,放在小说的语境中,正可看作是历史的花腔化带来的有关爱与死的伦理学。这种修辞学为"爱就是殉葬"提供了合法性上的论证,也让那种在爱与死之间建立起来的类似于"阐释学循环"的玩意,顷刻之间拥有了胆豪气壮的正当性。爱与死的伦理学从根本上证明了历史的花腔化和历史的狂欢化带来的残忍,但历史的花腔化和被历史的胜利者驯服了的历史的狂欢化,却往往将这种残忍看作了"必然性",这就是所谓历史的车轮不可阻挡的真实意思。

正是历史的花腔化带出了小说语境中的历史伦理叙事。历史伦理叙事意味着:必须以历史必然性的名义来判断一个人的死法,也必须要从有关爱与死的伦理学的角度来判断爱与死的意义。尽管死亡是最大的平均主义者,但每一个人的死法却又各个不同;对于任何一个身处历史伦理叙事网络之中的人,他们的死也没有任何自由可言:他的生与死只能接受历史伦理叙事的裁判,何时死、怎样死也由此得到了规定和派生出了严正的意义与超人的价值。值得注意的倒是,第一,这个行进过程中,历史的"权势"特征始终就包裹在声音化和语言化的境域之内。第二,历史的花腔化跟历史的权势有相当大的、"逻辑"谨严的关联:为了达到或获得历史伦理叙事的严正性,撒谎就是主要方式之一,也是最有效的方式之一。当然,历史伦理叙事也有它自身的爱:在极端处,比如在李洱营造出的小说艺术空间中,它宣称爱与死是一对联体的双胞胎,砍去一半,另一半就不能独活。在小说中,我们看得很清楚,历史伦理叙事定义下的"爱"最终体现出了狰狞的嘴脸,但它又是以答应你"青史留名"的允诺来自我完成的。这当然矛盾得让人难以在二者之间做出选择,因为那远不是一个"鱼与熊掌"的问题,因为已经声音化(甚至语言文字化)了的历史的"权势"无可逃避。但它似乎又是必然的,难以改变的,一如顾维诺所说:"凡必然之物,都令人痛苦。"

五、知识分子的心路史

上述种种,都被小说文本具体地置入了讲述和考证组成的叙事框架之中。三个叙事人承前启后的讲述,基本道明了葛任逃往大荒山直至被"爱"杀死的全过程;第四叙事人通过考证、对"对角线图"的醉心沉入,补充和解说了葛任从生到死的几乎所有重要事件,尤有甚者,还诉说了葛任死后在时间构成的"必然性"中所获得的来自于"必然性"的褒贬。更为重要的是,通过讲述显露出来的声音化的爱与死,通过考证最终得到的有关爱的内涵的含混与暧昧,都水乳交融地统摄在了一个相互交叉而又整一的叙事框架中。上述几项相加,有关葛任心路史的全景图("大历史")终于出现了。

讲述的叙事学功能是:它基本上道明了私人性的爱对历史的狂欢化和花腔的反抗,尤其是对历史伦理叙事在具体的时空形式中赢得的具体定义的反抗。所谓私人性的爱,在小说语境中,就是对死的反抗,就是帮助另一个在爱与死的伦理学的裁判下必死之人逃离黄泉之路。考证的叙事学功能是:它基本上道明了葛任为什么要拒绝这种私人性质的爱,为什么要在自我矛盾中,选择对历史的花腔化、历史的狂欢化和历史伦理叙事的臣服。

爱与死的伦理学在这里和私人性的爱发生了深刻的矛盾。前者处处以历史必然性为准则,而后者则以类似于马丁·布伯所谓"我与你"之间的亲善关系为基准。前者倾向于无情,按照《圣经》的口气就是"死是罪的工价";后者则貌似多情,即云格尔所说:"死的本质是无关系。为了抵制趋于无关系之致命倾向,履行应尽的义务,最好的方式始终是创造新的关系。"放在小说语境中,这两者之间的冲突(即无情和多情之间的冲突,无关系和新的关系之间的冲突)就更加严重了。它的特殊性在于,作为私人性的爱的享用者——葛任——还是一位知识分子型的革命家,而革命家的身份不允许他只单方面接受和享用私人性的爱。在中国20世纪前半叶救亡图存的广袤语境中,葛任成为一个革命家是有充分历史依据的。但一个走遍了世界许多地方的知识分子,和革命之间有着深刻的矛盾。葛任在内心深处始终是个自由主义者、个人主义者(第四叙事人引证各种档案多次暗示过这一点),而革命则始终以集体的名义来限制个人主义,以革命纪律来消除自由主义。这两者之间的冲突构成了知识分子型的革命家苦闷的内心。在中国,知识分子始终与革命之间有着深刻的矛盾。在说到似乎有着同样经历的瞿秋白时,李泽厚先生这样写道:

> 瞿秋白在二、三十年代便典型地最早呈现了这种具有近代教养的中国知识者,在真正的血火革命中的种种不适应的复杂心态。从《俄乡纪程》到《多余的话》,由一个纯然知识青年到指挥斗争、领导革命,在残酷的阶级斗争和党内斗争中,瞿秋白深深感到力不胜任,……深深感到自己虽然向往革命、参见革命、领导过革命,临终也终于不过是一个'中国的多余的人'。

据小说介绍,葛任写过一首题作《蚕豆花》的小诗,在其艺术空间中,就明显包含着类似于瞿秋白所遇到过的问题,这完全是个人的心声。在革命眼中,这种个人主义的伤感、迷惘、怀疑、自我分裂甚至隐隐的颓废,都是值得唾弃和鞭挞的。革命似乎天然要以消灭个人主义为职事,至少在完成革命目标的行进过程中就是如此。对于葛任来说,作为一个知识分子,他把自己终于能幸免于难逃离二里岗、逃离延安"窑洞中的红色火苗"当作天赐良机,他正好可以写他的自传《行走的影子》,在回忆中打发最后的岁月;作为一个革命家,他把自己平静的、逃离革命语境的纯个人生活视作可耻行径。他两者都不想放弃。而这直接构成了葛任明知道自己可以逃走(在私人性的爱的帮助下),但依然选择了对"花腔"语义在具体时空形式的帮助下获得的历史伦理叙事的臣服。这肯定不能简单地归之为自找,更不能简约化地理解为置生死于度外。在这里,和那个瞿秋白一样,还有着更为深刻的内心隐情。

第四叙事人引用相关档案对此有过明确描叙:葛任说,他既不愿意回延安,更不愿意投降国民党,哪怕老蒋允诺他组织新党,并在政府内给他的新党五个席位。他只想休息。睡觉是小休息,死亡是大休息,他想大休息。瞿秋白临死前的诗句放在这里,正能体现葛任"大休息"的本意:"夜思千重恋旧游,他生未卜此生休。行人莫问当年事,海燕飞时独依楼。"但饶是如此,作为革命家的葛任并没有选择平静地死去,而是选择了让别人杀死。这在苦闷的知识分子型的革命家那里,放在小说和20世纪中国革命的双重语境中,有着双重涵义:让别人杀死既满足了伤感的个人主义者"大休息"的愿望,也满足了革命的历史伦理叙事对革命者的权威性,从而让革命者为革命做出了最后的贡献。葛任由此两方都不亏欠了。他赢得了尊严和平静。

千万不要忘记"花腔"语义中还包含着真实的一面(这就是第四叙事人为什

么要和它结为同盟的原因)。这完全可以看作"花腔"的聪明之处和可爱之处;当然,说它是花腔自身的"醉后吐真言"也未尝不可。正是因为这一点,讲述和考证才有了可能,大历史的出现才有了可能,葛任的心路史全景图的昂然现身也才有了可能。至少历史的花腔化(也包括历史的狂欢化、历史伦理叙事和爱与死的伦理学)本身是真实的,讲述和考证对历史的花腔化本身进行叙述,也就是强迫"历史"讲出了它如何被"花腔化"或如何自我花腔化的真相。正是在此基础上,葛任作为知识分子型的革命家才能在历史的声音化和历史的文字化中现出"本相"。

在本文的语境中,大历史的涵义既是集体性的历史,也是集体性地讲述和考证道出来的有关葛任的全景图。葛任的心路史不仅仅是他自己的个人史,也是集体性的历史。由于"花腔"语义的"小一"空间包纳的小历史在三个讲述人和第四叙事人的叙事运作下,不断相互补充、完善,也在相互补充、完善中不断将"小一"空间迎面向着花腔语义的"大一"空间推进,尤其是第四叙事人拉出了葛任死后几十年间历史伦理叙事不断改变对葛任的看法或评价,更加证明了:"大一"空间包纳的大历史不仅是葛任的个人史,也是葛任存身于其中的整个时空形式的历史。从空间上说,它广袤无边,从时间上说,它绵延近百年。葛任就是这个时空中被作者有意挑选出来的一个点,但他始终是这个时空的中心点。从这个意义上说,葛任的心路史全景图就是大历史本身,尤其是考虑到小说文本中的时空形式具有的概括、总结与解释作用,葛任的心路史全景图成为大历史就更容易理解了。但这同样是对"花腔"语义空间渴望行动起来、"显现"出来的呼应。

尽管如此,我们还是有理由说,葛任在小说中并不是实存的,他确实像他的自传的题目所宣称的那样,只是一具"行走的影子"。他在更大程度上,只是声音化和文字化的产物,是声音的纵欲术和文字的纵欲术的产物。他只存在于讲述和考证所寄居的时空形式之中。我们只有透过讲述和考证的重重迷雾才能窥见他。他就坐落在声音和文字的中心。他是"花腔"自为运作的产物,是"花腔"为了显示自身有能力强行拉一个人入伙的产物——仿佛葛任的出场、现身,只是为了证明历史的花腔化自身的真实,也为了历史的花腔化向人们显示它究竟有多大的能量,在如何以"必然性"的名义对我们施行戏谑性的统治。葛任的影子身份充分证明了:如果我们不扫荡历史的花腔化(尽管它千百年来的确是实存的"事物"),我们每一个人,也包括那些大人物,都可能最终只剩下影子,并不具备实体的性质,只能存身于"他者"对我们的讲述和考证寄居的具体然而又是虚拟的时空形式中,只存在于文字的纵欲术和声音的纵欲术之中,尽管这样也能构成花腔化的大历史。

六、普通话，方言

历史的花腔化需要声音的纵欲术和语言的纵欲术来体现，小说文本也恰如其分地找到了历史的花腔化所需要的一般话语方式，我将这种一般性的话语方式称之为普通话。普通话是指在特定的历史阶段，饱具权力、权势色彩的可通行、可公度的话语流，有点类似于赫伯特·马尔库塞所谓"全面管理的语言"。它既具有滔滔不绝的语势（以保证自己理由在握、道理在手），也具有高度的挤压力——对其他话语方式将形成极大的威慑，以期保证自己的无限权威性。普通话就是历史的花腔化在声音和文字方面的表现，它合乎历史的花腔化在语调、声音和"语法"方面的要求。在小说文本中，这种普通话包括两个组成部分：革命话语和小说所包纳的时空形式中不同时代、不同空间中的时尚话语。《花腔》的幽默在于，它经常有意识地命令三个叙事人——尤其是阿庆和范继槐——在讲述中故意搞语言方面的"拉郎配"：阿庆在讲述死于1943年的葛任时，经常把"文革"语言套在葛任身上（比如"狠斗私字一闪念"、"毛主席说"），范继槐在2000年向人讲述葛任时，也将90年代的时髦词汇套到葛任身上（比如"酷"、"哇噻"、"崔永元"、"实话实说"）。这样做不仅仅是幽默的需要，也曲曲折折暗示了：普通话是如何掌握群众的，如何让群众一开口说话就下意识地使用了普通话暗含的权力，来为自己壮胆。这正如罗兰·巴尔特幽默之言所谓：语言"既不反动，也不进步，它只不过是法西斯，因为法西斯不是阻止人说话，而是强迫人说话"。不过，这归根结底和历史的花腔化，尤其是历史的狂欢化有关。

普通话最大的功能是促成了历史的花腔化，并最终创造了历史。因为那种被称之为"历史"的东西，并不是过往事件的排列史，而是过往事件在声音和语言文字中的叙述史。按照罗兰·巴尔特的看法，几乎所有的年表、编年史、汇编表现出的实在的"过去"，都是没有意义的，意义只存在于"组织完好的、流动性的话语中"，历史就在这种声音化或文字化中，才有了超越"固定"、"事实"的丰富性。在小说文本的时空形式中，这当然具体地涉及了历史伦理叙事和爱与死的伦理学。实际上，后两者既是"创造历史"的中介、桥梁，也是创造历史的必要技术和巴尔特所谓的"写法"：历史伦理叙事以天纵的"必然性"豪情，要求所有人对它采取臣服的态度；爱与死的伦理学则以它经不起来自心灵推敲的"阐释学循环"，最终导致了一种无情的哲学，尽管它貌似非常多情。阿庆为了救出葛任，杀死了他的同僚杨凤良，为免除后患，还一并杀了杨的姘头以及他们的小孩,并将全部尸体抛入河中,手段之残忍,连同样志在搭救葛任的白圣韬也看不下去了。但阿庆在"文革"期间振振有词地向前来调查葛任的"革命委员会"成员说:

> 你们问白圣韬在干啥?咳,快别提了。他甚至比不上一条鱼,鱼还知道吃敌人的肉,啃敌人的筋呢。可他呢,竟然敌友不分,拉着俺的手,问俺知不知道自己在干啥?屁话!脑袋长在俺肩上,肩膀长在俺身上,俺怎么会不知道?阶级斗争,一些阶级胜利了,一些阶级消灭了,这就是历史,这就是几千年的文明史。当俺把那一家三口扔到河里喂鱼的时候,俺其实就是在创造历史。

这是对普通话表达历史和创造历史最生动、最细致入微的表述,当然也是最惊心动魄的表述。爱与死的伦理学、历史伦理叙事在其中的作用也清晰可辨:从阿庆滔滔不绝、自鸣得意的讲述中,我们看出了语言的纵欲术和声音的纵欲术在如何构成、折射或体现爱与死的伦理学以及历史伦理叙事的伟大权威性。但也正是从阿庆的讲述中,我们确实窥见到了历史的花腔化特性:它确实在撒谎,扯淡,有意掩盖真相。这个被遮掩起来的真相正在于:阿庆的真实身份是打入军统的共产党员,他如果救不了葛任,他就只有死路一条;而如果阿庆看了白圣韬从延安带来的对葛任进行"零"处理的密令的话——白圣韬毁了那封信,因为白圣韬才真正想搭救葛任——他也就不会这样创造历史了,他肯定会改用另一种可以想见的方式来"书写"历史。这不正是历史的狂欢化和人对它有意识地驯服、利用又是什么呢?

但方言依然存在。方言是纯个人的语言,是语言中的个人主义,是表达个人内心最真实的语言。它是窃窃私语式的,甚至是自言自语式的。它在很多时候甚至是拒绝倾听的。尽管普通话无处不在——因为历史的花腔化和历史伦理叙事寄居在可以想见的所有时空形式之中——但方言也无处不在。据说甚至连蜜蜂的语言中也有方言,当然,先在条件是蜜蜂也有可通用、可公度的普通话。假如说普通话是权势的、权力的话语,是对历史"权势"的最好表达,是看似有序的噪音;方言就是弱者的心灵话语,是最深厚、最个人化情感的秩序化言说。它不是噪音。如果说普通话是扩张的、外向的、处于中心的;方言无疑就是内心的、收敛的、处于边缘的。由于历史的花腔化、历史伦理叙事的巨大作用和它们天然就具有的"无情"特性,普通话挤压、威胁方言以期维护自己的权威性与合法性,就很容易得到理解了。

阿庆在讲述中耍尽花腔,为了洗刷自己,不惜把一切罪行都推到了早已作古的老熟人宗布身上。当然在完成这一行为的过程中,他充分动用了普通话的巨大威力，充分利用了普通话在诉说历史事件时的巨大作用，也充分利用了普通话在听他讲述的"革命委员会"成员那里天然就存在着的"可信度"。但在私心里，阿庆却觉得很对不起宗布，尽管他这样做的另一个目的确实是为了葛任身后的名节。第四叙事人从他掌握的档案库中，调出了阿庆藏在枕头下的日记：

> 今天，审查组的同志们找我，了解葛任同志最后的英雄事迹。……我不得不提到了宗（布）。反正宗（布）早就灰飞烟灭，死无对证了，俺发扬痛打落水狗的精神，将他臭骂了一通。宗布，若你地下有知，一定要体谅我。我对不住你，我给你叩头了。不说那么多了，因为咱们马上就要见面了，我会当面（向你）赔罪的，我会割耳朵（为你）下酒的。我会让你知道，这都是为了葛任好……到了那边我就啥也不怕了。吃饭吃稠，怕它算球，吃饭吃稀，怕它算×……

这显然是方言在暗中对抗普通话的有效方式之一，它既让我们看到了历史的花腔化在大胜利中的小失败，也让我们窥见了私人性的爱，在怎样暗暗对抗爱与死的伦理学的巨大威力。顺便说一句，阿庆之所以要把日记本藏在枕头下，正说明了方言在某些时候——尤其是在普通话大力挤压和排斥方言的时候——是拒绝倾听的。这和周伦佑在《谈谈革命》一诗中所谓"英雄临死前振臂高呼：'毛主席万岁！日记本在枕头底下！'"显然大不一样。因为后一种掩藏在枕头底下的日记本记载的恰好是普通话，是带有方言体温却渴望走出枕头底下的普通话，是被方言包裹住的小小的野心。

在小说文本中，体现普通话对方言的挤压最显著的例子，是对葛任内心隐情的拒斥。作为一个知识分子，葛任似乎天然需要有较之庸众更为广阔的私人话语空间（即方言）。他逃往大荒山，远离革命阵地其实就是为了给自己赢得这一空间，他在那里潜心写作《行走的影子》，回忆自己的一生，以打发最后的日子。可以说，那段时间才是葛任最幸福的时光，但作为一个颇有经验的革命家，他懂得普通话和普通话化代表的历史伦理叙事迟早要找上他，要让他为此作出牺牲，并创造出普通话的语义空间所要求的历史。葛任的死，不仅是历史伦理叙事和爱与死的伦理学所致，也是方言与普通话之间的对抗所致。葛任的自传《行走的影子》最后被范继槐以保护葛任名节的名义化为灰烬，正可谓普通话对于方言的权威性的鲜明"意象"。

假如说讲述中使用的主体方式是普通话，讲述的时空形式是普通话化了的时空形式，在具有集体性的同时，也具有概括、总结和解释能力的抽象性（即一切时空都是普通话化了的时空，和"普天之下莫非王土"性质相若），考证就是想动用对"对角线图"的醉心沉入,逼迫历史具有方言化的时空形式,也就是说,最终将葛任的心路史全景图从普通话的时空形式中层层剥离出来。很显然,小说在这方面失败了,但这方面的失败,恰好合乎逻辑地、深刻地证明了小说本身的成功。

葛任死了,进入了他所谓的"大休息"境地,彻底抛弃了普通话和方言对他的分裂性裁判,也放弃了历史伦理叙事、爱与死的伦理学和私人性的爱对他的争夺。值得注意的是,即使是在"大休息"之后,有关他的历史的花腔化仍然还在继续进行。我们可以说,李洱的长篇小说就是这方面最近的范本。对于葛任和葛任所代表的每一个人的历史的花腔化,还得进行下去,至少我们现在还看不出有丝毫止歇的迹象。

原载《小说评论》2003 年第 6 期

国际化语境中的知识悲剧
——李洱小说《花腔》中话语结构的比较文学阐释

李迎丰

"花腔"一词,在李洱的长篇小说《花腔》中,有二解,一是西方的舶来品,"花腔是一种带有装饰音的咏叹调",与民族化的《二月里来》形成了二元对峙;二是民族的、民间的用词,"耍花腔",指言不由衷,"巧言令色,国人之本能也"。两解结合,共同指涉了小说整体的叙述风格:"国际化"的语境,语言的能指与所指之间永恒的距离。这种距离在文本中以一种理性的"学术化"的方式被解剖、被呈现,压抑着又积聚着小说中的情感潜流和神秘气息。

《花腔》一书,无疑可以引出多重话题:个人与历史、知识分子与革命、真实与虚构、历史与叙述……而笔者认为,亦可从"比较文学"的视角,来考察该小说文本中"国际化"的叙述语境,及其所叙述的20世纪中国现代性进程中,知识者的追求与宿命。

一、"花腔":话语的谱系与范型

《花腔》可以称作一部"学者小说"——它以一种理性的态度、考据的癖好,乃至一种引经据典的"学术品位",讲述了生活在20世纪上半叶的中国知识分子葛任(1899—1943)一生的追求,及其死亡之谜。葛任的个体生命终止于40年代,对葛任故事的讲述则持续了一整个世纪。在中国,20世纪是社会、文化乃至知识的转型期,是一个话语杂陈的世纪,而李洱的《花腔》,也以其自己的问题和提问方式,营造了一个"众声喧哗"的世界。作者声言:"这并非我一个人写的书,它是由众多引文组成的。"(《花腔·卷首语》)"众多引文"或可视作一个隐喻,在文本中不应仅指历史亲历者的文章和言谈。《花腔》文本在结构、语词、人物、主题乃至深层意蕴中,糅合了杂多的知识谱系、话语范型,共同汇成一股声音的漩流。而处在这声音之流中心的,是沉默的葛任。

该小说首先引人注目的是它的叙事结构。《花腔》在叙事结构上的重要特点,是对"叙事人"、"叙事时间"理论的刻意强调和有效实施。小说中的"叙事人"大致可分出3个层次。1."正文"中的3个叙述者:1943年的"医生白圣韬",1970年的"人犯赵耀庆",2000年的"著名法学家范继槐"。作者还精心为他们设计了特定的"听者"和"记录者",以限定叙述的语音语调。2."副本"中的历史档案,多个历史事件的亲历者的文章和言谈,有"案"可稽的文字材料。3."众多引文"的收集、整理、编撰人——"我"。"我"有双重的声音,一是自称为葛任的后人,常介入他人的叙述做出一些猜测或质疑;其二是那个"保持冷静和超然"的隐含作者,偶尔会让你感受到他"在沉默中"的"战栗"。(《花腔·卷首语》)就"叙事时间"而言,小说中充分利用了故事时间与讲述故事的时间之间的错位和张力。作者提示道:"在故事讲述的时间与讲述故事的时间之内,讲述者本人的身份往往存在着前后的差异。正是由于这一差异,他们的讲述有时会出现一些观念上的错误。"(《花腔·卷首语》)在时间的差异中,葛任的故事被不同的个人记忆筛选、编织,被不同的"当下话语"反复描述,通过这些编织和描述,我们实际上获取了来自更宽广的时空中更多的声音/话语的信息。可以说,《花腔》在叙事方法上是对西方当代叙事学理论的一次"娴熟"的套用,且有意地彰显了这个套用的过程。这提醒我们:域外文化(以西方文化为主)及其话语,作为一个"乌托邦"式的形象体系,作为对"域内"的某些"常识"具有解构能量的知识资源,在《花腔》文本中,占据着一个特殊的位置。

对《花腔》文本"国际化语境"最直接的感受来自它的语词层面。小说中语流杂陈:书面文字与民间俚语、文言句法与欧化句式、乡村幽默与时尚文化……一组组看似对立的语词元素杂糅一体,语调庄重又暗伏机锋。在这些丰富驳杂的语汇中,有一个基本的对立项,即域外文化与中国的语言及其表述方式之间的对立。那种形象鲜明、深刻、广泛的中外语词的对比性关联,乃至二者在不同历史时段的相互浸淫、有机组合,成为《花腔》小说语言的重要特征。从开篇"有甚说甚"到末篇"OK,彼此彼此",其间有目不暇接的"国际化"的语汇组合。经典的诸如:"荞麦糊和甜菜汤"对"小米粥、南瓜汤"的类比,"毛驴茨基"、"尤郁斯基"的命名,乃至"人犯阿庆"所提出的关于《东方红》与《国际歌》的悖论。擅长"表演"("表演"一词在小说中用来做"特工"的代码)的阿庆"文革"时期身在"牛棚",为保护自己以"俺"自称,但在向调查组陈述历史的过程中,他却又"适时"地冒出几个英文单词。以阿庆的人生阅历,即使在那个极端封闭的年代,他也深深地感受到了"知识"在人心中潜在的威慑,及"话语"杀人的力量,最终他以"《东方红》与《国际歌》不能对立混唱"的精彩逻辑,迫使劳改队长作了自己的殉葬。在小说中,诸种外来的语音和文化——俄国的、法国的、日本的、英文的、德语的……面对中国文化的不同层面——无论古典与现代、书斋与民间、历史与时尚,全方位地实施着撞击和浸染,这种浸染和撞击从上层知识分子开始,一直传播到底层民众,从权力的边缘开始,走入政治权力中心,又播撒向经济市场、政治的边缘……曾在葛任家乡传教的毕尔与埃利斯,及据称是二人合著的《东方的盛典》,是《花腔》文本中一个重要的视点。他们以一种旁观的姿态,也以基督的名义,体味着、佐证着、抚慰着、阐释着中国土地上的苦难。"他很温柔,轻声细语,像风从树荫下吹过。"毕尔与埃利斯的声音,在文本中几如天籁,酣畅地表达着他们对主人公葛任的关爱。有趣的是,这种关爱,包含了对葛任身上所体现的"文人"优雅本色、中国之"仕"的社会角色及伦理功能的由衷的欣赏,实可谓借异邦之文化力量观照中国,表达着一种终极的人文关怀。

李洱在《花腔》中的文字时常会充斥一种"掉书袋"的乐趣(尤其在"副本"的文字中),所"掉"之书有四书五经、鲁迅笔墨、方志野史,亦有《圣经》、莎士比亚,乃至日本俳句。有"汤汤洪水方割,浩浩怀山襄陵"的庄重引用,也有对"情感的谱系学"、"去蔽"、"现象学家"的戏谑把玩。或许我们能够从《花腔》文本中清点出作者的"知识谱系",但更有意味的却是,李洱在行文中表达出的对福柯"谱系学"这一当代西方话语理论的特殊关注。换言之,小说《花腔》以其对语词、声音的某种特殊兴趣,深层次地书写了20世纪中国诸种话语范型的历史性交汇,阐释着话语领域中复杂深刻的权力角逐。

在《花腔》文本的故事层面,葛任的故事由"正文"和"副本"而形成两种时间结构,二者之间有多层次的对应与关联。首先是历时态与共时态的关联。"正文"在大的章节上呈历时性地延展。葛任的故事就像一幅斑驳的旧画,在陈述者各自的时间里被一遍遍涂抹,又一层层地剥落。"副本"则呈共时态,那些"随机"拣选的历史,呼应着正文的内容,同时提供了小说故事、人物、叙述人的知识背景和话语资源。第二重关联更显示出思想史的意味,即二者各自代表着不同的历史时间:"正文"凸显了以重大政治事件为标志的短时段,而"副本"则铺开了以现代化进程为整体特征的长时段——它在小说中,被截取为一个近乎完美的百年。"正文"三章,作者精心选择了三个富有含义的时间段落:延安、"文革"、世纪之末,将其推向前台,而与正文对应、对立、相互对话的两个时间:"戊戌变法"与"五四"运动,则隐入背景,以边缘化的姿态,活跃于"副本"的诸类"档案"中。时段的选择暗示了不同的话语范式,或可将它们分别称作:"五四"时代的启蒙话语、延安时期的救亡话语、"文革"年代的极权话语、世纪之末的"后现代话语"。

在第一章的"延安"式的语音语调中,我们读到了一个类似英国作家奥威尔的作品《一九八四》中所描绘的"极权主义"的故事,一幅触目惊心的"地狱"之图,一种浓重的悲剧氛围。由于"左"倾的余风,由于救亡斗争形势的严酷,更由于建设一种新神话的时代需求,葛任的"个体存在的秘密之花"显然是不能继续存在的。小说中"延安话语"的精彩之处在于:要将其"不能存在"改写为"不曾存在",医生白圣韬受命去完成这个改写的任务。作品写到,在"葛任牺牲"的"常识"背后,葛任的真实故事在有限的私人空间里被传述,在朋友之间分享,这一分享甚至打破了政治的界限,作者安排了葛任昔日的朋友,身处军统要职的范继槐充任了"听者"一职,使急于摆脱危境的白圣韬的讲述几近于控诉,这是本章悲剧氛围的主要来源。在第一章中,讲述的当事人正"身临其境",因而是最接近事件本来面目的一次富有质感的讲述,但也因当事人"身临其境"——面对军统,使这一次讲述被罩入另一种意识形态的阴影之中。有趣的是,从白圣韬"原汁原味"的讲述中,我们聆听和触摸到,在40年代的延安,有那么多"洋文化"的声音和痕迹。第二章的"文革"话语中充斥着一种喜剧性的氛围,却是一出现代荒诞喜剧。真正的"极权主义"显然不同于奥威尔由逻辑推演出来的、令人恐怖战栗的"一九八四"年,而是一种"喜鹊唱枝头"、"莺歌燕舞"的年代,它剥夺了悲剧发言的机会,而将其改装,以喜剧的面目出场,如阿庆的死亡。"文革"中葛任的故事只能在"外调"的政审材料中生存,而阿庆兴高采烈地利用了这个机会,酣畅淋漓地倾诉。"文革"是一个极权的年代,但在"文革"的逻辑中,葛任的故事却"合法"且"有效"地生存于"组织"整理的政审材料中,追随着阿庆深情的回忆,小说在"文革时代"的正文中充填了大量的"副本"材料,使葛任个人的生命旅程,他的生与死,他的家谱、学业、友谊、爱情,他的理想与追求,都以最大的篇幅、最丰富的信息,活跃于"文革"话语的缝隙中。事实上,"延安话语"和"文革话语",分别以悲剧和喜剧的形式,与弥漫于"副本"中的"五四话语"构成了二元对话的格局,小说揭示了意识形态权威话语对"五四"等边缘话语的压抑,而这个揭示的过程,已解构了权威,活跃了边缘,强调了以启蒙为核心、以域外文化为表征的"五四"话语的声音与权力。

第三章却似乎跳出了与"五四"的纠缠。其"正文"中的叙述营造的是一个反讽的氛围,讲述者范继槐自身的形象,对"知识者"乃至"知识"的神话也具有解构的性质。与范氏的"后现代话语"相对应的,应是19世纪末的"戊戌事件",因而,范氏话语的功能更像是与20世纪的告别。但它同时也能成为"五四"所开启的中国现代性话语的终结么?小说在结尾处以不知"范老"的"爱"之所指,保留了一个深刻的疑问。而当一个世纪的"现代性话语"诸种范型已被逐一指认的时候,其所表达的意识形态的现实效应已十分可疑。《花腔》中的知识谱系还需要寻找更为深厚的支点,以笔者看来,这个支点应是文化的对立与交融。在百年中国的长、短时段背后,《花腔》文本中还体现着第三种时间模式——"永恒时间":出场频率颇高的"孔子"与"《圣经》",构成了文本深层的二元对立。李洱曾借"法国作家费朗"之笔,"漫不经心"地写到:

孔子的世界是二元论的世界：劳心者与劳力者，小人与君子，奴隶与贵族。从某种意义上说，孔子与卢梭就像冰与炭难以相融。

小说并没有展开对"冰与炭难以相融"的理论阐述，却以西方"二元论"的思维逻辑，言说了素来中庸的"孔子的世界"。葛任故事的主题及其讲述方式濡染着过多的"域外"色彩：它是一个类似奥威尔的《一九八四》的反极权主义的故事；它有着博尔赫斯的迷宫式小说的灵感与知识气息；它是一只中国盒子，但其中回荡着福克纳小说《喧哗与骚动》的余音。从葛任身上，或许可以寻找到涓生、魏连殳们孤独的影子，但更清晰、更鲜明的，我们获取的是来自哈姆雷特、浮士德、卡夫卡的精神信息。文学主题与形象的简单类比或许难以成为一个"真问题"，但值得我们关注的仍是《花腔》文本中凸显的"国际化语境"，这种语境中潜伏的具有国际化背景的知识理念、理论模式，从理念出发对主题的阐释，及理念的阐释之外透露出来的"真相"与"真情"……

二、知识悲剧：被叙述与被遮蔽的葛任

李洱在《花腔》中设置了一个"叙述的圈套"，即他（通过所有的叙事人）的叙述具有"自我指涉"的性质——叙述的动作成为了叙述的目的。出于对人们能否掌握历史真相的深刻怀疑，亦出自文化反思的深层动机，李洱的小说成为了一种叙述的展览，一次叙述的游戏。以现象学的观点来看，真相可以被悬置，意义在叙述中生成，在李洱的《花腔》中，首先生成的是一种"美"的形式，如他借小说文字而精彩论辩的——在"历史"之外还有"诗学"。已有论者讨论过李洱小说中"记忆"与"虚构"、"真实"与"虚幻"的思辨，[①]而李洱小说最耐人寻味的一点恰是对这些当代西方哲学、文化及文学理论的娴熟使用，给他的作品带来智性、知识品位乃至"前卫"的气息。纠缠于"真实与虚幻"之间，李洱通过那些令人几近绝望的叙述游戏透露出的，却是一种探寻真相的永恒的冲动："如果没有这种对真实的渴望，我就不会来整理这三份自述，并殚心竭虑地对那些明显的错误、遗漏、悖谬，做出纠正、补充和梳理。"

然而，一切历史都只能成为"当代史"，如"正文"中三位叙事人那种醒目的"当下叙述"。于是，"真相"最终还是被悬置了起来，而历史以"梳子"和"栅栏"的意象，"奇妙地"或"呼啸着"融入了我们的当代生活——《花腔》中的人物、事

[①] 敬文东：《记忆与虚构——李洱论》，《小说评论》2002年第2期。

件、观念、情感,那些可触可感的历史碎片编织一体,触及到当代中国关于革命、历史、现代性进程等一系列深刻的命题,而主人公葛任形象,更牵引着几代学人对20世纪中国历史刻骨铭心的记忆,融入了中国知识分子某种深层次的心理情结。

《花腔》中的葛任是在众人的叙述中成形的。整部作品只偶尔读到过一段"自述"文字(见第二章之"副本"引文第5篇),竟像是作者的一次疏漏。明确地属于葛任自己的声音,仅有一首写了3遍的小诗,但呈现给读者的只有后两个版本,那最早的原型则被两次改写重复遮蔽,如同葛任自身的处境。("因为人的命运,就是文字的命运。")——在众多的叙述中我们获知:葛任原名葛尚仁,"尚仁"二字,"显示了对中国宗教的某种态度",后改名葛任,取"个人"之谐音,代表了世纪之初开始的"新文化"精神,这个名字伴随了他的一生。据"家谱"记载,葛任是葛洪的后裔,而葛洪又是大禹的后裔,所以才有葛任对《尚书·尧典》中"汤汤洪水"、"浩浩怀山"的衷情。葛任的出生承受了"戊戌变法"之后的政治磨难,他进过"育婴堂",又东渡日本,在那里结识了"南陈北李"(指陈独秀、李大钊)。此后,他的"个人经历"更具有"经典"的意味:"五四"运动、赴苏考察、长征、延安、抗日。在延安他潜心于马列著作的文字翻译,而在"正史"对他的死亡记录之后,他回到了曾是"苏区"的荒蛮之地,他希望回到"我成为我"的开端,完成他早年开始的自传体长篇小说。他将这部自传命名为《行走的影子》,书名的寓意取自莎士比亚剧本《麦克白》中的一句台词。莎剧中紧接下来的另一句台词,曾被福克纳用来做他最著名的一部"多重叙述"的小说的书名。葛任笔名"尤郁",出自他为自己取的俄文名字"尤郁斯基"。"尤郁"即"忧郁",亦为"犹豫",原为自我告诫,最终成为自我描述。在生命临近终结之时,葛任有一段忧郁的告白:"我目标虽有,道路却无,而所谓道路,便是犹豫。"这段卡夫卡式的台词,未注明"版权"出处,更像是从人物的内心自然流出。从孔子的弟子、大禹的传人,到卢梭的信徒、卡夫卡的知音,葛任可谓"学贯中西"。他的一生波澜壮阔,他的死亡充满玄机。葛任的真实思想无疑是全书阅读期待的重心——这一悬念的价值远远超出结构了整部小说的"死亡悬疑"。但葛任解读自我的书稿最终被"爱"他的朋友下令焚毁,因为它不可能在《花腔》中生存,"因为人的命运,就是文字的命运"。

葛任投身革命显然具有一定的偶然因素、个人原因,但同时也关乎信仰。在多大程度上葛任的个人信仰与有关中国革命的信仰重合?换言之,有关中国革命的"宏大叙事"、意识形态"常识"在何种层次上张扬了又压抑了革命的批判意识?这些尖锐的提问以明确的信息浮出文本的表层,在理性、智慧、冷峻的文字间幽灵般地游荡。葛任的故事在其本义上,是一个知识分子与革命的关系的故事,更是一个知识与知识者的生存悲剧。而葛任在文本中的"永不出场",已使他成为一个具有多重解释的活跃的能指。葛任形象可以被区分出显性的与隐性的两类功能,区分为一个被言说的、追逐"真相"的葛任,和一个被遮蔽的、挟带"真情"的葛任。

在显性的叙事层面,葛任首先是一个自觉的"知识者",一个"骨子里"的文人,他的存在与"常识"对立,他代表了一种批判的能量和批判的自觉。知识者们正是以这种先知先觉的批判精神引发了革命,而当"革命"按照自身的轨道运行之时,那些被称作"革命伦理"、"历史伦理"的"法则",却要将知识者遗弃——所遗弃的只是知识者的批判精神。悲剧就此发生,且不可逆转地发生。知识者们"既惹恼了布尔塞维克,也惹恼了普通民众"。因为民众已被编织进革命的神话中。他们真正处在了"皮之不存,毛将焉附"的尴尬境地。一些知识分子,如田汗,曾自觉地或被动地,接受了这种编织。而葛任,从苏区到延安,又从延安到大荒山,置身"队伍"之中,却在内心始终恪守着知识者的立场与身份,——在关于"二里岗事件"的"常识"中,葛任最终被指认为"文化教员"。①于是,对葛任生平的叙述便伴随着悲剧的、荒诞的、反讽的语调,以葛任形象中的真诚与坦率,批判了"革命叙事"中的虚构成分、负面因素,也展开了那些被革命"合法叙述"所压抑的活跃的思想和活泼的生命。这里应当指出的是,在小说中,关于革命的意识形态表述只是诸种"堂皇叙事"的一个样品,来自延安对立面的重庆,甚至来自中国对立面的日本,都不能容忍一个"常识"之外的葛任的生存。作为一个知识者的"个人",葛任的身上蕴藉着超越革命伦理、历史伦理乃至民族伦理的批判精神。

阅读《花腔》,最令人心动的,不是那精彩的悬念,不是智趣充沛的叙述,而是在众声喧闹或刀光剑影的瞬间,偶尔闪现出的优雅、从容的情感的文字。如描写范继槐作为葛任的朋友第一次进入大荒山时的感触:"那盆清水就一直放在床前。那天的月亮特别圆,映在水中就像一个梦。"这些文字之中闪烁着的,是我们同这段融入了生命的历史之间,一种难以言说的情怀。一股情感的潜流在理性的外壳之下涌动,使得这部以"学术面孔"而写得"太明白"的书,陡然变得神妙莫测、扑朔迷离。阅读《花腔》,一个深切的感受是:对葛任的多重讲述也是对葛任的多重遮蔽,而话语深层的葛任形象,在某种意义上已滑出了纯粹批判的叙述轨道,滑脱了文本理性化的意图主旨,显示出能指与所指的分裂,葛任对"革命叙事"的批判意识从未导致他与革命的决裂,相反,却更深刻地折射出

---

① 另例:小说中"锄奸科副科长"田汗的手下窦思忠曾评说葛任:"他到了延安,放弃高官不做,而愿意去搞翻译,为革命提供理论根据,这很了不得呀。"见《花腔》第44页。

一类知识分子与革命理想、革命事业之间关系的渊源,似难以割断的精神脐带,血脉相连。当葛任说想要回到自我的开端——即回到纯粹自我之时,他已意识到那便也是自我的终端,他甚至预设了自我的"第二次死亡"。① 他对"开端"的设想,是要探究"我是怎样变成这样一个人的",而这种探究,此前业已以精练的诗句,完成于他的三稿小诗《蚕豆花》。与发表于"五四"时代的二稿相比较,李洱写道:

> ……那种探究自我真相的急迫和勇气,依然存在;变化的只是个别词语,出现了"青埂峰"、"白云河"、"阿尔巴特街"、"窑洞"等等。这些词语像一串珠子似的贯穿了葛任的一生。

在隐性的话语深层,葛任形象认同了他自身的生命选择,包括政治选择,因为在这个选择的过程中,生长着他的理想、爱情、批判精神,也生长着他对自我真相的探索。换言之,在《花腔》文本话语的深层,葛任形象肯定了革命叙事的合法有效性,同时并行不悖地保留着他的批判意识,保留着他对自我身份的认定,保持着知识分子的社会批判的功能。

葛任一生的追求,显示出一种"实践型"的知识品格,这与马克思主义理论吻合,也承载着中国"士志于道"(《论语·里仁》)、"任重而道远"(《论语·泰伯》)的精神传统,或如当代西方马克思主义理论的先驱者葛兰西对知识分子的一种界定:凭着热情、责任参与历史,且与一定的阶级组合在一起的"有机知识分子"。在这样一种理论传统的支持下,葛任形象的批判意义会呈现出更加丰富的层次。葛任的经历就像遇到了一只"所罗门的瓶子",为探寻真理,他必须打开瓶盖,释放出来的东西却未必如同他的期待。葛任及其同道将普罗米修斯的自由火把传向人间,却亲眼见得这只火把演变为宙斯的权力。葛兰西认为,一种文化上的领导权的形成,离不开知识分子对某种文化、道德价值的传播,而最成功的传播,就是在革命成功之前,其关于革命的意识形态表述,已获得了广泛的"社会同意",获得了"国家"(民族)范围内人民的"共识"。② 但在这些"共识"之中,"新生必将战胜腐朽"的进化论的思维方式可能占据支配的地位,而在"共识"的形成与推广中,一些原初的思想可能被替换,一些叛逆性的思维终将被收编,一些更具普遍意义的人类原则可能被遮蔽。尤其值得警惕的是,某种真正陈腐的东西,则可能随着新的权力结构的形成而沉渣泛起,如《花腔》中所

---

①在葛任最后的日子里,作者赋予了他先知般的预言能力,包括预言和坦然等待范继槐的到来。
②参阅葛兰西:《狱中札记》,中国社会科学出版社,2000年。

描绘的极权主义,人人设防,真情尽失。甚至封建制度下的男权,也藉一条拴人的麻绳,以"信仰"的名义,合法地实现了对乡村妇女的摧残。然无论如何,某种共识必然积聚起宏大的革命力量,带来某种深刻的历史变革。这一变革所印证的,不仅是知识的能量和权力,亦有知识的悲剧。《花腔》中的葛任显然对这一"历史伦理"之规有清醒的认识,在生命的最后时刻,他明确地向"政敌"范继槐告知:老蒋必败。劝其"不要再回重庆"。这话"和信仰没有关系",说出来,是"出于对朋友的感激"。

葛任的困境或许在于:他走上了一条实践型的"有机知识分子"之路,却又极其向往那种思考型、个人化的"绝对"知识分子式的生存;走上了浮士德的道路,却又陷入哈姆雷特的困惑。① 由"集体之路"退回到纯粹的"个人之路"是否可能? 小说没有给予解答,却以葛任的经历,展示了一种知识分子的"实践化"的生存与它的"超越性"品格之间的永恒的悖论,或理想化的知识分子在历史现实中的悲剧性的生存。在历史的进程中,所谓"知识",更像一座文化的祭坛,而知识分子便充任了文化祭师,甚或成为祭品牺牲。当葛任的死亡之谜最终揭开之时,小说设计了一个令人称绝的"关节",使葛兰西的另一个洞见在《花腔》中得到了精彩的展示:"民族主义",是拥有最大的凝聚能力的内在的精神建构,一个不可动摇的神话,无论它将"遮蔽"什么,它伦理价值不容怀疑。文本中来自不同阵营的"爱"葛任的人,出于不同的动机,最终将自己的解释定位在"民族精神",合力以"民族主义"为名,释放了他们的爱恨情仇,实现了对葛任的杀戮,并随手掩埋了人格良知、知识分子责任、历史成败、政治伦理等所有的难题。于是,在惊蛰的隆隆雷声中,被冠以"民族英雄"的知识者葛任,带着对自我身份的全部困惑与追求,带着良知、坚韧、理智与优雅,带着某种"神秘的微笑",完成了他生命的献祭——一份在中国现代性的艰难进程中,"不可或缺"的文化献祭。

我们注意到,《花腔》以葛任为中心所塑造的知识分子群像,以他们优秀的或拙劣的、神态各异的表演,在解构诸种政治神话的同时,也具备了"自我解构"的功能——它们冲击着关于"知识分子"的现代神话,甚至通过对"粪便学"之类伪知识的调侃,解构着有关"知识"的某种神话。但在"解构"之外,历史仍在,真情仍在,对真相的热忱仍在。一个本义已在"言说"之中的严酷的真相便是:对中国革命历史的记忆,已成了当代人最重要的精神遗产,若拒绝它们,我

---

① 葛任的不懈追求,从书斋走向实践的生命之路,在伦理困境中执意前行的勇气,及其所体现出的"文化反思"的精神,使其在世界文学知识分子形象的"家族史"中,更贴近于歌德笔下的浮士德,而本文所采用的"知识悲剧"一词,亦取自文学史上对浮士德形象主题的一种评判。

们可能坠入贫困的深渊,而清理这份遗产,实现深层次的文化反思,则是当代知识分子不可推卸的责任。于是我们读出了在理性、冷峻的文字遮盖之下,在语言的所指与能指的裂隙之间,《花腔》作者对"革命与个人"关系的那份异样的激情,这份激情也是葛任精神的传承。李洱在为葛任画像时,有这样一段染着"国际色彩"、又包藏"民族情结"的精彩文字:

> 葛任以前曾将日本比做另一个时代与风土的希腊,认为两者皆不避裸体,是个性灵的国度,值得效仿。我想,他也只是说说而已,没想到他真的会在众人面前赤身裸体,就像一只白鲟鱼。当白鲟鱼从水中直立起来时,我甚至看见了他生殖器上悬挂的水滴。

那与水和阳光相伴的无畏的生命,赤裸裸的纯净,是一种力量的展示,更是一次祭献的仪式。不知可否将当代中国知识分子自我拯救的希望,寄托于直面自我又承担历史的葛任式的生存?——尽管它仍将是一种悲剧式的生存。

原载《中国比较文学》2003 年第 4 期

"村委直选"与乡土中国
——李洱长篇小说《花腔》到《石榴树上结樱桃》阅读随笔

刘思谦

大约在七、八年前,可能是这个新世纪第一年的年末,我无意间读到了李洱的小说《花腔》,并很快被它所吸引而从头至尾读完了。这是一部写现代知识分子的生存与思想困境的小说,书中所提到的几个知识分子尤其是一些走向革命的知识分子如邹容、李大钊、瞿秋白等是我从青年时代读历史时就比较关注的人物,《花腔》使我对一个世纪以来走向革命的知识分子的命运有了一些新的思考。我后来的《丁玲与左翼文学》这篇长文,就是在《花腔》的启发下写的。加之这部小说在运用史料和叙述结构方面新颖的创意以及对知识分子问题的卓尔不群的独立见解,我决定把它定位为"当代新历史小说"而推荐给河南大学文学院中国现当代文学专业2001届博士生傅书华、李仰智、李少咏、沈红芳、张兵娟、付建舟、李楠阅读。大家读后都觉得好而且认为其解读、阐释的空间比较大,于是我便决定将之作为一个专题与他们共同探讨,并且与李洱联系欢迎他参加。他如约前来并全程旁听了我们的研讨发言。此次研讨形成了一篇对话体论文:《以个人名义进入历史书写——关于李洱长篇小说〈花腔〉及相关问题的对话》,并由李洱推荐到《作家》杂志社,很快便在《作家》2002年第4期发表了。不久,我又与这几名博士生根据李洱在《花腔》中以小说语言提出的"历史诗学"这个命题,以"新历史小说与历史诗学"为题,与这几名博士生又做了一次研讨并形成了一组笔谈体论文,我的论文仍然以《花腔》为个案论述了"历史诗学"的基本内涵,题目是《新历史小说的"历史诗学"——以〈花腔〉为例》,也在一个学术期刊上发表了。这两组以李洱的《花腔》等新历史小说为研讨个案的论文,后来均收入了我和河大四届博士生合著的关于文学研究方法论与价值论的专题研究论文集《文学研究:理论方法与实践》中,于2004年2月由河南大学出版社出版。

我没有想到的是,李洱不久就寄来了他的小说新著《石榴树上结樱桃》要我"斧正"。小说的题目比《花腔》还要新颖和奇特,是需要花一番思索才能明白的。按说我应该像读《花腔》那样立即一口气读完并写点什么的,可是当时由于手头正忙着别的文章而把它放到了书架上，想不到这一放就是四年多过去了。①如果不是去年年底偶然在《南方周末》"文化"版上看到了一篇有李洱与德国总理默克尔的彩色头像照片的报道性文章，《石榴树上结樱桃》这本书，还不知会被我放到猴年马月才会从书架上拿下来阅读。这篇报道说，默克尔总理访问中国送给温家宝总理的礼物，就是李洱的长篇小说《石榴树上结樱桃》德文版。此书 2007 年 4 月由德国 DTV 出版社出版，译者为在德国慕尼黑讲授汉语和中国当代文学的 Thekla 女士，汉名夏黛丽。她先在中国的书市上发现了《花腔》，读后非常喜欢，在没有找到出版社的情况下就自己付版税给李洱，买下了《花腔》的德文版权。但是因为该书牵涉太多的中国现代历史和传统文化知识使其翻译异常艰难，加之后来她又读到了后出版的《石榴树上结樱桃》，便决定先翻译这本书。结果是首印的 4000 册全部卖完，又加印了 4 次，在挑剔的德国图书市场上，《石榴树上结樱桃》的德文版，已经卖出了一万册！这篇报道还告诉我，德国出版社还专门为李洱在德国柏林和慕尼黑举办了两场小说朗诵会，李洱用中文，一位德国女电影演员用德文朗诵了小说片断。德国的记者告诉他，这是他们所参加的最好的一次朗诵会。李洱说，从听众现场的反映看，他觉得德国读者读懂了这部小说。去年，当默克尔到北京出席亚欧峰会时，还特意安排了与李洱的会见。李洱和默克尔在德国驻华使馆工作人员陪同下，在默克尔下榻的王府井君悦大酒店交谈了一小时二十分钟。午宴时，李洱发现德国驻华使馆从大使到普通工作人员都在读《石榴树上结樱桃》。② 这个偶然读到的有关李洱创作的重要信息令我惊奇也令我高兴，惊奇和高兴的潜意识中还有一点作为一名中国当代文学研究者的自责，觉得自己无论什么理由也不该让它在我的书架上寂寞无语地等待了好几年。

待到《石榴树上结樱桃》从书架挪到书桌，被我认真地通读了两遍并旁及有限的几篇评论文章之后，我潜意识中的自责中又有了较为明确的作为中国当代文学研究者的自审。一个文学研究者最重要的是对他的研究对象——文学作品的眼光，也就是从众多作品中发现好作品并说出其好在哪里的眼力。具体到《石榴树上结樱桃》这部作品而言，我们的眼光和眼力竟然还不如大洋彼岸欧洲大陆另一个国家德国的汉学家、翻译家及许多非文学专业的德国读者与大使馆

---

① 李洱送给我的是《石榴树上结樱桃》的第一版版本，江苏文艺出版社 2004 年 7 月版。《南方周末》所说的该书第二版为 2007 年 11 月版，而德文版是 2007 年 4 月版，时间在中文第二版之前，所以德文译本可以肯定是依据第一版即 2004 年 7 月版译出。李洱赠我这本书的签字后面的时间为"2004 年秋"。
② 参见《南方周末》2008 年 11 月 6 日 D21"文化"版：《不知道为什么他们喜欢我》。

工作人员。李洱说他发现德国读者读懂了这部小说。可是中国呢？我们中国作家所写的这部表现中国当代农村生活的小说,中国读者乃至中国知识分子中专业的当代文学教学与研究者读懂了吗？今年春节和我在郑州的几名当代文学与女性文学研究方向的已毕业的博士生们聚餐,我向他们说起这本书和这件事,他们竟然和我过去一样,不知道或没有读过,自然更不用说是否读懂了。

《南方周末》为这篇文章加了个标题,叫做《不知道为什么他们喜欢我》,是引用了李洱向记者谈到这本书在德国读者中热销的状况时说的。李洱向自己同时也向他的德国和中国读者提出了这个接受美学的难题,要回答这个问题必须深入到小说文本中去而不是飘浮在文本的表层,停留在诸如改革开放三十年农民生活的变化如增添了沙发、电话、手机、电视机、电脑等现代电器,少数人还有了私家小轿车等等,从而得出中国农村"和全球化接轨了"等等浮浅的结论。李洱是一个对中国人的生存命运有着独特观察与思考的作家。《花腔》、《导师死了》等写的是中国知识分子的生存与命运,《石榴树上结樱桃》写的是当代有一定文化程度的,当过村、乡级干部的农民。有了写中国知识分子和中国农民这两种小说题材的作品,也就在一定程度上写出了中国人的生存和命运,所以也可以说李洱小说的思想意义,是超越了题材意义的现当代中国人的生存状况与思想的和心理的困境。而且也正是在这个大题目下,才见出了李洱的独特与深刻,同时也才能回答他的德国读者为什么喜欢他这个问题。

《石榴树上结樱桃》的叙述结构完全不同于《花腔》的多重叙述人与多视角的相互印证、彼此勾连乃至相互辩难的叙述结构。它是一种典型的传统的顺时序的情节叙述结构,从头至尾只有一个全知全能的类似于评书、话本讲述人的隐形的全能叙述者,如同一个看不见的说书人。这个叙述者以故事情节发生地官庄村为中心,眼观六路耳听八方,把这里的各色人物以及各个人物之间的小矛盾小摩擦尽收眼底,对各色人物在内心运作的小谋略小心计心知肚明。女主人公孔繁花以及围绕着她而依次出现的众多人物的既有时代特征又各具性格特征的个性化语言,为我们织成了一幅 21 世纪初的"乡土中国浮世绘"。这是一个聪明的和冷静的对进入他的叙述结构的人物不偏不倚基本上不做评论的叙述者。对此有评论者认为他过于客观、冷静而类似于西方叙事学所说的"零度叙事",以致乡土小说中似乎是不可或缺的、理想的、情感的,乃至浪漫情怀的基本元素消失了,一些作家们借以安放他们的乡愁和归属感的精神还乡之路被阻断了,乡土中国在这里显露出她"光裸之后的琐碎与丑陋……带给人一种隐隐的不安和莫名的恐慌"①。类似这样的阅读感觉,据我所知,在《石榴树上结樱桃》的中国读者中,有一定的代表性。

关于小说叙事叙述人价值立场与情感态度的主观/客观、热情/冷静以及理想化/现实化之间的悖论关系,历来争执不已。小说家在其间的取舍与偏执,应该说是多种原因所致。就李洱的这部写乡土中国的小说而言,他的确是偏于客观、冷静和现实的世俗化的一面,而这又和他这部小说的整体构思与小说基本情节的选择有关。他的整体构思是什么呢?在他和一位河南籍的年轻的女性评论者梁鸿的谈话中,当梁鸿谈到李洱毫不留情地将作家的"精神还乡"之路给掐断了时,李洱毫不犹豫地回答她说:"我的任务就是要打破这种幻想。"他把作为一种传统的中国现当代乡土文学的这种人在城市却心寄农村,怀恋美化乡土中国的所谓"精神还乡"看做是一种需要打破的"幻想"。这是一种具有惊世骇俗意义的独立见解。正是这样的见解决定了他这部小说的整体构思,决定了他对《石榴树上结樱桃》故事情节与主人公孔繁花性别的选择:以一个通常用来表达、寄托作家对乡土的怀恋和集爱与宽厚、博大等等美德于一身的"地母"原型的"乡村女性"作主人公,把她放到乡村现实的土地上,让她置身于关系到她的名誉、地位、权力身不由己的追逐之中,并让她在这里自己表现自己。这就需要选择一个足以让她表现自己的平台,也就是一个贯穿全篇的具有时间的连续性和空间的相对广阔性的故事情节。《石榴树上结樱桃》处于中心地位的故事情节是什么呢?不知何故,一般评论者对此均有意无意地回避,而回避了这个作为《石榴树上结樱桃》的核心情节的官庄村村委直选,也就无法说清作品的主题、题旨以及作家对于乡土中国的整体认识,同时也就谈不上读懂了这篇小说。

村级直选在小说中的核心情节结构位置,是很清楚的。小说一开始说到正在地里干农活的一村之长孔繁花,几天前接到在深圳郊外一家鞋厂打工的她的男人张殿军的电话,她想告诉他村级选举快开始了,想让他回来帮她拉拉选票和替她写一份漂亮的演讲词,却没有来得及说出口。这个开门见山的开头清楚明白地告诉我们孔繁花要在即将开始的村委选举中谋求连任,以后随着情节的深入展开,又多次强调了她的这个非常明确的"目的":"繁花想,我再干上两届就不干了,到时候我一定想办法把位子传给孟小红。孟小红就是我的影子,我干跟她干还不是一个样?"这就是说,她要谋求再连任两届村长,而且把自己包括现任第一届之后的三届村长之后的接班人也选好了。这是一个既有近期目标又有远期目标乃至终身目标的权力欲望极强的女人。干三届之后再让孟小

---

① 梁鸿:《"灵光"消逝后的乡村叙事——从〈石榴树上结樱桃〉看乡土文学和美学裂变》,《当代作家评论》2008年第5期。

红接她的班替她执掌一村之长的权力,也就是让孟小红做她的替身成为没有孔繁花的孔繁花。正是孔繁花在村委选举中的这个明确的目的和她为实现这个目的而运筹帷幄付诸行动的一连串活动,串联起官庄村的其他几个村干部以及她的上级乡、县主任等各色人物的各种心理和活动。直到小说结尾孔繁花竞选败北,构成了小说贯穿性和连续性的中心情节。在这一中心情节的发展中,一个关键性的事件是发现了村民雪娥的计划外怀孕,而计划外怀孕这一关系到"基本国策"的突发事件又与村委直选紧紧挂上了钩,是候选人能否当选连任的"硬指标"。这样,小说的中心情节村长孔繁花谋求村委直选连任便与她如何处理"雪娥的肚子问题"戏剧性地紧紧联系在一起了。正是在这样两个相互联系的中心情节中孔繁花施展了她的十八般武艺,最大化地利用了她的权力资源,在这两件政治性与政策性很强的事件构成的这一中心情节的平台上,表现她是怎样的一个人和她为什么会是这样的一个人。作家李洱正是在紧紧抓住并逐步展开的这一情节叙事进程中,为我们铺展出一个他所看到与想到的21世纪初中国乡土社会,在一定程度上也是中国社会的缩影。

关于村委直选,见于1987年公布的《中华人民共和国村民委员会组织法(试行)》,其中规定村干部由村民直接选举,村民实行自治,实现村民的民主权利。关于如何认识村委直选,中国思想界一开始比较乐观,认为是中国政治体制走向民主化的开端,也有一些新左派们认为这就是中国特色的社会主义民主形式。据悉美国《华盛顿邮报》还盛赞中国的乡村直接选举,外交部与民政部配合,曾邀请十几个国家上百名记者参观了一些村的选举过程。后来,人们渐渐看出了村委直选并未改变农民与政权之间的关系,渐渐看出一些农村"选举"出来的村干部大多是当地的一些富人名人或一方霸主,他们竞争村干部实际上是为了争夺对公有或集体所有财产的控制权,导致了县、乡、村一体的官商利益集团的形成。海内外报刊过去几年已有一些文章探讨了村委直选的局限性,认为其意义被大大拔高和夸大了,并期待着中国政治体制的根本改革。2008年举行的中共十七大,胡锦涛的报告已将政治体制改革提上了议事日程。出版于2004年初的《石榴树上结樱桃》以官庄村村委直选和以谋求连任的女村长最终败北的过程作为小说的情节叙事框架,是需要相应的智慧和勇气的。在我以往有限的阅读视野中,能够记起的先例只有已故河南作家乔典运。他的小说《笑语满场》、《满票》、《你不能这样》、《问天》都写到了村民的选举。他说过:"这选举里面的学问深着哩!"这几篇小说就表现了乔典运对这"选举"里面的"学问"的钻研和体会。例如小说《问天》主人公"三爷"作为一个普通农民的选举人,在选谁不选谁上面可谓挖空了心思:由谁对咱好咱就选谁到猜测王支书对谁好谁对王支书好就选谁,再到想尽办法探问王支书投谁的票他就投谁的票,直到最后他恍然大悟躲为上策一走了事,干脆放弃了作为公民应有的选举权。乔典运的这几篇小说,联系起来恰恰构成了一部微型的中国选举心理学,生动而深刻地表现了村委直选中权力这只大手对选民心理的难以摆脱的控制。李洱的《石榴树上结樱桃》着重在竞选人方面,而竞选人村长孔繁花在谋求连任方面所用的心思和所进行的活动以及她最终的失败,也是一部同样生动而深刻的微型的"竞选心理学"。

繁花拉选票的主要方式是以"开发票,我给你报销"的合法形式进行权钱交易笼络人心。例如雪娥为躲避强制打胎而跑了,繁花派村治保委员庆书去找她,庆书到溴水沟去找雪娥的丈夫铁锁打探雪娥的下落,开的是祥民的私家轿车,而祥民是村支委祥生的弟弟,繁花立即插了一句说:"公事公办,祥民的油钱、租金都由村里付。"庆书找到铁锁以"基本国策"的大道理训了铁锁一顿,与铁锁一起在祥生的凉皮摊上各吃了一碗凉皮,繁花为了讨好祥生,立即说:"祥生,一碗凉皮多少钱,待会儿我签个字,给你报了。""这月的手机费每人多报五十块钱,我批了就是了……"繁花在县上开会时,听书记说有个老外要来溴水考察投资环境或村级选举,繁花知道祥生"上头有人",还听她妹妹孔繁荣说祥生和工商部门的人早就称兄道弟了,就想让祥生和上头人说说弄个"中方代表",把那个老外请到官庄村看看,给村里的纸厂投些资,买些治污设备,纸厂的机器就能重新转起来了。祥生有些心动,便说:"我跟溴水的那些狗日的们,关系还不到那一步啊,不给他们意思意思,他们能替咱们说话吗?"繁花明白他心里的"小九九",便说:"该意思的地方你尽管意思……打枣还得弄根竿子呢,你尽管花,实报实销不就行了。"祥生说:"那我就试试。"这样的事情不胜枚举,"开发票,我给你报了"成为村长孔繁花使用频率最多的一句话。而凡是她以"报销"笼络人心的活动,都是有关她的政绩和选票的事情。如:"雪娥的肚子"是从反面影响其"政绩"和"选票",必须将其"消灭于萌芽状态"。纸厂招商是从正面营造她的"政绩",而且都是以"基本国策"和"吸引外资建设物质文明"的堂皇理由来运作的。繁花自己也知道,这些用来报销的钱,是"羊毛出在羊身上",而她的权力运作便是用农民集体所有的钱以正当合法的理由和手段,为自己的当选和"连任"服务。用她对殿军的鞋厂厂长的评价,也是"取之于民,用之于权"。孔繁花是一个能够把自己的权力资源最大限度地为自己服务的一个精明干练的村干部形象。

繁花为什么如此热衷于"村长"这个位置?她对村长这个小小芝麻官使出浑身解数的谋求,是为了"全心全意为人民服务"吗?李洱在塑造这个政治化了的乡村女性形象时,详写其为谋求村长权力而花费的心思和进行的活动,侧写与略写"村长"这个位置所给予她的"好处"。也就是说,她的正面与公开透明的拉选票、贿选活动与心理,是以暗中的不公开不透明的收贿活动与心理为前提的。无利不起早,孔繁花对"村长"这个位置心有独钟,一定是和"好处"、"有利可图"联系在一起的,这已成为半个多世纪以来官场权力运作的潜规则。有一个细节很能说明问题:那个就要来的老外其实是中国人,是50年代初抗美援朝时参加志愿军赴朝打仗的孔庆刚,后来被美军俘虏到了美国,下落不明。庆刚的娘为此在"文革"中被官庄人批斗,不堪侮辱而上吊自杀,官庄人把她草草埋了。几十年以后,孔庆刚在美国发了财以美国人身份回国。庆刚母娘家是巩庄人,婆家是官庄人。几十年政治风雨沧桑巨变,庆刚娘这个苦命的老太太的坟忽然成了巩庄村与官庄村有利可图的争来夺去的"香饽饽"。巩庄派瘦狗来官庄迁庆刚娘的坟,和繁花谈判这件事。谈到中途,瘦狗说:"另外还有一点小意思,请孔支书一定笑纳!""瘦狗把胳肢窝下的包放到桌面上,斜着眼朝门口看了看,然后拉开了拉链。繁花想,嘀,莫非是来给我塞钱的?瘦狗拿出一个精致的盒子,上面裹着红绸。""原来不是钱,繁花心里稍有些失望……"繁花说:"什么宝贝啊?不过,不管是什么宝贝,你怎么带来的,还怎么带走。"瘦狗说:"也算不上什么宝贝,小玩意儿,一个小玩意儿。孔支书廉洁,谁不知道?赵本山说得好,地球人都知道。"瘦狗把盒子打开,是一盒香港回归纪念币,一枚硬币面值一块,总共五十块钱,还不够她女儿豆豆买一个洋娃娃呢。繁花用胳膊挡了一下,说:"你就是把天上的星星摘下来,我也不会收。"这个繁花拒贿的细节以一当十,以少胜多,以"拒"胜"受",尤其是"一看不是钱心里微微有些失望"这几个字,画龙点睛,把这以前的 X 次场景尽收读者眼底,瘦狗奉送给她的"地球人都知道"的"廉洁"二字便显示出其奇妙而深刻的反讽功能。

  李洱对一村之长孔繁花为官心理的准确把握与精当描写,还有一处也很精彩。繁花的丈夫殿军从深圳回来,开始她还以为是为了赶回来帮她拉选票写讲演稿,后来才知道原来是鞋厂老板四个月没给工人发工资了,工人们愤而反抗,把厂长给揍了一顿,厂长开着他的宝马轿车向工人们撞去,工人们抄起砖头砸车,殿军也砸了几砖头。回村后殿军常常向村民们炫耀他的勇敢。回到家里,繁花对他说:"从今天开始,你不准再说鞋厂的事了,我丢不起那个人。"殿军说:"丢什么人?"繁花说:"我没工夫陪你玩嘴皮子,我可把丑话说前头,你要再说鞋厂的事,我跟你没完。"有句话,繁花到了嘴边,还是咽了回去。这时候,全知全能的叙述人把繁花咽到肚子里的话说出来了:"她之所以带着殿军在村里东游西逛,就是想让别人知道,殿军赚大钱了,多得花不完了,所以她肯定是个清官,不会贪污村里一分钱。别人要是知道殿军是个穷光蛋,她就完蛋了。她就是比包青天还清官,别人也会怀疑她是个贪官。"这可真是关系学中夫对妻或妻对夫的"妙用",一方的有钱没钱钱多钱少对当官的另一方竟然会起到"清官"抑或

"贪官"的数学全等式作用,而且是无须换算的全等式。不幸沦为穷光蛋的深圳打工仔殿军,也许只好以伪装的富人来充当妻子繁花的贪官保护伞了。殿军没有领悟她的意思,这或许也是她最终失败的原因之一。

村长孔繁花在村委选举前夕一系列权力与金钱名利的赤裸裸交易活动,在此前中国乡土小说中是少见的。李洱的艺术概括力,是不仅写出了他的人物做了些什么,而且写出了其何以能够这样做,也就是写出了产生孔繁花这样的农村基层干部的社会土壤即中国乡土社会的新变化。那种"不知有汉无论魏晋"的桃花源式的乡土社会,已经一去不复返了,潮水般涌入农村的西方后现代先进科技物质文明电脑手机小轿车等等与前现代农业宗法制的政治体制家族亲朋"七大姑八大姨"的人际关系网共存于同一个时空平面上,形成一种无以命名的光怪陆离的社会现象。就小说人物关系与政治、经济活动而言,我把它概括为权力与金钱对乡土社会人际关系的控制与侵袭,形成或明或暗的乡土社会权钱交易的人际关系网,覆盖着也影响着当代中国乡土社会的每一个人。这样的覆盖面极广也极普遍的社会现象,有学者称之为"人际关系学"、"利益集团"、"制度性腐败"、"权利招租"等等,无论叫什么,其核心就是权力和由大大小小的权力带来的大大小小的"好处"。例如小说开头,繁花去县城开会回官庄村,坐的是北京现代小轿车,是她妹夫派车把她送回来的。繁花的妹妹繁荣在县城报社工作,妹夫是县财政局副局长。这时叙述人顺便说了一件小事,似乎是不经意地点出了这种亲属关系对繁花当官的意义:去年村里有人顶着反火葬之风"作浪",把已故的老人偷偷埋了,上头查下来,牛乡长当场就宣布撤掉繁花的村支书职务,要不是她妹夫从中斡旋,繁花的村委主任也保不住。这一笔既点出了妹夫当官的"本事",也点出了繁花"关系网"中有一个随时备用的"红点":在报社的妹妹和县财政局副局长妹夫。又如当说到繁花在县里开会带回来一本《英语会话300句》,是县委书记说到有个老外要来,大家要学英语,在全县"掀起学习英语新高潮",便从新华书店进了几千本《英语会话300句》,还附有录音光盘发给大家,全县老老少少学英语,于是官庄村OK、no、welcome……满街飘,外地人来到这里,还以为这里的农民思想开放,语言提前进入"全球化"和世界接轨了呢?可没能想到在这满街满巷OK、no……的语言"新气象"后面,也隐藏着小小的关系学秘密:原来这《英语会话300句》是书记的侄子编的,压了一年多卖不出去。繁花这个善于领会领导意图的"下级",立刻心领神会,决定村里要"多买一些,学校也要买上一批,算是替组织上分忧嘛!"后来繁花把外国人要来这事告诉殿军,殿军马上说:"太好了太好了,繁奇的儿子祥超不是学外语的吗?你就对老外说,祥超是你的手下。"繁花说:"好,我不会亏待祥超的,车票给他报了,再发给他一份薪水!"这件有头有尾有原因有结果的小事,可以连成一个以"官庄村民学英语"为题的"利益关系链":起因是"有个外国人要来了",下面至少链接两个利益网:1.书记侄子几千册书由滞销到畅销;2.繁花的亲戚繁奇的学外语的儿子祥超来往车票报销了还有了一份体面的薪水!而这个小小的利益链深层,是人际关系中权力的不失时机的运作,是乡土中国流动了两千年的封建宗法血脉关系的21世纪版。

小说结尾孔繁花谋求村长连任失败,败在了她的准接班人孟小红手下。这个结果确实出人意料。对这个结局,我感觉李洱是有意进行模糊处理,让人难以理解个中奥秘,也让人意料到这是偶然中的必然。我在反复阅读相关章节时,发现这里面的关键人物是那个繁花的顶头上司牛乡长。最后的村委选举会,不就是这个"牛乡长"主持的吗?一切都在他的主持和安排之下有计划地进行。繁花几个月的心思付诸东流。繁花这个精明过人的官迷,也是智者千虑必有一失,她把功夫都用到自己的同级和下级身上了却忽略了怎么说也不该忽略的上级牛乡长这个人。小说中有一段长长的繁花和牛乡长关系的描写,让我们知道她对牛乡长这个乡干部看法不怎么的,而且告诉我们村干部最恨的是乡干部,而且牛乡长这个乡干部是"秋后的蚂蚱蹦跶不了几天了",所以繁花对牛乡长的话不怎么在意,就是在牛乡长明白白告诉她他已经知道了"雪娥的肚子问题"之后也没怎么在意。牛乡长毕竟技高一筹,他抓住这个繁花的"心病"对繁花是软硬兼施。先是狠狠训她不该弄得坏事传千里地球人都知道了,接着又启发她要想法"盖一盖",还点出他自己"工作没做好"想利用繁花的妹妹繁荣的笔杆子在县报上为他写篇文章,可繁花对这位上司的心思却领会错了。她错在何处?她误以为牛乡长表扬她是看出了她会连任,还在心里决定一连任便马上拿他的"软肋"纸厂开刀,准备和牛乡长面对面斗一斗。她在谋求连任的全过程中,把心思都花在笼络几个与她同级的村干部的"人心"上了,完全忘记了最有可能决定她的命运的是她的"上级"尤其是这个顶头上司牛乡长。而小说结局即李洱略写与侧写的村委直选场面,则恰恰是被牛乡长暗箱与明箱相结合的操作所控制的。她忘记了她的人际关系网中有一个最具潜力的关系,她的在报社工作的掌握舆论工作权力的妹妹繁荣以及掌管全县财权的县财政局副局长后又升任局长的妹夫。繁花这些"失误"说明了她"复杂"中单纯和幼稚的一面,也说明"权力"对她的异化还不够彻底,她还保留了一点作为"乡村女性"的人性中的正直和善良。孔繁花是《石榴树上结樱桃》中最丰满的人物形象,其性格的复杂与单纯的矛盾统一,是李洱对中国当代文学的杰出贡献。

作为小说中心情节的村委直选,艺术构思上还有一个特点,便是理应作为村委选举的选举人,即官庄村的广大农民,也就是享有公民基本权利的作为选举人的乔典运笔下的"三爷"式的农民们,在情节发展的全过程是缺席与失语的。最后的选举过程与选举场面是病中的孔繁花在广播大喇叭中听到的:村民选举大会的主持人,是那个"牛乡长",而出人意料的孟小红的当选,又是"偶然中的必然"——虽在孔繁花的意料之外,却在牛乡长等人的掌控之中。新当选的年轻村长孟小红,能使官庄村成为"没有孔繁花的孔繁花"吗?孔繁花可真是聪明反被聪明误。看来她病好后只能如她所说:与殿军一道去深圳打工了。这对她来说,或许是一种较好的选择。

最后可以对"石榴树上结樱桃"这个题目进行解释了:结合贯穿全篇的核心情节"村委直选"及其在中国乡土社会的实际运作,其中没有一点点民主的影子,其美学基调包括标题与叙述语言,都是李洱在《花腔》里就已经成功运用的修辞:反讽与荒诞。正如贯穿全篇的儿歌所云:

> 颠倒话,话颠倒
> 石榴树上结樱桃
> 兔子枕着狗大腿
> 老鼠叼个花狸猫
> 倒唱歌来顺唱歌
> 河里石头滚上坡
> 满天月亮一颗星
> 千万将军一个兵
> 从来不说颠倒话
> 聋子听了笑吟吟

如果用成语来解释,可以理解为"不伦不类"、"非驴非马"、"南辕北辙"、"张冠李戴"、"种豆得瓜"、"种瓜得豆"、"名实不副"、"事与愿违"、"匪夷所思"等等……

原载《海南师范大学学报》(社会科学版)2009年第4期

《石榴树上结樱桃》:叙述和隐喻之间的对位与张力

徐德明

《石榴树上结樱桃》以独特的文本建构叙述当下中国生活,它在社会生活认知、小说体裁建构上的成绩理当赢得批评界瞩目。探究其"话语事件"(用于该作品,相当于叙述内容)的特性与小说文体(话语事件与隐喻性标题之间的特殊关系)的诗学内涵应是首要任务。这部小说既适宜于一般的情节阅读又构成对现成叙事方式的挑战,其叙事的缜密切实和隐喻性标题之间产生的巨大张力,创生出一个对位、辩证的意义空间。它在写实层面上的"话语事件"和伴随全部事件的"颠倒"民谣,最终被"隐喻标题"在充满张力的意义空间中重新激发,成为一个有认知模型意味的寓言结构和社会命题。

分析话语事件与隐喻功能是进入这个文本的第一选择。在此之前,更有必要先从一般阅读的角度问一问《石榴树上结樱桃》是写什么的小说?阅读文本,我们不难得到这样的答案:它不是一部讨论意识形态的小说,更不是一般意义上的农村题材小说。这是一部借农村行政舞台展开,不纠缠于观念意识,却事关百姓日常生活中"生"与"死"的小说,是一部在竞选的运作过程中施展权变、进行竞争的人际关系小说。小说中的人物并不专一奉行某种体系严密的政治观念,他们的兴趣与活动都致力于如何在选举竞争中使别人失败;小说叙述中更没有真正的农民生活,叙述涉及的人物根本不事稼穑(仅有两处提到麦子,只作为时间标志)。从专业批评的角度看,小说叙述最为成功之处就在于叙述的缜密切实和隐喻的超越,二者的对位、和谐及其充满张力的意义空间,这也确定了我论述的诸层面。

叙述的缜密

从话语事件的陈述看,小说不具备广泛征指的寓言品格,它太实在。小说全部三十四段叙述,都是以缜密、切实的事件变化为序而展开,充满着戏剧性的行为动作,但是很少现代小说的"叙述间反思"。这种由事件变化占据了主要空间的叙述,叙事重心不在人物自身的意识内容,叙述者在事件展示过程中故意忽略了对人物的反思,把这个任务留待对全部叙述的综合审视来完成,而这个审视又非得穿越那个复杂隐喻构成的标题。于是,习惯于情节阅读过程的人很容易产生"人"浮于"事"的感受,乃至于论者阅读过程中也一度产生疑问:李洱竟然自甘像"反腐小说"那样只能专注于事件的叙述?但是那些"颠倒歌"、官庄村的命名和村委会的"舞台"等又消解了这个疑问,直到了然于话语事件整体与标题之间的对位架构,论者才有了"蓦然回首,那人却在灯火阑珊处"的觉悟。

小说叙述的人物繁花、小红等不具备现代独立个人的基本质素,但是所有人和事件构成的关涉乡村社会政治、经济的叙事场域中,却饱含了对特定的现代中国语境中人的生存方式的质问。叙述者的意图要表述一种生存方式的"颠倒",而循规蹈矩的叙述看起来很传统,与那个出人意料的标题恰恰相反。这个相反相成、充满张力的标题与话语事件的奇特关系是真正理解这个作品的症结。解开这个结,必须先从话语事件中的几个要素的分析着手,它们包括:对话语事件的命名,作为人物行动舞台的官庄村的宗族构成,叙事场与生死场的胶着,人物行动与事件进展的悬念。

小说的话语事件是"竞选"村委会主任。然而,官庄村的竞选对手们只是把"竞争"放在心里,谁也不在言辞中吐露一点意思,中国人的竞争总是在温情脉脉的面纱掩盖下进行。同样,官庄村与其他乡村间政绩与经济的竞争也都顶着冠冕的名义,背地里却不择手段,一旦竞争升级便不顾法制规约而大打出手,于是成就了孟小红这样的"英雄/雌"。竞选的方式总是现有权力的掌握者站在明处,对手在暗处,并且总是由后者为前者设置种种陷阱。小说话语事件的主线就是孟庆书(治保委员兼管计划生育)、孔祥生(文教卫生委员)、孟小红(团支部书记)等人联络班子(社会福利委员李雪石、调解委员孔繁奇无从进入帮派参与竞争)以外的人们,利用计划外怀孕的行政禁忌成功地推倒了孔繁花(村委主任)。竞争中的胜利者小红(们)并不张牙舞爪,她/他与原权力的掌握者之间的关系往往最为亲密。小红总是以"丫鬟"的面目出现在"女主人"繁花的身边。官庄村行政掌秉人繁花,最终像凤姐一样"机关算尽,反误了卿卿性命",失却了主子的身份。这种叙事的美学背景正是《水浒》、《红楼梦》传统中的"关系美学",叙述者善于在富有本土特征的人际关系的错综复杂中展开叙事,比之于西方传统的复杂内心冲突中的叙述另是一番模样。我们在小说中看到李洱在向中国叙事传统致敬!

官庄村的命名暗含着礼法传统在当下语境中的潜移默化。阅读这部小说,应该关注叙述中官本位的乡村政治如何从礼法传统中蜕变。官庄村以孔、孟二姓为政治主体,此外就是李姓(李皓、李铁锁)等。官庄村的掌权人还保留着《孔子世家谱》,孔氏家族按继、昭、庆、繁、祥、令世代排行,表示了家族势力与政治势力一体化的长期过程;最终孔、孟之间的权力更替以及李皓的参政,则与历代皇朝的变更遥相呼应。官庄村的公共空间并不以言论方式体现,而是以传统的宗庙承祀的演变呈现,原来的孔庙与村委会是同一个建筑体制,历经"文革"而焚毁孔庙改建舞台,两届新的上任者配以东西两厢标志自己的政治生涯的开端,叙述者讽示这样的四合院也是上行下效的一种建制。在官庄村政治"舞台"上演出的一出出大戏,其实只是一种循环与重复,正如孔繁花和前任孔庆茂下台时接受的赠匾所示:"一岁一枯荣,一花一世界。"在这样的语境中生活的人们,个个都染上了环境赋予的政治色彩,于是偌大一个官庄里人人都是政治人,个个都会参与到政治斗争的活动中去,即使是外村嫁到官庄来的媳妇也老谋深算、善于斗争,小学教师孔尚义和他的妻子裴贞便是这样的组合。官庄村的现代化以"纸厂经济"为标志,小红的上台与纸厂的股份制同时实施,于是官庄村村民实现了"政治人"与"经济人"的复合。比较孔繁花心目中的经济只是让下属到她这里来批准"报销",小红可谓与时俱进了。

小说的叙事场建筑在"生"与"死"之间,这是一个奇特的联系着孔繁花、孟小红等人政治生命的"生死场"。官庄村行政的政绩以对"生"的控制和"死"的处置为标志:"生"是抓计划外生育,只要出现一个计划外怀孕,"原来的村委会主任就不再列入选举名单",所以孔繁花有最大切身利益动机要把它消灭在萌芽状态;"死"是平坟与不让土葬,为了庄上"老人死了没有火葬,而是偷偷埋了",孔繁花已经丢掉了支书。为了保官与争官,人们便在"生"与"死"上大做文章。话语事件因此形成了两条叙述线索:主线是解决计划外怀孕的"雪娥的肚子"问题,辅线是曾在朝鲜做了战俘的官庄村孔庆刚回乡投资,他娘的坟墓埋在官庄村后的丘陵上,因此而发生官庄与巩庄的"迁坟"与"护坟"的斗争,为小红登上官庄权力舞台创造了契机。生死场中交错缠绕的这两条线索的复杂延伸,使得话语事件的呈现方式绰约多姿。

围绕着"生",开始了现任村委主任孔繁花"找人"的"贯穿动作",也产生了能否找到雪娥、解决她的肚子问题的戏剧化"悬念",繁花的竞争者们背地里更是演了一出"藏人"的好戏。雪娥被"发现"的时候,已经酿成了权力更替的重大"转变"。小说的情节展开始终紧扣"雪娥的肚子"这个核心。岂止一个雪娥想生男孩,怀上一胎男儿是全村人的潜在欲望,这个欲望与权力欲望的嫁接让话语事件的叙述枝繁叶茂、活色生香。小说第一段,繁花与丈夫久别之后刚刚行房事,母亲就在外面燃上了香,祷告结胎生子,偏偏此时就有人敲门窗,让繁花不得不中断性趣,去倾听庆书关于雪娥计划外怀孕的消息。来人坏了繁花的好事,所报告的事件的发展也导致了她不能成为村委主任的候选人而下野。"雪娥的肚子"成了叙事的动力与"悬念","找到躲藏起来的雪娥"生长为故事线索核心。"找人"这一核心把头绪纷纭、大大小小的事情缜密地组织在一起。

围绕着"死"的辅线,也有另一种方式的"找人"。在上级的引导指示(包括学外语的闹剧)下,每个村都面临找到外来投资人,发展经济的问题。官庄村寻找的这个人是一个符号,富有多重指涉功能:第一个功能是体现上级的一哄而上的政治经济意图,它承载着官庄与巩庄等其他对手经济政绩的竞争;第二为孔繁花支走一个竞选对手孔祥生,后者接受了找人的任务,在竞选的骨节眼上不能亲临现场;第三是决定着"迁坟"事件中小红的表现与人望,为她的上台奠定群众基础。更重要的是强化了全部话语事件的荒谬性,丰富了叙事的复杂建构。小说曾经以《龙凤呈祥》为标题,删节了这一线索在期刊上发表,某种程度上破坏了叙事的总体效果。

由上述要素去把握话语事件,已经能够部分解析李洱呈现的当下社会生活的一些方式,可是不足以把握整个小说的艺术生命。如果仅仅观察话语事件本身,甚至有某种缺憾。因为这种贴近传统的叙事故意省略对重要人物的叙述间反思,令人感觉到纷至沓来的事件"密不通风"。借用国画表现方式来讲,一幅画面必须既有线条勾勒与水墨/青绿构成的"密不通风"的大块效果,又必须有"疏朗开阔"的留白。话语事件虽伴以"颠倒歌"和其他的婉讽的随处点染,仍没有足够的空间供人想象与反思。李洱设定在话语事件的叙述之外解决这个问题,让那个出人意料的隐喻性标题与话语事件共同构建意义空间。

隐喻的超越

小说的话语事件是一种人物行为动作及相互关系的"纯叙述",除了偶尔介入一两声滑稽、颠倒的声音(提醒阅读者对事件保持距离),几乎是一种清唱或单音奏鸣。小说叙述仅仅完成了一半工作,余下的是给这单音奏鸣配置和声,标题"石榴树上结樱桃",就是这个单音奏鸣叙述的隐喻性对位。这个隐喻标题与话语事件之间的对话与统一,为整个小说增添了复调叙述的丰富、复杂,小说叙事诗学建构之功全赖这一隐喻标题得以彰显。我的批评任务是:对这一隐喻本身的复杂功能进行阐释,推详这一隐喻选择过程中的艰难,揭示这一隐喻与话语事件的同构性所能产生的复调诗学内涵。

李洱的隐喻非同一般,这个标题追求"语不惊人死不休"的艺术功效。阅读经验提示我们,隐喻的语言形式一般借助于语词,中国现代小说标题中可以找到大量例证:鲁迅的反语隐喻《祝福》,茅盾的一系列自然意象构成的隐喻《虹》、《蚀》、《子夜》,老舍文化生活方式的隐喻《四世同堂》,李劼人的水流/历史时间的推陈出新的隐喻《死水微澜》,以及李洱此前的小说《花腔》等。这种隐喻的"喻示"较明白,指涉不太复杂,它们与话语事件的同构功能相对较弱。用一个完整的句式作隐喻性标题就复杂得多了,在现代中国的文学叙事中也不多见,突出的有茅盾的《霜叶红于二月花》。比较这两个句子颇有意思:

霜叶红于二月花
石榴树上结樱桃

两句相同者在于:主、宾词都是名词。不同的是:前者是主宾一致的名物,同色调,主宾之间的比较是强调色泽差别以及主体选择的倾向;后者却是一个自然界里不存在的虚拟,所能表达的就是怪讶,主体对主宾之间衍变过程的荒诞性无可奈何。这是一个悖论,所述的句子是一个不得不面对的悖谬现实,比起庄子提出的夜梦与白天实际生活的吊诡更难以接受。茅盾的"红"字是表述性状,李洱的"结"是一个历时性的过程,前者的"红"固定而不发生质的变化,后者在"结"的过程中究竟受到什么样的外力作用或者内部变异的影响则是一个不确定的答案。李洱的标题那样新颖,就像陈述一个妖异的现状(母鸡打鸣、公鸡下蛋),它出人意料的荒唐却又表述得很自然,它得不到惯用法的认可,但是其新颖奇特能引发更广泛的想象,在想象中的反思又包含着达到理性化逻辑结论的可能性。李洱隐喻标题的复杂与悖谬,好在其难以接受的事理的反逻辑性和让读者可能接受的艺术逻辑共存。对比这两个标题,给人以现代小说的写作方式愈来愈复杂的提示。悖理、乖谬的隐喻标题与话语事件之间,其实有很贴切的照应关系。对繁花与石榴树之间的一致不应该存疑,谁都见过石榴花如火如荼的繁密,也见过挂满枝梢的石榴果实。在隐喻语境中石榴树开花而不结正果,樱桃起了李代桃僵的作用;而樱桃从花到实的小巧莹润与红艳,恰恰当得起小红的名字。然而,石榴树上从来没有开过樱桃花,石榴花也不应该结出樱桃来,题目陈述着祥瑞色彩下的妖异。这个标题翻译出来就是:主政者繁花在官庄村苦心经营的政治局面中悄悄地出现了取而代之的小红。反观话语事件的叙述,若不是回过头来检点那些不经意的暗示,有几处地方能看出小红必将取代繁花呢?结果就是这样,繁花找到雪娥的时候并不是她在选举中胜利的到来,事态已经发展到"石榴树上樱桃熟"的阶段,她对小红参与藏匿雪娥的活动只能惊诧莫名,并且眼睁睁地看着小红取代自己的地位。不合逻辑、出人意料的事实的真实性,让人瞠目结舌。可是现代中国语境中的人们对"石榴树上结樱桃"类型的事情已经见怪不怪了,除了农村民选的热热闹闹和结果的啼笑皆非,这个隐喻标题的意义空间还可以无限制扩大。

我在文本阅读辨析中发现,作者在确定隐喻标题时,曾在"龙凤呈祥"和"石榴树上结樱桃"两个隐喻之间的选择上犹疑过。话语事件的叙述过程中数次提及"龙凤呈祥",小说也曾在2003年第5期的《收获》上以《龙凤呈祥》的题目发表(部分删节,"节本"),2004年收入江苏文艺出版社"扬子鳄丛书"出版,才定名《石榴树上结樱桃》("定本")。推详作者在两个隐喻之间的选择,我以为决定因素有二:一是话语事件背后的支配观念,二是隐喻和话语事件的对话与一致程度。叙述主体的观念必须通过特定隐喻才能形成精当的艺术化标题,隐喻的多义性并不意味主体观念不明确。将节本定名为《龙凤呈祥》,要么说明其时李洱支配叙述的观念的明晰性不如后来的定本,要么另有不明因素的外力作用。节本指涉的社会焦点还没有像定本那样明确,不能让读者意识到隐喻性标题有"认知模型"建构的功能,主要注意力放在了乡村选举名实的讹舛上,且受到过于切实的话语方式的拘束。

"龙凤呈祥"虽也是隐喻的用法,但它不新颖并且含糊,其比喻功效产生的联想容易被限制在"舞台"台基上的石雕和生女(凤)又生男(龙)的村民愿望上,与话语事件之间的张力至多体现出对粉饰太平的"和谐祥瑞"的反语讥讽。它可以表明对官庄村选举的闹剧与结局的不在乎,对任何时候登上舞台的人物的表现一概视为固定程式的复现。它也表达对官庄村的一种理解:即使是各色人物在舞台上有异彩纷呈的龙争虎斗,最终也会被意识形态的宣传美化成祥瑞的局面。无论如何,"龙凤呈祥"被限制在"大团圆"和"一场闹剧"的意义空间中,阅读阐释不可能有深广的多义性。

"石榴树上结樱桃"具有"龙凤呈祥"所缺少的隐喻和被描述事物的同构性。官庄村选举的复杂而又荒谬的过程与结果,与石榴树上结出樱桃来的妖异现象是同质的。"石榴树上结樱桃"这个最基本、完整的话语单元暗示、征指了小说的全部话语事件。话语事件的三十四段叙述与这个句子是一个同质的结构,二者平行辉映、相得益彰,全部话语事件因隐喻而获得了一种集中鲜明的逻辑。标题的多义性容涵了话语事件,它的逻辑力量也统摄了话语事件,话语事件反过来又能够释证标题。它还包含作者对全部话语事件的质问:石榴树上为什么会结错了果实?这个种瓜得豆的逻辑悖谬给人们的警示力量才是小说诉求的重要内容。它源于作家给叙述话语注入新的力量的创造,它给人们的阅读感受和判断是现代民主方式在中国乡村语境中下滑的价值取向。它表示着一个对民主政治形式的明确态度与判断,是现代知识分子的对现实的一种介入方式。

"石榴树上结樱桃"这一隐喻标题是对话语事件的水到渠成的提升,它创造的重要价值之一在于构成了复调叙述。标题与话语事件里有两种不同的声音:前者是在一种视野宏阔的正大的判断的基础上的反思,后者是运用追随视点对繁花行动的现场叙述(其中也隐约着春秋笔法);前者包含现代知识分子独立的立场,后者虽不是对人物的亦步亦趋,但是民谣式的反讽毕竟不能替代理性判断,话语事件的较为贴近的叙述方式也不能保证叙述者始终保持主体审视的超然。我们见到的复调叙述,常常是话语事件的展示过程中异质声音的交错与对话,而把这个巨大的对话任务主要安排在话语事件之外,由一个隐喻性标题来完成,这是一个充满着风险的创造。标题与话语事件之间的对话格局,让小说具有复调的内涵,但是很难说它是一个圆满的复调叙事。对此一时还不宜遽下结论。

对位与张力

"对位"如何体现为叙述中的虚实对话关系,并如何成为话语事件中的肌理?回答这个问题,我们得在标题与话语事件的横向关系外,继续作一个纵向的考察。这一考察聚焦于"石榴"与"樱桃"这两个喻象。它们不仅呈现为标题与话语事件展示过程的呼应,而且话语事件前后八次提及这两个喻象,叙述者很注意它们的独立与和谐。因其独立,喻象的用法和价值取向视具体语境的不同;因其和谐,喻象渐次显示着纵向叙述逻辑的强化与一致。并且,喻象的虚实对位和标题/话语事件的虚实,彰显同一艺术原理。

上文的论述指出石榴喻指繁花、樱桃喻指小红,如果以话语事件的展示过程对这两个喻象的处置方式进行分析,可以清楚地看出叙述者细针密线的对位安排与逻辑预置,看出隐喻标题与话语事件之间的意义张力的文本内在化。话语事件中八次提及"石榴"与"樱桃",在与它物相关叙述的语句中,七次提及樱桃,三次提及石榴;各有一次独立表述提及石榴、"樱桃熟了";前四次"结樱桃"的关联物分别是扫帚(筹帚)苗与花生地;石榴与樱桃的并置,除了标题以外仅有二次。从隐喻出现的频率与顺序可见,樱桃的出现较石榴早、而且频繁,这与写实层面上繁花的充分叙述刚好相反,隐喻一直暗示着最终的失败与胜利者;叙述者早已经借对张石榴"中看不中用"的评判侧击繁花不如小红。叙事的前半部分,已经用"石榴树上结樱桃"显示过小红偷天换日的手段:她带领傻媳妇去上节育环时,就建议医生"一刀劁了她",一劳永逸地解决其肚子问题,大有无毒不丈夫的气概。繁花看不透这个潜在的对手,巩庄的村委主任瘦狗警告繁花"樱桃已经长成了",繁花仍执迷不悟,伴随着选举的进程次第显露,最终水到渠成地归结于标题。

"石榴树上结樱桃"的说法和颠倒歌一样源于民间,小说人物几番口述歇后语"扫帚苗上结樱桃"。它原本是民间对后续的出乎意料、不合逻辑的好事情的惊讶,这个陈述句暗含一种向上的价值取向。叙述中一次用于升官(张石英嫁给县长儿子,居然当上了卫生局副局长),一次用于发财(偷鸡摸狗的二流子庆林豢养给母狗配种的狼而发了财,成了先进生产力)。再就是用于和核心情节相关的"肚子问题"。面对雪娥瞒过定期检查计划外怀孕的事实,村干部的反应是:"扫帚苗上结樱桃,日怪了!","花生地里能结出樱桃吗?"虽然干部堪忧,从雪娥立场看,却是意外之喜。但是作为隐喻性标题,作者价值评判的走向却是下行的,现代民主的政治生活方式在农村语境中衍变成了官庄村的闹剧,阴谋取代了光明正大的社会建设,新的官庄村的掌权人绝不会干出符合民主逻辑的事情来!

隐喻性标题"石榴树上结樱桃"具有形而上作用,它与话语事件构成的张力空间内的意义会凝定成怎样的认知模型,并影响到人们对客体世界的认识? 这首先涉及对隐喻功能阐释的理解。保罗·利科的《活的隐喻》前言介绍:"布莱克在《模型与隐喻》中确认隐喻在艺术中的功能与模型在科学中的功能之间具有相似性,我们就以这种相似性为'虚构式的重新描述'概念作辩护。在启发作用层面上的这种相似性构成了隐喻诠释学的主要依据。"①而布莱克对模型的等级划分也足资借鉴:比例模型、类比模型、理论模型。赫西谈论隐喻的解释功能时指出,"模型是重新描述的工具"②。检验隐喻标题和文本内的隐喻的描述功能,可以说"官庄"即是一个比例模型,它使我们想起鲁迅的"未庄";小说标题与正文话语事件的同构性,俨然是一个类比模型;但是官庄村的选举不是一个简单的事物,也不是一种个别的经验,它是小说,是一个虚构,它几乎是一种规律性的理论模型。创作这个作品,李洱相当于完成了一个当下中国语境中生活的认知模型。我们可以将这一隐喻句式转化为理论模型。首先考虑对等关系的"石榴"与"樱桃",作为本体的水果两者不分轩轾,也难说喻体繁花与小红二人谁更符合官庄村人的心愿;其次看"石榴树"与"樱桃",这二者不再是对等关系,前者是一个生长根基与依托,后者理论上应该是这一根基上的必然产物,但是话语事件陈述的不是这样一个事实;再看述谓结构中的动词"结",它本来指一个顺承的自然过程,联系的宾词应受到逻辑主语的规定制约,但是在李洱的句子中发生了变异,这个"结"的过程不是天道有常,却是逆理悖常,一个比句子更大的语境的力量替代了逻辑主语的决定作用,受制于更大的语境是一个无可逃避的前提。对照整个文本,这个理论模型的表述是"正 A 的基因却生成了

---

① 〔法〕保罗·利科:《活的隐喻》,汪家堂译,上海译文出版社,2004 年,第 5 页。
② 〔法〕保罗·利科:《活的隐喻》,汪家堂译,上海译文出版社,2004 年,第 330 页。

负 B"或是"预期的大果实变成了小果实"。仅此不够,对这个模型所处的语境的描述似乎更为重要。通过进一步修正,我们可以得到新的模型:"在 X 无所不在的作用下,正 A 的基因生成了负 B。"那么,对这个未知的 X 语境的求解才是我们认知正确的保证。然而,话语事件并不能提供对 X 的详细描述,李洱对此的叙述隐约其辞,他也只能做到这一步。但是李洱通过张力空间提出了一个邀约,让读者共同参与文本的创造。这部小说是写给积极读者看的,而积极读者不满足对话语事件的一般了解,他们会参加李洱提供的张力空间中的意义的阐释。李洱的《石榴树上结樱桃》在描述中国乡村民主面貌时,"通过虚构消除不适当的解释并为更适当的新解释开辟道路"①,为此而该记一功!

原载《当代作家评论》2005 年第 3 期

---

① 〔法〕保罗·利科:《活的隐喻》,汪家堂译,上海译文出版社,2004 年,第 329 页。

"灵光"消逝后的乡村叙事
——从《石榴树上结樱桃》看当代乡土文学的美学裂变

梁 鸿

一

在世界文学史上,乡村一直是原乡神话式的存在,无论骂它、爱它、批判它、赞美它,背后都有基本的原型意义。乡村是大地、母亲、故乡、家、爱、童年、温馨、苦难等等一切本原意义的代名词,它包含着巨大而深远的象征性,文学的基本母题和人类命运的基本命题都能够在这里找到寄托。"乡村"几乎可以说是作家情感的祭坛,忧伤而甜蜜,神圣而深沉,充满着古典的膜拜意味。在对乡村本体的叙述过程中,作家类似于一个收藏家,一个信徒,总是试图在乡村中追寻遥远的时间与空间的叠韵,感受过去的生命与自我生命之间神秘的关联。本雅明在论及传统艺术的价值时,使用了一个非常感性的理论术语——"灵光"(aura)。"什么是灵光?时空的奇异纠缠,遥远之物的独一显现,虽远,犹如近在眼前。静歇在夏日正午,沿着地平线那方山的弧线,或顺着投影在观者身上的一截树枝,直到'此时此刻'成为显像的一部分——这就是在呼吸那远山、那树枝的灵光。"[①]毋庸讳言,在哈代的英国乡村、福克纳的南方小镇、马尔克斯的马孔多村庄,在鲁迅的绍兴、沈从文的湘西、莫言的高密东北乡、阎连科的耙耧山脉那里,我们都可以感受到这一"灵光"的存在,它由乡村的尘土、阳光与原野,由乡村的生命、神话与历史中折射出来,经过心灵,凝聚为精神的故乡,激发着人类最为深沉的情感悸动。

但是,在李洱的乡村小说《石榴树上结樱桃》中,充满灵光的、神圣的、哀愁的乡村,充满人类与民族所有命运与主题的乡村被隐去了,取而代之的是完全展览式的、世俗化的乡村。阅读《石榴树上结樱桃》,似乎在进行一次非常奇特、怪异的乡村旅程,展现在你面前的官庄村,是一个完全"光裸"的村庄,没有地理性与文化性,原乡神话式的情感及隐喻不再存在。在官庄村的上空,没有乡愁,

---

[①] 〔德〕瓦尔特·本雅明:《摄影小史》,《迎向灵光消逝的年代:本雅明论艺术——影像阅读》,许绮玲、林志明译,广西大学出版社,2004年,第34页。

没有精神意义的还乡,甚至没有了大地、植物与原野,只有事件、人物及现实的进程,乡村仅仅是现代社会的一个元素、一个肌体,不附着任何其他更为本原的象征或寓意。作家用一种准确的风格把乡村分解为一个个现实的行为、事件与语言,冷静而饶有兴趣地肢解,骨架、肌肉、脂肪,筋筋缕缕,丑陋、干巴,令人难堪的逼真。

世俗化,意味着"神圣情感"的消失,是一种现实的存在,没有记忆,没有审美。驴粪蛋就是驴粪蛋,不是故乡的某种象征;猪圈就是猪圈,没有蕴含童年生活的情怀;权谋就是权谋,不是民族文化心理的积淀,只是乡村生活中一个极为平常的元素。而一旦对乡村的"神圣情感"丧失,那笼罩在乡村上空充满本原意味的"灵光"也即消逝,"真实性"成为作家的终极目标,纯然客观的分析,略带嘲讽的叙述,叙述者与叙述对象——乡村——之间有显而易见的距离感。叙述者自由,不受任何限制地进入事件的核心,以一种残酷的理性,把事件本身的进程叙述出来。

在充满"灵光"的乡村意象中,作家,包括读者常被乡村背后巨大的象征性所支配、感染,不自觉地会有膜拜心理。有膜拜,有尊敬,才有诗性,才有文化,才可能进入乡村的文化结构及民族对乡村的文化心理,在此意义上,乡村不仅是作家本人对故乡的回望及精神的本原探索,也是一个民族对自我精神的深层追寻。《石榴树上结樱桃》给我们来了一次"祛魅",抛弃乡土小说所特有的主观倾向性和情感气息,抛弃那种深刻的"痛感"和"情感"(它们在形成小说巨大感染力的同时,常常遮蔽着作家的叙述),而致力于"还原"工作,回到现实之中,对乡村现状作客观的描述与最细节的刻画,由此,给我们展现了一个处于世俗进程中的、混沌的、复杂的现实生活中的乡村意象。

但是,非常奇怪的是,这一"真实"、"世俗"的乡村叙述却带来强烈的陌生化效果,让人"震惊",这不是我们所熟悉的文学乡村。更重要的是,我们突然发现了"面纱"的存在,李洱的叙述仿佛一把锋利的手术刀,以精确的风格割开面纱,使我们窥到那面纱之后的真相——残酷而真实,细节栩栩如生。女村长繁花面临着村支书的选举,要想选举成功,她的工作不能出任何差错,环境保护、经济发展,尤其是计划生育问题,上面的基本政策是一票否决制;同时,她又必须在村里拉到足够的选票,挫败那些力图取代她的力量。于是,一场乡村大戏就这样拉开了序幕。李洱运用自己运筹帷幄的能力,把这场乡村争斗写得惊心动魄、一波三折,热闹异常。繁花为选举成功而进行方方面面的铺垫,慰问同盟、阴谋策划、请客拉票、做各种亲民表演等,俨然翻版的总统竞选。展现在我们面前的,是现实版的中国乡村,世俗、丑陋,却真实无比。现代文明的各个元素都对官庄村发生作用,生活方式(如手机、汽车)、政治(选举、环保、计划生育)、经济(引进外资、发展企业)等,它们在官庄村的土地上汇合,发生混战,并改变着村庄的生活结构与存在方式。

在某种意义上,20世纪90年代以来的中国乡村经历着比之前几千年都要更为彻底的变化,在全球化文明迅速膨胀的时代,社会的各种元素,政治的、经济的、文化的,以极其可怕的速度渗透到中国大地的角落,哪怕是最偏远的乡村也不被落下,它们在乡村以奇异的形态互相纠结,并发生影响,产生新的行为与结果。在这样复杂的语境下,仅仅古典的追忆是不够的,仅仅原型性的文化叙述也是不够的,它所牺牲的常常是现实层面乡村生活的真实状态,或者说,只有作家主动撤去情感面纱,主动撤去文化的渗透,乡村本体的存在状态才有可能呈现出来——无关乎家族伦理、文化世情,也无关乎自然伦理、原野大地,它就是地表层面的存在。

《石榴树上结樱桃》的叙事者是一个干脆利落的旁观者,而叙事本身也几乎不掺杂更多的情感,完全可称之为"零度"叙事——这在现代派作品中经常出现,但在乡土小说中却几乎没有。作者很少对人物给予情感,没有道德的焦虑,也没有对事件的判断,甚至,连通常的暗示性都没有,"以一种实事求是的叙事精神"给我们描述了一个乡村故事。李洱毫不留情地把作家的"精神还乡"之路掐断了,他在与笔者的访谈中用一句话表达了他的写作目的,"我的任务就是要打破这种幻想"①。乡愁、归属感,包括那想象中广袤忧郁的大地原野、亲人朋友,在李洱那里,都是要被嘲笑和被解构掉的东西。在中篇小说《光与影》中,主人公孙良的归乡之路毫无疑问是一条通往彻底黑暗的道路,越是走近乡村,他就越感到虚无、害怕,因为此"故乡"已经非彼"故乡",正如鲁迅在《故乡》中所言:"我所记得的故乡全不如此。我的故乡好得多了。"最后,当孙良热爱的章老师——唯一还携带着故乡印记的人物——被两个高大的学生"挟持"着颤巍巍地出现在孙良面前的时候,归乡本身遭到了最彻底的解构,生活的所有意义都没有了,只剩下偷鸡摸狗的性爱和一碰皆碎的脆弱。生活中最光亮的地方,恰恰充满了更为强烈的阴影。对于李洱来说,他的任务不是书写光明,追寻光亮,而是使阴影部分和其中所包含的复杂色彩最大限度地呈现出来。这一点,我们从《石榴树上结樱桃》的女主人公繁花的形象中也能感受出来。繁花不是我们文学记忆中的乡村女性,既不泼辣强壮(乡村生命力的象征),也不温柔贤惠(母性与家的基本隐喻),繁花是一个干练的政治女人,冷漠、理性,在她身上,没有任何关于乡村的文化象征或关于人类命运的本原寓意。她所遵循与付诸行动

---

① 李洱、梁鸿:《百科全书式的叙事》,《西部·华语文学》2008年第2期。以下李洱的谈话均来自于此。

的原则是政治游戏规则,是权力与智慧的较量,没有情感的成分,虽然在小说的结尾,作者让失败了的繁花流露出些许的伤感,但也基本上是愿赌服输。

这是李洱有意识的美学试验的结果,女性形象的模糊与非本质化有效地驱除了读者(或者也包括他自己)心中顽固的对乡村的本质主义倾向。无论如何,在人类心灵景观中,乡村总是与大自然、与本能、与肉体、与人的生理紧密相连,对它的升华愿望几乎可以说是人类的一种情欲本能;而乡村女性,也自然地成为地母的形象,宽广、混沌、丰厚,能够容纳包含一切。繁花不具备这些品质,作者让她(女性)从历史、文化的隐喻中摆脱出来,走进实在的生活与政治之中,时空缩短,一个世俗的、野心家的繁花,一个扎实地进入时代之中的现代乡村女性,虽然不那么复杂,不那么具有传统特性,但却别具意味。李洱自己也这样认为:"这样一个角色非常复杂。对我来讲,这部小说有意思的是,我写了一个乡村女性。在此之前,乡村的女性往往代表母性,而我选择的这一女性,她被政治化、世俗化。当乡村的女性融入了世俗化进程,那么,整个乡村就进入了世俗化进程。这也是我选择女性来作为这部小说主人公的原因之一,虽然我非常不擅长于描写女性。"

二

应该说,对乡土中国的描述在 20 世纪 50 年代出生的一批作家如贾平凹、莫言、阎连科、李锐们的笔下已经达到了某种极致或巅峰,这些小说既有对民族国家命运的隐喻意味及对农村文化生存状态的抒写,充满强烈的忧患意识,同时又满含着对中国大地、原野无以表达的热爱——《红高粱》、《日光流年》、《无风之树》等都是其中的典范之作。要想超越这些作品的确很难。作家从乡村走出,那里有他们生命最初的痕迹,有童年记忆,那里的一草一木是充满呼吸的,它们不需要本雅明那样的"凝视",深沉的情感与生俱来地存在于血液之中,日夜流淌。在这样"灵光"的笼罩之下,这些小说有一个最根本的美学倾向,即乡村作为文化存在的原始乌托邦的象征性(不管作者的目的是反乌托邦还是建构乌托邦),它代表着原始正义、传统理想、生命的自在状态,它是人类的童年时代,而它的命运就是不断被各种秩序破坏并修剪的过程。这样一种大的精神原则使作品内部容易出现潜在的二元对立思维,官方/民间、城市/乡村、现代/传统、致富/良心、金钱/道德,这些对立的因素最后往往指向批判政治与现代文明,由此,当代政治发展史与经济发展史也必然作为负面因素破坏、侵袭着具有原始正义的乡村存在。它带给读者一种博大的情怀和深沉的情感,同时,也有理想破灭后深刻的怀疑精神,使我们看到文明进程的黑洞与繁荣背后的荒凉。总体看来,这类小说对乡土的书写整体性大于细节性,抽象性多于具象性,较少对处于冲突过程中的乡村的结构性变化作"共时性"的叙述,而"共时性"这一概念,在处于全球化、后现代语境的时代,所蕴含的意义要比其他任何时代更为深远。

《石榴树上结樱桃》给我们展示出关于乡土叙事的一种新的美学风格和世界观。这是由技术主义、理性主义与世俗主义所组成的"百科全书式"的叙事,强调事物之间的"关联性"、"共时性",最终达成一种"准确的"、几乎是"后现代拼贴式"的诗学风格。在这里,乡村/城市的界限消弭,农民一边搓着脚趾头一边讨论台湾海峡问题,嘴里还时不时迸出如"全球化"、"女权主义"等最现代的时代名词,乡村在各种话语的交锋之中变得光怪陆离。作家不再试图描述、感受,而是试图分析、探讨、展示乡土存在。这与阎连科、莫言等人的乡土创作之间有明显的"代际"特征。实际上,从整体发展趋势上看,近几年来,仍活跃在文坛上的60年代作家如毕飞宇、韩东、李洱都开始涉足"乡村"这一重大题材,毕飞宇的《平原》、韩东的《扎根》等等都有这样非常明显的理性主义倾向。这一技术主义与理性主义背后是哲学意义上的世俗精神的渗透,这里的世俗精神并非"庸俗"或"品格低下",而是作家摆脱了"神圣"观念的统摄(它包括各种宏大叙事,政治的、思想的及艺术的),对日常生活进行诗学上的肯定,回归到人性、事物及社会的现实层面,并作出独特的叙事与价值判断。在某种意义上,它具有如本雅明所言的可技术复制时代的文艺"展览化"倾向①。这也是以知识、理性为起点的李洱们的最大精神特征和对文学存在的基本态度。他们信任理性,长于思辨,强调文学的科学性与学科性,感性抒发与情感描写对他们来说只是文学的一个层面。对于中国现当代文学来说,这种观念无疑相当于一次"文艺复兴"。

的确,当我们以"世俗"的视野,以"共时"的时空观念重新考察乡村,就会发现,当代乡村生活所呈现的景观涵盖了太多复杂的、相互矛盾的东西。当繁花站在肮脏的猪圈旁,一边打电话商量选举的事,一边搓着泥巴,并思考着官庄

---

① 本雅明认为,"随着绘画的膜拜价值的世俗化,对其独一无二基质的设想也越来越模糊不清了……当然,'本真性'这一概念总是要超越真实的囿限(这在收藏家身上表现得尤为明显,收藏家总是保留着拜物教信徒的痕迹,并通过对艺术作品的占有来分享艺术作品的膜拜力量)。尽管如此,在艺术研究中,'真实性'这一概念的功能是一清二楚的:随着艺术的世俗化,真实性取代了膜拜价值。"本雅明指出这正是传统艺术发生危机的象征,但同时并没有否定艺术的这一世俗化倾向,而是作出理性的辨析。见《可技术复制时代的艺术作品》,《经验与贫乏》,百花文艺出版社,1999年,第267页。

村的现代化之路时,某种真实的荒诞意味慢慢渗透出来。此时,几个最为不同的元素形成深刻的映照——最乡土的与最现代的(猪圈与手机)、最落后的与最文明的(泥巴与选举)——展示出处于后现代语境下乡村的"悖谬式"存在,这在某种意义上弥补了"原乡神话"式乡土小说的缺失,给读者搭建了一个通向后现代境遇中现实的乡村之路的平台。乡村生活还是猪圈、泥泞、传统的争权夺利,但行为方式完全变了,手机、竞选、民主、环保等时代名词把时空拉得无限近,乡村、城市、现代性、全球化,所有这一切都在一个平台上纠缠、扭合、互相冲突并且互相改变。这个乡村已经不是原始的、文化的、道德核心的乡村,而是世俗存在的、现实生活中的乡村。正是这一世俗性与真实性,使我们看到在备受现代文明、经济和政治挤压下的乡村的另一面:现代文明从来都是乡村生活的一部分,乡村与现代文明之间并不是简单的二元对立或被侵入与入侵的关系,乡村也以自己独特的地理性、容纳性杂糅这些外来话语,两者相互影响,相互渗透,并使彼此脱离原有的轨道,而变成全新的事物,恰如文中的颠倒话所言,"石榴树上结樱桃,兔子枕着狗大腿"。一切都显得滑稽、荒谬,却自有它的逻辑和存在空间。

在这一意义上,李洱很少作价值判断,在面对现代文明与传统生活、传统观念之间的冲突纠缠时,李洱更多地以一种冷静的姿态、平视的眼光、对"复杂性"的本能热爱和最大的"关联性",把事件发生的过程、事件过程中人的状态及乡村状态给描述出来。乡村不再原始而封闭,一个农民随时可以了解国际大事,并被胁迫进整个政治发展的潮流之中,但是,对于乡村来说,这种开放性并非如知识分子所想象的那样,是一种压迫或摧毁,相反,它极有可能是被欢迎的。比如致富(这是很多乡土小说家喜欢的主题)。因为"致富"理念的提倡,整个中国乡村道德、人伦及文化结构遭到了根本性的破坏,朴素的、人情的乡村逐渐消失,那的确是一首挽歌。但是,当以"世俗"视野去观照乡村生活时,你会发现,"致富"有其合理性,它对乡村实质性的影响绝不是挽歌那么简单。乡村不需要挽歌,它需要实在的能够生活的金钱,更进一步来说,它需要金钱以融入整个社会之中,它不想被"另眼相看",这是一种合理的文化要求。"'宁愿富,不怕死。'在死亡与富裕之间,它选择发展。它极力要融入现代化进程,但这一融入过程,有太多的悲喜剧。另外一些作者可能会把它写成一曲挽歌,我对这种哀哀的声音也持一种怀疑……对我来讲,我甚至希望某种改变,只是这种改变给我带来一种感觉的错乱,我不知道这对于乡村是好还是不好,但是我知道这是中国农村的真实途径,甚至可以说它是中国乡村现代化进程的必由之路。"这或许也是李洱执着于进入乡村世俗生活层面的根本原因。

三

如前所述,乡村象征原型的丧失与世俗乡村的浮现并不只是作家叙事方式的变化,在这背后,隐藏着作家美学观念上的根本差异和世界观的不同。在理性主义的渗透、技术化的分析等后现代视野的观照中,作家的思维范式发生了根本性的变化,乡村"灵光"消逝,随之而消失的不仅是乡土/都市、前现代/现代的二元对立视野,也包括一代作家对乡村的乌托邦幻想和原始主义情结。文学乡村由此也走上了先锋道路,这几乎可以说是一场美学革命。《石榴树上结樱桃》摒弃"我"的情感与存在,以"百科全书式"叙事给我们拓展了一条通往乡土中国的新的途径。它或许使我们少了那份激情和热爱,使我们不得不撕去那总蒙在我们心灵之上的乡愁,但却更容易展示当代中国乡村的真实生活图景及它在当代生活中的坐标,也更容易使我们真正审视中国乡村的现实位置。可以说,它的出现也弥补了当代乡土小说的理性匮乏。

但是,总有隐隐的恐慌、害怕和深深的失落感。阅读《石榴树上结樱桃》,感觉叙事很冷酷,筋骨清晰,细节充分,却显得干涩,"情"的成分太少,唯一的温情就是小说结尾那一段,但那不足以挡住整部小说给人带来的严寒感。从总体来看,《石榴树上结樱桃》的"真实"虽然让人"震惊",但却仍然有点过于细枝末节,没有达到总体的真实(可能与我的美学预设有一定关系?),作品没能进入到乡村伦理层面与情感层面,只是把事件与肌理勾画出来,缺少真正的源头,这也使得作品的"技术深度"与"情感深度"几乎成为反比例存在。为什么会出现这一问题?"百科全书式"叙事以追求思辨、深度与复杂性为根本特征,这在李洱的知识分子小说中得到了出色的发挥,但为什么在乡土小说中显得力不从心了呢?技术主义、理性主义到底能否成为进入乡村的又一通道?或者说,这种后现代美学思想与技巧对于乡土题材来说是否存在着致命的局限性?

南帆在评论《石榴树上结樱桃》时,认为这部作品的"轻喜剧风格"使文本缺乏一种"激越的声音"和"深刻的矛盾"。"这部小说的叙述者人情练达,脸上挂着悲悯的微笑。他多半置身局外,叙述者与故事的距离即是幽默与调侃的空间。由于叙述者的智慧,种种矛盾的价值观念并没有迎面相撞,以至于不得不分出个青红皂白。相反,它们被巧妙地处理成一系列喜剧式的修辞,例如轻微的反讽,滑稽的大词小用,机智的油腔滑调,无伤大雅的夸张,适度的装疯卖傻,如此等等。这时,开怀一笑就可以将严重的问题暂时搁下……圆熟的叙述是否同时表明,作家并没有及时地发现可能打破生活现状的力量?"①对于书写知识分子生活或当代生活的存在性时,"反讽"作为一种重要的风格非常恰切,它能够把知识分子的尴尬非常贴近地呈现出来,但是,对于乡村书写来说,它是否显得过于轻巧了一些?而从根本上讲,造成缺乏"深刻的矛盾"的原因并不仅仅是因为小说的"轻喜剧风格",这背后还有一个大的问题,即"世俗"存在的乡村是否就是"真实"的乡村,或者,这一真实度有多深、多远?

《石榴树上结樱桃》给我们展现出现代乡村结构的基本构成和主要矛盾,并力图揭示出当代乡村存在的"悖谬"状态。作者充分地发挥了自己在小说结构、语言和思想上的优势,技巧上无懈可击,同时,又有对乡村问题和乡村生活的洞察力,作者随时而至、出其不意的幽默也给作品平添了几分趣味。然而,在细细品味之后,却又觉得作品缺了点什么东西。作为一个艺术整体,小说缺乏一种力量,缺乏一种能把小说各个成分融合在一起的凝聚力。在《午后的诗学》中,作者用费边的客厅和费边的名言警句为我们营造了一个庸俗化的知识分子氛围,它有些夸张、变形,但却有内核的真实,那就是作者对此种生活怀有的深刻的感受力和理解力,它们构成了小说的和谐因素和紧张的张力。知识分子自相冲突、左支右绌的生活扭结在一起,形成一股力量,并最终形成某种象征的意义,我们能领略到其中的不可言传的意味和气息。

在《石榴树上结樱桃》中,你能感觉出作者的束缚感,小心翼翼,认真努力,因为他怕一不留神踩住自己埋下的炸弹,他得努力让读者不看出其中的漏洞和缺陷,这一漏洞就是他还不能完全自由地把握他所要写的人物和生活的整体形象。李洱以他细致而精确的构思,艰苦而认真地思考他所书写的对象及背后复杂的纠缠性,然而,对于乡土生活来说,这只是厚厚尘土之上的最表层的东西。他不能够自由地进入他们的心灵世界。这并不是说作家必须曾经是一个农民,必须要完全了解农村生活的全部才能写这样的题材,而是作家对此还没有达到一个感性的充分认识。在认识论的科学框架内,人的意识被规定为从感性到理性,然后再到抽象、升华的过程。然而,在小说领域却似乎正相反,在这里,需要感性的还原,而不是如前所述的理性还原。只有感性的还原,才能使故事冲破真实的、实在的故事束缚,传达出比真实更多、更大的东西。

可以说,这一新的美学理念是一把双刃剑,在成就了《石榴树上结樱桃》的同时,也凸显了其缺点。《石榴树上结樱桃》给人很强的无根之感,作品缺乏乡土性,缺少与地理之间直接的联系,没有背景(这在许多时候甚至是作家的有意为之),虽然作者在文中也运用了一些河南方言与地方民谣,并尽量让人物语言

---

① 南帆:《笑声与阴影里的情节》,《读书》2006年第1期。

口语化,但是,从整体上并没有形成一种独特的地域色彩与情感气息,作者竭力所做的是不让你陷入情感之中,而着眼于事件本身。在许多时候,看起来是在还原乡村的细节与具体的事件,呈现出来的却是问题主义的乡村。作者没有进入真正的乡村内部,或者说,作者的灵魂并没有进入乡村的灵魂内部。当作者把自己的理性和一种纯知识分子的智性思维用于对乡村生活的剖析时,显然有点太单薄,并且,有点文不对题的感觉。

  一个作家所能真正把握的,可能就是一个很小的范围。而小说最可怕之处就在于它能在最不经意的地方暴露出你致命的缺点,当然,也会在最细节的地方让人感受到一个作家的"根"之所在。从根本上讲,李洱是一个纯粹的知识分子,只有回到这群人中间,他才能获得写作的真正力量和情感,他那敏感、痛苦的气质是他对纯粹思想的渴求和对中国知识分子生活的感受赋予他的,在这里,他是一名杀手,温柔的杀手,冷酷残忍,但每一刀也戳在自己心头上,因为,他和他们是同类,有着对同类特有的理解力、宽容度,他能体会到他们的灵魂如何在地狱里痛苦地挣扎,能感受到他们庸俗、做作甚至于无耻的生活背后的空虚和恐惧。这是一个知识分子对人性、对生活的恐惧,是一个以知识、思想为生的人的必然结局。

  在与李洱对话时,有一句话引起了我的注意,他说:"我经常有一个想法,想再写一部乡村小说,但它必定与《石榴树上结樱桃》有所重复,我又不大愿意去重复一件事情。"为什么李洱会有"重复"的感觉,而如莫言、阎连科这样的乡土小说家则不会有这样的问题?这是否与作家的美学出发点有关?因为,从事件层面,《石榴树上结樱桃》已经涵盖了乡村所有的因素,传统/现代、真实/荒诞,所有现实元素一应俱全,对乡村世俗的、"悖谬"式的现实存在作者也已进行了颇为精深的勾画,但是,这是不是乡土小说的全部?还有哪些是可以不断书写下去的东西呢——基本元素不变,但其叙事,其结构起点却由一些更为宽广也更为深层的东西组成,如作家的情感,对大地、原野新的认识,等等?而这些的匮乏是否可以说恰是这一美学起点的瓶颈?

  这也使我产生了一个大的疑问,如此理智的开始,对于文学中的乡村来说,究竟是幸,还是不幸?从积极意义上讲,《石榴树上结樱桃》的叙事风格的确给我们带来新的冲击,使乡土产生了新的意义,甚至在某种意义上,它也使关于乡土文学的批评变得充满挑战性。在思考本文时,笔者有种明显的感觉,仿佛只能把《石榴树上结樱桃》作为一个事件来分析,而无法把情感渗透其中,必须保持纯理论的思维,否则便难以说明哪怕最微小的问题——这与思考如阎连科、莫言的乡土小说时的感觉完全不同。但是,似乎也不能否认,这种光裸之后的琐碎与丑陋,这种对乡土中国元叙事的取消带给人一种隐隐的不安和莫名的恐慌。试想,如果说连乡村、大地都不再能够成为人类、民族最根本的依托之地,那么,我们到哪里去找民族的共同的根及精神的依靠呢？如果整个民族都失去了建构精神故乡的冲动,以如此科学、冷静的目光审视中国生活,审视古老的大地、山川、河流,而不产生任何更为深沉的悸动,那这个民族将会多么贫乏！

  但是,反过来说,这能成为问题吗？或者,对于文学,对于乡村象征性的美学变化,甚至对于作家情感来讲,也并不那么悲观？随着全球化概念的日常化,随着中国传统乡村的结构性裂变,随着文学观念的丰富多元,富于"灵光"的文学乡村也必然会发生变异,而如何迎向"灵光"消逝的地方则成为一个必然的新课题。或许,只有敏锐的作家才能够为我们"嫁接"出这样真实而又纯然陌生的乡村？或许,如我这样自相矛盾的批评只是因为作家作品所呈现出的新的美学因子让人无法作出清晰的判断？从这个意义上讲,李洱《石榴树上结樱桃》本身是否成功也许并不重要,作为一种新元素的诞生,它所带来的新问题、新视野和新的可能性却有它极为独特的价值。

原载《当代作家评论》2008 年第 5 期

作品年表

李洱作品年表

1987 年
　　《福音》（短篇小说），《关东文学》1987 年第 12 期。

1991 年
　　《悯城》（短篇小说），《钟山》1991 年第 4 期。

1993 年
　　《导师死了》（中篇小说），《收获》1993 年第 4 期。

1994 年
　　《饶舌的哑巴》（短篇小说），《大家》1994 年第 4 期。
　　《加歇医生》（中篇小说），《人民文学》1994 年第 11 期。

1995 年
　　《悲愤》（短篇小说），《莽原》1995 年第 2 期。
　　《婉的故事》（短篇小说），《作家》1995 年第 4 期。
　　《退了鳞的鱼》（短篇小说），《作家》1995 年第 4 期。
　　《警觉与凝望》（自问自答），《作家》1995 年第 4 期。
　　《抒情时代》（中篇小说），《小说界》1995 年第 5 期。
　　《缝隙》（中篇小说），《人民文学》1995 年第 10 期。

1996 年
　　《白色的乌鸦》（短篇小说），《山花》1996 年第 12 期。

1997 年
　　《遭遇》（短篇小说），《作家》1997 年第 5 期。
　　《写作的诫命》（自问自答），《作家》1997 年第 5 期。
　　《秩序的调换》（短篇小说），《作家》1997 年第 5 期。

《鬼子进村》(中篇小说),《山花》1997 年第 7 期。
《黝亮》(短篇小说),《大家》1997 年第 4 期。
《"四·二"大案采访手记》(采访手记),《公安月刊》1997 年第 7 期。
《错误》(短篇小说),《人民文学》1997 年第 10 期。
《有影无踪》(短篇小说),《上海文学》1997 年第 11 期。

1998 年

《午后的诗学》(中篇小说),《大家》1998 年第 2 期。
《悬铃木枝条上的爱情》(短篇小说),《山花》1998 年第 3 期。
《短篇小说及其它》,《青年文学》1998 年第 5 期。
《奥斯卡超级市场》(短篇小说),《山花》1998 年第 5 期。
《如愿以偿》(短篇小说),《人民文学》1998 年第 5 期。
《破镜而出》(中篇小说),《花城》1998 年第 5 期。

1999 年

《日常生活——对话之二(1998 年 11 月 3 日)》(对话),《山花》1999 年第 2 期。
《个人写作与宏大叙事》(对话),《作家》1999 年第 3 期。
《故乡》(短篇小说),《作家》1999 年第 4 期。
《有关写作的闲言碎语》(随笔),《作家》1999 年第 5 期。
《堕胎记》(短篇小说),《花城》1999 年第 3 期。
《国道》(中篇小说),《时代文学》1999 年第 3 期。
《遗忘》(中篇小说),《大家》1999 年第 4 期。
《关于〈遗忘〉》,《大家》1999 年第 4 期。
《上啊,上啊,上花轿》(短篇小说),《山花》1999 年第 10 期。
《尘世中的神话》(评论),《上海文学》1999 年第 11 期。
《想象力与先锋》(对话),《上海文学》1999 年第 11 期。
《去年的爱情》(短篇小说),《时代文学》1999 年第 6 期。

2000 年

《那一年,张钧来到郑州》(随笔),《作家》2000 年第 3 期。
《棒球场上的父与子》(评论),《长城》2000 年第 3 期。
《窨井盖上的舞蹈》(短篇小说),《作家》2000 年第 7 期。

2001 年

《被遗忘的蒲宁》(杂文),《小说界》2001 年第 4 期。
《书房里的对话》(对话),《时代文学》2001 年第 6 期。
《花腔》(长篇小说),《花城》2001 年第 6 期。

2002 年

《朋友之妻》(中篇小说),《作家》2002 年第 1 期。
《〈花腔〉:且听众声妙语喧哗》(访谈录),《中国图书商报》2002 年 2 月 21 日。
《闲书与旧书》(散文),《中学生阅读》(高中版)2002 年第 9 期。
《儿女情长》(短篇小说),《人民文学》2002 年第 10 期。

2003 年

《斯蒂芬又来了》(短篇小说),《书城》2003 年第 1 期。
《〈夜游图书馆〉自序》(自问自答),《当代作家评论》2003 年第 1 期。
《平安夜》(短篇小说),《山花》2003 年第 3 期。
《首届"21 世纪鼎钧双年文学奖"颁奖会答谢辞》,《作家》2003 年第 3 期。
《郑州:在书中寻找自己的故乡》(散文),《中国图书商报》2003 年 4 月 18 日。
《高眼慈心李敬泽》(评论),《当代作家评论》2003 年第 4 期。

2004 年

《阎连科的力量——我读〈受活〉》,《北京日报》2004 年 2 月 15 日。
《它来到我们中间寻找骑手》(随笔),《青年文学》2004 年第 12 期。
《译者与被译者》,《中国图书商报》2004 年 6 月 4 日。
《光和影》(中篇小说),《当代作家评论》2004 年第 4 期。
《小说家的道德承诺》(散文随笔),《中国图书商报》2004 年 9 月 10 日。
《石榴树上结樱桃》(长篇小说),《长篇小说选刊》2004 年第 1 期。
《啼笑之外——关于〈石榴树上结樱桃〉》(随笔),《长篇小说选刊》2004 年第 1 期。
《李洱:让你的表达成为一种公共关怀》(访谈录),《北京日报》2004 年 10 月 10 日。
《听库切吹响骨笛》(随笔),《文艺报》2004 年 10 月 19 日。

2005 年

《石榴树上结樱桃》(长篇小说),《当代》(长篇小说选刊)2005 年第 1 期。

《我们的耳朵》(短篇小说),《上海文学》2005 年第 2 期。

《我们的眼镜》(短篇小说),《上海文学》2005 年第 2 期。

《啼笑之外——关于〈石榴树上结樱桃〉》(随笔),《当代》(长篇小说选刊)2005 年第 1 期。

《絮语海明威》(随笔),《中学生阅读》(高中版)2005 年第 Z1 期。

《人物内外》(自问自答),《南方文坛》2005 年第 2 期。

《为什么写,写什么,怎么写——在苏州大学"小说家讲坛"上的讲演》(讲演录),《当代作家评论》2005 年第 3 期。

《〈石榴树上结樱桃〉梗概》,《书摘》2005 年第 5 期。

《狗熊》(短篇小说),《花城》2005 年第 4 期。

《林妹妹》(短篇小说),《山花》2005 年第 8 期。

《小说不死》(自问自答),《山花》2005 年第 8 期。

《巴金的提醒》(随笔),《朝花报》2005 年 10 月 24 日。

《作品评价标准应视现实状况而调整》,《中国新闻出版报》2005 年 11 月 15 日。

2006 年

《生活与心灵:困难的探索——第四届青年作家批评家论坛纪要》,《人民文学》2006 年第 1 期。

《一个怀疑主义者的自述》(随笔),《小说评论》2006 年第 4 期。

《"倾听到世界的心跳"——李洱访谈录》(访谈录),《小说评论》2006 年第 4 期。

2007 年

《探究知识分子在历史和现实中的困境》(访谈录),《作家》2007 年第 1 期。

《当学昕选择做一个文人》(散文),《南方文坛》2007 年第 2 期。

《向宗仁发们致敬》(随笔),《扬子江评论》2007 年第 2 期。

《阎连科的 ABC》(随笔),《新华网》2007 年 9 月 19 日。

《阎连科的声母》(随笔),《南方文坛》2007 年第 5 期。

《在怀疑意识下的当代小说美学》(访谈录),《上海文学》2007 年第 12 期。

2008 年

《百科全书式的小说叙事》(访谈录),《西部·华语文学》2008 年第 3 期。

《"日常生活"的诗学命名与建构》(访谈录),《渤海大学学报》(哲学社会科学版)2008 年第 3 期。

《我将生命中最美好的年华献给了〈花腔〉》(访谈录),《文学报》2008 年 5 月 8 日。

《虚无与怀疑语境下的小说之变》(访谈录),《当代作家评论》2008 年第 3 期。

《我那家乡的水啊》(散文),《青年文学》2008 年第 7 期。

《〈陈奂生上城〉:变与不变》(解读评论),《人民文学》2008 年第 11 期。

《在场的失踪者》(随笔),《当代作家评论》2008 年第 6 期。

2009 年

《作家嘴里开花腔》(访谈录),《南方人物周刊》2009 年 3 月 20 日。

《它来到我们中间寻找骑手》(随笔),《山西文学》2009 年第 3 期。

《我无法写得泥沙俱下 披头散发》(访谈录),《北京晚报》2009 年 5 月 21 日。

《大教堂》(评论),《北京文学》(中篇小说月报)2009 年第 6 期。

《极简主义就是极复杂主义的另一种境界——关于卡佛的小说〈大教堂〉的对话》(访谈录),《北京文学》(中篇小说月报)2009 年第 6 期。

《九十年代写作的难度》(访谈录),《当代作家评论》2009 年第 9 期。

《闲说经典》,《山花》2009 年第 21 期。

《你在哪》(短篇小说),《山花》2009 年第 21 期。

2010 年

《传媒时代的小说写作》(演讲),《江南》2010 年第 2 期。

《写作就是命运》(随笔),《语文教学与研究》2010 年第 12 期。

《传媒时代小说何为?》(演讲录),《社会科学报》2010 年 7 月 8 日。

《关于赵勇教授〈顾彬不读中国当代小说吗?〉一文的回应和说明》,《作家》2010 年第 13 期。

《"中国文学海外传播"学术座谈会纪要》(座谈),《红岩》2010 年第 5 期。

《一些事》(生活随笔),《小说界》2010 年第 5 期。

2011 年

《异邦的荣耀与尴尬——"新世纪文学反思录"之五》(对话),《上海文学》2011 年第 5 期。

《中国文学海外传播的瓶颈》(学术评论),《社会科学报》2011 年 7 月 7 日。

《作家与传统》(散文),《中华读书报》2011 年 9 月 14 日。

《重建身体与社会的关系》(文学评论),《文艺报》2011 年 9 月 5 日。

2012 年

《非虚构与虚构(上)》(对话),《上海文学》2012 年第 3 期。

《非虚构与虚构(下)》(对话),《上海文学》2012 年第 4 期。

《短篇小说写作的现状与可能——以蒋一谈、劳马、邱华栋、阿乙为中心》(对话),《作家》2012 年第 7 期。

《长篇小说的"中国化"及其他》(对话),《作家》2012 年第 13 期。

2013 年

《在"中国——西班牙文学论坛"上的演讲》(演讲),《语文教学与研究》2013 年第 16 期。

《批评家要介入文学现场》(对话),《社会科学报》2013 年 7 月 18 日。

《九十年代文学——从"断裂问卷"与〈集体作业〉》(对话),《南方文坛》2013 年第 5 期。

2014 年

《文学的本土性与交流》(评论),《东吴学术》2014 年第 1 期。

《从何说起呢》(中篇小说),《北京文学》(中篇小说月报)2014 年第 11 期。

研究资料索引

李洱研究资料索引

报纸期刊文章

李巍:《主编絮记》,《大家》1994 第 4 期。
田中禾:《莴笋搭成的白塔》,《人民文学》1995 年第 10 期。
王鸿生:《李洱:与日常存在照面》,《小说评论》1998 第 1 期。
胡宗健:《个体言说·文化·社会公共性——再说"晚生代"》,《株洲教育学院学报》1998 年第 2 期。
葛红兵:《午后的写作——李洱小说意象》,《当代文坛》1998 年第 4 期。
刘俐俐:《论近年来小说创作中对知识分子的审美情感和艺术表现模式的演变》,《天津社会科学》1998 年第 6 期。
李大卫、李冯、李洱、李敬泽、邱华栋:《日常生活——对话之二(1998 年 11 月 3 日)》,《作家》1999 年第 1 期。
刘俐俐:《知识分子题材小说中悄悄变动着的历史观》,《甘肃社会科学》1999 年第 1 期。
李大卫、李冯、李洱、李敬泽、邱华栋:《个人写作与宏大叙事》,《山花》1999 年第 2 期。
张钧:《知识分子的叙述空间与日常生活的诗性消解——李洱访谈录》,《花城》1999 年第 3 期。
张闳:《关于〈遗忘〉的"学术研讨会"》,《大家》1999 年第 4 期。
陈晓明:《后历史的焦虑——李洱的〈遗忘〉解读》,《大家》1999 年第 4 期。
洪治纲:《整合的可能与局限》,《大家》1999 年第 4 期。
汪政:《我们不能"遗忘"文体》,《大家》1999 年第 4 期。
李冯、李大卫、李洱、李敬泽、邱华栋:《想象力与先锋》,《上海文学》1999 年第 11 期。
王干:《豫三条》,《时代文学》1999 年第 12 期。
梁艳萍:《"后先锋文学"论纲》,《文艺争鸣》2000 年第 2 期。
贺仲明:《反抗的意义与局限——"新生代"作家精神批评》,《小说评论》2001 年第 4 期。

南帆:《饶舌与缄默:生活在自身之外》,《当代作家评论》2001年第4期。

格非:《记忆与对话——李洱小说解读》,《当代作家评论》2001年第4期。

王鸿生:《被卷入日常存在——李洱小说论》,《当代作家评论》2001年第4期。

王一川:《我看九十年代长篇小说文体新趋势》,《当代作家评论》2001年第5期。

吴义勤:《长不大的"新生代"》,《文汇报》2002年1月19日。

陈晓明:《历史在别处》,《北京日报》2002年1月20日。

俞小石:《李洱〈花腔〉获得好评》,《文学报》2002年1月24日。

阎连科:《〈花腔〉:一道耀眼的曙光》,《解放日报》2002年2月9日。

李敬泽、李洱:《〈花腔〉:且听众声妙语喧哗》,《中国图书商报》2002年2月21日。

周毅:《李洱长篇小说〈花腔〉引起关注》,《文汇报》2002年2月22日。

从玉华:《文学的半径有多大》,《西藏日报》2002年2月24日。

陈晓明:《深入关注久远的历史》,《人民日报》2002年3月3日。

敬文东:《记忆与虚构——李洱论》,《小说评论》2002年第2期。

张宁:《〈花腔〉——一部别开生面的小说》,《中国出版》2002年第2期。

洪治纲:《历史际遇与个人命运——论〈花腔〉》,《南方文坛》2002年第2期。

张懿:《真相的迷宫阅读的陷阱》,《文汇报》2002年3月30日。

李仰智:《以个人名义进入历史书写——关于李洱长篇小说〈花腔〉及相关问题的对话》,《作家》2002年第4期。

史壮举:《行走的影子》,《山西日报》2002年4月23日。

吴义勤:《"谋杀"的合法性》,《文汇报》2002年4月23日。

王宏图:《行走的影子及其他——李洱〈花腔〉论》,《当代作家评论》2002年第3期。

张懿:《行走便是迷路——读李洱〈花腔〉》,《当代作家评论》2002年第3期。

耿占春:《仿史学的小说叙事》,《花城》2002年第3期。

徐德明:《〈花腔〉:现代知识氛围中的小说体裁》,《文学评论》2002年第4期。

孙苏:《文学豫军论(续)》,《河南大学学报》(社会科学版)2002年第5期。

洪治纲:《先锋:自由的迷津——论九十年代以来中国先锋小说所面临的六大障碍》,《花城》2002年第5期。

陈晓明:《历史"回潮"或者在别处》,《长城》2002 年第 6 期。

易森:《李洱:笑比哭还难看》,《中国图书商报》2002 年 12 月 20 日。

施战军:《文学批评 2002:青年气质与青春气象》,《山东文学》2003 年第 1 期。

付建舟:《个体的凸现和叙事的狂欢——评李洱的长篇新作〈花腔〉》,《平顶山师专学报》2003 年第 1 期。

赵諿:《特色〈花腔〉》,《平顶山师专学报》2003 年第 1 期。

李敬泽:《小说的虚无:被商品复制的统一表情》,《南方周末》2003 年 2 月 20 日。

刘思谦:《新历史小说的"历史诗学"——以〈花腔〉为例》,《郑州大学学报》(哲学社会科学版)2003 年第 1 期。

洪治纲:《却顾所来径 苍苍横翠微》,《中国图书商报》2003 年 3 月 28 日。

张生:《余音绕梁的〈花腔〉——李洱印象》,《山花》2003 年第 3 期。

《李洱〈花腔〉——评委推荐理由》,《作家》2003 年第 3 期。

朱竞、敬文东:《欲望的时代》,《延河》2003 年第 3 期。

李庚香:《文化视野中的意识形态话语建构——对李洱〈花腔〉的文化批评》,《文艺争鸣》2003 年第 2 期。

付建舟:《"历史"的嬗变与"人"的凸现》,《周口师范学院学报》2003 年第 1 期。

汪政:《〈花腔〉:李洱的历史诗学》,《光明日报》2003 年 6 月 11 日。

刘玉山:《〈花腔〉:对"先锋"的再言说》,《小说评论》2003 年第 4 期。

朱文斌、曾一果:《新历史小说"新"论》,《汕头大学学报》2003 年第 4 期。

吴炫:《穿越当代经典——"晚生代"文学及若干热点作品局限评述》,《山花》2003 年第 9 期。

陈晓明:《超越与逃逸:对"60 年代出生作家群"的重新反省》,《河北学刊》2003 年第 5 期。

李迎丰:《国际化语境中的知识悲剧——李洱小说〈花腔〉中话语结构的比较文学阐释》,《中国比较文学》2003 年第 4 期。

李晓峰:《论孤独心态与新生代作家的创作》,《武警工程学院学报》2003 年第 5 期。

敬文东:《历史以及历史的花腔化——论李洱的〈花腔〉》,《小说评论》2003 年第 6 期。

张月萍:《没有主人的宴会——论〈花腔〉三段论手法的运用》,《平顶山师专学报》2003 年第 6 期。

张宁：《"让一个我变成那无数个我"——关于李洱长篇小说〈花腔〉》,《郑州大学学报》(哲学社会科学版)2003年第6期。

李仰智：《历史的一种读法——以死亡为线索》,《周口师范学院学报》2004年第1期。

北乔：《〈花腔〉中的花腔》,《人民日报》(海外版)2004年2月20日。

许世茂：《论近二十余年小说思维方式的变迁》,《海南师范学院学报》(社会科学版)2004年第2期。

刘学林：《文学豫军的崛起与突破》,《中国艺术报》2004年4月30日。

郭海荣：《英雄的颠覆与历史的还原——莫言的〈檀香刑〉与李洱的〈花腔〉之比较》,《中州大学学报》2004年第2期。

韩石山：《热气腾腾的乡村政治闹剧——评〈龙凤呈祥〉》,《2003年中国小说排行榜》2004年6月30日。

杨扬：《说"变"——新世纪小说创作随想》,《当代中国：发展·安全·价值——第二届(2004年度)上海市社会科学界学术年会文集(下)》,2004年6月30日。

施战军：《转换中的李洱》,《当代作家评论》2004年第4期。

张学昕：《在困难中表达怀疑和发现》,《当代作家评论》2004年第4期。

黄兆晖：《平静下的悲剧》,《光明日报》2004年8月12日。

林建法、韩忠良：《当代作家评论2004年第4期目录》,《上海文学》2004年第8期。

韩石山：《一出乡村政治闹剧》,《全国新书目》2004年第9期。

施战军：《新活力：在世道人心和个人迷梦之间》,《中国图书商报》2004年9月10日。

吴义勤：《新生代长篇小说论》,《文学评论》2004年第5期。

庄爱华、刘琳琳：《微弱的反抗——论二十世纪九十年代以来知青文学中农民话语的出现》,《山东教育学院学报》2004年第5期。

韩石山：《热气腾腾的乡村闹剧》,《文艺报》2004年9月23日。

贺绍俊：《颠倒的本领：生活同化政治》,《长篇小说选刊》2004年第1期。

李洱、李静：《李洱：让你的表达成为一种公共关怀》,《北京日报》2004年10月10日。

江湖：《青年作家如何面对书写"困难"》,《文艺报》2004年10月28日。

王春林：《对知识分子与革命关系的沉思与表达——兼论李洱长篇小说〈花腔〉》,《山西大学学报》(哲学社会科学版)2004年第5期。

陈晓明：《回归乡土生活》,《中华读书报》2004年11月10日。

张霖:《日常生活:90 年代文学的想象空间》,《文艺评论》2004 年第 6 期。

张洪浩:《颠倒话,话颠倒》,《中国图书商报》2004 年 11 月 19 日。

江红英:言说中的历史与历史的言说——评李洱的《花腔》,《理论学刊》2004 年第 11 期。

舒晋瑜:《六学人谈:我们能记住的小说》,《深圳特区报》2005 年 1 月 3 日。

李敬泽:《文学在当下的艺术可能性——第三届中国青年作家批评家论坛纪要》,《南方文坛》2005 年第 1 期。

吴义勤:《论新生代长篇小说的叙事风格》,《山东文学》2005 年第 1 期。

王向东:《乡土的腥秽与芬芳——近年乡村叙事述评》,《扬州大学学报》(人文社会科学版)2005 年第 1 期。

李洱:《啼笑之外——关于〈石榴树上结樱桃〉》,《当代》(长篇小说选刊)2005 年第 1 期。

李丹梦:《乡土理念的嬗变与持守:话语·价值·权力——析"中原突破"的深层意蕴》,《上海文学》2005 年第 1 期。

王鸿生:《世界,大众语用学及教育——读李洱〈我们的眼睛〉、〈我们的耳朵〉》,《上海文学》2005 年第 2 期。

孙郁:《写作的姿态》,《文艺研究》2005 年第 2 期。

岑长庆:《论李洱小说中的黑色幽默》,《平顶山学院学报》2005 年第 1 期。

吴义勤:《论新生代长篇小说的叙事风格》,《天津师范大学学报》(社会科学版)2005 年第 1 期。

杨红旗:《写在羊皮纸上的历史》,《当代文坛》2005 年第 2 期。

李上尉:《〈花腔〉:在历史之外言说》,《湖北社会科学》2005 年第 3 期。

格非:《中国小说与叙事传统——在苏州大学"小说家讲坛"上的讲演》,《当代作家评论》2005 年第 2 期。

王瑛:《秩序的标记与事件无关——论李洱小说的叙述时间》,《海南师范学院学报》(社会科学版)2005 年第 2 期。

任现品:《穿越"花腔"式叙述的迷雾——李洱〈花腔〉的一种解读》,《名作欣赏》2005 年第 6 期。

林晓云、张仲民:《历史与文学的辨证——以〈血路〉与〈花腔〉为例》,《福建论坛》(人文社会科学版)2005 年第 3 期。

岑长庆:《〈花腔〉的历史反思与叙事艺术——兼与〈第二十二条军规〉比较》,《红河学院学报》2005 年第 2 期。

韩石山:《一出乡村政治闹剧》,《书摘》2005 年第 5 期。

天心、王颖、隋无涯、邵燕君、赵晖:《中国主流文学期刊 2005 年第 1 期综评》,《文艺理论与批评》2005年第3期。

徐德明:《〈石榴树上结樱桃〉:叙述和隐喻之间的对位与张力》,《当代作家评论》2005年第3期。

张学昕:《话语生活中的真相——李洱小说的知识分子叙事》,《当代作家评论》2005年第3期。

贺仲明:《叙述的精致 人性的探秘——读东君的三篇小说》,《西湖》2005年第6期。

孙谦:《叙述嬗变与文体反讽——李洱长篇小说简论》,《当代作家评论》2005年第4期。

徐肖楠、施军:《从历史叙事到市场叙事》,《文艺评论》2005年第4期。

王瑛、姜美珍:《双重叙事——论李洱小说中的反讽》,《当代文坛》2005年第4期。

施战军:《被动语态的"知识分子"——李洱小说的一个向度》,《山花》2005年第8期。

葛红兵:《农耕文化背景下的都市书写》,《当代文学研究资料与信息》2005年第4期。

肖庆、张永禄:《近五年长篇小说突破一瞥》,《江汉大学学报》(人文科学版)2005年第4期。

刘凤:《论新历史主义的历史真实观》,《成都教育学院学报》2005年第10期。

洪治纲:《中国当代先锋文学发展主潮(下)》,《小说评论》2005年第5期。

任联齐:《历史话语参照下的自由言说——品读〈花腔〉》,《宁波职业技术学院学报》2005年第6期。

施战军、吴俊、南帆、孙惠芬、阎晶明、张生、李洱、郜元宝:《生活与心灵:困难的探索——第四届青年作家批评家论坛纪要》,《人民文学》2006年第1期。

何一骏、吴开锦:《"中国作家南海行"圆满成功》,《花城》2006年第1期。

朱燕玲:《西沙笔会纪行》,《花城》2006年第1期。

于永顺、张洋:《新历史主义诗学的第三种立场——论当代新历史主义小说的精神求索》,《渤海大学学报》(哲学社会科学版)2006年第1期。

林白:《时光从我这里夺走的,你又还给了我》,《当代作家评论》2006年第1期。

葛红兵:《乡土诗性书写传统的复活》,《文艺报》2006年1月26日。

朱云生:《"真"的创世与"真"的毁灭——〈花腔〉之"花腔"叙事》,《贵州师范大学学报》(社会科学版)2006年第1期。

张霞:《众声喧哗中的探寻——评李洱长篇小说〈花腔〉的叙事艺术》,《常熟理工学院学报》2006年第1期。

梁桂莲:《〈花腔〉:个人命运与历史声音的缝合》,《平顶山学院学报》2006年第1期。

聂茂:《文化传播主体的心灵镜像——"新生代"作家的意义阐释》,《郑州轻工业学院学报》(社会科学版)2006年第1期。

洪治纲、李敬泽、汪政、朱小如:《文学"瓶颈"与精神"窄门"——漫谈60年代出生作家及其长篇小说创作》,《上海文学》2006年第6期。

葛红兵、任亚荣、郭玉红、徐渭、宋红岭、张永禄:《个体经验的坚守与长篇叙事的转化——谈新生代长篇小说创作的几个问题》,《上海文学》2006年第5期。

吴义勤、施战军、黄发有:《代际想象的误区——也谈60年代出生作家及其长篇小说创作》,《上海文学》2006年6期。

程波:《先锋的传统:20世纪90年代中国先锋小说的"完成性"和"未完成性"》,《上海大学学报》(社会科学版)2006年第4期。

孙谦:《坚守抑或是告别——李洱小说读札》,《理论与创作》2006年第4期。

於可训:《主持人的话》,《小说评论》2006年2期。

魏天真、李洱:《"倾听到世界的心跳"——李洱访谈录》,《小说评论》2006年第4期。

魏天真:《李洱小说的"复杂性"及其意义》,《小说评论》2006年第4期

《李洱作品目录》,《小说评论》2006年第4期。

何楠:《世纪之初的河南文学》,《文艺报》2006年9月12日。

王瑛:《他者叙事——论李洱小说中的叙述者》,《当代文坛》2006年第5期。

丛琳:《情感的悬浮与精神的变迁——李洱知识分子小说论》,《辽宁教育行政学院学报》2006年第9期。

曹金合:《论〈花腔〉的油滑叙事策略》,《语文学刊》2006年第17期。

王春林:《乡村、历史与日常生活叙事——对新世纪长篇小说一个侧面的考察》,《南京师范大学文学院学报》2006年第3期。

钟蕊:《〈花腔〉修辞话语的三维透析》,《东南传播》2006年第11期。

宗培玉、叶美芬:《论〈花腔〉的四种反讽》,《名作欣赏》2006年第24期。

杨慧、芮欣:《"疯癫"的文本策略——解读当下文坛的"疯癫"叙事》,《唐山学院学报》2006年第4期。

李国英：《略论新时期河南小说的乡土性》，《中共郑州市委党校学报》2006年第6期。

李洱、马季：《探究知识分子在历史和现实中的困境》，《作家》2007年第1期。

格非、李建立：《文学史研究视野中的先锋小说》，《南方文坛》2007年第1期。

王晓祥、陈丽红：《众声喧哗里无边的历史——李洱"花腔"叙事解读之一》，《文史博览》（理论）2007年第2期。

宗培玉：《从中间开始——论李洱小说结尾的深度模式》，《名作欣赏》2007年第6期。

蔡斌、孙其香：《论〈花腔〉的艺术》，《语文学刊》2007年第5期。

梁鸿：《新的小说诗学的建构——李洱论》，《山花》2007年第6期。

方维保、刘波：《新生代创作中的个体自由伦理叙事》，《安徽师范大学学报》（人文社会科学版）2007年第4期。

吴义勤：《自由与局限——中国"新生代"小说家论》，《文学评论》2007年第5期。

李丹梦：《反抒情的自我抒写——李洱论》，《南方文坛》2007年第5期。

黄国友：《新历史主义的历史文本观》，《温州大学学报》（社会科学版）2007年第5期。

张月萍：《在众声喧哗中寻找真实》，《山东文学》2007年第10期。

施战军：《乡村小说：时代之变与文学之难》，《上海文学》2007年第10期。

李春：《河南作家创作的三大特点》，《河南商业高等专科学校学报》2007年第6期。

肖敏、张志忠：《新历史主义之后的当代革命叙事——以〈银城故事〉〈人面桃花〉〈花腔〉和〈圣天门口〉为例》，《小说评论》2007年第6期。

李洱、梁鸿：《在怀疑意识下的当代小说美学》，《上海文学》2007年第12期。

孙谦：《知识分子日常生活的叙事伦理》，《扬子江评论》2007年第6期。

程永新、走走：《关于先锋文学和先锋编辑》，《作家》2008年第1期。

陈新榜、阎作雷：《创作与批评的难度——第六届中国青年作家批评家论坛纪要》，《人民文学》2008年第1期。

张小彩：《孜孜不倦的寻找——从〈石榴树上结樱桃〉看李洱的写作》，《安徽文学》2008年第1期。

翟传鹏、朱璐：《试论〈花腔〉的历史叙事》，《湖北师范学院学报》2008年第

1期。

李洱、梁鸿:《百科全书式的小说叙事》,《西部·华语文学》2008年第1期。

翟传鹏:《论〈花腔〉的历史叙事》,《宜宾学院学报》2008年第2期。

王云芳:《"先锋"的宿命与迷途——试论新生代作家及相关文学期刊的"先锋"精神》,《扬子江评论》2008年第1期。

毕文君:《小说与口述史——关于当代长篇小说研究的历史意识问题》,《文艺争鸣》2008年第3期。

杨海波:《〈花腔〉中的历史诗学》,《中学课程资源》2008年第S1期。

宋宝伟:《新历史主义小说的范本——小说〈花腔〉的叙事分析》,《时代文学》(双月上半月)2008年第2期。

李洱、梁鸿:《"日常生活"的诗学命名与建构》,《渤海大学学报》(哲学社会科学版)2008年第3期。

洪治纲:《先锋文学的发展与作家主体性的重塑》,《当代作家评论》2008年第3期。

李洱、梁鸿:《虚无与怀疑语境下的小说之变》,《当代作家评论》2008年第3期。

李洱:《探究知识分子心灵困境》,《中国新闻出版报》2008年5月29日。

王研:《在交叉对话中为世界文学背景下的华语文学寻找定位》,《辽宁日报》2008年6月6日。

翟文铖:《日常时间的凸显——论新生代小说的"现实时间"》,《渤海大学学报》(哲学社会科学版)2008年第4期。

洪治纲:《新时期作家的代际差别与审美选择》,《中国社会科学》2008年第4期。

黄鹄:《论仿史小说的消解意味——以李洱〈花腔〉为例》,《语文学刊》2008年第13期。

汤奇云:《90年代小说的自觉及其对历史的另类书写》,《深圳大学学报》(人文社会科学版)2008年第4期。

胥秋菊:《简析李洱小说中新历史主义的立场》,《文教资料》2008年第21期。

张小彩:《遮蔽与呈现——〈花腔〉人物生存状态论》,《信阳农业高等专科学校学报》2008年第3期。

陈江平:《还原历史的体验与追寻——论〈花腔〉的叙述方式及其策略》,《漳州师范学院学报》(哲学社会科学版)2008年第3期。

王军亮:《别具特色的文体实验——李洱〈花腔〉的文体分析》,《长春工程学院学报》(社会科学版)2008年第3期。

梁鸿:《理性乌托邦与中产阶级化审美——对六十年代出生作家美学思想的整体考察》,《当代作家评论》2008年第5期。

梁鸿:《"灵光"消逝后的乡村叙事——从〈石榴树上结樱桃〉看当代乡土文学的美学裂变》,《当代作家评论》2008年第5期。

汪政、晓华:《长篇小说:三十年的时间简史》名作欣赏2008年第19期。

舒坦:《文坛扫描》,《文学教育》(上)2008年第5期。

吕周聚:《论当代先锋小说的"非小说化"倾向》,《首都师范大学学报》(社会科学版)2008年第5期。

陈辉:《文学豫军高调"冲浪"》,《河南日报》2008年11月21日。

褚又君:《别样的风景——1990年代以后小说的反讽形态》,《名作欣赏》2008年第24期。

张延者:《文本性与历史性的统一——试论中国新历史主义的创作特征》,《安徽文学》(下半月)2008年第12期。

李莉:《真实的建构与审美的回归——论先锋小说之于新时期文学的意义》,《佳木斯大学社会科学学报》2008年第6期。

李丹:《不可靠叙述之维的历史——评李洱的〈花腔〉》,《牡丹江教育学院学报》2009年第1期。

孙荪、何弘:《新时期新经验新期待——改革开放30年的河南文艺总述》,《中州大学学报》2009年第1期。

何弘:《重铸辉煌:改革开放30年的河南文学》,《中州大学学报》2009年第1期。

赵允芳:《寻根·拔根·扎根——90年代以来新乡土小说的流变》,《渤海大学学报》(哲学社会科学版)2009年第2期。

吴虹飞:《李洱:作家嘴里开花腔》,《南方人物周刊》2009年第12期。

南帆:《后现代主义、消极自由和负责的反讽》,《文艺理论研究》2009年第2期。

刘常军:《由〈午后的诗学〉引发的文学断想》,《大视野》2009年第3期。

张帆:《90年代学院知识分子小说三家论——格非、李洱、徐坤》,《作家》2009年第6期。

王宏图:《李洱论》,《文艺争鸣》2009年第4期。

李勇:《面对苦难的方式——评新世纪以来的乡村小说叙事》,《武汉科技大学学报》(社会科学版)2009年第2期。

王昕:《试论李洱小说〈花腔〉》,《河南农业》2009年第10期。

丁杨:《"新浪河南文化之旅"在郑州开场》,《中华读书报》2009年7月8日。

詹丽:《论20世纪90年代小说中知识分子的犬儒型人格》,《沈阳师范大学学报》(社会科学版)2009年第4期。

谢刚:《新世纪长篇小说写作中的狂欢化倾向》,《艺术广角》2009年第4期。

李钧:《新什么历史,而且主义——新历史主义小说流变论》,《东岳论丛》2009年第6期。

杨雅莲:《解读中原文化"密码"》,《中国新闻出版报》2009年7月24日。

刘思谦:《"村委直选"与乡土中国——李洱长篇小说〈花腔〉到〈石榴树上结樱桃〉阅读随笔》,《海南师范大学学报》(社会科学版)2009年第4期。

朴明爱:《〈花腔〉的魅力——兼谈李洱小说的叙事观念》,《作家》2009年第15期。

朴宰雨、崔强:《先锋性的探索——超俗不凡的智略型作家李洱》,《作家》2009年第15期。

魏天真:《饶舌的哑巴:怀疑主义者的青春期话语——李洱早期小说文体风格》,《平顶山学院学报》2009年第4期。

赵艳花:《李洱小说〈石榴树上结樱桃〉的反讽叙事》,《平顶山学院学报》2009年第4期。

魏天无:《小说·历史·真实——李洱〈花腔〉与小说文体》,《平顶山学院学报》2009年第4期。

张清华、焦红涛、刘江凯、周航、谢刚:《危机与转型:当代中国乡村叙事》,《长城》2009年第9期。

张学昕、格非:《文学叙事是对生命和存在的超越》,《当代作家评论》2009年第5期。

梁鸿、李洱:《九十年代写作的难度》,《当代作家评论》2009年第5期。

杨俊国:《没有布谷鸟的乡村——读李洱的〈石榴树上结樱桃〉》,《当代小说》(下半月)2009年第9期。

谢刚:《新世纪乡土叙事的核心要素考评》,《艺术广角》2009年第6期。

冯雷:《"后革命"视域下的新世纪革命叙事》,《河南社会科学》2010年第1期。

程光炜、丁帆、李锐:《乡土文学创作与中国社会的历史转型——"乡土中国现代化转型与乡土文学创作学术研讨会"纪要》,《渤海大学学报》(哲学社会科学版)2010年第1期。

丁帆、李兴阳:《中国乡土小说:世纪之交的转型》,《学术月刊》2010年第1期。

陶婧:《一曲生命的悲歌——浅析〈你在哪〉的主题蕴含》,《现代语文》(文学研究版)2010年第2期。

彭静、冯涛:《他为什么要死?——对〈花腔〉式问题之我思》,《大众文艺》2010年第3期。

阿伦:《文学是一种义务性的工作——对话李洱》,《江南》2010年第2期。

武秋芝:《晚生代作家知青叙事的几个特点》,《现代语文》(文学研究版)2010年第3期。

牛孝英:《李洱〈你在哪〉——对拜金主义的批判》,《现代语文》(文学研究版)2010年第3期。

林红:《颠倒背后的现实——评李洱〈石榴树上结樱桃〉》,《阅读与写作》2010年第4期。

汪文秋:《论李洱小说〈你在哪〉中两类社会群体的生存状态》,《现代语文》(文学研究)2010年第4期。

蒋瑞蕊:《浅论李洱〈你在哪〉》,《现代语文》(文学研究)2010年第4期。

陈晓明:《再论"当代文学评价"问题——回应肖鹰王彬彬的批评》,《文艺争鸣》2010年第7期。

张学军:《存在的探险家——论李洱的〈花腔〉》,《文艺争鸣》2010年第7期。

章景风:《论李洱小说〈你在哪〉的人性异化主题》,《安徽文学》(下半月)2010年第4期。

周引莉:《论河南籍作家对中原特色传统文化的继承与发展》,《华北水利水电学院学报》(社科版)2010年第2期。

童园园:《〈你在哪〉:独特视角下的人生悲歌》,《四川职业技术学院学报》2010年第2期。

刘广远、周景雷:《"60后"作家:我们更关注如何写作》,《辽宁日报》2010年5月24日。

陈华积:《文学批评的有效性》,《当代作家评论》2010年第3期。

陈竞、金莹:《上海开展"德中同行"系列文化活动》,《文学报》2010年6月3日。

白明利:《精神之舟的漂流与沉落——李洱小说中知识分子的存在状态》,《柳州职业技术学院学报》2010年第2期。

吴国如:《权力虐恋场上的假面狂欢——解读李洱〈石榴树上结樱桃〉》,

《平顶山学院学报》2010年第3期。

肖敏:《当代长篇小说中革命叙事的新变——兼与新历史主义小说对照》,《艺术广角》2010年第4期。

程娟:《现代人精神沉沦的呼喊——读李洱〈你在哪〉》,《语文学刊》2010年第13期。

何英:《理论的过剩与叙事的消融》,《小说评论》2010年第4期。

王春林:《新世纪长篇小说中的先锋叙事》,《文艺争鸣》2010年第15期。

甘秋霞:《历史文本与当代体认——李洱〈遗忘〉的叙事结构及其意义蕴含》,《文艺争鸣》2010年第15期。

张旭东:《论李洱小说的"知识分子书写"》,《当代文坛》2010年第5期。

王萍:《文学豫军在海外的传播现状与对策研究》,《中州学刊》2010年第5期。

梁晴晴:《论〈你在哪〉中对"女性"生命的双重消解》,《安徽文学》(下半月)2010年第9期。

张小彩:《遭遇日常生活——论李洱小说》,《语文学刊》2010年第17期。

王文参:《当前小说的文化传播使命——读李洱小说〈石榴树上结樱桃〉》,《小说评论》2010年第5期。

陶东风:《革命的祛魅:后革命时期的革命书写》,《渤海大学学报》(哲学社会科学版)2010年第6期。

房伟:《迷宫呓语症·人性鸡尾酒·蜜罐式豪情——新世纪小说革命叙事的三张面孔》,《艺术广角》2010年第6期。

周会凌:《历史喧哗中的无声呐喊——论麦家的〈风声〉与李洱的〈花腔〉》,《吉首大学学报》(社会科学版)2010年第6期。

翟文铖:《精神圣像的倾倒——论新生代小说中的知识分子形象》,《新时期与新世纪文学国际学术研讨会暨中国当代文学研究会第16届学术年会会议论文摘要汇编》2010年11月27日。

张丽娟:《新亦真亦幻 生死亦难——读李洱短篇小说〈你在哪〉》,《传奇·传记文学选刊》(理论研究)2010年第11期。

李春:《一花一世界——透过〈石榴树上结樱桃〉看中国农村的变革》,《作家》2012年第24期。

何欣:《自我意识分裂的寓言——评李洱新作〈你在哪〉》,《海南师范大学学报》(社会科学版)2011年第1期。

李锋伟:《私人生活?公共空间?价值信仰——由〈石榴树上结樱桃〉所想到的》,《许昌学院学报》2011年第1期。

李庚香:《中原作家群与时代使命》,《作家》2011年第3期。

黄佩:《城市中人的生存状态的寓言——论李洱〈你在哪〉》,《语文学刊》2011年第3期。

李勇:《20世纪90年代以来乡村小说叙事新变及其研究批评》,《文艺评论》2011年第1期。

张文东:《"非虚构"写作:新的文学可能性?——从〈人民文学〉的"非虚构"说起》,《文艺争鸣》2011年第3期。

赵艳花:《河南乡土小说中的村民直选》,《平顶山学院学报》2011年第1期。

邹文婧:《沉沦社会的慈航渡者——评李洱〈你在哪〉》,《安徽文学》(下半月)2011年第3期。

刘军:《论华东师大作家群与大学校园文化建设》,《高教发展与评估》2011年第2期。

杨俊国:《〈石榴树上结樱桃〉:中国乡村政治文化生态的隐喻》,《名作欣赏》2011年第12期。

吴华英、胡强:《中国的"石榴树"在德国》,《中国图书评论》2011年第4期。

樊朝刚:《众声喧哗中的知识分子——以〈花腔〉为例谈李洱的知识分子写作》,《聊城大学学报》(社会科学版)2011年第2期。

邱诗越:《陷阱叙事与文本内涵——论小说〈石榴树上结樱桃〉的叙事策略》,《大连大学学报》2011年第2期。

季进、李洱、李朝全、郭冰茹、何言宏:《异邦的荣耀与尴尬——"新世纪文学反思录"之五》,《上海文学》2011年第5期。

赵牧:《复线的历史:遮蔽抑或还原?——1980年代以来"革命重述"的一个侧面》,《理论与创作》2011年第3期。

张惠林:《试论〈花腔〉里人的工具性处境》,《重庆科技学院学报》(社会科学版)2011年第11期。

刘莉娜:《当代文学如何让海外读者摘下"眼镜"》,《上海采风》2011年第7期。

杨永明:《精英的出局——论1990年代的知识分子题材小说》,《山西师大学报》(社会科学版)2011年第4期。

张丹:《都市化时代的乡土韵味——谈新世纪河南文学的特点》,《语文知识》2011年第3期。

汪志彬:《世纪之交学院派知识分子题材小说的创作趋向及其局限性》,《乐山师范学院学报》2011年第8期。

李勇:《新世纪乡村叙事未来发展的启示与可能——以李洱、迟子建和红柯、刘震云的创作为例》,《文艺评论》2011年第9期。

杨剑龙、王童:《论后革命时代革命历史题材长篇小说的创作类型》,《社会科学辑刊》2011年第5期。

刘莉娜:《"华东师大作家群"现象与中文系的天职》,《上海采风》2011年第11期。

李洱、梁鸿、周立民、李云雷、霍俊明、张莉、房伟、杨庆祥:《非虚构与虚构(上)》,《上海文学》2012年第3期。

陈舒劼:《从放纵到无力——20世纪90年代小说中的知识分子情爱叙事》,《华侨大学学报》(哲学社会科学版)2012年第1期。

何弘:《贴近乡土 沉稳大气》,《光明日报》2012年3月20日。

何弘:《中国新文学中的中原作家群》,《小说评论》2012年第2期。

杨庆祥、李洱、李云雷、梁鸿、房伟、霍俊明、周立民、张莉、杨庆祥:《短篇小说写作的现状与可能——以蒋一谈、劳马、邱华栋、阿乙为中心》,《作家》2012年第7期。

孙斐娟:《个体价值的追寻与革命魅惑——〈花腔〉再解读》,《喀什师范学院学报》2012年第4期。

陈晓明:《历史尽头的自觉——新世纪中国长篇小说的艺术流变》,《社会科学》2012年第8期。

党云峰:《从中原作家群看文学创作的坚守与创新》,《中国文化报》2012年8月30日。

北乔:《〈花腔〉中的花腔——评李洱长篇小说〈花腔〉》,《名作欣赏》2012年第25期。

杨鸥:《正在崛起的中原作家群》,《人民日报》(海外版)2012年9月4日。

何瑞涓:《"就像一棵树一样,河南是我的根"》,《中国艺术报》2012年9月5日。

李彦姝:《"革命历史叙事"的双重面孔》,《聊城大学学报》(社会科学版)2012年第5期。

庞秀慧:《1990年以来乡土叙述中的精神危机和审美焦虑》,《当代文坛》2012年第6期。

戴瑶琴:《从"悬浮"到"落地"——李洱的个人言说》,《文化学刊》2012年第6期。

顾成华:《新历史主义叙事下的新世纪初文学》,《兰州学刊》2012年第11期。

马德生:《"个人化写作"的困境与宏大叙事重构》,《晋阳学刊》2012年第6期。

王萍:《"土俗精神"——新时期中原作家群小说创作论》,《名作欣赏》2012年第35期。

宗培玉:《站在的屋顶凝望花朵——李洱小说论》,《中国作家》2012年第23期。

孙斐娟:《革命历史的多元化书写——近年来革命历史叙事研究概观》,《重庆广播电视大学学报》2012年第6期。

魏天真:《"自我"和"历史"在虚构叙事中的意义——以李洱的小说为例》,《长江学术》2013年第1期。

张闳:《旁观和嬉戏60年代生人的文化身份与精神特质》,《时代建筑》2013年第1期。

徐润润、徐楠:《在颠倒与错谬中认知当下农村的现实——论〈石榴树上结樱桃〉的反讽艺术》,《上饶师范学院学报》2013年第2期。

徐权:《"个体"身份的独立言说——基于20世纪90年代以来的乡土小说作家研究》,《淮北职业技术学院学报》2013年第2期。

李娜:《〈石榴树上结樱桃〉:一流小说拍出二流电影的案例》,《文学报》2013年4月18日。

何弘:《关注现实 厚重大气》,《人民日报》2013年4月26日。

许波:《反映农民真实生活的现实主义力作》,《文艺报》2013年5月8日。

杜昆:《乌托邦精神的式微和嬗变——后新时期知识分子小说结尾的意义》,《山花》2013年第9期。

吴圣刚:《论当代河南作家的历史质感》,《信阳师范学院学报》(哲学社会科学版)2013年第3期。

张楠:《李洱作品中的反讽盛宴》,《科技风》2013年第15期。

李丹梦:《文学"乡土"的地方精神——以"中原突破"为例》,《当代文坛》2013年第5期。

张军府:《新世纪知识分子题材小说的反讽叙事》,《创作与评论》2013年第18期。

张楠:《李洱小说里诗性的细节》,《中国校外教育》2013年第S2期。

李丹梦:《文学"乡土"的历史书写与地方意志——以"文学豫军"20世纪90年代以来的创作为中心》,《文艺研究》2013年第10期。

张楠:《谈李洱小说中互文的精准运用》,《辽宁师专学报》(社会科学版)2013年第5期。

晏杰雄:《论新世纪长篇小说的叙述空间》,《文艺争鸣》2013 年第 10 期。

张军府:《在日常生活中直面灵魂与存在——新世纪知识分子题材小说叙事伦理》,《海南师范大学学报》(社会科学版)2013 年第 10 期。

李志孝:《论新世纪乡土小说的叙事特征》,《天水师范学院学报》2013 年第 6 期。

何弘:《新世纪中国文学地理版图中的中原作家群》,《中原文化研究》2013 年第 6 期。

冯波:《〈第七天〉〈你在哪〉:讳言当下的无奈与绝望》,《创作与评论》2013 年第 24 期。

于沐阳:《谈长篇小说〈花腔〉对"革命"的重新想象》,《长春师范学院学报》2014 年第 1 期。

郝魁锋:《20 世纪 90 年代文学期刊与先锋小说的发展转型——以〈收获〉〈花城〉为例》,《河南大学学报》(社会科学版)2014 年第 2 期。

汪树东:《探究现代中国知识分子的生命困境——论李洱〈花腔〉的叙事伦理》,《海南师范大学学报》(社会科学版)2014 年第 3 期。

张楠:《谈李洱小说中知识分子保持个体独立性的艰难——以作品〈花腔〉为例》,《辽宁师专学报》(社会科学版)2014 年第 2 期。

张立群:《"午后"的写作及其辩证综合——李洱小说论》,《中国现代文学研究丛刊》2014 年第 6 期。

博士、硕士学位论文

李仰智:《应然存在的已然追问》,河南大学博士学位论文,2004 年。

李少咏:《现代性语境中的乡村政治文化言说》,河南大学博士学位论文,2005 年。

李丹梦:《"文学豫军"的主体精神图像》,复旦大学博士学位论文,2006 年。

张懿红:《1990 年代以来中国乡土小说研究》,兰州大学博士学位论文,2006 年。

吴妍妍:《作家身份与城乡书写》,苏州大学博士学位论文,2006 年。

李曙豪:《解构与颠覆的喜剧》,苏州大学博士学位论文,2006 年。

陈振华:《中国新时期小说反讽叙事论》,山东师范大学博士学位论文,2006 年。

刘可可:《知青小说叙事的演变及其背后》,吉林大学博士学位论文,

2006 年。

孙谦:《论转型期中国小说中的知识分子叙事》,山东师范大学博士学位论文,2007 年。

赵允芳:《90 年代以来新乡土小说的流变》,南京师范大学博士学位论文,2008 年。

黄健:《穿越传统的历史想象》,浙江大学博士学位论文,2008 年。

鲁弘:《知青记忆的不同书写》,吉林大学博士学位论文,2009 年。

赵牧:《"后革命":话语与叙事》,上海大学博士学位论文,2009 年。

韩文淑:《新世纪中国乡村叙事研究》,吉林大学博士学位论文,2009 年。

孙斐娟:《后革命氛围中的革命历史再叙事》,华中师范大学博士学位论文,2010 年。

王华:《新世纪乡村小说主题研究》,华中师范大学博士学位论文,2011 年。

张军府:《现代中国知识分子题材小说叙事伦理研究》,山东师范大学博士学位论文,2011 年。

张文东:《传奇叙事与中国当代小说》,东北师范大学博士学位论文,2013 年。

张悠哲:《新时期以来文学戏仿现象研究》,吉林大学博士学位论文,2013 年。

王瑛:《午后的诗学——论李洱小说的叙述艺术》,华南师范大学硕士学位论文,2003 年。

王向军:《20 世纪末个人化写作研究》,郑州大学硕士学位论文,2004 年。

张月媛:《先锋小说在 20 世纪 90 年代后的衍变》,清华大学硕士学位论文,2004 年。

刘庆英:《再现的历史与言说的历史》,山东师范大学硕士学位论文,2005 年。

王云芳:《先锋文学与文学期刊》,山东大学硕士学位论文,2005 年。

赵牧:《后革命时代的革命书写》,暨南大学硕士学位论文,2005 年。

杨承磊:《在历史与文化的交汇点上》,山东师范大学硕士学位论文,2006 年。

李瑶:《新生代小说写作的个人化与公共化探析》,华中师范大学硕士学位论文,2006 年。

刘江凯:《论 1980 年代以来小说的知识分子想象及其叙事策略》,辽宁师范大学硕士学位论文,2006 年。

刘海涛:《20世纪90年代中国小说创作的先锋性》,天津师范大学硕士学位论文,2007年。

赵新亚:《论河南作家的底层叙述》,华中师范大学硕士学位论文,2007年。

张洋:《解构与建构:新历史主义在中国的接受与演进》,辽宁师范大学硕士学位论文,2007年。

黄国友:《新历史主义的历史真实观》,温州大学硕士学位论文,2008年。

孙学玲:《世纪之交乡土小说研究》,山东师范大学硕士学位论文,2008年。

田娜:《当代河南作家的乡村权力书写》,暨南大学硕士学位论文,2008年。

郭海燕:《当代文学第一现场勘查》,东北师范大学硕士学位论文,2008年。

傅翼:《双重视角下的城乡叙事》,江西师范大学硕士学位论文,2009年。

姚利红:《论新时期小说中的喜剧精神》,中南大学硕士学位论文,2009年。

黄听松:《知识分子的叙述空间》陕西师范大学硕士学位论文,2009年。

徐楠:《行云流水般的叙事"花腔"》,江西师范大学硕士学位论文,2009年。

盛晓雯:《九十年代以来小说中学院知识分子形象研究》,延边大学硕士学位论文,2009年。

陆平:《〈南方人物周刊〉人物专访研究》,郑州大学硕士学位论文,2010年。

马敏:《论当代乡土文学的创作特质及价值诉求》,湖南科技大学硕士学位论文,2011年。

赵素俊:《多变的题材,不变的追求》,河南大学硕士学位论文,2011年。

王希:《边缘的抵抗,话语的狂欢》,四川外语学院硕士学位论文,2011年。

桂书方:《新世纪河南作家底层写作探析》,海南大学硕士学位论文,2011年。

花玉兢:《新世纪文学的历史性问题研究》,西北师范大学硕士学位论文,2011年。

夏云果:《新历史小说对中国近代历史的书写》,河南大学硕士学位论文,2011年。

谷学良:《乡土的裂变文化的忧思》,郑州大学硕士学位论文,2011年。

赵阶奎:《全面的历史态度》,山东大学硕士学位论文,2011年。

董勇:《李洱小说叙事研究》,延边大学硕士学位论文,2011年。

吴雯雯:《想象中国的空间叙事》,江西师范大学硕士学位论文,2011年。

张丽:《新时期文学中"乡土中国"形象的书写》,江西师范大学硕士学位论文,2011年。

李佩佩:《世纪之交作家笔下的学院知识分子精神困境及创作得失》,辽宁师范大学硕士学位论文,2012年。

黄美蓉:《新世纪长篇乡土小说创作论》,上海师范大学硕士学位论文,2012年。

连远:《李洱小说的后现代特征》,广东技术师范学院硕士学位论文,2012年。

姬亚楠:《论新世纪乡土小说中的乡村日常生活书写》,郑州大学硕士学位论文,2013年。

杨玥:《历史与现实的双重镜像》,苏州大学硕士学位论文,2013年。

张洋洋:《20世纪90年代以来知青题材小说的嬗变》,沈阳师范大学硕士学位论文,2013年。

韩春艳:《"新生代"作家的"归乡叙事"模式研究》中国海洋大学硕士学位论文,2013年。

李莹:《〈花腔〉审美世界研究》,延边大学硕士学位论文,2013年。

专著

魏天真:《我读李洱:求真的愉悦》,武汉大学出版社,2007年。

编 后 记

经过一年多的资料收集和文本阅读,《李洱研究》终于完成了。

李洱作为60后作家,并不是以量取胜,他试图把自己的每部作品都打造成精品。正是这种对创作的执着,使李洱越来越受到读者和文评专家们的喜爱和重视,其在中国当代文学史和世界文学中的地位可以说是步步高升。我也在阅读了李洱几乎全部的作品之后更加喜爱上了李洱。论年龄,论学习的专业和生活阅历,我们都有很多相似的地方,我在他的作品里也时常会发现自己的影子或者我朋友的影子,他对当代知识分子的透视和思考也是我正在关注的话题。正因为如此,我编选了这本《李洱研究》,其一是对自己阅读和研究的资料进行了收集和整理;其二是希望把这些最能代表李洱研究的资料和成果贡献给同行和李洱研究爱好者,以供他们阅读和参考。

在《李洱研究》的编选过程中,我的研究生张慧同学,2012级的杜方辉同学、杨燕同学、郭诗梦同学给了我很多的帮助,在此我向他们表示最诚挚的感谢。由于自己对李洱的研究刚刚开始,对资料的认识和编选还有不少的疏漏之处,望大家批评指正。

王雨海
2014年12月8日